兰州市基础教育教科研成果丛书

丛书主编　郑作慧

杏花消息

——兰州市中小学教师示范作文精选

牛志强　郑官柱　主编

图书在版编目（CIP）数据

杏花消息 ：兰州市中小学教师示范作文精选 / 牛志强，郑官柱主编. -- 兰州 ：兰州大学出版社，2016.4
（兰州市基础教育教科研成果丛书 / 郑作慧主编）
ISBN 978-7-311-04915-7

Ⅰ. ①杏… Ⅱ. ①牛… ②郑… Ⅲ. ①作文－中小学－选集 Ⅳ. ①H194.5

中国版本图书馆CIP数据核字(2016)第075929号

策划编辑 李 晖
责任编辑 宋 婷
封面设计 郇 海

书　　名 杏花消息——兰州市中小学教师示范作文精选
作　　者 牛志强 郑官柱 主编
出版发行 兰州大学出版社 （地址:兰州市天水南路222号 730000）
电　　话 0931-8912613(总编办公室) 0931-8617156(营销中心)
　　　　 0931-8914298(读者服务部)
网　　址 http://www.onbook.com.cn
电子信箱 press@lzu.edu.cn
印　　刷 甘肃澳翔印业有限公司
开　　本 710 mm×1020 mm 1/16
印　　张 22.5
字　　数 352千
版　　次 2016年5月第1版
印　　次 2016年5月第1次印刷
书　　号 ISBN 978-7-311-04915-7
定　　价 46.00元

前 言

“客子光阴诗卷里，杏花消息雨声中。”

“小楼一夜听春雨，深巷明朝卖杏花。”

这些清新的诗句会让人嗅到春天泥土的气息。

因孔夫子“杏坛”的典故，本书收录的全市中小学教师优秀示范作文自然也会让我们联想到一束束闪烁着露珠光芒的杏花。

闻着墨香，随意翻阅着这一篇篇出自教师之手的作文，我们感到春意盎然、风光无限。

收录于本书的文章都是全市中小学教师示范作文的获奖作品(其中含有教师作为范文讲评的学生习作)。它的付梓出版，使全市中小学教师们的心声有了时代的回响，精神世界有了纪念的文本。是的，在一行行文字的背后是一个个鲜活的思想，是一段段灵动的情愫；文章的集结亦是思想的汇编、情感的交汇。于老师，在匆匆的时光里，与学子同行，相携相依，没有辜负身为人师的职责；于读者，体味老师用笔尖记录的人生和用思想丈量的社会。

为便于阅读和学生借鉴，我们将一百余篇示范作文按内容和体裁划分为琐事真情、师生风采、人生真谛等十大类。这里面有教师们人生的履痕、心灵的絮语，有对生活的思考，有对亲情的展现，有对乡情的怀恋。最好的写作，源于对社会的认知，对人生的感悟，对生命的思考；最好的写作，源于真情实感的流露，“情深而不诡”“义直而不回”“事信而不诞”；最好的写作，源于一步一陟的积累——无事品读，静养萌动的灵感。闲来润笔，整理零碎的思想。

由于是示范作文，着眼于引导学生怎样行文走笔，这些文章大多取材于身边的人和事，没有哗众取宠，没有虚张声势，有的只是教师对谋篇布局的仔细研思，对语句的审慎修改，对标题的认真推敲。每一篇文章中都寄予了一份期许——打造最好的作文教学。

兰州市中小学语文教师的作文教学目标成就了《兰州市中小学教师示范作文精选》的气象。

翻开这本书，我们的老师深谙“授人以鱼，不如授人以渔”的道理，从教师那里接过“鱼”的同时也接过了“钓竿”或者“渔网”。

翻开这本书，墨香氤氲中你会在字里行间听到教师的声音，他们不但告诉你怎样审题、怎样选材、怎样写作，更重要的是教你怎样思考、怎样交往、怎样做事、怎样做人……

看，一枝红杏出墙来！

编　者

2016年3月

目录
CONTENTS

琐事真情

目录
CONTENTS

师生风采

成长印记

目录
CONTENTS

目录
CONTENTS

目录
CONTENTS

目录
CONTENTS

目录
CONTENTS

目录
CONTENTS

琐事真情

琐事人生，如影随形。人或为琐事所启迪，于琐事中发现独特的风景、全新的天地，获得幸福，享受精妙；或为琐事所困惑，当断不断，纠结痛苦。

日本作家芥川龙之介曾说："为使人生幸福，必须热爱日常琐事。云的光彩、竹的摇曳、雀群的鸣声、行人的脸孔——需从所有日常琐事中体味无上的甘露。问题是，为使人生幸福，热爱琐事之人又必须为琐事所苦……为了微妙地享受，我们又必须微妙地受苦。"

在人生这条大路上行进的并非自己一个人，而是千千万万个人。我们需要别人帮助，同时也理应帮助朋友，共同渡过难关，走向光明，走向美好的未来。爱心散发的光与热，既温暖了朋友，也温暖了自己的心灵。

琐碎的幸福，不用刻意寻觅，它就在日出日落之间，如太阳般温暖明亮，又如月光般静谧皎洁。人生的每一个故事，就是在这样那样的琐事中产生的。一个温暖的微笑，就能映照出一片彩虹。每一朵浪花都是美好的瞬间，都是人生珍贵的一笔财富。

震 惊

榆中县银山学区 陈广明

我在银山已经整整十五年了,和许多银山人称兄道弟,和许多银山人的生活有了诸多交集,乃至回到自己的家乡,都觉得很陌生。在聚会中谈到银山的人、银山的景,都会滔滔不绝。就是已十分熟悉的这片土地,自认为很了解的这片土地,却在那一刻给了我无言的震惊,甚至可以说让我感到惊悚!

一

侯文静,我了解这个女孩儿,是不经意间,在教导处翻阅她们年级的成绩单,发现每次考试第一名都是她。后来在一堂公开课上,老师提问到了她,她的穿着、她的表情与我脑海中的想象截然不同。我觉得她应和别的第一名同学一样,脸上透着自信的笑,眼角露着甜美,语气含着傲慢;但她脸上的表情是茫然的,眼神是迷茫的,语气是低沉的,听不出一丝是全年级第一名的感觉。再细细看看,她长长的辫子,显得好久都没洗过,好久都没理过。上身是校服,裤子是十分艳俗的大红。我在心里嘀咕,这就是全年级第一名吗?这是不是另外一个同名的侯文静?但她回答问题的思路却是那样清晰……下课后,我把我的疑虑在教学楼道里和魏兵校长谈了谈。魏校长了解她,也曾去过她的家。她家里的贫寒、家人的状况,就此印在了我的记忆深处。但我还是因工作生活的琐事将这个孩子"搁置"了,只是会在同事间谈论起,或在一次考试后不经意地问问侯文静这次第几?每次的答案都是:第一!

时间就这样过着,直到一天课间,我在操场上见到了一位身着将军呢、戴着眼镜、操着普通话的女性在和几位孩子说话。一会儿,侯文静跑了过来,抱着这位女性哭泣:"妈妈别走,妈妈别走!"我才瞬间明白,这就是魏校长口中所说的智力不太对,而又特别热情的侯文静的妈妈。我又从旁边的一位老师那了解到,她的妈妈病又发作了,浓妆艳抹出现在大众的眼前,好似在宣泄着什么。但作为女儿的侯文静,泪水、哭泣声却再一次感染了我,我想我一定要帮帮这位女孩。但我却苦闷无法找到一个很好的途径来帮帮这位优秀的孩子。直接给她几百块钱，会给她幼小的心灵带来刺痛，会伤了她的自尊；再说，我施舍的这几百块钱对她那样的家庭又能带来什么呢？或许还不够她妈妈再次发病后的一身行头。我也给她的班主任说过，我出钱给她在集市上买一身衣服，给她理一次发吧，但都被推翻了。

我的苦闷依然。

周末回到家，我不到六岁的儿子玩的直升机是上千块的最新装备。我儿子嫌他妈妈做的面条不好吃，一个劲要去一家四星级酒店吃自助，我很无奈，答应了孩子近乎无理的要求后，又想到了侯文静，这个优秀的孩子可曾享受过这些？我在问自己的同时，又陷入深深的愧疚、自责中。

一天，我遇到了我们县教育局的高海平老师，我和高老师的相识缘于一次爱心捐助，并未深交的我俩就此时常聚聚、聊聊。我告诉了他侯文静的家庭，告诉了他我的苦闷，他爽快答应帮忙联系，寻找最佳途径救助这个孩子。

二

一天，早自习的铃声刚响，我就接到了高老师的电话。电话那头，他兴奋地告诉我，他联系到了救助这个孩子的爱心人士，传给了我几张表格，让我选择侯文静等四位品学兼优、家境贫寒的孩子，并要我亲自到每位同学家中实地拍些照片。我赶紧到魏校长办公室，向魏校长汇报了这个情况。魏校长立马召集几位班主任开会，最终选定了八一班侯文静同学、九二班吕文秀同学、七二班石纪龙同学。同时，孙家湾小学石海荣校长了解到侯文静的妹妹侯文权成绩也很好，就一并确定为这次的救助对象。魏校长要迎接上级检查，事后我就和政教处梁彦春主任带上相机出发去拍照了。

一路上，因为有孩子们在，我没多说啥，但在心里想着，银山我太熟悉了，他们的家也就是比一般家庭稍微差一点吧！

三

我们去的第一站是九二班吕文秀家，她家离学校有20公里远，是一个叫“鸽子堂”的小山庄，我以前就知道去那儿的路特难走。一路颠簸40分钟后，到了离她家最近的一个村庄。从几位田间挖土豆的老乡口中得知去她家的路被前几天的一场大雨冲得难走极了,我开的面包车,底盘时不时会被刮得咯吱响。快到她家了,一条小路上又停着一辆手扶拖拉机,等了好久才等到主人开走。

又是好一会儿的时间,才到她家。没有围墙,没有一块砖,不见一片瓦,没有一块玻璃,没有一件电器,是个泥土房。我小的时候才见过的泥土房!

“老师赶紧坐！我给你倒水。”

“别,别,别,我们拍些照片就行了,别忙活!”

我让梁主任赶紧拍照。

“你们三口人照张相吧!”

他爸爸的脸上有些难为情,叫过一边一声不响只是傻笑的女人,和自己的孩子拍了一张照片。我让吕文秀到外边配合梁主任再拍几张照片,我和她爸爸聊了一会儿。她爸爸已经50多岁了,很沉默,问一句说一句,时不时地抽几口旱烟。从简单的交流中我了解到:这个家庭由于交通不便,他爸爸年轻时,没有一个女性看上他们家,到30多岁才有别人介绍了一位智力有问题的女子。这种结合本就是悲剧,但在偏远的农村又怎能避免呢？她爸爸不敢让她妈妈一人待在家中,没人看着,她妈妈就会搞破坏。一次她爸爸去地里劳动,她妈妈就把家里的围墙全推倒了;一次她爸爸去村里办事,她妈妈就把家里的电视机砸了……

这样的家庭,我只有默默地叹气,好在他们的孩子很争气,书读得很好,在九年级全年级能够排到前二十名。

告别了吕文秀家,我的心情有些沉重。返回的路上,我一路无言,希望第二站、第三站会好点。

四

返回学校,我和梁主任让吕文秀回教室上课,从八年级一班找到侯文静,又到孙家湾小学找到她妹妹侯文权。立马我们又开车去侯文静家。她们家离学校不远,这个村子上很多人我都认识,进了村子,我就遇到了几位认识的朋友,简单的言语间我就已经知道,这第二站比第一站好不到哪儿去。

果然,一家四口,住的房子不足20平方米,厨房也没有,唯一的火炉还在屋檐下。侯文静的妈妈确如魏校长所说热情得很,招呼我们坐,招呼我们抽烟,但到哪儿坐？抽啥烟？我和梁主任一脸茫然……他爸爸只是傻笑,我从别人家口中了解到,他爸爸连人民币也分辨不清，在小煤窑上班，发工资时给别人十张十块，给他一张一百，他会和老板争执很久。若不见本人，我不知道他是受别人家的揶揄还是啥，但我亲眼一见，我百分百相信这是真的。

我无意渲染她家的苦难，我也深知我的文字做不到这些。如果我的文字能够让人们真切地感到这种生活的无奈，感到她家的贫寒，我宁愿自己的文字再多些渲染！

好在他们的女儿很懂事，全年级第一总是他家的孩子。我只能真实地写出我的感受，我只能用我的文字拷问我的内心。我，我，如果可以，我会帮帮这个可爱的第一名。我不知道我用文字书写的这种行为算不算对她的帮助。

孩子，愿你的明天会更好！

五

石纪龙，一个胖乎乎的男孩子，很腼腆，很可爱，学习成绩很不错。

梁主任和我到了他家，从外面一看，我的心稍稍轻松了一些，四面都有房子，我想情况也许会好很多。但一进大门，院子里落满了红山果，多么激发人想象力的红山果，却在院子里肆意地掉落，落在鸡粪上，落在杂草中，我叹了一口气。堂屋，比其他两家好得多的堂屋，有水刷石，有砖块，有玻璃窗户；但撩起门帘，一股浓浓的霉味扑鼻而来，黑沉沉的房间里电视机在闪着，土炕上蜷缩着一位男子，就是石纪龙的爸爸。

我拍了几张照片，也随便问了问他家里的情况。得知他爸爸的糖尿病已经十几年了；妈妈忍受不了贫穷，离家出走也好几年了；姐姐（也是我们学校的学生）在县城读高三，成绩很不错，但能不能上大学尚是未知数。

我被一天来的所见震惊了！我所熟悉的银山呀，我真不敢相信！

六

爱心捐助，高老师告诉我已到位了。到时高老师、魏校长、我，我们又会重走这几个家庭，我怕到时候我们几位又会有泪水。其实，一定会有泪水的。

有了爱心人士的善举，我相信我所熟悉的银山会好起来，每个孩子和每个家庭都会好起来。

换种方式有阳光

西固区西固城第一小学　陈　伟

说到教育故事，一个个鲜活的面容就会闪现在我脑海中，多年的班主任工作的画面历历在目。但给我留下印象最深的、时常萦绕心头的，却不是那些学习优秀、家庭优越而时刻被爱包围的孩子；而是那些在我们看来问题很多，由于各种原因缺少温暖又渴望爱的孩子们。今天我要和大家讲述的故事，每每想起都会触动内心……

一天下午我拖着疲倦的身体回到家，吃完饭准备备课，突然一阵电话铃声响起，我接起一听是我班张某某的家长。

"陈老师吗？"

"是，我是。"

"我问一下，你们几点放学？"

"五点半。"

"那我儿子怎么五点不到就回家了？"

听到这，我脑袋"嗡"的一下大了。马上问："他今天没休病假吗？"

"没有呀……"

"可他今天没来学校呀！我还以为又生病了。本来想打电话问问，一忙就给忘了，真对不起。"

"他一早就去学校了，中午放学回来了，下午两点不到就又去学校了。"

我意识到自己犯了一个不可原谅的错误。

"学生一天没到校，你怎么能不和家长确认呢？就凭主观意识判断，幸好没出问题，一旦出了什么事，后果能担得起吗？作为班主任，你太失职了。"爱人的一番话让我百口莫辩。

提起张某某，不禁让我想起他的种种表现。张某某三年级时转到我们班，是个很腼腆的男孩。接触一段时间后发现，该生基础差，爱说谎，经常不交作业。为此我曾把孩子的母亲请来，她听了孩子的表现后一口咬定孩子写作业了，而且是她看着他写的。可等孩子从家里取回作业查看时,却是很久以前的作业。面对事实,家长还是坚称是看着他写的……我看解决不了问题,其父在外开车,经常不在家,孩子一向由他母亲管教,只好通过电话向孩子父亲反映。通话后,他明确保证会抽时间管教孩子。结果同样的事没过多久又发生了。一次,在张某某承认没写作业的基础上,我让他去教室做作业,这次拿来的作业字迹根本不是他写的。合上本子一看,封面写着其他同学的名字,让我哭笑不得……这不免让我对家长的责任感有了担忧。再后来我发现他每到周末都不写作业,而是在家上网。为了逃避周一的作业检查,他请过两次病假。一次下午来学校后,检查他作业的事被忽视了,也许他尝到了欺骗的甜头,就屡屡效仿,只要没写作业,就变成了变相逃学。

针对他的表现,我认真反思过。也许我当时的行为有些急躁,没有给他缓解的机会,让他原本不多的自信心彻底丧失殆尽。我还让他父母一起来学校,可能他觉得越发无助,不敢面对,便选择了逃学。找到了原因,我为自己的言行自责。既然这样,我不能指望家长什么,只好自己解决,我应该换种方式对待他。我利用课余时间和他单独谈心,了解他的思想动态,课堂上对他多提问、常表扬,并请尖子生和他同座,督促并帮助他解决学习中的问题……

由于他先前的表现,这次让我错误地以为他又请病假了。没想到他竟然出了新花样,不仅骗了我,连他家长也被忽悠了。

第二天我一到学校就直奔教室,看见他坐在座位上就放心了。我没有提昨天的事,但发现他时不时地窥视我。我显得若无其事,不想让他有畏惧心理背着包袱上课。两天过去了,第三天课间我正和其他同学比赛掰手腕,他也凑过来,我让他和小胖子对决一场,瘦小的他居然赢了。看着他一脸自豪,我对他说:“没看出来,你手劲还挺大,佩服,佩服！不过我听说你家能上网,你还是电脑高手,我想给你一项任务,以后咱们学习需要搜集的资料由你来负责,我再给你配几个助手,你教他们,你看成吗？不过你以后不要再玩失踪了好吗？老师会很担心的。”我抚摸着他的头说。

他红着脸冲我点了点头。

“真的,来咱俩拉钩盖章,让其他同学做个见证。”

孩子们对老师是宽容的,只要你对他们付出爱心,那么,你曾经对他们的冷言冷语、暴跳如雷,他们都可以原谅。作为老师也应该对学生宽容再宽容一些,芸芸众生,各有所长,可能他们经常无法克制自己的言行,无法很好地完成学习任务,不一定有辉煌的未来,可是谁说一个平凡的人就低人一等呢?宽容是一种无声的教育。虽然书本知识的灌输是很重要的,但是给学生营造一个宽容的学习环境,在鼓励学生人格力量的成长上、个性的发展上,会有利得多。

随着课程难度逐年加深,班里学生因压力太大而对学习产生了厌倦,网上游戏成了他们的最佳选择。作为高年级的班主任,对学生非智力因素的管理和教育不敢马虎,尤其我对张某某的关注始终没放松过。每天早上我安排班长清点人数,发现缺勤的同学随时报告。即便如此,这一天还是来了。

“张某某又没有来!?”

“他没有来。”“我们都没有看见。”学生们这样说。

难道又逃学了?一个想法跳了出来。不会真是如此吧?我吓了一跳,跑回办公室找到他爸爸的手机号,哪知道成了空号。给他妈妈打了好几个电话也无人接听。唉!这个孩子不至于这样吧!现在最重要的是和他父母取得联系,了解清具体情况再说。我尽力回忆和他相关的人和事情。后来决定到班级里问问经常和他一块来学校的学生。我跑回教室,那位学生说早上他和张某某一起来的学校,在校门口张某某说要去买学习用具,就分开了,去哪了他也不知道。这时孩子的母亲打来电话,我说明情况后,她说她去找孩子。快十点时还没找到,我不免有些担心,但还是宽慰了家长几句,预测了几个孩子可能去的地方。下午四点接到他妈妈电话说已经找到了,我心里的石头也终于落了地。我劝家长不要发火,也不要打孩子,以说服教育为主。再见到他时,是第二天的下午,和他一起来的还有他母亲。他母亲一见到我就说他不想念书了,我当时就愣住了。

“为什么呢?”我问他。

他说:“不喜欢上学,想去打工。”

“你年龄还小,还不到14岁,谁会给你一份工作呢?即便是有,做老板的也不敢雇佣童工呀,那是违法的。”

“反正我不念书了。”

“你想好了?那我们去见校长,退不退学还得校长说了算。”

来到校长室,校长听了后问他:“是你们老师对你不好?”

“不是。”

“那是老师太严厉了,你不喜欢这个班,想换个班?”

"也不是。"

"那你的这个决定就太草率,也是对自己不负责任,你回去再慎重地想一想,学校就没有你可留恋的东西吗?如果两天后你还是想退学,我就批准,你看可以吗?"

张某某点了点头,退出了校长室。校长对他家长说:"回去好好开导开导,没有实质性的问题,孩子会想明白的。"

站在走廊上,我扶着他的肩膀说:"你真愿意提前和我们说再见?你真的不想多学点知识为将来做准备?你不想在电脑方面更有长进?还是老师哪儿做的你不满意?上学就真的那么让你厌倦吗?老师希望你回去好好想一想,我等着你的回答。"

下午班会课上,我跟班里的同学说了张某某的打算,同学们吃惊不小,议论纷纷。一天就这样匆匆过去了,大家的心情都很沉闷。

第二天早自习,我正在和班长说事,就听见一片掌声突然响起,我还纳闷呢?一个同学小声跟我说:"张某某来了。"我听了,心里既激动又高兴,情不自禁地也和同学们一起鼓起掌来,将张某某迎进教室……

自打那件事情之后,张某某对待功课认真多了。尽管他的思想还是有反复,但是我没有忘了换种方式。在毕业考试中,张某某的语文成绩竟然是90.5分!

做教师没有能力点燃火种,但绝不能熄灭火种。面对充满好奇和天真的孩子们,要珍惜这份事业,更要努力让每个孩子的心中充满阳光,让每个孩子在爱的抚慰下成长。每一位为人师者,放弃了一个学生,可能会减少工作压力,可能会提高教学质量,可能会赢得荣誉;但放弃的却是一个孩子的美好前途和一个家庭的希望,留给自己的也将是永远的遗憾。

教育无小事,事无巨细。当各种教育问题涌到我们面前时,应沉着应对,不要急于贴上标签,而换种方式,尤其是对待学习有困难的学生,一定能看到久违的阳光。

三分天赋 七分教育

——一个孩子给我的启示

城关区水车园小学 陈 娟

夜已经很深了,我却辗转反侧难以入睡,望着窗外透进来的微弱灯光,想着今天发生的事,心里百感交集。窗棂上一个影子似乎越来越清晰,一个孩子他的一颦一笑那么真实地展现在我眼前。

中午放学与往日一样,我护送完最后一个学生早已饥肠辘辘。看着还在身边的儿子,便不假思索地说:"儿子,妈妈很累,中午我们去吃牛肉面吧!""又要吃牛肉面?"儿子撅着小嘴嘟囔着。突然一股饭香扑鼻而来,"陈老师,陈阿姨,您还认得我吗?"一个高大帅气的小伙子手里拎着一兜直冒热气的饭菜笑嘻嘻地对我说。"你是……不好意思,我想不起来了!""那个在您的课堂上,自主活动时总是借您书看的,吊着鼻涕的孩子,郎某某啊!""小郎蛋,是你? 真的是你?"我禁不住惊呼道。"哎呀,当年的鼻涕虫现在变得这么帅气了! 大学毕业了吧,在哪上班?""走,陈老师我请您吃饭,包厢我都订好了,我知道您只有中午这点时间,我们边吃边聊。"

"郎经理,我们的车在那边,要开过来吗?"一个与他年纪相仿的男孩问道。我这才注意到他身后有几个助理。"哦,孩子谢谢你,不去了,看这样子你也很忙,不打扰了,小弟弟中午还要休息一会,我们要回家去。"我边说边指指在旁边直盯着饭菜的儿子。"那好吧,不勉强您了,我知道您也很累,中午小憩一下,下午才有精神继续上课,但我也知道您还没吃,不知这些饭菜是否合您和弟弟的口味,请您拿上,不能再拒绝哦!"他挠挠头皮,略显尴尬地说道。看着他真挚恳切的眼神我只好拿上了。他的嘴角便又露出小时候顽皮的笑容。"陈老师,这是我名片,这两天我在兰州办事,顺便回来看看我妈妈,妈妈说您好久没来我家了。周末有时间请您一家到我家来,我给你们做大餐!""呵呵,阔别几年当刮目相看,好,周末我们全家来品尝你的手艺!"我爽快地答道,于是目送他们一行人高兴地上了几辆车,开远了。

想想"小郎蛋"这孩子,从三年级我接上他们班任他们班的体育老师起,就跟这孩子深深地结了缘。每节课他们班文体委员整队报数后,向我汇报时都要说:"除郎某某被班主任老师留下外,不能上体育课,其他人都到齐。”每次由不得自己,我总要问一句:“为什么留下他?”刚开始文体委员的回答不尽相同。“他作业没写完。”“他把墙皮抠下来了。”“他把同桌打哭了。”“他把鼻涕往别人衣服上甩。”等等。到后来文体委员干脆向我汇报时就一句话——“不知道,反正他又闯祸了。”

好奇心、责任心驱使当时上班没两年的我必须见见这个孩子。有一次又是他们班体育课,因他们班主任是学校一位资深老教师,我打断了文体委员的汇报,大着胆子说:“你去把郎某某给我叫来,我想见见他,让他上体育课。告诉班主任老师,陈老师感谢她在体育课上照看郎某某,以后体育课让郎某某上,郎某某犯错我会与她及时沟通的!”

就这样,还清晰记得那节课,郎某某一蹦三尺高地来到了我的面前,孩子的嘴始终高兴地咧着。“陈老师,您真让我上体育课吗?”眼泪在孩子的眼眶里打转,但他始终倔强地控制着没有让泪水流下来,看着我急切地问道。“你怎么知道我姓陈?”我故意板着脸问。他擦擦快掉到嘴角的鼻涕说:“同学们都说今年新换的体育老师姓陈,可温柔了!”已经集合好的学生们“哗”地笑了。“是吗,那你就看看我到底温柔不温柔,尤其是在你犯错的时候,准备打屁股的时候,我可凶啦!”小家伙的眼里闪过一丝怯意,随即又擦擦鼻涕高兴地说:“你不会打到我屁股的!”“好聪明的孩子,该怎么管他”,我暗暗想着。我从口袋里翻出一张纸巾递给他说:“快擦干净你的鼻子,站到第四排排头去!”后来因为这个孩子好动、倔强,我教了好多次,他仍与其他孩子不会交往。我当时上班没多久,也没什么方法,为防止他与其他孩子冲突,集体活动我让他参加,自主活动时间我就让他看书。他自己也带书,我也给他借书,一晃他就小学毕业了。也因为他,我同他的妈妈成了朋友。他上中学后,我就很少见到他了,之后就听他妈妈说:“考到北京外国语大学了。”他上大学这几年我再也没见过他。

是啊,从他出生到现在,他的妈妈付出了何其多的辛劳啊!从他幼儿园的老师、小学的班主任嘴里的顽皮、好动、怪异、不可理喻、无可救药等等,到北外的高材生;从单人单桌的座位总是空的,人总是在教室墙根立着,放学路队里不管有没有错总是孤单一人离队子两米,到现在的身边助手如云的阳光大男孩,北京五星级大酒店的外国老总助理……我的思绪万千,心情久久不能平静。记得洪兰老师与尹建莉老师说过的一句话:“没有命定的天才,只有教出来的人才”,用在这个孩子身上是多么恰当啊!

想当初,有很多人说这个孩子成不了人才,这其中不乏教育者。说他毛病太多,习惯太坏,性格怪异,不爱学习,不是个好孩子……到如今,又有很多人说这个孩子是个人才,这其中也有很多教育者。说他性格阳光,严于律己,朋友甚多,钻研好学,真是个好孩子……我想这种反差更加验证了洪兰老师与尹建莉老师的观点:“好孩子,三分天注定七分靠教育。”只要把握住这七分的机会,他也可以堂堂地立足于这人世间。他妈妈耗尽自己的半生把握住了这七分的教育机会,记得他妈妈给我说过最朴实不过的一句话:“谁都可以轻言放弃,不尊重他,但我作为母亲,我不能!”为了教育好孩子,这位妈妈重学了一遍初中、高中的所有课程。陪孩子在图书馆里看书,春夏秋冬从不间断。更主要的是,他妈妈对孩子的生活、学习、与人交往方面等等都是点点滴滴地引导,尊重他的意见,耐心地听他诉说。孩子与母亲无话不谈,从小学、中学到大学,直到他现在羽翼丰满。

是的,还记得洪兰老师与尹建莉老师说的:“如果说孩子是花,那么教育就是根,需要家长源源不断地进行浇灌,而天分只不过是花儿成长过程中的几片叶子而已;如果希望叶子强壮,还需要从教育上下功夫。”真的要为孩子好,就放手让他去做,自己在后面做坚强的后援。即便他失败了,这个教训也会使他终身不忘,他的一生会比那些从来不曾犯错的人过得有意义。好孩子是教出来的,不是说出来的。要教好孩子,父母除了要做好孩子的榜样,还要随时纠正孩子的错误观念;更要懂得教育的三大法宝:信任不等于放任,自由不等于自私,自信不等于自负。而从这个孩子身上我得到了充分的验证。

和爱一起成长

——我的教育故事

兰州师范附属小学 曾笃学

2014年3月,甘肃省教育厅启动了“三区”人才支持计划教师专项计划,兰州市对口支援陇南市。带着领导的期望和嘱托,怀着满腔的憧憬与热忱,我走进了这支支教队伍,走进了陇南市西和县洛峪镇关坝小学。来支教了,才真正了解城乡教育的差别,才能深切感受城乡教育的不均衡,也才会深深地懂得支教的意义。

在支教的日子里，经历了许多以往在城市里不曾有过的事情，心里总是涌动着无限感慨，感觉自己身居僻壤但总有一种被需要之感。暗暗告诉自己，默默耕耘，播撒希望，安静成长，便不虚此行。回味支教生活，犹如西和罐罐茶，可独酌，也宜共饮；无喧嚣之形，无激扬之态，一罐浅注，香气馥郁。现愿把盏一罐清茶，与大家一起品味茶味的苦涩与甘甜。

我做理发师

王利平已经两天没来上学了。哎！这个可怜的孩子，他总是这样隔三差五旷课。就在上周三的早上快下自习时，张文博老师把他领进了教室，原来他竟然一大早带着他上一年级的弟弟在河坝里捉鱼呢！当天中午，在全校学生站路队时，王校长就他哥俩旷课事情做了通报，点名叫他上台时才发现他不在路队里。我跑到教室里找他竟也没找到，以为他又溜回了家里，我和王校长还特意去他家里找，他爷爷说他还没有回来呢！等我们再回到学校，他居然就在教室里。问他刚才去了哪里，他死活不肯说话。后来，我私下找他谈话，他终于开口说他当时听到王校长叫他的名字，吓得赶紧藏起来了。藏到了哪里，他也不肯告诉我。我对他晓之以理，动之以情，他才答应我以后再也不逃课了。可是这周，他又是连续两天没来上学了。

晚上放学，我到王利平家去家访。他家就在学校南面的西山脚下，不远，几分钟就到。两排土坯房呈“L”形，敞院，没有围墙，没有大门，院子里堆满了杂物。我叫了几声，无人答应，上前看，房门上挂着锁。这么晚了，这一家老小不知道去了哪里，我悻悻而回。脑子里总是浮现出这个小家伙的样子：头发乱蓬蓬的，小脸也是脏兮兮的，总是穿着一件灰灰的厚外衣，蓝色的运动裤，衣物上也满是油污。一双旧布鞋，他总是穿反。

回来后，我跟王校长说起他。王校长说，“孩子父亲老实巴交的，母亲在几年前外出打工跟着别人跑了。后来据说是找到了，她也不肯回来了，就这样撇下了两个孩子。现在，孩子父亲外出打工，两个孩子由其爷爷照看。老爷子体弱多病，还要忙里忙外，既要忙地里的活，又要做饭照顾两个孙子，确实不容易。孩子就在这种环境中成长。”一个三年级的孩子识字量极为有限，考试成绩从来超不过10分。三个月了，我虽然想尽了办法，但对他似乎无济于事。他的作业叫人没法看，大部分空白，至于上面写的内容，恐怕得有考古学家的眼力和耐心才能辨识；而更叫人难过的是，上面写的是什么他自己也不认识。他能做的就是“照猫画虎”,即使是照着誊抄,他也总是会缺少了字的部件,就像一个不懂得拼装机械的初级工,不是弄反了位置就是缺少了螺丝。更叫人烦恼的是,他好不容易记下来的一点儿东西,转眼间就忘得一干二净。我只有不断安慰自己,尽量给他一些关爱,给他一些我力所能及的帮助,让他能快乐一点,心灵能舒展一些。除此,我也别无他法。

今天,王利平来上学了。还是那身衣着,还是那副样子。问他这两天去哪里了,他低着头不肯言语。蓬乱的头发都已经遮住了上耳郭。我突然想,给他理个发吧!俯身小声征求他的意见,不料他爽快答应:“好的。”

下午一放学,我就叫他到我办公室去理发。小家伙麻利地收拾了书包,小脸洋溢着喜悦的神色。到了办公室,我找了一张报纸对折再对折,然后剪了一个小弧形,展开,刚好做成了一个形似理发用的披肩,围在他脖子上。小家伙咧开嘴笑了。问他笑什么,他只是笑而不答。

“是不是觉得挺好玩啊?”我问。

“就是的。”他回答得轻巧、简洁。

“我还从来没有给别人理过发呢,要是理得难看了,可怎么办?”我边说边找剪刀和梳子。

“好的。”他说话总是这样简洁。

我用手抓了一点儿水,弄在他的头发上。天哪,你都不知道他有多久没洗过头,头发油乎乎的,黏在一起。

我左手拿着梳子,右手拿着剪刀,“咔嚓、咔嚓”开始工作。不一会儿,六年级同学上课的哨声响起,我知道20分钟已经过去了,我连他一只耳朵周围的头发都没弄清楚。如此速度剪发,这颗脑袋我不得理几个钟头吗? 不过,两只手经过20分钟的“实习”也似乎顺手了一些。想到上次王校长给他儿子理发时一梳子一梳子挨过去,理得倒也平整,我就慢慢放开胆照做起来。心态放轻松了,做事自然也就顺手了。

大概一个钟头,我终于完成了我的理发“处女作”。除了局部地方剪刀痕迹较明显之外,总体还是不错的。我拿开报纸,抓起毛巾,收拾了他头上、脖颈处的碎头发,拿过镜子给他看。

“怎么样?”我问。

“好的。”小家伙满意地笑了。

想烧点热水给他洗头，小家伙说回家自己洗，然后背着书包蹦蹦跳跳地走了。望着他离去的背影，我心生怜爱。我下决心一定要给这个可怜的孩子多一些温暖与关爱。

自此，我的业余时间便多了一项事情做，那就是理发，给那些需要理发的孩子。

桃花朵朵开

晚饭后，出校门散步，又碰到了那几个小家伙。他们一见到我就叽叽喳喳地簇拥过来，热情地叫着“曾老师”，一个大孩子提议，去河坝对面的山坡上看桃花。

山上树木很多，但桃树不多，粉色桃花在绿树映衬下格外好看。满树粉粉的桃花，小的妩媚，大的娇艳，散发出浓郁的花香。

两个稍大一点儿的孩子使劲摇晃着树干，粉色花瓣如蝴蝶般翩翩飞舞。落花如雨，飘飘洒洒，我心里感叹：好一阵桃花雨！孩子们便跳跃着，在树下伸开双手去接，然后把接到的花瓣放进嘴里，他们说很香的，不信你尝尝。我和孩子们在一起，尽情享受着这份幸福与快乐。

天色渐渐暗下来。刚回到办公室坐下歇息，就听到窗外几个孩子叽叽喳喳，一定是六年级的几个“小书迷”又来借书啦！

“进来吧！”一听到我叫，几个小鬼嘻嘻哈哈地挤进门来。

“曾老师，送给你！”王义从身后拿出几枝桃花递过来。桃花一串串、一簇簇，粉嘟嘟、笑盈盈，蓬蓬勃勃、灿若云霞，一如几个孩子红扑扑的脸蛋。

“曾老师，你把它插在瓶子里，再倒上水，它能活十几天呢！”王涛一本正经地说。

“不止！你们瞧，上面爬满了鲜嫩的芽，透着生机，眨着眼睛，它在告诉我们它会一直就这么热烈地开放，永远不会凋谢。”我说道。

“不会吧！”几个孩子瞪大了眼睛。

“会的，因为它永远开在我心里。”我笑着说。

几个孩子笑了，一如面前这几株桃花。

孩子们，让我怎么帮助你们

连日来阴雨绵绵，群山浸在云雾弥漫中，一片空蒙。教室后面的空地上摆满了撑开的雨伞，雨水淌了一地，似乎在悄悄诉说着孩子们上学的艰辛。孩子们鞋子上沾满泥污,料想路上定是泥泞不堪。孩子们像往常一样,扯着嗓子,叽里呱啦地背诵着课文。

突然,教室里静了下来。顺着同学们的目光,我看到身材娇小的刘婷婷站在门外。小姑娘全身湿透了,头发湿漉漉的,紧贴着头皮。雨水正顺着她的裤管往下滴。我问她下这么大的雨,为什么不打伞?她说小弟弟的伞弄坏了,她把自己的一把伞给了小弟弟,自己只好淋雨了。我心里一下子湿润起来,似乎这雨淋到了我的心里。

自打支教来到这里,我尽自己微薄之力给孩子们以各种帮助,一支支笔、一个个本子、一块块橡皮擦、一碗碗泡面……但总是杯水车薪,总会有孩子手握一支中性笔笔芯写字。追问他们老师给的笔呢?孩子们总会回答:被弟弟妹妹或是哥哥姐姐拿走了。再给,不几天又不见了。孩子们果真家里很困难吗?不尽然。他们总有零花钱以填补肚子却总是舍不得为自己买些文具,就像王校长说的,他们的家长好多抽着黑兰州香烟却不肯给自己的孩子买辅导资料。想起好几次去学生家里,不管家里条件如何,孩子们总是没有一张书桌,或是跪在炕桌上写字,或是趴在炕沿上,再就是坐在小凳上趴在椅子上写字。

孩子们,我该怎样帮助你们呢?

后　记

有人说:“使人成熟的,并不是岁月,而是经历。”支教是一种经历,是一种磨炼,更是一种人生财富。感谢生活让我有这种经历,尽管有感动,有遗憾,甚至是困惑,我珍惜每一个支教的日子,“因为有爱,所以流年不再苍白”。我将继续信心满怀地在每一个平凡的支教日子里默默耕耘、辛勤付出,书写我的支教生活,和爱一起成长!

我的理想

兰州市实验小学　杨润玉

我的理想是圆父亲一个梦想。

父亲是一个木讷的人，极少言笑，这也许和他的工作性质有关。父亲是建筑设计师，每天面对的就是苍白的图纸、单调的线条，以至于他的性格也变得单调、苍白。从父亲脸上我很少看到兴奋、惊喜的神情，哪怕是恼怒。我和妈妈背后常偷偷叫他“纸片人”。

去年七月间父亲带我去了张掖，游览了著名的马蹄寺之后，车子驶入一条通往青海的公路。

“哇——”我不由得惊叫起来，真是太美了！

笔直的公路两边是广阔的金色麦田，锦缎般一直延伸到遥远的山脚下。父亲停了车，我们并排站在田边，就那样静静地站着。那一刻我觉得自己真的是被震撼了，抬头看看父亲，他和我一样用近乎痴迷的眼神望着眼前这一片美景，不同的是父亲的眼里水汪汪的，似乎蒙上了一层雾。

“爸?!”

“嗯? ……”

“哦。”父亲低头看着我，仿佛意识到了自己的失态，“你看，这才是我真正想要的生活。”

父亲指着远处一台红色的收割机，那机器在田间缓缓前行，没有我想象中丰收时节的忙碌，更多的是一种悠闲和恬淡，不仅让我想起陶渊明“采菊东篱下，悠然见南山”的诗句。

从那时候起，我就有了这样的理想：做一个真正的农民，拥有一大片金色的麦田。那样父亲就可以戴一顶被阳光晒得发白的草帽，脖子上系一条毛巾，坐在收割机高高的驾驶座上，用晒得黝黑的手握着方向盘缓缓转动，看一排排麦浪高过一浪，他会不时撩起毛巾角擦擦额头的汗，脸上是老农满足的笑。

或许他还会蹲在田间，用粗糙的大手摩挲那些饱满的麦粒，慨叹这一季农事的丰或者贫。

我的理想卑微但温暖，就是想圆父亲一个梦想。

折射阳光的露珠

——我的教育小故事

榆中县贡井学区 白睦锦

有许多感慨、欣慰的故事，如同潮起潮落，鼓舞着学生进步和成长；有无数无奈、困惑的场景，如同花开花落，鞭策着我们在教育生涯中前行。蓦然回首，默默品尝着教育的甘甜与幸福，慢慢懂得教育的艺术与真谛。

故事一：别以成人的眼光看孩子

那是一天中午，我正在准备下午的音乐课，两个男孩子气势汹汹地来到我的办公室。其中一个孩子迫不及待地说："校长，你管管，我上厕所时亚斌给我溅水，你看……"我俯身一看，孩子裤子上污水的痕迹尚显湿意。

我时任一所山区小学的校长，同时担任六年级班主任，这种既担任校长又担任班主任的"双肩挑"工作，在农村小学是常有的事。细问才知道，五年级的志刚同学上厕所时，我班的亚斌同学在厕所后面的空地上捡起土块扔进厕所的便池里，溅起的水花溅到志刚同学的裤子上，气得他七窍生烟，牵着亚斌来找我评理。

学校厕所的后面是一小块空地，为了方便拉土"垫厕所"和"出厕所"。山区学校的厕所大多为旱厕，要定期把土填到便池，这就是"垫厕所"；时间长了，土填到一定程度，就要全部清理出去，这就是"出厕所"。

我问亚斌同学："你怎么给人家溅水呀？"

亚斌同学理直气壮地说："报复！上周星期三课外活动，我上厕所时他给我溅过水。"

我说："你当时找老师处理了吗？"

"当时是想找老师，可那天太阳好，等我把他找到时，他说没证据了。我一看，溅的水已经干了，就没再找。"他失望地说。

哦，我又好笑又好气，"你们经常这样吗？"

"没有，就这一次。"他俩几乎同时说。

“你们的事别的同学知道吗？”我又问。

“不知道，厕所后面气味难闻，同学们都不去。”他俩说着差不多的意思。

“他先给我溅的，他不给我溅水，我也不给他溅。”我班的亚斌同学极力为自己辩护。

“那次我是要从厕所后面的墙根处取个土块，准备在操场上画线，和我们班的同学比赛跳远，不小心滚下去了一块土块，给他溅了水。”五年级的志刚同学解释说。

我仔细地观察着两个孩子，问志刚同学：“你当时没给亚斌同学解释吗？”

“没有，我觉得不管啥原因，反正给人家溅了水。”亚斌同学答道。

我认真地从他们的言语中聆听着他们的心声，感受着他们各自的委屈……

一阵子询问之后，亚斌同学的情绪缓和了许多，但委屈犹存：“没有他以前给我溅水，今天我不给他溅。”

下午上课的预备铃声响了，我说：“你们先上课去吧，大课间时间找我。”

孩子们走了，我为这个看似简单的问题着实犯了难，心想大课间时间他们来了咋处理呢？

两节课后，我在办公室等他们，左等不来右等不来，我带着各种猜测到校园里转悠。我在一群玩“老鹰捉小鸡”游戏的同学跟前停下，一个同学碰了我一下。唉，这不就是亚斌同学吗？志刚同学也在。我把他们招呼过来，他俩已经若无其事的样子了。几乎同时说了句我错了。说完，不好意思地嘿嘿直笑……

孩子的心灵就是这样单纯，我们不要以成人的眼光看孩子，有时候认真聆听就是解决问题的最好办法。

故事二：我和家长的密约

我所担任的数学课教学的六年级有个男孩子小凡聪明机灵，可就是在学习上静不下心来，作业中经常出现这样那样的问题，显得毛毛躁躁的。我时常对他进行批评教育，几乎没有一点效果。无奈中，我联系他家长到学校来，和他家长沟通许久，他家长也没有办法。谈话中得知这个孩子平时孝敬爷爷奶奶，经常给他们端茶送水、洗脚、剪指甲、唠家常什么的。

我和他家长商量，把我们沟通的事情晚上给孩子和盘托出，但让我们无奈的事情不说，重点只强调两个方面：一是说老师认为他在学校的学习态度变好了，进步很大;二是孩子的孝心让老师很感动。

我随后在班上的“六星评选”中,特意强调了“孝敬之星”,提名小凡为候选人,让他讲了自己的孝敬故事,很多同学都给他投了票,他最终被评为“孝敬之星”。我着实夸奖了他一番,号召同学们向他学习,小凡同学还显得不好意思了。

在之后的作业中,我尽量找他的优点,哪怕一丁点也毫不吝啬地表扬他。没想到经过一段时间,这个孩子的优点越来越多了。

我又和他家长取得联系,让家长再到学校来,告诉家长回家后给孩子说,老师感觉小凡同学快有当学习委员的资格了。

再看这孩子,在以后的学习中,在班上处处表现,主动整理图书角的书本,收拾卫生工具等。现在的他完全成为班上的榜样了。看到他的进步和成长,我高兴极了。

面对一些问题学生,有时候引领比“堵截”更奏效。

故事三:给孩子一次表现的机会

我发现,班上总有几个孩子被大部分孩子忽视。被忽视的孩子要么胆子小,不善于和同学们沟通交流,有着孤零零的感觉;要么学习成绩差,同学们瞧不起,他们觉得低人一等。

学校组织拔河比赛。我召开了班委会会议,要求他们选出得力的比赛队员。班委会积极行动,热情高涨,很快就把名单送给我,我不假思索地同意了他们的方案。因为他们肯定比我熟悉学生情况,他们的方案应该是最好的。

比赛进行得一帆风顺,我班径直杀入决赛,和五年级二班争夺第一名。参赛队员们摩拳擦掌,斗志昂扬。第一局比赛异常艰难,在较长时间势均力敌的对抗后,我班被二班拉了过去。同学们的高兴劲儿没了,力气也用尽了,一个个垂头丧气的,全班陷入了无奈的沮丧中。为了鼓励孩子们,我在一旁给他们使劲打气。班长一个劲直摇头,说:“我们都拼了命,拔不过……”之前的斗志荡然无存。

一向内向的小虎同学怯怯地说:“要……要不,我……我试试,和钢钢换一下。”

几个同学说:“他肉肉的,不行!”面对同学们的不信任,小虎同学不再说话。

同学们个个小脸涨红,他们确实是十分卖力了,就差那么一点点力气没有拔过二班。

我说:“就由小虎同学换上钢钢同学,比赛第二局。”我说后同学们没再说什么。

第二局比赛开始了,小虎同学抓住拔河绳,排在比赛队员的最后,他的身体压得低低的。我一边鼓励同学们,一边指挥队员迎战。一阵对决之后,拔河绳慢慢地、一点一点向我班方向移动……我班啦啦队的加油声由小变大,一浪高过一浪,队员们一鼓作气,红线终于拉过了比赛区。同学们的心情霎时多云转晴,那个乐呀!

钢钢同学狠狠地抱住小虎同学,“你真行!”同学们一下子抱成一大团,众星捧月般围拢住小虎同学。小虎同学说:“放羊时,羊不听话,跟我较劲时,我的经验就是压低身子拽,劲就大。”同学们立马报以热烈、赞赏的欢呼声。

重新获得斗志的队员们在第三局比赛中又胜利了,小虎同学和其他队员登上了领奖台。

小虎同学是一个很内向、学习成绩一般般的学生,在同学中处于众人的半忽视状态。今天,他显得格外高兴,瞬间成了同学们崇拜的对象。在以后的学习生活中,他变得话多了,胆子大了,性格也开朗了。

不是吗?一粒种子,总有一块适合它生存的土地;每个学生,也一定有他成长的舞台。只要我们给孩子多一些展现的机会,就会有更多的孩子找回自我,树立自信。

故事四:一次意外

建明同学是六年级的学生,我是他们的数学老师。他酷爱语文,能写出四千多字的《红楼梦》读后感。可是他就是不爱学数学,作业经常不能按时完成,一周下来,五次作业能落下两三次。眼看到了期中考试,他几乎落下了三个单元的作业。要他的作业,那可是太费神了——他不是说作业落到家里了,就是说没时间做。

一次面批练习册,别的同学做到期中复习了,他还在第二单元上。我气急败坏,当着全班同学的面把他的练习册撕为两半,狠狠地摔在讲桌上。

没想到建明同学对着我大声说:“你为什么要撕我的练习册?我恨你!”看着被激怒的建明,一时间我也不知所措。

“既然不做,不如撕了!”我态度强硬地说。猛然间,我又感觉到他对练习册的珍爱。

“你不负责任!”他气狠狠地说。

“你自欺欺人!”我说。

“那是我的练习册……”他争辩着。

我说：“练习册是你的，不做就等于废纸一堆，对你的学习没有一点帮助！”

“现在让我怎么做？没了！”他带着哭腔说。

“有了你也不做！”我强调着。

“我做！现在没了呀……”他情绪已有些失控。

“要是你真能做，我赔你的练习册。”我说。

“那你赔，我做！”话语中带着几分倔犟。

一时间我真是骑虎难下，万般无奈中，只好尴尬地把当教本的练习册给了他。我又气又难堪……

第二天课外活动时间，教室里没有一个学生，大家在操场上活动。我走到建明的座位旁，桌面放着包着新皮的练习册。我轻轻打开，前四页的题目全部做完，字迹工整。我找了一张小片纸，愧疚地写了几个字：“老师对不起你！”另起一行又写了几个字：“你的作业写得真工整。”夹在他的练习册里面。

两周时间过去了，我独自坐在办公室，为我的无奈和鲁莽自责着……

一声“报告！”打断了我的沉思，原来是建明同学。“老师，给我改作业，我做到期中复习了。”我眼前一亮，万分欣喜。

我诚恳的认错态度，让一个学生接受了自己。孩子也有尊严，我们要尊重孩子。

草尖的露珠，可以折射出七彩的阳光；碎小的石头，可以铺出平坦的大路；我们这些小学教师，天天和孩子打交道，面对的都是一些小得不能再小的事情。但正是这些小事，让我们懂得了孩子的内心，认识了教育的规律，感悟到了教育的真谛。

编织在鞋里的母爱

天庆实验中学　刘玉霞

这周末接到父亲的电话，说有空多回家看看，母亲手麻脚麻，身体不适，住院了。还说母亲住院前为我们一家三口每人编织了一双拖鞋，让我回来取。我的心被什么东西猛地撞击了一下，只重复着说：“我下周就去取，我下周就去取。”就再也说不出其他话来。

挂上电话，我呆坐了许久……

我的母亲出生在农村，是众多普通妇女中的一员，她没有上过几天学，只会写自己的名字和几个简单的字，但她那双灵巧而粗糙的手却给了我沉甸甸的爱。

在我很小的时候，由于父亲工作调动，我们举家迁到了白银。在城里，母亲闲不住，当了一名清洁工。母亲每天起得很早，给我和父亲做好热气腾腾而又香甜可口的早饭后，她便拿起一把很大的扫帚去扫马路，在大街小巷里穿梭。那时候，我总喜欢穿着母亲给我做的红棉鞋跟在她身后，陪她扫马路，帮她捶捶又酸又痛的背。每每这个时候，我就会看到母亲脸上露出一丝幸福的笑容。母亲还用手摸摸我那冻得红红的小鼻尖，逗着我说："我的小狗娃。"于是我咯咯大笑起来，还学两声小狗叫。实在冻得不行了，我就在马路牙子上上蹿下跳的，那双红棉鞋在路灯下显得格外漂亮。有时母亲一边扫马路，一边教我唱儿歌，"小兔子乖乖，把门开开，不开不开就不开，妈妈没回来，谁来也不开。"那时的母爱像春风、像雨露、像花香，吹拂过我幼小的心灵，滋润着我稚嫩的心田。

可是好景不长，母亲怀了弟弟，我又到了入学的年龄，没人照顾。迫不得已，母亲将我送回农村奶奶家去了，让我去那儿上小学。我当时是多么舍不得母亲呀，离别时，母亲给我留下了几双做好的布鞋和棉鞋，那可是她熬了好几个夜晚挺着大肚子为我做的。我抱着这些鞋疯跑着追着远去的母亲，母亲已是泪流满面，我很酸楚地站住了，许久，许久……我一直望着母亲离去的那条路，眼泪肆意地流着，打湿了怀中的几双布鞋和棉鞋。后来，奶奶把我拉了回去，好几年我都再没有见到母亲。

四年级的那年，一辆车子停在了奶奶的家门口，妈妈来接我回家了，怀里还抱着三岁的小弟弟。看到这一幕，我觉得他们好陌生。母亲见我的第一句话便是："霞霞，妈妈给你做的鞋都穿破了吧？妈妈又给你做了几双，外面买的鞋穿上脚不舒服，脚汗又多……"边说边将鞋递向我，我看了一眼没有接，转身便进了屋。我心里有些怨恨，恨她那么狠心，将我放在奶奶家，一放就是好几年，有了弟弟就不要我了。就这样，我心存怨恨地跟他们回到了白银。我开始无端地对母亲发脾气，然而她仍然用不知疲倦的笑容抚慰我，用她那不尽的爱呵护我，她忍受着我的一切无理取闹。

随着岁月的流逝，我一天天长大，长成大姑娘了，我的虚荣心也在随之滋长。再穿母亲给我做的布鞋时我竟十分讨厌它，害怕同学笑话我，都多大了还穿做的鞋，又笨又丑。每次站队做操时,我都尽量将脚往后缩,在一堆皮鞋中它显得格格不入。甚至,我故意用鞋尖踢大块的石头,脚都疼了,鞋还不破。我终于忍无可忍了,用刀子将鞋面故意划了个口子。回到家,母亲看到了划破的鞋子,眼里含满了泪水,那是母亲每晚坐在灯前一针一针缝出来的,纳鞋底时麻绳线还会将母亲的食指勒出两道深深的印子。后来我知道我划破的不是鞋子,而是母亲对我深深的爱。虽然没过多久我如愿以偿穿上了红皮鞋,但总觉得没有母亲做的布鞋舒服。

时光飞逝,2006年5月3日,这一天我结婚了。我们这儿有个风俗,在拜见父母时,老人要给新人"改口费",一千零一或一万零一,意味着千里挑一或万里挑一。老公改口叫妈后,母亲从身后拿出了两个厚厚的红包。打开后,一份是钱,另一份是两双手工编织的拖鞋。红色的鞋,黄色的图案,上面绣着龙凤呈祥,栩栩如生,精致极了。捧在我们手里的不是拖鞋,分明是母亲的一片心呀!母亲祝福我俩的日子要过得像这两双红拖鞋一样红红火火、舒舒心心。我突然明白了母亲这段时间为什么很晚才睡,为什么眼睛疼,为什么颈椎疼、腰椎也疼。我跪在母亲面前,哭得泣不成声,只有我懂,母亲是在用生命爱自己的女儿。到了第二年,我的宝贝女儿出生了,母亲对我的爱延续到了女儿身上,为宝宝做了好多漂亮的鞋子,有老虎形状的,有小猫形状的,有花朵形状的……带宝宝出去玩时,看见的人都夸小鞋子好漂亮,我心里美滋滋的。

思绪突然又回来了,我的眼眶早已湿润。我赶紧拨通了母亲的手机。

"妈,您的身体好点了吗?我下周一定带宝宝回家去取拖鞋,想您了……"

挂上电话,我那脸颊上已满是泪痕。

【材料】罗丹说过:"生活中不是没有美,而是缺少发现美的眼睛。"实际上生活中有许多事情会触动我们的心灵,令我们感动与回味。请你以"感动"为话题,写一篇文章。

感动三章

榆中县恩玲中学　金玉成

第一章

漫步于校园,常常被一些小小的情景所感动。

——题引

一

早读时分。

学校操场的后墙有将近200米长,不高,1米多。墙内顺墙有一排小槐树,绿荫如盖;墙外是麦地,一块一块,绿油油的。

五月的天亮得很早,很多勤奋的学生早操前就来到这里,把书放在矮墙上,边吃早点边看书,很方便。在《时代在召唤》的旋律中,学生们做起了早操。这时候,操场的后墙上摆着长长的一排书,有的合了起来,有的打开着,晨风轻轻吹拂而过,时而翻开一两页。慢慢顺着墙走过去,墙头上一本一本的书,在初升的太阳的抚摸下显得光彩熠熠。那种感觉很温暖,直入心脾。

二

课间操后。

草坪中央的喷泉喷起十几米之高。无风的时候,自低到高,那喷泉先是一条条水线,中间有些雾气,直达顶端,全是一堆一堆晶莹剔透的水珠。从楼上向下望去,从外而内,似乎是一朵节白如雪的大花骨朵儿。有风时,水线便不均匀了,一些被风拧在一起,另一些则竖立着。这恰好像一架竖琴,有琴弓,有琴弦。

下操的学生们沿着草坪中间的通道跑过来。有的站在喷泉的旁边,围了一个圈儿;有的坐在稍远一点的椅子上,那儿平时只能坐三四个人,这时候却挤了七八个人,孩子们或坐在椅子上,或坐在别人的腿上。无风的时候,近旁的孩子将手伸进去,似乎要牵住一条条水线,回头又将手上的水弹给椅子上的孩子;有风的时候,水柱有些倾斜,坐在椅子上的孩子一点也不躲,任水珠散落一身。

这样的情景不是很长,四五分钟后,这些孩子们又很快到教室里去了。喷泉声中似乎还荡漾着他们嬉戏的欢笑声。这时候,你走近喷泉,会觉得心中充满了丝丝缕缕的清凉。

三

傍晚时分。

有几个八九岁的小姑娘在教学楼前的砖地上玩耍嬉戏。她们又吸引来了几个女学生,这些女学生暂时合了手中的书,停下来饶有兴趣地看着。小姑娘们一看有了观众,比赛更激烈了,规则更严了,有时还争得面红耳赤。这几个女学生不知不觉地为这些小姑娘加起油来,不一会儿,有的直接加入到比赛中去。这时候,大姑娘、小姑娘们吵吵嚷嚷、嘻嘻哈哈,闹成了快乐的一团。

西边的云霞渐渐散去,教室里的灯也亮了起来。学生也陆续回到了教室,上起了自习课。

灯光下,有一个学生正写着日记:"童年……"

第二章

校园的四周,基本上是农田,比闹市更能感受到大自然的变化。

——题引

一

北方的春天总是姗姗来迟,田地里的麦苗还没有出土,田埂上即使向阳的地方也见不到嫩芽;走进校园,却见到了草坪的绿色:草坪下面埋有暖气管,沿着管道的位置,那些草受到了得天独厚的青睐,给来来往往的学子们送上了一抹绿色——春天裹着寒意就要来了。

二

储备了整整一个夏天的绿色渐渐要退去了。

先是校园周围的槐树,一片一片旋转着枯黄的叶子,恋恋不舍地离开枝头。有的散落在地上;有的飘落在学生的头发上;有的被学生捡起来,稍作修饰夹在书中,附着了浓浓的秋意与回忆。

然后，校园成了月季、菊花的乐园，红的、黄的、白的，一股脑儿地在秋阳中摇曳着细碎的舞步，吸引着孩子们驻足，孩子们那眼神中分明是清澈如水啊！

三

第一场雪来得总是那么不经意，而消融得又是那么快。总有几个学习摄影的学生穿梭在校园，想留住那些似乎还戴着“白帽子”的倩影。

于是，有的学生想起了往年雪地里嬉闹的情景，不知道今年的雪景又是怎么一个情形。

第三章

感动来自细节，那些平凡如树叶一样多的细节，凝聚了许多的幸福。

——题引

一

有时候，沟通是一种充溢着幸福的细节。

时隔三年，一个女学生来到了母校，大老远地小跑到我跟前，两只手搂抱着我的胳膊，我抬头看看四周的同事，觉得一丝的尴尬，但随即一种父女般的温馨感浸散了身心。

二

对雪小酌总是那么惬意，学生月考之后，找一个清净的小店，和几个任课教师围坐，要几份小菜，沏一杯铁观音，免不了奉献出一瓶好酒。桌面上还多了一样东西，那就是全班学生的成绩单，也成了这些平凡的教师们的下酒菜了。

窗外的雪花飘舞着，一种莫名的心情涌上心头。

三

年近半百的我，三十载春秋盛满着学子情；一声叹息，几句感慨，岁月流逝，别无选择，此生注定如此平凡、繁琐、清淡，只是时常和感动、幸福混合成一渠清水，流过渐渐逝去的岁月。

忆朱老师二三事

兰州新区永登五中 达建龙

我与朱武兰老师有过数面之缘,无论见面还是回忆,朱老师留给人的都是种和蔼可亲、学识渊博的印象,他有着独立、新颖的教育思想。

最初相见,是我参加了由市教科所组织的高考备考研讨会,在聆听了郑晓龙老师的讲座后,朱老师做了总结。得体的措辞、深刻的分析、精准的语言,他对我市语文教学现状的把握和剖析,使我这个第一次参加高考研讨会的年轻人大开眼界。反思自己的教学,只关注了“点”的教学,没有单元整合意识,没有系统的网络框架,甚至连文本教学都渗透得不够。细细品味朱老师的话,钦佩之意油然而生:一位专家,在繁琐的工作中,从组织会场,接待安排讲座,到点评总结,无不干练利落,给我上了很有意义的一课。而我对语文教学观念的转变和对语文教学的反思,最早也得益于此。

高中课改全面推行后,学校为使我们老师及时更新教育观念,特地邀请市教科所专家为我们的课堂教学“把脉”,指点迷津。当时,学校安排专家要深入每位教师的课堂。我诚惶诚恐,因为这是我教学以来听课老师级别最高的一次。当校领导陪同朱老师走到教室门口时,我越发紧张,竟然不知问声好,但朱老师微笑着对我点了点头,便进了教室。记得我讲的是《项羽之死》一课,课后,朱老师对我的课堂进行了单独点评。第一次,和朱老师如此近距离、面对面的交流,我感觉似在梦境。朱老师从教学目标制定,随堂学生评价,到幻灯片的设计与数量,课堂细节处理等方面娓娓道来,并对我给予了很大鼓励,这是我受益最大的一节课。不仅在于朱老师的教育观念对我的深刻启迪,更在于朱老师在天气寒冷、感冒生病的情况下,对我很长时间的谆谆教诲,尤使我心生尊敬。

后来,我写了一篇习作,但写得很拙劣,想让朱老师指点迷津,但又很矛盾——朱老师是甘肃省语文教学研究会理事,兰州市普通高中课程改革专家指导组成员,兰州市中学语文学科中心教研组成员,工作很繁忙,会有时间吗?最后,我还是很冒昧地给他发了过去，没想到及时得到了朱老师的悉心指点。朱老师回复道："您好，达老师，拜读写作后，受益颇多。只是有一处可以修改，即'顺境中的安然'似乎还可再深入些。另，写作前，可将试题原题附上。仅为陋见，斟酌参考。顺祝安好！朱武兰匆笔。"当时，我读了好多遍，难以言说地感激，道谢后，朱老师又回复道："客气了，达老师。能交流本身就是幸事。祝春安！"每每忆起这些触动我心扉的语句，朱老师的优雅、从容风范，待人接物的谦和之感，便浮现在我的眼前和脑海。

之后，朱老师又到我校亲授《兰亭集序》一课，观课者云集；随后，朱老师对我校高三语文教师备考进行指点，与会者收获颇丰；最近的一次见面，是在我参加一次讲课时，朱老师依然彬彬有礼、沉稳大度。朱老师教会我的不仅是有效教学、文本教学等教学真谛，还教会我为人处世之道。高山景行，朱老师实在是对我成长影响最大的人。

梁实秋在《记梁任公先生的一次演讲》中写道："有学问，有文采，有热心肠的学者，求之当世能有几人？于是我想起了从前的一段经历，笔而记之……"我又何尝不是，一次聆听，便怀念永久。而我受朱老师指点提携非止一次，但我竟无以为报。只能时常关注朱老师，见到一张朱老师在九寨沟的照片，她手拿相机，身披丝巾，笑容徜徉于青山绿水之间。也许，美好的生活便是语文的最终归宿吧！

后　记

近日，指点高一学生写作回忆性的散文，要求他们写在学习或生活中对自己影响最大的人，要求写真人、记真事、述真情。每次学生作文，我总是陪他们一起写，有时写给学生看，有时写给自己看，记述生活点滴，反思人生之路，与学生一起成长。当我布置作文后，我想起在我的成长生涯中，对我帮助和影响最大的朱老师。也许朱老师的记忆中，我是远了、淡了的暮霭；但在我心中，朱老师永远是近了、亮了的明灯，指引着我前行的路。

谨以此文纪念我尊敬的朱老师，愿老师一切安好！

相信你会更棒

榆中县第二中学　范文红

爱是一种信任,爱是一种尊重,爱是一种鞭策,爱是一种激励,爱是一种能触及灵魂、动人心魄的教育。很多孩子都需要别人给他爱,在爱的激励中,他可以改变自己。

只有爱学生的教师,才可能教育好学生。师爱是一种伟大而神奇的力量,它是学生智力、道德、个性发展的风帆,教师的爱与尊重是照亮学生心灵窗户的盏盏烛光。尤其对"问题学生",教师的爱特别表现在对他们的关心上,可以使他们摆脱自卑,增强信心和勇气。爱一个好学生并不难,因为他本身就讨人喜爱;爱一个"问题学生"才是对我们最大的考验。多年的教学经验使我深切地感受到:若要真正达到教育的目的,光靠传授知识、讲述道理是远远不够的,而要以爱心去感染他们、欣赏他们、呵护他们。在一次次的付出后,我收获到的都是学生那甜甜的笑容,让我幸福,更让我难忘。

去年我新接了一个班,刚接过来没几天,就发现这个班上有几个"问题学生"很让人伤脑筋。于是,我决定采用抓特点、施加爱的方法去各个"击破"。最终的结果让我很惊喜,我想这也许就是爱的力量转变了他们吧! 我们班有一个孩子叫岳小虎,他个子不高,皮肤黝黑,眼睛却炯炯有神,平时穿着很朴素,也不善言谈。总之,他给我的印象是性格很内向。经过几天的接触,我发现他总是不能按时交作业,有时候拖两三天才能交上来。我很生气,心想看起来很老实的孩子怎么就这么懒呢?开始,我采取强硬措施,给他规定时间,必须要补上作业。这样做是起了点作用,但是实行了一段时间后,只要我一放松,他就会旧病重犯。

有一天早上,我在检查家庭作业时,发现他的作业又没有完成,于是我火冒三丈,对他大发雷霆,我生气地说:"你的作业怎么又没有完成? 你作为一个学生,写作业是你的任务,你这样做能对得起父母吗?" 岳小虎听到我的训斥后,脸变得通红通红的,用一双可怜巴巴的眼睛望了我一眼,那眼神中充满了一种难以言说的神情,然后就低下了头,用一双黝黑的小手不停地卷着衣角,豆大的泪水从他的脸颊上滚落下来,滴到了他的课本上,溅开了花,把课本弄湿了好大一片。我看到他这副样子,心一下子又软了下来,语气又缓和了许多。我一边从衣兜中掏出一片纸巾递给他,让他擦擦眼泪,一边语重心长地说:"老师是恨铁不成钢才对你说这些话的,既然你已经认识到了你的错误,老师就再原谅你一次,以后可不能再出现作业不完成的现象啊!知道吗?"岳小虎听了,仍然没有说话,只是使劲地点点头,我分明听到他抽泣得更厉害了,泪水像决堤的河水,一发不可收拾。我很心疼地摸摸他的头,让他坐下。此时,我觉得不能再给他说什么了,让他自己好好反省,得给他一个思考的空间,我坚信以后他会有变化的。

但是让我很失望的一件事又发生了。有一天他的作业又没有完成,这次我的确很生气,决定去他家一趟,找他父母谈谈,看看能不能帮助这个孩子,他毕竟年龄还小啊!放学后,我故意拖延了一会儿时间才去岳小虎家,我想看看他回家后既然不好好写作业都在干点啥。

放学后大约一个小时,我在另外一个孩子的带领下踏上了去岳小虎家的路。一路上,我寻思着到他家后会看到他在干啥,而他的父母会配合我吗?不知不觉,我便来到岳小虎的家。推开门,眼前的一幕把我惊住了,我真不知说什么好。

只见他家院子里到处堆满了各种垃圾,在正北面,有一间低矮的破土坯房,房间门口放着一个生锈了的铁炉子,烟雾缭绕,而岳小虎正蹲在火炉旁边做饭。烟熏得他直掉眼泪,黑灰也在他脸上留下了两道印。他见我来了,愣了一下,便急忙站起来让我进屋子。我这才回过神来,径直朝屋子走去。而眼前的一切又一次让我惊诧。屋中的摆设很简单,也很陈旧,屋角的床上还躺着一个老奶奶,蜷着身子,还直咳嗽。我走过去,拉着那位奶奶的手,给她说明我的来意。原来那是岳小虎的奶奶,常年生病在床,岳小虎的妈妈在他还很小的时候就离家出走了,再也没有回来。奶奶又常年生病,爸爸只好在外打工,很少回家。在家里也就是他们子孙两个相依为命。岳小虎回家要自己做饭,还要照顾生病的奶奶,还要做家务,完成这些事情以后才去写作业。但是,有时候其他事情做完了,时间太迟,所以家庭作业就没有完成。而院中的垃圾是岳小虎牺牲自己玩的时间,在街上的垃圾箱中捡的,等足够多了便自己去卖,给家里挣点零用钱。

我听到这里,心中像打翻了五味瓶,酸甜苦辣什么滋味都有。我从内心重新审视起了这个孩子,我已经忘记了我的来意是为他没有完成作业而兴师问罪的;我已经没有了对他的怨气,而是一种感动。我觉得这个孩子太不容易、太懂事了,上天对他太不公平了。别的孩子还在天真无邪地享受父母赐予他们关爱的时候,别的孩子还在无忧无虑地玩耍、游戏的时候,而他却过早地担负起家庭压给他的担子,让他喘不过气来。而我,不了解具体情况还妄加批评他。我此时感到很自责、很愧疚,我认为这个孩子现在最缺少的就是关爱和帮助啊!

我过去拉着岳小虎的小手,他的手已经不再嫩滑,而是有点粗糙。我从包中掏出100元钱塞给他,要他买点菜改善一下伙食。但他推脱不要,最终我还是硬塞给了他,并且告诉他:“你的情况我已经了解了,在这样特殊的环境中,孩子,你更应该学会坚强,更应该好好学习,将来用知识改变自己的命运。老师会在以后的道路上永远帮助你、关心你,我相信你会有出人头地的一天。以后有什么困难只管对我说,好吗?”

他听了以后,连声说谢谢,并且咬着嘴唇使劲地点头。从他的眼神中,我读懂了他,我也看到了他的自强不息。

回到学校,我感慨万千,于是我利用班会特意讲了一下关于岳小虎的事情,要所有同学在学习上、生活上主动帮助岳小虎,绝对不能有同学欺负他,要让他在班级这个大家庭中感受到家的温暖。而我也对他在生活上、物质上加倍关爱。经过一段时间,岳小虎在这个爱的大熔炉中也改变了许多,爱回答问题了,也更关心班集体了。

一次,我让学生比赛化简题,同学们都立即投入到了紧张的算题过程中。结果,在抽查中第一个做完并全对的竟然是岳小虎,当时我心里很激动,好像是我取得了成功似的。下课前,我在班上特意表扬了岳小虎,夸他聪明细心,做题速度快,同学们不但送给岳小虎热烈的掌声,而且向他投去羡慕的眼神。我看到岳小虎不好意思地笑着低下了头。接着,我又单独找他谈话:“看,你其实是很棒的,要相信自己,只要你认真去做一件事,就能做得很出色。老师相信你以后会更棒的! 加油啊!”真没想到,第二天他的作业很快就交上来了,而且完成的质量也不错。我在全班又一次表扬了他,当我的目光投向岳小虎时,我清楚地看到他脸上那甜甜的笑容,这是我从来没有看到过的笑容,所以让我至今难以忘却。

这件事使我感触很深,将心比心,我们也当过学生,也期望老师以友善的态度引导我们。陶行知先生说过:“你的教鞭下有瓦特,你的冷眼里有牛顿,你的讥笑中有爱迪生。”今天,我们处于教育者的位置上,更应该捧给学生一颗爱心,以友善的态度对待他们,才有可能为社会多培养一个牛顿之类的人才。学生在成长中有很多成长的烦恼,为学习、为生活、为朋友,甚至为一件小物品、某人的一句话等,学生都会出现困惑,甚至困扰。老师年长于学生,老师有着比学生更多的生活经历和经验,有着更强的理解能力和辨析能力。不妨多留心,多观察,多关心他们的学习、生活,帮助他们解决各种困惑、困扰,指导他们如何学会学习,学会休息,学会自强自立,学会处理人际关系,让他们健康快乐地成长。

再见,可爱的孩子们

榆中县第二中学　彭巨恕

那是那年八月底的一天,我接到了教育局的调令,要去一所中学任教。说实话我的心里非常高兴,这是我梦寐以求的事,也是我数年来的追求。我以最快的速度办完了需要办理的所有手续,回到学校的时候,心里却有了很多的惆怅、许多的不舍。

望着那间熟悉的办公室,想起那些朝夕相处的同事。每天的早餐时间,六七个老师各自端着自己十几年都没有换过的茶杯,拎着各式各样的塑料袋子——装着家里带来的干粮,有馒头,有玉米面饼子,有油饼……都聚在值周老师生火的房间里,大家往茶杯里冲上刚烧开的开水,一边啃干粮,一边聊天。有国家大事,有家庭琐事,还有家里遇到的难题,请大家当参谋。不过说的最多的就是自己的学生,今天谁调皮了,昨天谁生病了,谁最聪明了,谁几天的作业都没有错误了等等,提起这些,每个人都有说不完的话,每次都是上课铃声催促着大家走向教室。老师们老的五十多岁了,小的才二十七八岁,相处的就像一家人。

办公室前面有两个不大的花园,老师们种了一些蔬菜,有菠菜,有大葱,有萝卜……在蔬菜的中央有两棵梨树,树上挂满了金黄的梨,空闲时间总有一两个老师或四五个馋嘴的孩子在树下忙活着,时时传来一阵阵欢笑声。

学校的道路两侧整齐排列着许多茶杯口粗细的柏树。去年,老师们用中午休息的时间,用锯子和树剪把树的枝杈修剪到有一人高。现在的它们显得亭亭玉立、郁郁葱葱的,就像一个个站岗的哨兵。下课时孩子们总围着它们追逐打闹,校园里一派生机盎然的景象。

两个花园的前面就是两排红砖红瓦的教室,左边第一间就是我教的五年级的教室。五年级的孩子们我已经教了两年了,全班有24个学生,除了小沈有些智障,其余的学生都是个把个的聪明。班长娟子反应最快,上学期期末数学考了99.5分,还给我告了半天的状,她认为改题的老师就不该给她扣0.5分,并且还找来了课本上的"证据"。班上的事她总是打理得井井有条,老师有事有病请假,她能够根据教学进度安排同学们朗读课文、默写生字、布置教学作业。同学们都服她,从来不叫她的名字,都叫她"班长"。最聪明的还要数俊伟,做数学题的时候,老师还要想一下,他已经有眉目了,但他有个缺点就是太懒了,作业不爱做,语文成绩总是上不去。俊霖是个大块头,班上的重体力活都是他的,他也乐此不疲,总是笑嘻嘻的。学习委员是小魏,在她的带领下,全班都抢着做作业,逼得我都没有办法布置作业了。看着他们完成了学习任务洋洋得意的样子,我真为他们高兴。学区每学期都组织十几个学校统考,我们班老是第一……

想到明天就要离开这熟悉的校园,离开和谐相处的同事,离开可爱的孩子们,我心中泛出阵阵酸楚……我决定明天为孩子们再认认真真上一节课,和孩子们道个别。

第二天一早,天灰蒙蒙、阴沉沉的。我收拾好了行李,准备上完课就走。铃声响了,我和往常一样走进了教室,孩子们丝毫没有察觉出我的变化,听课还是那样认真,讨论还是那样热烈,做作业还是那样迅速。课上完了,我强忍着心酸说:"同学们,今天这是我给你们上的最后一节课。因为我被调到了别的学校了。同学们再见。"教室里霎时变得鸦雀无声,孩子们仿佛没有听懂我在说什么。我慌忙逃出了教室,奔向自己的宿舍。教室里突然发出一声哭声,紧接着是四五声,然后就哭成了一片。我的眼睛突然湿润了,无力地坐在椅子上调整着自己的情绪。

"报告!"我听出是班长娟子的声音。

我打开门,看到她刚刚拿手擦干了涌出的泪水。我强颜欢笑:"你哭啥?谁惹你了?"她没有接茬。"老师,你下午再走行吗?我们想中午和你说会儿话。"我赶忙答应,她便走了。

又是一节课上完了，课间时间，教室里仍然传出隐隐的哭声。我坐在椅子上百感交集，怎么也理不出个头绪。

中午，淅淅沥沥地下起了小雨，他们来得特别早，班长和小魏把我请到了教室。“老师，你要走了，我们给你买了个笔记本，做个纪念吧！”小魏说。我心中一阵懊恼，我怎么没有给孩子们准备个纪念品呀！这时候小孙甩着湿漉漉的辫子冲进了教室，我赶忙对她说：“你干吗去了，都淋湿了。”“老师，我给你买了个大狮子，你看。”她小心地从上衣口袋里拿出了一个用石膏做的有5厘米高的小狮子，模样挺可爱。

“老师你走了，谁给我们上课？”小宇问。

“听说是新调来的校长，你们可要听话呀！”我说。一听说是校长给他们上课，同学们都不吭声了。

教室的门不断地开合，被淋得湿漉漉的孩子们陆续都来了，都自觉地围坐在我身边。

“他会像你一样教我们跳舞吗？”不知谁嘟囔了一句。这个问题我还真不好回答，只好装作没听见。

“他会拉着手风琴教我们唱歌吗？”又是一问。“总会有人教的。”我含糊其辞地回答道。“他会领着我们看电脑上的语文视频吗？他能让我们获得学区第一吗？”“老师你不走行吗？”“老师等我们毕业了，我们一起走行吗？”……孩子们一句也不松口地问着，我也不知道该如何回答。

不知谁啜泣了一下，又有几个孩子眼里噙起了泪水。我赶忙起身，我怕自己的泪水也掉下来，狼狈地逃出了教室。教室里又响起了一片哭声。

“走吧，时间越长孩子们越伤心，你也越伤感。”一位老教师说。

冒着下大了的雨，我的脸上不知是雨水还是泪水。我狠狠心，骑着摩托车，带着行李，冲出了校园。

到现在，我的床头还有那个用石膏做的小小的狮子，还有一两本连谁送我的都不知道的笔记本，很想念那帮孩子们。

泪光中的红玫瑰

皋兰县第一中学　张正臣

窗外，雨一直淅淅沥沥下个不停……

难得周末，闲来无事和妻整理书房。不经意间，静静绽放在书柜角落里的那束红玫瑰又一次将我的思绪拉回到了三年前那个同样的雨天。

那天，是我和妻子结婚的日子。记得那一年，我和妻子都带高三，并且我担任一个班的班主任，而妻正好是这个班的语文老师。因为在同一所学校上班，加之搭同一个班，所以我和妻平时的交往都极其保密和低调。我们交往好长时间后，很多同事都不晓得我俩的事，学生也就更无从知晓了。婚期定下来之后，我和妻便利用周末闲暇时间收拾房子、购置东西、拍照……准备着一切结婚事宜。我俩达成共识，绝不因为婚事耽误正常的教学工作，也不能因此影响学生的学习情绪。因为我们深知，我们带的这些学生绝大部分来自各乡镇农村，生活状况大都不好，这些孩子能上高中，实属不易。现在高考迫在眉睫，他们就差这临门一脚了，要是在这关键时刻有所懈怠，那我俩都会愧疚和自责的。

结婚的日子定在5月23日。然而按照我们这里的习俗，结婚前几天家里就要开始准备婚礼，左邻右舍也要过来帮忙，为婚礼忙碌了。尤其是结婚前一天下午，好多亲戚朋友就要来家里祝贺，吃喜面、喝喜酒了。可是掐指算算，离6月7日高考的日子没几天了，所以我和妻毅然决定5月23日前绝不请假。

5月22日那天，我们还是像往常一样去学校上课，等学校的事情全都忙完了，我们才各自赶回家中准备第二天的婚事，感谢亲朋的祝贺。后来，听妻说那晚她忙完睡下时都到夜里三点多了。

5月23日那天，雨一直下个不停……虽已是暮春时节，但老家那边却依然春寒料峭，加上下雨，那天天气格外冷。我和妻在院子里举行了别样的雨中婚礼。雨幕中鞭炮轰鸣，妻穿着洁白的婚纱，我给妻撑着雨伞，她手中捧的那束红玫瑰在雨中显得格外娇艳、美丽。天很冷，但很真实、很幸福。婚礼仪式完毕后，我俩开始忙忙碌碌地挨桌给前来祝贺的亲戚朋友敬酒，以示感谢。一轮感谢之后，我们回到父母给我们准备的婚房稍作休息。

我们刚坐下，这时七八个学生突然闯进了房间，定定地站在了婚房地上。不知为什么，在那一瞬间我和妻都愣住了，竟然一句话也说不出来。这时，一名女生走到妻跟前说："老师，你们结婚怎么都不告诉我们？老师今天真好看！"说着这名女生把一束火红火红的玫瑰捧到了妻子手里。顿时，妻子的嘴角开始颤抖，睫毛扑闪着，眼泪像窗外的雨水一样稀里哗啦地流了下来。这时，我的眼睛也不由得湿润了。因为我们压根就没有想到学生会来，因为我们一直也没有给学生们说过。另外，由于婚礼在老家举行，这里离学校有四五十公里远，并且坐车很不方便，加之天又下雨，路不好走，反正我们怎么也没有料到孩子们会来。

"老师，我们是今天早上听班里一名家在你们村的××学生说的，他说他妈听村上人说的……"另一名女生说。

"老师，这几件东西是早上同学们自发掏钱，我们凑在一起商量着给你们买的，希望你们能喜欢……"班长傻呵呵地笑着，把一对可爱的毛绒狗熊和一个写有"执子之手，与子偕老"的红色小盒子放在了炕沿上。

"老师，回去要给同学们发喜糖哟……"

"大家都想来，可是那个小面包车坐不下……"

学生们你一言我一句地抢着说，还有的拿出手机给我们拍照。听着孩子们质朴真诚的话语，望着他们一张张冻得发红的脸庞，妻早已哭得一塌糊涂，上了新娘妆的脸也变成了花猫脸……

"怎么鞋上全是泥啊？"我问道。"那个司机说进巷道不好进，我们也就再没麻烦人家，下车跑过来的……"我的眼睛又一次湿润了。

"赶紧让娃们吃饭，估计都饿坏了吧……"大姐跑过来赶紧招呼孩子们去吃饭。这时我和妻才反应过来，"对对，赶紧先吃饭……"孩子们去别的房间吃饭了，我和妻望着手中的红玫瑰一句话也没有说，那束应该从工艺品店里买来的红玫瑰散发着浓浓的香味……

窗外，雨依然下个不停，好似妻的眼泪一样……

婚后，回到熟悉的学校，回到熟悉的课堂，回到熟悉的孩子们的身边，我感到无比温暖和踏实。

转眼之间，高考的日子到了，经过十几年的苦读，孩子们终于迎来了这个可以改变他们命运的时刻。功夫不负苦心人，我终于在和他们共同经历了风雨之后，又同他们体验了彩虹的绚丽。我和妻共同见证了孩子们成功的喜悦。

时光荏苒，如今这些孩子大多已在不同的城市学习和生活。有时他们会打来电话或发来短信问候我们，有时他们也会利用假期到家里来和我们聊聊他们现在各方面的情况。走出这片养育他们的贫瘠土地，曾经他们那稚气的脸庞逐渐成熟了，他们单一的思想也逐渐多元了。我和妻为他们的成长、为他们的改变而深感欣慰。日复一日，年复一年，日子像院子里树上的叶子，青了又黄，黄了又青。在时光的轮回中，我们重复着每天的生活，每一届学生，不，应该是每一个学生，他们鲜活的生命、别样的个性，都会带给我们不同的生活、不同的感悟、不同的幸福。真诚的孩子们，让我不大理会外界的纷纷扰扰，所以我感觉活得很真实，也很从容。或许，这就是孩子们带给我的最大幸福。

这种幸福就是一种拥有，一种追求，一种对生活的审视和发现。我相信，每个人都拥有属于自己的幸福。很多时候，幸福就在我们手中，只是我们没有发现而已。

只要付出就有回报，只要真诚投入就会有收获。我会珍惜这份幸福，珍惜手中的拥有。也许，这就是幸福的禅机……

我们的思绪又被拉了回来。窗外，雨依旧淅淅沥沥地下着，那束红玫瑰依旧火红火红地绽放在书柜里，妻望着我笑了，眼中有些许的泪光……

别再以"爱"的名义伤害孩子

兰州市实验小学　陈　岩

这学期因为各种原因，我离校时间较多，班级是出奇地混乱。两位带班老师每次见到我都会痛心诉苦，更是会提出几个"典型分子"，这其中"杨小虎"的名字都会位居榜首。这是一个较为特殊的孩子，父母知识水平低，又毫无教育理念，高兴时溺爱，生气时便打骂。在极端的教育环境下，孩子没有自信，更没有养成良好的学习、生活习惯和做事准则，行为散漫，缺乏集体意识，一向是我行我素。近三年来，他一直是老师们头脑中挥之不去的“阴影”;在班级中也是同学们厌烦的对象,同学们总是有意无意地疏远他。长期以来,他不会与人交流,常常用一些极端的、过分的方式和同学们相处。这次我听到老师们的痛诉,虽是意料之中,但仍是气愤至极。本着教育学生这一“爱生原则”,我决定就此机会好好教训他一次。

课后,杨小虎小心翼翼地跟着我来到办公室,用一种近似麻木的眼神看着我。原本怒火冲天的我一瞬间有了一种别样的感觉。我也是一位母亲,如果我的女儿在犯错时也是这般态度来面对错误,我会心碎的。更何况是这样一位没有接受过正确教育的孩子呢?也许孩子是没有错的。一时间,我改变了初衷,不再训斥他。在与暂时代养他的姑姑接通电话后,我转换了语气,与其耐心地交谈了孩子的现状和我心中的担忧,我试图探究孩子内心的想法,站在孩子长远发展的角度,和他姑姑一起商量孩子的教育问题,力争达成共识。经过一番发自肺腑的交谈后,他姑姑甚为感动,表示愿意配合我一起努力。

接下来,便是和杨小虎本人的交谈了。因为有了前面的铺垫,自己是信心十足的。在讲完一番自认为精彩的大道理之后,我想和他近距离接触一下——用拉手的方式来消除我们之间的距离。但出乎意料的是,当我主动伸出手后,杨小虎却久久不愿伸出自己的小手。那时,空气都凝结了,我好尴尬。再次尝试鼓励他把手放在我的手心里,可依然没有回应。我诧异,别的孩子此时即便是内心一百个不情愿,也会附和着做出反应,可他居然这般固执。我对自己说不能前功尽弃,一定要按捺住性子。我再次询问:“你还是害怕么?”他依然是不作答。“没关系的,说实话,没有人会责怪一个敢于说真话的孩子的。”平静的我用期许的目光看着他。片刻的迟疑后,他终于轻轻点了点头。明白缘由后,我不是轻松,而是一种心痛。我真有这般“可怕”吗?我这个所谓的“好老师”,在孩子的心目中究竟是一种什么形象?一系列的质疑在我心中不断冒出,也许我是该好好反思并改变了!这是我在这一瞬间做出的决定。

我轻轻地拉起他的小脏手,慢慢地放在我的手心里。那只小手紧紧地绷直,僵硬地落在我的手心上。我一边抚摸着,一边微笑着看着他。“有想象中的可怕吗?”我轻轻地问他。他缓缓地摇了摇头,说明他已经开始慢慢放松了。

“其实老师没有那么可怕。我真的很欣赏你今天的勇气,能够把真实感受告诉我。这说明你已经愿意和我交流了,不是吗?我相信以后我俩还能成为好朋友呢!

今天咱俩的话虽然说得不多,但我觉得这是一个好的开头。你认为呢?"

"嗯!"孩子的目光渐渐有了变化,没有了防备,多了些意外和渴望,眼眶还有一点点的泛红。看着这些细微的变化,我也轻松了许多。

之后,我在班级中简短地把我们最后交谈的约定告诉了全体同学——我俩握了手,拉了勾,约定我鼓励他,他努力,并邀请全班同学加入我们的约定。孩子们一开始先是诧异,短暂的窃窃私语后,便是一阵热烈的掌声。

事后,我沉思良久,认真反思后,才发现许久以来我们常常是在以"爱"的名义来伤害孩子。自古以来"严师出高徒"的教育理念在我们的潜意识中深深扎了根,也理所应当地认为这是对孩子负责任。但很少能够静心思考每个孩子都真正地需要什么?在模式化的"严厉"背后,是老师们一厢情愿的要求,更是急功近利的教育。其实,每个孩子都是独一无二的生命存在,教育应该本着孩子本应有的需求出发,去关注生命的恒久价值,发挥教育的呼唤作用。教育更应该是一门艺术,情感的沟通才是最为重要的。所谓的"亲其师,信其言",严厉不过是爱的一种表达方式,而并非全部。如果我们能够设身处地地为学生着想,将心比心地替家长考虑,这种建立在"理解"基础上的爱才是真爱,它才会具有魔力。有时,即便是领悟到这一点,我们也是很难坚持,少了一份执着,爱就是无法浸润孩子内心的柔风细雨,甚至有时都会让人觉得那不过是一种矫揉造作的表演罢了。所以在我们的教育中,时刻都应该认真思考这样一个问题——童年的印记会铭刻终生,我们该播种下什么?在这样的思考中,我终于深刻领悟了陶行知所言:"不要你的金,不要你的银,只要你的心。"朴实的话语中让我们时刻提醒自己:没有真爱千万不要做教育。

工作十三载后的我,在不断反省、领悟、改正,又继续犯错的循环中,被一个孩子最真实的回答彻底唤醒。我相信并坚信,自己会在今后的教育历程中真诚感谢这个孩子,铭记这份领悟,用发自内心的真爱让我身边的每个孩子都能拥抱灿烂的春天。

难忘的"插曲"

皋兰县中堡小学　李　婧

两年一次的教学新秀评选活动又开始了,看着那些授课教师忙碌的身影,我不由得想起了自己两年前参赛时所发生的那个令人难忘的意外"插曲"。

为了在评比活动中取得优异成绩,我提前进行了扎实的准备,认真挑选了授课内容,精心设计了教学环节,并制作了漂亮的课件,连过渡语也进行了周密地考虑。当上课铃声响过,我信心十足地走上讲台,与学生开始了简单的英语交流,刚说了两句后状况就发生了。教室门外传来了响亮的"报告"声,我打开门,是班上有点顽皮但英语成绩还不错的两个男同学。我有点生气,心想平时淘气一点也就算了,在这么关键的时候还迟到,影响上课秩序,真是不像话。肯定是课间跑操场上玩去了,才会迟到,下课非得好好教育教育。我黑着脸让他们进了教室,继续上课。

首先我给孩子们进行了热身活动,通过猜谜游戏充分调动了学生的积极性。每个学生都表现得很出色,我心中暗喜:这些孩子真给我面子,看到今天有听课的教师,连那些平常不敢举手发言的学生都积极参与了,后面精心设计的内容肯定会更精彩。于是我大胆开始了提问环节,对于提问我信心满满,因为昨天我要求全班同学要对今天所学内容进行预习,只要是提问,每个同学都要会回答,都要举手。但是新问题又出现了:在我提问时,迟到的两个同学却在窃窃私语,没有要举手回答问题的迹象。他们的窃窃私语引起了评课老师的注意,都不约而同地把目光投向了这两个孩子。我看在眼里,怒在心里,向他们投去了责备的目光,希望他们有所收敛。但他们却不以为然,仍在继续着他们的话题。我的心里顿时炸开了锅:这两个不知轻重的学生,有多少话说不完非得上课说,而且还选择今天这么特殊的日子,看我下课怎么收拾你们。

为了制止他们的错误行为继续发展下去,我只能选择用提问这个方式来打断他们的谈话。我提问其中一个学生:What are you doing? 本以为他会回答:I am having English class. 不料他却用中文做出了惊人的回答:"我正在和同桌讨论你刚刚的错误。你把I am dancing中的am没有读出来，少了am这句话就是错的。”听了这句话，我心头一惊：今天的比赛我是志在必得，不能让后面那么多的评委老师说我犯了知识性错误，不能因一时大意而影响成绩，我必须完美收场，不能让两个小学生给误了事，必须想个对策让自己下台。我嘴里重复着这个问题，脑子里快速地想着应对办法：“你说我少读了，我是爆破读法，把音连在一起读了，听上去好像少了一个单词。”解释完之后，我的气不打一处来：看看你们两个这节课的表现，先是迟到，再是说话，最后还给老师找起了错，让我差点下不了台，看我下课怎么收拾你们！

怀着无比愤怒的心情，我按部就班地完成了这节课的教学，但却没有达到预想中的完美，我沮丧极了！看着评委老师面无表情地走出教室，我的心也一下子冰凉：完了，这下我的努力全白费了，得奖是没有希望了。就连课堂上所用的“机智”都会成为他人的笑柄了吧！于是，停留在自责中不能自拔的我，把那两个学生叫过来狠狠地批评了一通。看到我生气的表情，两人也意识到了自己的“错误”，并对我做出保证：“老师，我们错了，以后上课时再也不迟到、不乱说话、不给您找错了。”

听着“我们错了、我们错了”的话语，看着他们远去的背影，我心头的疑问也随之而来：他们真做错了吗？你对整个事件的处理合理吗？

时隔两年，重新回忆这件事，我的思考依旧颇多。如果我在处理那件突发事件时，少些怒气，多些耐心；少些急躁，多些宽容；少些激情澎湃，多些理性思考，又会有怎样的结果？如果我不把自己的荣誉看得重如泰山，把学生的求知欲、纠错欲看得轻如鸿毛，又会有怎样的结果？我在心里暗暗发誓：在以后的教学中，我一定要以学生的发展为最终目的。

小小“沙游”　润泽心灵

城关区水车园小学　曾爱莉

游戏是儿童生活和学习的重要方式。沙盘游戏由瑞士心理学家卡尔夫创立，传入中国后，进行了本土化的研究，并发展出了团体沙盘游戏，开始运用于中小学心理健康教育中。

本学期,我校尝试开展沙盘游戏社团活动。每周二下午,固定的八个孩子会准时来到沙盘游戏室,参加团体沙盘游戏。成员当中,七人是自主报名的,只有L是被校领导领来的。我了解到,L来的原因是他与别的社团辅导老师发生了激烈的冲突。

第一次活动,我讲清楚规则后,孩子们就安静有序地开始创造他们的"沙世界"了。由于大家还没有建立默契,每个人只顾自己,"各自为政",女孩子们不约而同摆了房子、小女孩、草坪、花等,男孩子们则在另一边摆了士兵、堡垒、汽车等。除了L,其他成员都能遵守规则。摆完后进入了分享故事阶段,L在别的同学分享时,频频打断、插话,引起了其他成员的不满,而他似乎没有意识到。我只好再次强调要认真倾听,不能打断别人的发言。我意识到L不太善于和别人合作与相处。在后面的活动中,我不得不多次提醒L要遵守游戏规则。

渐渐地,孩子们开始有了一些默契。当然,时不时还会有一些冲突出现:在一次活动中,一个男孩摆了环形轨道,另一个女孩接着在旁边开了一个大大的湖,她的动作幅度很大,把沙子抛洒到了轨道上,部分轨道被掩埋了,我看到那个男孩露出了焦急的神色。轮到L了,他的手里本来拿了一幢房子,意外的是,只见他放下房子,去挑选了两辆完全一样的挖掘机放在了被掩埋的轨道旁进行"救援"。他的举动赢得了孩子们的掌声。在分享的时候,大家一致夸他做得好,他得意地笑了。这是L第一次开始关注别人摆了什么,过去他一直都是完全按自己的想法摆。总结的时候,我也对L在这次活动中体现出的团队精神进行了肯定。

有一天,主管社团活动的副校长来找我,说孩子们特别喜欢沙盘游戏社团,还说一个孩子写的活动感受特别好。原来,学校调查了学生对社团活动的满意度,让部分学生写了参加社团活动的感受。

恰好L写了一篇。他写道:

"沙盘游戏不仅含义深刻,而且在我们游戏的时候,发生了许多有趣的事情:那天,我参与游戏的顺序比较靠后。于是,就先观察别人摆了什么再决定自己的下一步走法。第一位同学摆了一条火车轨道,但是后面的同学要开河,不知怎的,开河的同学把河里的'泥沙'排到了轨道上。于是,我派了两辆挖掘机前去'救援'。在分享的时候,伙伴们都说我的挖掘机摆放得很及时,我特别开心!来到沙盘游戏社团之后,我觉得自己好像有了一点变化,会关心别人了,会照顾别人并帮助别人了。同时,也学会了人与人之间的交往与关爱,自己也懂得了关心同学、照顾同学,学会了体谅别人。”

就在我为L的变化高兴的时候,一天早晨,L的班主任来找我。她说L在前一天犯了错误,老师批评他时,他不仅不承认还顶嘴。还反映L在家里根本不听妈妈的话,爸爸很着急。知道他喜欢沙盘游戏,想让我重点关注一下他,对他做一下辅导。我对班主任说了前些日子L的变化,也决定在下次活动结束后单独和他谈谈。

又一个星期二到了,孩子们如约来到沙盘游戏室。这次孩子们将沙盘作品命名为“十全九美”。大家都感觉配合非常默契,分享的时候积极踊跃、非常热烈。我在总结的时候说:“今天是一个新阶段的开始,每个人都发生了变化,会观察了,会配合了,会站在别人的角度思考了。”我让每个成员说说自己的变化,之后又让大家说了L的变化。孩子们一致说L会遵守规则了,会关心人了。因为L是唯一的一名六年级学生,我也对L说:“你在我们这个团队起到了很重要的作用,你现在和大家合作得特别好,相处特别融洽,就像一个大哥哥一样。我期待你在班里和家里也能与同学、老师、爸爸、妈妈很好地相处。”L肯定地点点头。

最近的一次活动,L因班里有事来晚了,别的成员已经开始了活动。我就对他说:“今天你和我一样当陪伴者和观察者。”他点点头,坐在了我的旁边。我记录着孩子们摆放沙具的过程,他安静而专注地看着。这时,沙盘游戏室的门被推开了,校领导带着一群来我校观摩学习的外地同行进来了,我不得不中断自己的记录。一位老师向我提问,让我介绍一下沙盘游戏,我就简短做了介绍。我看见L拿起了记录表接替了我的工作,其他孩子依然安静有序地进行着游戏,心中涌起了一阵欣慰。在分享的时候,我特别表扬了L,感谢L主动承担记录工作,L的脸上露出了灿烂的笑容。这次沙盘作品,孩子们命名的主题是“美丽和谐的海滩”。每一个成员都用心观察别人的动作,努力和他人配合,团体的凝聚力越来越强,尤其L发生了很大的变化。

我在听课的时候遇到了L的班主任,就讲了讲L的变化。班主任老师听了以后也很高兴地说:“我今天就找他谈谈。L最近的确有了一些变化,各方面都有一定进步。”

在参与了十次团体沙盘游戏后,L出现了可喜的变化。不再急躁,学会了耐心等待,学会了观察和配合,能友好地与伙伴们相处,会主动帮助人了,我真为他高兴。

沙盘游戏帮助儿童了解自己的内心世界,在游戏中培养儿童与其他人积极相处的能力,学会以适当的方式关怀别人,学会和他人合作。老师借助小小的游戏可以走进孩子的心灵,小游戏中有大智慧。

让学生体会爱情中的“爱”与“情”

城关区雁宁路小学　张玉香

在上课过程中,我们经常会遇到一些尴尬事,比如学生冒怪声,说一些不合事宜的话等。这些问题如果解决得好,会让学生对一些新奇之事有一个正确的认识;如果解决不好,甚至会加重学生的好奇心,结果会适得其反。

我在一次上课时就遇到了这样一件尴尬的事情,那是上北师大版第九册“危急时刻”主题单元的一篇课文《“诺曼底”号遇难记》时发生的,课文讲船长在轮船遇险即将沉没时,镇定地指挥惊恐的人们在危难时刻撤离失事轮船,自己却沉入大海的事件。为了充分感受轮船即将沉没时人们的惊恐、慌乱、无助、绝望的情绪以及强烈的求生欲望,进一步体会船长的伟大人格,我组织学生观看电影《泰坦尼克号》。影片中巨轮即将沉没时,人们疯狂逃生:男人眼中没有了妇女、小孩、老人;贵族拿钱让船员允许自己提前上救生艇;有人抱起遗落的孩子,冒充孩子的亲人想逃离失事轮船;有人看见亲人沉入大海,却狠心离去……群生百态,人性的善良与丑陋、高尚与卑劣就在那一刻表现得淋漓尽致。这恰是本单元主题所要表现的画面,这对学生理解课文,让学生感受危急时刻的情景是有很大帮助的;但这部影片是通过爱情的主线表现了杰克高尚的心灵,体现了人性的伟大。影片中男女主人公亲热的镜头又让不谙世事的小学生好奇、害羞,那些镜头甚至转移了学生的注意力和课文的重点;也使我的心沉重起来,如何让学生正确认识这个问题,回归到单元主题上,我深受其扰。

上课之前我一直在想如何将这些镜头所表现的内容进行淡化、转移或让学生有个正确认识,到底怎么做?我想起《小学语文教学论坛》中介绍的方利民特级教师的一篇文章《讲在关键处,点在愤悱时》,那么我何不借来一用呢?我决定在课堂中抓机会。

有了初步的想法,我走上了讲台,只是脚步明显少了以往的轻松,面容多了一份少有的凝重。进到教室,环视每个学生,果然不出我所料,几乎每张稚嫩的脸上都是害羞、紧张、新奇、期待等诸多心情交织在一起的复杂表情。我似乎能听到学生心底的声音:张老师,以往你站得高、引得正,这次看你怎么跟我们小学生谈爱情问题?我感到了一种前所未有的压力。我安慰自己:没关系,航向是准确的,我只要掌好舵就能大功告成!

平静了一下心情,我知道问题必须要来源于课文,提问不能脱离课文的正常轨道。让问题来源于课文,回归于课文,这是语文的旨归。我开始发问:"巨轮即将沉没的危急时刻,你们看到了什么?"学生说看到了人们求生的本能以及强烈的求生欲望,看到了人性的自私与丑陋,看到了人们在危机时刻的疯狂和绝望,还看到了有些人面临死亡时的从容和镇静。这些当然是电影表现给我们的主要内容,然而对于那些男女镜头,我心里清楚学生一直在回避着;我也明白如果对这些画面不进行合理的引导或者放弃,那些镜头势必会给课堂留下浓重的阴影,学生心中的好奇反而会更强烈,后果将是不堪设想的。就在我意欲寻找突破口时,有个学生站起来说:"我还看到了人世间的真诚、善良,看到了纯洁的感情。"我心中暗喜:机会!"从何看出?"我紧追不舍。"船长有序地指挥妇女、儿童、老人撤离,用壮烈的牺牲表达自己心中的愧疚和对人们的歉意。船员救出了人们,自己却葬身大海。""还有吗?"问题直插学生软肋。半晌,平时爱闹笑话的一个学生左看了看、右望了望,嬉皮笑脸着说:"还有杰克和露丝的爱情。"全班顿时哄堂大笑。

我却暗自高兴:你们终于敢面对了!机不可失,必须抓住!我立即接道:"是啊,巨轮即将沉没,面对生死,人们连亲情都抛弃不顾,头脑中只有疯狂逃命,逃命!但杰克的头脑中想的却是如何让露丝活下来。他完全有可能逃命,但他为了救露丝,却选择了死亡,义无反顾地葬身大海,这难道不是人间最伟大的感情吗?这是人性泯灭时表现出来的人性的辉煌,并不仅仅是男女之间的爱情!你们说对吗?"这时,学生微微点头开始表示赞同。我明白,爱情已经揭开了它神秘的面纱。

刻不容缓,必须乘胜追击!"你们怎么看待杰克和露丝的爱情?"点的脱离是为了丰实主线,是为了将来学生认识的不偏颇,是为了主线的正确方向。心正则意定,我等待着。片刻,一个学生说:"我认为他们的爱情是纯洁的、高尚的。他们没有相遇之前，露丝的生活没有一点色彩，杰克陪伴她度过了生命中最快乐的时光。曾经的杰克也不知道被爱的滋味，虽然杰克为了露丝葬身大海，但得到了露丝纯洁的爱，所以他也是快乐的、幸福的。”看着这个学生一脸的正气，听着他独到的见解，其他学生被感染了，表达的欲望似乎也被激发了。这时，让全班哄堂大笑的那个学生一本正经地说：“他们的爱情是一段轰轰烈烈的凄美爱情，电影中的有些镜头只是他们表达感情的一种方式。我们的爸爸妈妈也因为相爱才有了我们，所以他们的爱情是感人的、是伟大的。”一种纯洁的敬意流露在孩子们的脸上。

“杰克临死前的话给了露丝活下去的勇气，如果不是为了杰克，消极的露丝或许早就葬身大海了，所以我觉得爱情有时候是一种无比巨大的力量，是一种希望。”一个学生深沉地说。孩子们好像也已经感受到了爱情的伟大，脸上都带着凝重的表情微微点着头。

紧接着一个学生又说：“爱情就是一种人间真情，是互相关心、无私付出不求回报的一种感情，甚至付出生命也无怨无悔的高尚感情。”“爱情有时是陌生人之间产生的感情，它的伟大还在于能超越亲人间的爱。生与死面前，亲情被抛弃了，爱情却显示出了它的光辉。”“真情是一道无法被淹没的堤坝，牢不可破、坚不可摧。”……我被我的学生如此深刻的认识感动了，感动于孩子们的纯真、睿智。

站在“情”的高度看待爱情，认为男女镜头是表达感情的一种方式，孩子们是了不起的。此时，我悬着的心完全放下来了，因为我知道孩子们心目中的爱情再也不是纯粹的男女之情，他们已领悟到了爱情的精华——爱情是付出，是给予别人希望、幸福的人间真情，它跟母爱、父爱一样伟大，他们已经体会到了爱情中的“爱”与“情”。

师生风采

当我们把笔触伸向师生时，我们就会发现这是一笔多么富饶的宝藏。一篇篇来自心灵的文字，像一朵朵带着晶莹朝露的娇嫩的花朵，像一缕缕穿透云层的柔和明媚的晨光。

教师，一个平凡而伟大的名字，一个朴实而亲切的称谓。

教师，用粉笔挥洒激情，用生命熔铸崇高。

每位教师都如一个春天的故事，每位教师都是一座不朽的丰碑。从跨入幼儿园的大门起，每个人生命中都会出现一个又一个教师。

学生是一则谜，只要愿猜，总有猜不完的新鲜谜底。

学生是一幅画，只要肯品，总有品不透的奇彩余韵。

每个学生都如一首歌，只要想听，总有听不尽的曼妙华章。

细数一道道教育风景

城关区白银路小学 董文莉

站在2015年的门槛前，回眸2014年的365天，应该有不少值得记取的回忆。我让自己静下心来，执笔细细梳理即将过去的这一学期里让我怦然心动的那一道道风景……

风景一：要赶在孩子们的前面

每天早晨到校，无论我到得多早，总能看到签到本上有一个名字端端正正得排在最前面：韩海涛。韩老师是学校的老教师，她的腰不好，而且住的地方离学校有40多分钟的车程，如果找理由的话，她应该有迟到的合理借口。可是她常说："对于班主任来说，孩子的安全是大事，不能让孩子进入学校却没有老师组织，会出大事的。"因此，这个尽职尽责的老班主任，每天七点不到就出门，赶在七点半前到达学校。在孩子们进校前整理好班务，伴着晨光迎接她的孩子们。每次看到签到本上她的名字，我就忍不住想象着她在晨光熹微中步出家门、匆匆赶路的身影，我的心里不由得产生一丝感动。我不愿苛求所有的老师每天都在七点半前到校，尽管制度能管住人的行为，但管不了人的心。当听到魏彩虹老师言辞恳切地告诉我："我会尽量早一点的，可是早晨要给襁褓中的女儿喂奶，实在是没有办法……"我只能安慰她，准时出勤是美德，我们要提倡，如果有实际困难，领导还是理解的。其实，我们的许多老师都能克服困难早早地来到校园，为孩子们打开新一天的扉页。

风景二：我们在一起

在迎接城关区"特色学校"验收的日子里，我真正感受到了：当我们在一起，就能战胜困难，做到最好。我校是"乒乓特色学校"，冬季大课间的改版是验收中的重头戏。面对时间紧、任务重的困难，特色学校建设领导小组的成员们为了节约时间、一步到位，大家本着"为全体师生着想，极大限度地缩短大家在操场上的等候训练时间”的工作原则，牺牲休息时间，在训练前期“纸上谈兵”，一遍又一遍地对方案的可行性进行反复论证。由于顶层设计到位，方案科学合理，所以仅用了3天，一套彰显特色、科学合理的冬季大课间活动就练成了，然而几天下来，两位体育老师因为在瑟瑟寒风中指挥调度，声音都嘶哑了。小魏、小王两位新分配来的老师，在教导主任的带领下，除了参与组织训练，还自发地牺牲休息时间整理相关备查资料。几天的训练中，老师们对体育教师工作充分理解并积极配合：魏云香老师、韩海涛等老教师坚持和孩子们在一起，不畏寒冷，指导督促孩子们训练；牛红英、苏怀萍、李红霞等老师带病坚持工作，坚决不允许自己在关键时刻“掉链子”；二年级孩子小，难组织，我们柏彩萍、李艳老师等自始至终参与到孩子们的活动中，带领孩子们有序活动……接受检查那天，孩子们在老师全程参与带领下，表现比平时又上了一个台阶，带给评估组震撼的感觉，顺利通过了评估验收。每次活动，大家都能给我特别的感动，真的是“在一起”比“我爱你”更有效！

像这样的风景还有很多很多……2014年有说不完的故事，让我们揣着温热的感动走进崭新的2015年！我们也要善待一年来的遗憾，想想在2014年中我们失去了什么？忙忙碌碌中，我们很少静下心来读书、读帖，梳理自己纷乱的思绪，把思维的火花用文字记录下来。我们原谅了自己的慵懒，为逃避学习寻找着解脱的理由。一次次论文参赛，我们选择了放弃；一次次反思写作，我们选择了应付。我们让青春的梦想在琐碎事务的缝隙间徘徊，我们让火一样的教育激情在现实困惑的土壤中迷茫。我们需要教育新视野，我们需要教学新气象。作为一名管理者，我做出了这样的反思：教育是生命的内化和外养之道，教育是一门养心的工程，教育是一项实践的艺术。我们大家都要积极的走进教师，研究教师，引领教师；走进学生，指导学生，激励学生。教学上，引领老师们走出学科，走出学校，走向广阔的平台。生活中，关注教师的健康，将教师健身纳入制度，形成常态。文化上，显特色，亮出学校的名片，将特色文化辐射到教育教学工作的方方面面，使其有机结合，形成整体，共同提升；从而搭建一个以特色文化为核心的能辐射到教师发展、学生成长、教育教学的系统的校园文化体系，进一步加大学校对社会的服务力度，扩大校园文化对社会的影响力。

学习着，收获着，感动着，作为学校的管理者，眼中看着这一道道风景，心中记着老师们为学校发展所付出的点滴辛劳，是多么令人感动啊！“雄关漫道真如铁，而今迈步从头越”，新年临近，重任在肩，让我们高扬希望的风帆，乘风破浪，迎接新的挑战，携手共进，再创我校美好的明天！

小学教师的一颗童心

西固区玉门街小学　达玲儒

陶行知先生曾经说过："若把小孩当小孩，你比小孩更小孩。"这样的一句话，不知曾给多少教育工作者无限的遐想。作为小学教师的我，走过十八个春秋之后，永不泯灭的总是那颗童心。

小孩的确是小孩呀！年龄小，知识少；老师，就是老师，年龄长，知识渊博，阅历也丰富。这是无可厚非的，那何出此言？

在孩子心中，老师就是长者，是传授知识的智者；站在讲台，教师是组织大家的领导者。孩子们希望得到渊博的知识、做人的道理，也渴望得到慈母般的呵护、严父般的教诲。只要是正确的，不违背孩子们主观意志的思想，他们绝对是接受的；但是老师站在高高在上的三尺讲台上，从自己的主观思想出发，想当然的用威严的话语脱口而出时，那就是对孩子们想象力的扼杀，甚至自尊心的伤害了。能否蹲下来做一回孩子，回到童年时代，这一切点亮了师者成就事业的航灯，奏响了师者扬帆远航的篇章。

童年鸣奏曲

以前总觉得自己的生活还算充实：除了读些小说，课外也做些运动，研究教材，和孩子们谈谈心，处理一些班级事务……兴趣爱好也十分广泛。可是在教学中往往也会因知识粗浅而妄自菲薄。

做事有点粗心的我偶然间看到了一个奇怪的现象：教室窗台的花盆里不知什么时候多了一只奄奄一息的蜗牛，可花盆里的土壤是干燥的。我拿起旁边的半瓶水轻轻地浇上，蜗牛蠕动得快了，我忙问同学们："这是哪来的？"一位男孩子抢先答道："是我捉的。"另一位男孩补充："他们家属院有好多！""奇怪，我们家属院怎么没有见过？"我自言自语。这其实是我违心的话，我根本就没有仔细观察过，更没有去发现，怎么敢这样断言?“老师也想捉几只,可不知在哪里找?你们再捉几只,捉的时候仔细去观察,看你会发现些什么?”我怀着负罪感告诉孩子们,也告诉自己。我在想自己的童年是没有这么多的趣事的,有的只是捉蝌蚪、摘槐花、拾野菜、烧土豆……

我不能就这样把孩子们的兴趣扼杀在摇篮里,也不能让自己的懒惰而放弃这次观察。课后我给自己补上了这一课:蜗牛很可爱,两根触角,重重的壳,为什么自己不去捉一只研究研究?我去了院子,仔细寻找蜗牛的足迹,真难找,潮湿的地方不一定有。查阅了相关资料,有一天散步时,我终于在那个孩子生活的小区里捉到了一只蜗牛,把它养在家里的花盆中。我和我的孩子一有时间就去看它,看到它软软的、湿乎乎的身体每蠕动一步,就会有黏液留在原地,可是位置几乎没有变化。我正是在孩子的世界里学会了探究,找到了兴趣。谁敢说他们“小”?

“知之为知之,不知为不知,是知也。”孔子在很早之前就教育学生做人的道理,我们教师教育学生亦是如此。那我就做一回孩子,做一回学生的学生,未尝不可。看来,我在教学上仅仅是先知,而不是以前就有储备,所以我要做一回孩子,和孩子们共同成长。在人的心灵深处,都有一种根深蒂固的需要,这就是希望自己是一个发现者、研究者、探索者。而在儿童的精神世界中,这种需要则更加强烈……

青春圆舞曲

以老师自居的我们,本来就是“孩子王”,可小学生中的“孩子王”可不容易当。每当校园集体舞的曲子荡漾在孩子们心中时,爱跳舞的孩子顿时激情奔放。可有两三个孩子总是懒懒散散,纠正、强调都显得苍白无力。我本来就爱跳舞,跳舞是我的强项,每一个旋律对我来说都是快乐的音符。但此时没有多余的舞伴,我只好徒手跳。我想和那几位协调性不太好的学生跳,可就是没有机会。有一天,我拉起一个孩子的小手蹦跳起来,他随着我的步伐也跳动起来。虽然不是那么协调,但是我向他微笑,他不好意思再那样懒懒散散了,我忘记的动作他却记得清清楚楚,我俩的协奏曲之舞就从那天开始天天飘荡在校园里。也许他的动力不是我,而是自己——和老师跳舞是他的荣幸。

最近,孩子们中间流行一种“打王牌”的游戏。教室里、操场上、墙角旮旯……只要有空闲,只要有空地,他们就玩得热火朝天。我几乎为他们这一疯狂的举动而手足无措,因为连日来他们作业的质量很差。后来我也想加入他们的行列,体会体会他们的乐趣到底在哪儿。机会终于来了,在我校的运动会上,暂时还没有我们年级的比赛项目,几位同学在下面打得不亦乐乎。我一个个盯过来,发现“打王牌”要有战术,一位学习优秀的学生打得王牌都翻了个,有一位内向的孩子在旁仔细盯着看。我让这个内向的孩子教我,他摇了摇头,意思是不会,我却一定要他来教,让他融到集体中来。我想互相切磋一下,他毕竟比我玩过得多,在我的催促声中,他腼腆地伸出手。我故作姿态,手的姿势不断变化。他开始教我一个简单的动作,我没有打翻,后来还是不会,他以己为荣。其他孩子对我的这一举动甚是惊讶——老师应该没收我们的牌才对,可为何自己也玩起来了?后来在班会课上,我从他们的角度、我的举动入手,谈了自己也很想继续玩下去的想法,可还要批改作业、备课,所以只好放弃。他们如有所悟,个别人表态不再玩了,可我也没有强制执行,告诉他们只要控制好自己,每星期玩一次,我每天布置的作业就会少一点,他们听了一蹦三尺高。

未来畅想曲

生活中是缺不了幽默的,我虽然不够幽默,但我会发现幽默。“五、四、六”这三个数字,大家都不陌生,但从三个手指上呈现出来,就有了生命,充满了深刻的含义。

三个孩子,一个无所事事,对任何事无动于衷;一个聪明但懒惰;另一个做事毛毛躁躁、不思上进。到底是谁说他们不上进,是学困生,的确是我这位老师,可是后来我却有了意外的收获。

有一次,当听写本发放到他们手中时,我从他们三人的“手指语”里读懂了上进。强伸出五个手指给邻座的德看,德伸出三个自豪的手指给后座的鹏看,鹏缩着六个手指憨憨地笑笑。意思是强听写的词错了五个,德错了三个词,而鹏错了六个。我惊奇地看着他们,谁说他们无所事事,又是谁说他们不思上进的,我想透过他们的心灵深处找到共鸣:他们三个因不会听课被调到前排,他们因性格不同而走到一起,他们又因学习困难而成为知己。原来他们了解自己,他们很上进,只是暂时未找到自己的价值在哪里?

我审视着,给他们一个微笑。其中的一个读懂了我的笑意,快速地改正了错词,脸上充满了自信;另外两个找到了自信,也许会争取下一次取得佳绩;可学习最落后的德默默无语,他总是比别人慢半拍,悄悄地拿起笔改正起来。他们不是不上进,是没有找到竞争者,没有找到突破口,无所适从,因为盲目而变得懒惰。我要让他们从

“五、四、六”中懂得生存之道，我要让“五、四、六”变成“一、二、三”。

第二次，我把三人的作业放到一人手中，伸出一个手指，他们学会了猜；第三次，我把三人的作业放到另一人手中，伸出两个手指，他们一下就猜正确了；第四次，他们学会了竞争，有时还出现并列第一、并列第二……我要让他们成为小组第一、班级第一，这也许是好高骛远。可要是从其他方面入手，比如从兴趣、特长方面去发现他们呢？鹏在运动会上跳绳取得了第一，是老师陪练的结果；德下围棋很棒，也是老师陪练指导的结果；强的硬笔书法，是小组第三。虽然他们的陋习还未改正，但是只要每一天都在努力，就是在进步。

苏霍姆林斯基曾告诉我们：“成功的欢乐是一种巨大的情绪力量，它可以促进儿童好好学习的愿望。请你注意无论如何不要使这种内在的力量消失，缺少这种力量，教育上的任何巧妙措施都是无济于事的。”所以蹲下来，走近孩子吧，深入人心，教育孩子，也可以教会所有的孩子，但这一切离不开小学教师的一颗童心。

发电机支持下的一节绘本课

——重返吕家岘小学记事

兰州市教育科学研究所　武宜君

2014年10月30日，榆中县贡井乡吕家岘小学停电已经三天了，因村里要更换电线杆，每天早晨天一亮就停电，天黑透了才给供电。这样，我和一同下乡去做联扶工作的兰兰老师，已经吃了两天大饼夹榨菜了。我们每天还未起床，先赶紧爬起来烧一壶热水，白天走村入户，慰问联扶户，晚上摸黑在宿舍里打着手机等照明。

吕家岘小学是北山上一所贫困偏远的山区学校，是贡井乡学区的中心校。贡井乡学区7所学校共计学生230人，吕家岘小学六个年级一共139人。这里气候干燥、土壤贫瘠，常年食用窖水，盛产又大又沙的土豆，距离最近的榆中县城70公里，需要在崎岖盘旋的山路上颠簸几小时。这个学校是贡井乡学区中校园最大、条件最好、学生人数最多的一所学校，两年前才改建了危危平房建起楼来，老师和孩子们已经很知足了。据说学区下面的女教师宿舍里，还有像猫那么大的耗子大摇大摆地散步呢！

岘小的教师坚守情操，在最底层、最困窘的土壤里执着于生命高处的教育情怀，对当代前沿的教育理念和教育资源满怀渴望。去年冬天，我第一次下乡扶贫来到这所学校，用一本《爱心树》为他们打开了绘本阅读之门。

《爱心树》是美国作家谢尔·希尔弗斯坦的一本名著。这本书是世界绘本之林里的经典作品之一，出版30年来故事魅力历久不衰，被世界各地不同年龄段的读者所喜爱。这是一棵有求必应的苹果树和一个小男孩之间的动人故事。去年，在岘小的多媒体教室里，我问全校近百名学生，知道什么是绘本书吗？他们说不知道。这些农村的老师和孩子们睁大了眼睛，惊奇地看着我手里那些图画精美、故事简短、充满趣味的硬皮书。我打开多媒体演示稿，让孩子们悉心观察和欣赏阅读《爱心树》，去体会这本黑白画面、线条如此简单、语言如此精练的小小绿皮书讲的是什么内容。

今年我又下乡去了，重返吕家岘小学，已经时隔一年。到了学校，闫校长说，自从去年我上了《爱心树》，他们学校的老师和孩子们都爱上了绘本，开始阅读绘本，尝试绘本教学。这次难得我来了，邀请我给老师和同学们再上一节绘本阅读课。出于对绘本教育和吕家岘小学的深厚感情，我答应下来，可不巧遇到这几天停电。我只有在夜里来电后精心备课、准备课件，以备第二天有电时上课。

吕家岘村的夜，是我见过的最黑最黑的夜。在北山高高的大山梁上，入夜的校园显得万籁俱寂，没有一丝声音。满天星空高悬，墨黑的苍穹中，无数星星亮晶晶地眨着眼睛。那一颗颗星星啊，就好比北山上一个个农村孩子的眼睛，晶莹纯净、闪亮无比。

宿舍里的灯光都已经熄灭了，老师们一个个都睡了。兰兰老师为了给我找一个适用的演示模板，从被窝里爬起来，裹着衣服，趴在电脑前搜来搜去，下载、使用、再下载、再调换。她睡下了，我继续干……等我备好课，忙完一看，已经半夜两三点钟了，连压住的煤火炉子也已经“睡熟”了。

在我将要离开那里的最后半天，为了让我给全校上一节绘本阅读课，闫校长带着几个男教师推着拉煤的独轮小木车，从村头的一家家小餐馆里，几经周折、费劲口舌，满手沾满黑煤和油腻，借来了一台临时发电用的发电机。

这是一节多么难忘的绘本课啊！隔着远远的两间教室，关紧门窗，支起发电机，封闭了轰隆隆的发电声，全校师生停下正常授课，来到学校里唯一的一间多媒体教室，来听我上《拥抱》这个绘本故事的阅读课。在那间不大的多媒体教室里，条桌条凳，硬是挤着坐下了全校六个年级共计139个孩子和14个老师。

见过这么拥挤的课堂座席吗？你坐前一点我坐后一点，你侧一点身我侧一点身，大家就都挤着坐下了，想举手回答问题的孩子像楔子一样挤得站不起身来。农村的教育，老师们在艰苦卓绝中坚守，孩子们在艰苦卓绝中奋斗……这样的环境，无区别心地去爱学生、无条件地去爱教学，我们能不能真正做到？

感恩，深深感恩！是这些挤在一起的孩子和老师们，让我感受到了爱的巨大力量；在贫瘠苦寒的甘肃北山地区，他们的生命力如柠条一般坚忍顽强、茂盛茁壮。世界很大也很小，是时候把我们小小的世界拥抱在怀里了。从离我们最近的那个人开始……

我会记住第一排那个一年级的小孩子紧紧地抱住我的腰，像抱住妈妈一样的无私信赖；我会记住那个据说从来没有发过言的智障女孩情不自禁地举起手对我轻轻说："我想拥抱我妈妈。"；我会记住五年级的他成绩极其优秀却不能弥补三岁多就失去母亲、别人越幸福他就越孤独的伤感，虽然我疏解了他的情绪，可是当课后老师们告诉我他的特殊时，我后悔当时不知道实情，没有挤进包谷棒子一样拥挤的座席里去温柔地抱抱他；我也会记住课堂最后一排听课的年轻老师们，突破平日里的羞赧拘谨，他们热情洋溢地微笑着并讨论着；我更不会忘记老师们动情地对学生说："孩子们，我最想拥抱的人是你们啊！"……

两个小时太长了也太短了，它浓缩了一个个生命的成长故事和我的太多感慨反思。绘本阅读，让我们的记忆缔结在一起，成为共同的精神财富。我感谢他们，感谢吕家岘的孩子们和老师们。

离开吕家岘小学，我带走了农村孩子们温暖的拥抱，带走了农村老师们炉火般炙热的教育情怀，带走了绘本伟大的生命感染力，带走了这一段记忆，这一段温暖，这一段心灵的升华……

说说我们班的“牛人”

榆中县第二中学 和 平

我们班可谓是一个“英雄”云集、藏龙卧虎之地。提起我们班,全校师生无不竖起大拇指——牛!“牛班”自然“牛人”多,不信?请放眼一观。

学霸——王玉刚

王玉刚虽然其貌不扬,但各科成绩总是名列前茅,全年级第一的宝座永远属于他。

课间,同学们或开怀畅谈,或尽情嬉戏,或享受阳光。唯独他或埋头苦读,或奋笔疾书,或破解难题。那副专注、那份陶醉、那丝痴迷,让人真不好意思打扰他。

但凡那位同学有不懂的题就去请教他,你看他眨眨眼、挠挠头、咬咬笔,解题思路便从笔尖流淌出来。再配上他条理清晰的讲解,所有问题都迎刃而解。请教者茅塞顿开,围观者目瞪口呆。

他真不愧是我们班的学霸,实在让人佩服得五体投地。

“闪电侠”——丁艳荣

一年一度的运动会开始报名了,我们班的运动健将们早已按捺不住激动的心情,积极踊跃地报了名。各个项目不怕没人报,就怕抢不到。让人不可思议的是,身材瘦小的丁艳荣竟然抢报了800米和1500米两个中长跑项目。大家都为她捏了一把汗。

“砰”,只听裁判员一声枪响,丁艳荣像离弦的箭一般飞也似的冲了出去。只见她脚下生风、快如闪电。在啦啦队一浪高过一浪的加油声中,她的速度丝毫不曾减慢,她像一头轻巧的小鹿一股气冲向了终点。她凭借顽强的毅力,过五关斩六将,轻而易举地拿下了两个第一。

鉴于运动会上的出色表现,同学们送给她一个外号——闪电侠。

“书法家”——毛思语

“给我的书皮上写个名字……”同学们聚拢在毛思语周围,把她围了个水泄不通。如此壮观的景象,那是每学期开学时大家请班级“书法家”毛思语为他们写书皮的情景。

每当这个时候,她不管有多少作业没有完成,都会有求必应。她会收拾起自己的作业本,一丝不苟地为同学们写书皮。

她气定神闲,像是在完成一项重大的使命。一横一竖、一撇一捺、一点一钩,都彰显着她的认真和严谨。所有人的目光如同一束光柱,聚焦在这位“书法家”的杰作上。她的字如她的人一般,方正而不失飘逸,隽秀而不失洒脱。

殊不知,她还在硬笔书法大赛中得了奖呢,真是名副其实的班级“书法家”。

“魔术师”——王嘉辉

“见证奇迹的时候到了!”那是我们班小小“魔术师”在才艺展示主题班会上为大家表演魔术呢。

“哗啦啦”,他以娴熟的动作将扑克牌洗了两三遍,然后请“观众”任意抽出一张,看了牌面后随意插入,秘而不宣。最后,他在大家的拭目以待中找出插入的牌。百猜百中,无一失误,愿意一试的同学尽可参与。同学们的惊呼声此起彼伏。

他不仅会表演纸牌魔术,而且会表演白纸变钱的魔术。

“自古英雄出少年”,我们班的“牛人”风采迥异、“牛技”超群,堪称“少年英雄”。希望他们志当存高远,二十年后成为建设祖国的“牛人”。

集体是一片海

兰州市教育科学研究所　刘永兰

“兰姐,还好吗? 降温了,注意保暖,注意身体,不要太劳累了……”

“兰姐,想你了,想那片海了……”

“……”

手机信息在不停地闪动，我内心随之跳动，想起那片海的故事。

那是带班生涯中的某一年的8月，我又接手了一个新的班级，这是来自七个不同班的择文学生组成的文科班，64人，女生占了多一半。经过10天军训和高一一年的相互了解，各班的学生们本已非常熟悉；现在突然间从已熟悉的集体走出，组成一个陌生而又将共度两年的新集体，如何适应这种变化？新成立的班级如何有效正常运作？我和学生间的陌生感和默契，学生间的团结合作，班风和学风的培养，特别是学生新的集体观如何重建等等一系列问题如何在最短时间内得到有效解决？这些都是令我十分头疼的。

我深信不疑这样一种理论：一名教师对学生的影响不仅仅是知识上的、智力上的影响，更是思想上的、人格上的影响。教育工作者作为一个人，作为社会中的一个人，对成长中的青少年有着巨大的潜移默化的影响。但这种精神上的、社会道德上的影响并不是靠说教就能产生的，精神需要精神的感染，道德需要道德的濡染。一位教育工作者的真正威信在于他的人格力量，他会对学生产生终生影响。所以我做出了这样的决定：要通过自己的人格魅力赢得他们的信任并塑造他们。根据社会学习论，通过社会学习历程来进行人格培养的观念，即中国传统的身教重于言教的观点，我将班级管理的重点放在日常的班级活动中，并且做到以身作则。在各种班级管理和活动中，教会学生处事、做人的道理，通过自己的身体力行来引导、培养他们。

在确立了“团结、进取、弘毅、勤奋、活泼、礼让、合作、谦逊”的班级管理主题后，我提出一句话：“集体是一片海，每个人要做一滴水融入其中，而不要做一滴油飘在其上。”并举行适时的班会强调集体观的重要性。刚开始，一切是那么井然有序、整齐到位，每个学生都给人以积极崭新的面貌。然而过了不久，学生原有的陋习就显现出来：互相包庇抄作业、迟到、自习课说话互相打掩护……毕竟高二了，在这不足两年的时间内，我不仅要迅速组建一个团结向上、品德健康的班级，还要带出一个学习品质良好、高考升学率较高的文科班，谈何容易?！所以，我绝不能让恶习蔓延。我用了一节自己的正课时间，让学生们畅所欲言——“你认为什么是真正的团结，怎样才是良好的集体?”学生们七嘴八舌激烈地讨论着，说着说着就越来越激进，越来越正义，越来越严肃，似乎意识到了什么。我接着又问：“你们选择来这儿的目的是什么?”“上大学!”他们异口同声地答道。“大学是考出来的！考是凭实力，实力又从哪来？是平时的积累，但目前大家这样的表现又能积累些什么？这样下去，等你们毕业了，回想起你在高中最后待过的集体会有什么感想，是想遗憾多些还是怀念多些？是满足和感动还是无所谓和厌恶？”教室里安静了下来，我接着说：“真正的团结、良好的集体应该是彼此负责！当有人不守纪律、自习课说话、抄作业时，同学们不应该是采取明哲保身或与我无关的态度，如果这样做就是对恶习的纵容，是对自己不负责的一种表现，这样下去怎能形成一个良好的学习环境？自己在这样的学习环境中又怎么能学好？”学生们陷入反思，我及时离开了教室。

一星期后发生的一件事，让学生和我感悟到了水和海的关系。每年9月底，学校都会举行“体能检测运动会”，学生会要求各班踊跃投稿，稿件数量作为评选“精神文明班级奖”的条件之一。在活动的最后一天的早上，当学生得知兄弟班以1000篇数量超过我班时，学生爆发出了从未有过的集体荣誉感和写稿热情。他们情绪高涨，干得热火朝天：买稿纸的买稿纸，写稿的写稿，交稿的交稿。半小时后，还差700多份。“算了吧，这样已没有多大意义，我们退出比赛。只要努力了，不在乎别人怎么认为、怎么看，我认可你们，我们自己认可自己！”我说道。“不，老师，你不是说不到最后一秒钟都有希望么？！”孩子们异口同声地说，“我们抓紧写！”

我退出教室，不想因为我的存在给他们压力，我已很满足。看他们一手拿早点，一手奋笔疾书；为节省时间，连牛肉面的碗都端进教室，我还要求什么。“还差多少？”“这有一份！”“交了多少？”“快写快写！”“我手都酸了！”“我也是，别说了，快写！”……孩子们的声音此起彼伏。

他们在后来的周记中这样写道：“紧张的心都快出来了！”“当离截稿还有2分钟时，班里的场面令我真的好感动，所有人都像疯了一样，每个人都急地大叫，争着交稿的场面让我在一瞬间理解了集体的含义……”“那天当我们在争分夺秒地写稿件时，那种对集体的归属感真让人感动又振奋。正如我们所期望的那样，我们这个大家庭将会越来越温暖，越来越团结……”最后我们胜出了，当大会宣布我们班第一时，全班同学不约而同地鼓掌、欢呼、跳跃。我们不去评论这件事本身的是非曲直，但就其过程，足以让我和学生们自豪、骄傲！我问：“你们高兴吗？”“高兴！”孩子们答道。我又问：“从中你们得到了什么？”片刻的寂静后，孩子们异口同声地喊道：“集体是一片海，每个人要做一滴水融入其中，而不要做一滴油飘在其上！”

春天的圆舞曲

——记我的好老师

城关区和政路小学　张天龙

乘着晨曦的阳光,匆匆地迈进学校的大门;伴着琅琅的书声,开始一天充实的人生。课上,有春风般的启迪;课后,有春雨般的勉励。学校没有夏、秋、冬,只有温暖的春季。你看,一位位老师跳起了春天的圆舞曲。

有人说老师是蜡烛,可我总觉得太过凄婉;有人说老师是太阳,又觉得太过夸张;有人说老师是泉水,也觉得太过清凉;有人说老师是太阳能电池,又觉得太过死板。我要说,老师虽是普普通通的人,却似大海中的浪花,像夜空中的繁星。采一滴浪花,就是一副优美的画;摘一颗星辰,就是一首动听的诗。

——题记

春的意趣

步入到六年级,父母为了我能"脱颖而出",每天让我做两张试卷,还给我报了好几个校外班。我觉得每天都是"泰山压顶",那种超负荷的学习令人无法抬头。而她的出现,为我们注入了生命的活力。你听,那"嘎达嘎达"的皮鞋声,是和谐的钢琴伴奏曲,为我们带来了欢乐;你听,那"咯咯"的笑声好似银铃,让我们忘却了心中的烦恼;你看,那灿烂的笑容,是鲜艳的花朵,告诉我们冬天过去了,春天来了。于是,在教室里,就有了一个个动听的故事,一首首悠扬的歌声,一个个滑稽的动作,一阵阵爽朗的笑声。你看,是她调节了我们的生活,让我们快乐着。

春的播种

打开她的教科书,你会惊奇地发现,每一篇文章中都批注着各种各样的符号;文字之外,又用红笔密密麻麻地书写着各种教学资料、教学策略。这时候,你的心中一定会涌起一种震撼力:一位有一定教学经验的老师,还在这样扎实地进行上课准备!是的,她自始至终都是这样。难怪在她的课堂上,她总是那么游刃有余,总是那么活力四射。“春种一粒粟,秋收万颗子”,你看,她以一颗诚挚的心播种着希望,收获着未来!

春的教导

“快去看,我们班一个学生跑了!”听到这一声,她飞也似的跑出了办公室。一个弱不禁风的女教师,能追上“彪形大汉”似的学生吗,我思考着。然而,在十多分钟之后,膀大腰圆的淘气鬼硬是被“牵”了回来。她,已经累得气喘吁吁、大汗淋漓。而她顾不了这些,又以娓娓动听的话语开导起那个学生来。她不是班主任,而她的责任心、她的教导比一个班主任还要多。你看,是她像春风一样吹开了学生紧闭的心门,吹暖了学生的心田。

春的旋律

运动会前夕,每个年级都在排练健美操。而她的表现最为引人注目:手拿一双筷子,正在操场上尽情地舞来舞去,原来她正在给一年级的学生耐心地教着筷子舞。每天下午,你一定会看见她像一只欢快的小鸟在操场上跳跃,汗水湿透衣衫全然不顾,烈日晒黑皮肤在所不惜……你看,是她以春天的旋律装点起了操场上最靓丽的风景线。

后　记

这就是她,我心中的好老师——张钟帆。你看,她的笑容泛起了浪花般的涟漪,她的眼睛闪起了星辰般的光芒。

你看,辛勤的园丁都跳起了春天的圆舞曲,用自己的智慧追寻着时代的梦想。不信,请你睁开慧眼,在我们的校园中欣赏吧!

成长印记

如风筝线的记忆牵动着童年的身影，它让人神往，更让人心动，因为——

这是我们成长的足迹！

这是我们努力的见证！

如画，如歌。在成长的路上总会有许多有趣的往事，打土仗、荡秋千、堆雪人、捉迷藏、摸小鱼……成长的路上总会有许多“第一次”：第一次照相、第一次独自睡觉、第一次外出……它们奏响了成长美妙的乐章。

当我们还是孩子的时候，全然不知道生活赋予我们的含义，只觉得日子总是那么单调而漫长，直到有一天我们以书为伴，生活发生了天翻地覆的变化。我们开始认识世界，我们开始关注现实……渐渐地，那一个个天真烂漫的小顽童不知不觉中变成了一个个小大人，也开始会为生活、学习忧愁了。

一段往事，一个故事。用智慧、用执着，去谱写未来，奏响辉煌；用真挚、用快乐，去点亮人生，让个性飞扬！

我和书的故事

兰化一校　龚　帅

我和书的故事就像蝴蝶飞过花丛,像泉水流经山谷,我每每忆及少年时代,就禁不住涌起愉悦之情。在记忆的心扉,少年时代的读书生活恰似一幅流光溢彩的画面,也似一阕跳跃着欢快音符的乐章。

在我小时候,很讨厌读书,甚至一看见书就头疼。可是,书是人类的精神食粮,不看书不行啊! 于是,妈妈买了一本《钢铁是怎样炼成的》让我看,我想着这本书名字这么古怪,内容肯定很有意思。于是我就打开书翻看着,看着看着,书就像一块磁石一样吸引着我,读了一遍又一遍,不但不觉得厌烦,还跟书交上了朋友。尤其在读到保尔为祖国坚强奋斗,就连双目失明也置之不理,甚至在他身体多处负伤时还在思考抗战的事时,保尔的意志力便让我敬佩。可是想想现在的我,真是惭愧不已。就拿每周的琴课来说吧,每周老师给我布置的作业我总是往后推,今天推明天,明天推后天。就这样拖到上课那天,我就开始逃避,央求妈妈给我请假。自从读了《钢铁是怎样炼成的》之后,我便判若两人,不再逃避。因为我知道,一个人只要意志坚定,就没有什么能阻挡你前进的脚步了,世上无难事,只怕有心人!

有一次,我趴在床上看一本《福尔摩斯》,看得正入迷,仿佛我变成了福尔摩斯,像拼拼图一样一步又一步地进行着紧张的破案工作。就在这时,妈妈突然喊我,让我去把垃圾倒了,顺便把一些虾送到对面院子里妈妈的同事家。于是,我便一手拎着垃圾,一手提着虾出发了。走在路上,我满脑子还是书中的故事情节,不由自主地把故事继续往下编,越编越带劲。结果,想都没想就把虾“嗖”一下扔到了垃圾箱里。提着垃圾来到阿姨家,阿姨说:“小家伙,你给我带什么好吃的来了?”我得意地说:“虾呀!”“咦,那为什么有点臭臭的味道呢?”我正心想,突然回过神来,原来我把虾当成垃圾给扔了。完了完了,我心想妈妈这下肯定要收拾我了。回到家,我小心翼翼地把这件事的来龙去脉给妈妈说了一遍,妈妈听了不但没有责备我,反而笑呵呵地说:“臭小子,既然你这么喜欢看侦探书,以后我就给你多买这方面的书。只不过,以后做事要认真呦!”“好!”我爽快地说。

还有一次,我写完作业,正在看书,看得很入迷,居然忘了时间、忘了睡觉。突然妈妈推开门说:“宝贝,该睡觉了,把书放下,明天再看。”“把这点看完嘛!”我用期望的眼神看着妈妈。不料妈妈一手夺过书,放到书柜里,生气地走了。我极不情愿地躺在床上,心里想:“不就是想看本书,至于那么生气吗?”这时我的脑子里想出了一个点子:我可以做“小偷”啊! 我轻轻地翻起身来,穿上衣服,把那本书拿出来,用手电筒照着看,一页、两页……我像一匹饿狼贪婪地读着。我很快乐,也很惧怕这种当“小偷”的滋味。5分钟、10分钟、30分钟、40分钟……啊! 终于看完了,我的心里暗喜,幸亏没有被妈妈发现。我知趣地合上书,放到书柜里,又轻轻地躺到床上,脑子里把刚才看的书又巩固了一遍,就进入了甜美的梦乡。

那天晚上,我刚写完作业,正准备看书时,妈妈叫我去煮牛奶。可是,等着牛奶煮好太慢了,于是我就去拿了三本书到厨房,并坐在锅台边津津有味地看起来。我会为书里主人公的事情感到开心、难过和激动。就这样,一页、两页……很快,一本书就被我读完了。第二本书我读得很快,囫囵吞枣,大有“不求甚解”的味道。读到一半儿,便听见“哗”的一声,我急忙放下书,迅速跳下锅台,可能速度慢了些,牛奶都溢出来了。糟糕,我又闯祸了! 当时,我的心里乱成了一锅粥。突然想到火还没有关,就立即把火关灭,可是牛奶还在不停地往外溢。没办法,我只能和那还在不停往外溢的牛奶做一个“干瞪眼”的游戏了。牛奶停止了外溢,可是我要怎么和妈妈交代呢? 我的心里仿佛有两个小人在争吵,小天使说:“做一个诚实的孩子吧!”而小魔女说:“别告诉妈妈,不然又要被骂了!”听了两个小人的争执,我还是听了小天使的话。于是,我把这件事情的来龙去脉告诉了妈妈,妈妈不但没有骂我,还表扬我是一个好读书、讲诚实的好孩子。

一天,妈妈和爸爸去商店买东西,我跟妈妈说:“妈,别忘给我买几本书!”“知道了!”妈妈说。他俩回来后,我一看袋子,呀! 好多书啊! 有中外名著两本、作文书一本、漫画书一本。我立刻把书拿出来,爱不释手。首先我拿出漫画书,一页、两页……很快读完了。然后拿出作文书,要知道我最喜欢作文书了,我很快乐,不一会儿,作文书也读完了。接着我拿出中外名著上册,好厚的一本书啊! 我翻开书,读得很快……“吃饭了!”妈妈大声说。我虽然嘴上应着“来了来了”,但手中的书仍不肯放下,妈妈生气了,继续大声说:“快点儿! 吃饭了!”我这才放下书,慢吞吞地去吃饭。到了晚上,要睡觉了,我偷偷拿起书,放在被窝里,把小灯打开,又是如饥似渴地读着。后来上了第一单元,我才知道读书要做笔记,不能囫囵吞枣。之后,我养成了读书做笔记的好习惯。

这就是我和书的故事,我经常在书的王国里遨游,它把我带到了浩瀚的天地,带我领略人世的真谛,更陪伴我快乐地成长。

童年趣事

西固区东川中心学校　欧　艳

童年像一杯酒,经过几十年岁月的沉淀,越酿越醇香,越品越有味道。我一个人闲下来,静静地坐着,经常会想起童年时的人和事。那些往事如一颗颗闪亮的珍珠,串起了我童年的美好回忆。记忆的大门一旦打开,童年趣事便像潮水一样涌出来,有时候想着想着,我都会偷着笑出声来。

我出生在兰州市郊的一个小村子,父母都是地地道道的农民。在我前面已经有五个姐姐,加上我共六个女孩子,我还有一个弟弟。

一个巷道里的小孩有黝黝哥、小黝哥(他俩住我家隔壁,这哥俩因为生得黑,父母就给起了这名)、我和五个姐姐、弟弟。前面巷道的女孩有兰兰、胖胖、吊果,男孩有东东、兵兵。我们这些孩子经常在一起玩耍。

打土仗、荡悠悠

有一天,小黝哥领着我们一大帮孩子去地里玩。因为我们几家的地都是挨着的,那是开春还没多长时间,有的地里好像还没种庄稼。我们先是分成两队,用土坷垃玩打仗。小黝哥毕竟是男孩,有力气,又扔得准。我们不时被他打中,有的被打中了身上,有的被打中了腿。被打中也没关系,我们拍拍身上的土,嘻嘻哈哈地笑着继续玩。即使谁被打中头,打疼了也没事,让哥哥姐姐哄一哄,掉几滴眼泪,就破涕为笑,重新加入进来,接着开战。女孩子们力气小些,扔不远,但偶尔也有打中的时候,别提多开心了。我们几个小的,总是挨打的时候多,有时也能趁着混战瞅准时机,把土坷垃扔到对方阵营里打中一两个。正当我们拍手欢笑的时候,自己又被对方打中了,真是哭笑不得。

玩累了,大家坐在田埂上休息。不知是谁提议说我们玩荡悠悠吧！于是便有个孩子跑过去拽住兰兰家一棵大果树低处的树枝,那根树枝有大人的胳膊粗。大家一哄而上,纷纷抱住树枝。大的孩子在前面,小的坠在后面,拽着树枝荡呀荡,别提多好玩了。没轮上的小孩,站在一边羡慕地看着,又不敢上,怕被树枝打着。“没事,过来玩吧！”当大孩子停下来时,我们几个胆怯地跑过去拽住树枝。有孩子说:“真没事,抱紧树枝就行。”正当我们玩得不亦乐乎时,“咔嚓”一声,树枝断了,孩子们全摔了个屁股墩。等我们爬起来一看,这下全傻眼了,那么粗的树枝竟然断了。这下可怎么办？兰兰、胖胖吓哭了,因为是他们家的树。大人知道是怎么弄断的,我们肯定是要挨打的。

还是小黝哥主意多,他对我们说:“大家快过来,把树枝拽走！”那根树枝上长满了绿叶子,还有手指头大的绿绿的小果子。我们把树枝拖到地头,要扔到高高的土坎下面。小黝哥说:“不行,拖远一点再扔！”我们拖着树枝走了一大截路,远远地扔到一个大草坑里,树枝隐没在深草丛里。

这下好了,大家总算松了口气。谁知小黝哥竟然像个司令一样命令:“女孩子全都转过去,不许偷看！”我们几个女孩子都转过身去,用手蒙上了眼睛。只听男孩们叽叽喳喳地说着什么,一会儿,又听见尿尿的声音,不知道他们要干什么。女孩子们正疑惑着,只听见他们说:“好了。”我们围过去,看见小黝哥正拿着树枝用尿和泥巴呢,我们掩着嘴偷偷笑着。泥和好了,只见小黝哥像只敏捷的猴子一样,三下两下爬上树,让男孩把泥巴递给他。他把泥巴抹在树的茬口上,这下就不会一眼看出那里新断了树枝。

做完这些事以后,大家再三叮嘱这件事谁也不许告诉家里的大人。我们就各自回家了。不过每个人都提心吊胆的,唯恐那件事被兰兰家里人发现,找上门来,那样就免不了挨一顿打了。

过了几天,没啥事。又过了好几天,还是没啥动静。我们不免在心里暗自庆幸,干了坏事没被大人发现,总算是躲过了一顿打。

吹麦哨

我们几个小伙伴经常去地里玩。地里长着白生生的水萝卜、红彤彤的红棒子，还有绿油油的葱秧，真让人眼馋。你家的萝卜拔几个，他家的葱掳几根。当然都是在大人不在的时候干，要不然准得挨训。我们嘻嘻哈哈地说笑着，拧掉萝卜缨子后，泥土在衣襟上随便蹭一蹭，送进嘴里就咬。“嫩嫩的水萝卜真好吃！”“红棒子有点辣，剥了皮再吃！”说着说着，有手快的三下五除二剥了皮，白生生的萝卜就露了出来。“嗯，这下好吃多了！”我们把葱秧子剥了，剩最外面的一层叶子和皮，塞进嘴里就嚼。虽然有时候辣得直流眼泪，也架不住嘴馋。

那时候，乡下的孩子没钱买玩具，但是却有许多好玩的东西。在麦子抽穗的时节，我们去地里玩，小黝哥、四姐、五姐都会做麦哨，放在嘴里“嘘嘘”地吹，声音此起彼伏，真好听。

我们小的几个便央求小黝哥也给我们做一个，他答应了，站在地埂边随手拔了一棵麦子，掐掉麦穗，选取麦秆上两个麦节中间的一段，放在手心里撮几下，麦秆中间就竖着裂成了几段。然后拿住两端有麦节的地方，往中间挤一下，这段麦秆就仿佛一个小圆灯笼一样，真好玩。再一松手，它又恢复了原样，成了一段麦秆。一个麦哨做好了，小黝哥把它递给我们。几个小鬼一哄而上，谁先抢到，谁的脸上一下子就乐开了花。没抢到的，有的哭丧着脸，有的紧着巴结：“小黝哥，小黝哥，下一个给我吧？”小黝哥点了一下头，得到应允的人也乐得直拍巴掌。

小黝哥的手艺可真好，没几下就又做好了一个。这时，四姐、五姐也会帮我们做。没一会儿工夫，我们几个小的一人一个麦哨，放进嘴里，把声音也吹得忽高忽低，此起彼伏的，组成了一首协奏曲。远处也有欢快的麦哨声隐隐呼应着，在麦田上空回荡……

打水仗、编柳帽

东川里有我家的菜地。大人去地里干活，小孩子也常常跟着去。地里要浇水，所以抽水机经常要抽水。大人常嘱咐我们不许去抽水机那里玩，因为那里的铁管子直径大概有四五十厘米左右粗，水流很大，小孩子掉进去容易出事。

但是炎热的夏天，我们小孩子总是禁不住诱惑，偷偷跟着大孩子去那儿玩。我们顺着大路走，沿着水沟逆流而上，能看见水沟里哗啦啦的流水，别提有多兴奋了。用不了七八分钟就到了那里，我们坐在沟渠边上的水泥台阶上，把脚伸进水里，好清凉，好舒服呀！大孩子胆子也大，干脆挽起裤腿直接下到水渠里，水都没到膝盖以上了。他们就在里面走过来走过去的，可得意可满足了。玩着玩着，有捣乱的小伙伴，会趁着你不留神，猛地在后面推你一下，吓得你吱哇乱叫。当然不是真推，只是吓唬你而已。大家就会哄堂大笑，笑你胆小。你生气了，翻身起来去追他。他跑得快，追不上也就罢了。若是追上了，一把拽住，非得让他道歉不可。一句告饶，或者一声"再也不敢了"，就算了事，大家该怎么玩接着玩。

我们上下摆着腿，踢蹬出水花，可好玩了。有谁不小心把水花溅在别人身上、脸上，这下好了，一场不可避免的"打水仗"就开始了。大家又是用脚踢，又是用手泼，不一会儿，两个人就成了落汤鸡。坐在旁边的人也不能幸免于难，于是就加入进来，自觉地分成两队。你给我捞，我给你泼，越泼越开心。反正都湿了，索性放开了玩。

等我们玩累了，这才想起来衣服全湿了，怎么回去呀？回去保准一顿骂，甚至免不了一顿打。那就等衣服都晒干了再说吧！男孩子们顺手折下路边的柳枝编凉帽。长长的两三根柳枝在他们手里上下翻飞着，不一会儿，就变成了一顶凉帽。他们把柳帽戴在头上，别提多神气了。有的还模仿八路军战士，闭着一只眼睛，以手代枪，"噼啪噼啪"地向别人射击，对方也毫不示弱，马上反击。一路上玩得可欢实了。

女孩子也有编柳帽玩的，但是有的小孩总是编不好，没编几下就松掉了，只好向心灵手巧的孩子求助。人家就会耐心地帮你编好，或者亲手示范给你看，再由你自己编。女孩子们就是爱美，一路走一路顺手就采了许多野花。有白花花的蒲公英，有蓝莹莹的野菊花，也有粉嘟嘟的小野花。有人把花错落有致地插在柳帽上，五颜六色的，跟个花环一样，戴在头上真漂亮，感觉自己就像个公主，心里美滋滋的。其他女孩也会争相模仿。一路上我们打打闹闹、说说笑笑，叽叽喳喳地争论着谁编的花环最漂亮。

不知不觉，我们身上穿的衣服晒干了。出来好长时间了，只好挥手和小伙伴们告别回家，免得走掉时间长了大人找。

童年的往事历历在目，回忆起来就像在演电影一样，一幅幅画面在我眼前浮现。我真想再回到美好的童年时光，还做那个快乐自由、无拘无束的野丫头。

第一次拍照

榆中县河湾小学　赵双贤

人生中有太多太多的第一次,第一次坐火车,第一次登山,第一次春游,第一次戴上鲜艳的红领巾,第一次上台领奖,第一次走夜路……这许许多多的第一次使我的人生经历尤为丰富多彩,它们永远留在了我的记忆深处,成为一段段美好的回忆。那年我七岁,爷爷七十岁,爷爷为了庆祝自己的七十大寿要去照相馆拍寿照。爷爷临走前,我拉着爷爷的衣角苦苦哀求:“爷爷,好爷爷,给我也拍一张吧!”爷爷耐不住我的死缠烂打就答应也给我拍张照片,当时甭提我有多高兴了,真比过年还开心!可是去了照相馆,爷爷拍好了,却没让我拍,他是舍不得花那两元钱。回来的路上,不论爷爷怎么逗我,我都撅着小嘴巴一声不吭。

12岁那年的春天,我和小伙伴正在玩捉迷藏的游戏,突然耳边传来了“拍照了——拍照了——”的吆喝声。一群小伙伴们不约而同地顺着吆喝声的方向跑去。原来真的是有人下乡来拍照啦!我一把拉过小妹的手,兴奋地说:“太好了!告诉妈去,我们两个也去拍一张!”妈妈答应了我们的请求,帮我和小妹换好新衣服后说:“脸都脏兮兮的,洗洗再去。”我们两个早已等不及了,生怕拍照的人走了,撒腿就跑去了拍照的地方。

初春时节,天气还冷,小草还没有钻出地面,树木的枝干也光秃秃的,但这并没有影响我们拍照的心情。大队部的门前站着一群要拍照的孩子,大家围着拍照的师傅叽叽喳喳地说个不停,给萧条的村庄增添了几分生机。我身上穿着蓝色的棉布背心,脚上穿了一双黑色的条纹面料的布鞋;妹妹扎着两条羊角辫,小花外罩配着一条黑色的棉裤。好不容易轮到我们了,我和妹妹端端正正地站在镜头前,挺胸抬头。摄影师还给了妹妹一把花纸伞,他调好照相机的镜头,让我们摆好姿势。我紧张的心怦怦直跳,只听摄影师喊着:“一二三!笑一下!”我努力地做出了微笑的神态,眯着眼,咧着嘴。只听“咔嚓”一声就拍完了。我们刚走开,后面的孩子就迫不及待地站了过来。

拍完照,接下来就是漫长地等待了,摄影师说得等半个月才能送来照片。盼星星,盼月亮,好不容易过了两个星期,村长通知我们去拿照片。我终于看到了我的第一张照片:那是一张黑白的两寸照,照片上妹妹羊角辫上的发丝凌乱,我的眼睛眯成了一条缝,两张脏兮兮的小脸上满是喜悦。我们给了钱,小心翼翼地举着照片往家跑,好让全家人都来分享我们的照片。

三十年过去了,那张老照片一直被我珍藏着。每次看着这张照片,第一次拍照的经历就浮现在我的眼前,它又把我带回了贫苦却又欢乐的童年。

【内容】人教版五年级第一单元习作:我的读书故事

曾为《阿衰》狂

七里河区崔家崖小学　金　云

爱美,可为新衣狂;好吃,可为美食疯……可能有更多和我同"病"相怜的小学生,曾为《阿衰》痴,曾为《阿衰》狂。不信,且听我说来。

漫画《阿衰》,同学们都很喜欢,二三年级时,我也被《阿衰》迷得不可自拔,不说平时,连梦里都陪阿衰笑呢!厚的、薄的、大的、小到可以装进口袋的,各种各样开本的《阿衰》我有很多本,可妈妈却禁止我看,理由是占用时间太多,字太小把眼睛看坏了……可《阿衰》是我的最爱呀!于是一系列"斗智斗勇"开始了……

厕读计

厕所的洗衣机里,藏着我的《阿衰》,按妈妈的说法,那段时间我患了"便秘",一进厕所就是半天,任妈妈在门外担心得都问过十遍了:"你还好吗?不舒服得厉害吗?"任爸爸抱着肚子边敲门边跳脚:"好了没?爸爸快憋死了!"我自"岿然不动"、稳坐马桶,捂着嘴被阿衰逗得乐不可支。可惜厕读计持续了几天后被发现了,因为我读得忘形了,哈哈大笑,忘了捂嘴。几次忘形后,妈妈疑惑了:便秘还能笑出来吗?!于是拿钥匙开了门,我被抓了个现形!

变形计

一计不行,再生一计。我发现最被妈妈痛恨的口袋版《阿衰》有一个妙处:藏在大的《作文十大技巧》之类的书后不会被妈妈发现。看我的——我正大光明地坐在沙发上,展开的《作文十大技巧》后藏着《阿衰》,随着爸爸妈妈的走动还机灵地变换角度,确保他们无法发现。那几天,妈妈很欣慰:我的女儿既好读书又会选择读书,于是尽量不走近我以免打扰我读书。可惜的是几天后变形计也失败了,因为我又忍不住被阿衰逗得乐不可支而行迹败露,唉……

游击战

妈妈被我的"斗智斗勇"气上火了,开始扔我的《阿衰》,特别是口袋版,见一本扔一本,心疼得我整天拉着脸。但"鬼子"太强大了,我不敢反抗,只好展开游击战:她扔我买,扔一本我偷偷补买一本。可补买几次后就没钱了,"无产者"很悲哀,便改变了策略,她扔我藏! 床下面、洗衣机里、暖气罩里,甚至鞋盒里,都是藏书阵地;可气人的是这"鬼子"怎么这么狡猾呢? 藏哪里她都能找到,只是寻找时间长短而已。

于是我又想出了装睡计、被窝手电筒夜读计等,在和"鬼子"的"斗智斗勇"中,突然有一天,我发现自己看远距离的东西时模糊不清,去医院一检查,竟然近视达到三百七十五度。看着"鬼子"含着泪花,满眼的生气和心疼,我终于低下了头:"妈妈,我错了!"

"鬼子"又变回亲爱的妈妈了,戴上眼镜的我也学会了有选择地读书,并坚决不再读口袋书,但每每想到曾为《阿衰》狂的时期,仍然为那些快乐忍俊不禁。

难忘的一件事

城关区兰园小学　郭悟军

打开我记忆的相册，许多令人记忆犹新的往事就像那一张张泛黄的照片，随着岁月的流逝渐渐地模糊不清。唯有一件小事，却像一张彩照，真真切切地永远封存在我的心中。

故事发生在一个炎热的夏天，太阳像一个大火球般火辣辣地炙烤着大地，人们只能待在家中。而我闲在家里无事可做，于是便央求爸爸为我买回几条小金鱼，给我解解闷。

这些小金鱼可好看了！红色的大尾巴一摆一摆的，活像一把美丽的大扇子；金黄色的身体，在阳光的照耀下，闪着夺目、耀眼的光泽；圆圆的小眼睛，滴溜溜地不停地转动，十分讨人喜欢。

一天，我从鱼缸旁走过，小鱼们看见后，便张着那芝麻般的小嘴，用乞求的目光看着我，好像在对我说："小主人，我们的肚子都已经饿得咕咕直叫了，快给点吃的吧！"我看着它们那可怜巴巴的样子，心里顿生怜悯之情，便学着爸爸的样子，往手里狠狠地倒了一把干鱼食，撒向了鱼缸。看着它们一窝蜂似的争抢食物，连一句"谢谢"都顾不上说，我的心里有种说不出的自豪感，过了一会儿，便高兴地跑向正在炒菜的爸爸汇报我的"光荣战绩"。爸爸听后，大吃一惊，连围裙也没来得及解，就急忙跑过去看：原来在鱼缸里游来游去、活蹦乱跳的小金鱼都趴在缸底不动了。我的眼泪立刻像断了线的珠子一样簌簌地往下落。那条我平日里最喜欢的"黑金刚"，已经肚子朝上、命归西天了。虽然它一动不动了，但它的眼睛仿佛正在瞪着我，带着责怪的语气对我说："都怪你，谁让你给我喂那么多食物？要不是你，我才不会死呢！"我心里既害怕，又伤心，生怕爸爸会责怪我。但他却亲切地抚摸着我的头，安慰我说："别再伤心难过了，这事不怨你，是爸爸没有告诉你金鱼不知饥饱这个秘密的，爸爸知道你是好心办成了错事。今后一定要记住，无论做什么事情，都要勤观察、勤动脑、勤思考。"我听后，使劲地点了点头，擦干了眼泪，将爸爸的话牢牢地记在了心里。

第一次喂鱼这件小事，伴着岁月的风风雨雨，随着时间的分分秒秒，永远深深地扎根在我心中，令我终生难忘。

第一次独自睡觉

城关区东岗小学　樊　越

小时候，我一直跟着妈妈睡。每天晚上，妈妈的发丝轻拂着我的脸颊，嗅着妈妈甜甜的味道，我很快就会进入梦乡。

要上学了，妈妈突然对我说："今晚开始，你自己睡吧？"自己睡？那怎么可能？我毫不犹豫地表示了反对。

妈妈把我搂在怀里，似笑非笑地说："是不敢吧？小男子汉。"

妈妈挑衅的语气激起了我的豪气，我大声争辩："谁说我不敢？"

晚上，妈妈安顿我睡下，替我掖了掖被角，转身要出去。我突然觉得心里空荡荡的，低声叫了一声："妈妈。"

"怎么了？"妈妈转过身，眼睛亮亮的，无比温柔。

"我还是想和你睡。"我小声嘀咕着，不知道妈妈是不是听清了。

"怎么，要反悔？"妈妈的眉梢上扬，还是那样欲笑又止的样子。我顿了顿，什么也没说。妈妈出去了，留下了一屋子的安静。

躺在黑暗中，我努力地想赶紧睡着，可是越这么想越清醒。平时有妈妈在，我总是很快就进入梦乡，今天那位掌管睡觉的神仙去了别处吧？

我的脑海中出现了种种画面，一会是妈妈温馨的笑脸，一会又是怪兽的样子。对呀，晚上怪兽会不会从天而降，悄悄跑到床边把我抓走呢？那样的话，我可就再也见不到妈妈了。我该怎么办呢？如果明天早上看不到我，妈妈会不会着急呢？

一时间，我觉得眼前到处都是怪兽的影子。我赶紧闭上眼睛，不行，他们还在眼前晃。我蜷缩成一团，却更加强烈地感觉到此刻就有一头怪兽站在我的床前。对呀，我不是有奥特曼吗？我灵机一动，想起了妈妈新买给我的那个奥特曼，他威武帅气，怪兽肯定闻风而逃。

我跳下床，几步迈到柜子旁，一把把奥特曼拿过来，抱在了怀里。我让他和我并排躺下，给他也盖上被子。这一下，我心里踏实了许多。

不知不觉，我进入了梦乡。

第二天醒来时，阳光已经在我眼前跳跃了。身边的奥特曼直挺挺地睡在地上，大眼睛望着我，怒目而视。我有些欢喜，我真的自己睡了一晚上。

我向四周望了望，没有看到妈妈的身影，心里突然又有些哀伤。这就是妈妈说的“长大了”的感觉吗？

童年的记忆

城关区东岗小学　林　强

每当听到“池塘边的榕树上，知了在声声地叫着夏天……”这熟悉的旋律时，童年的点点滴滴就会浮现在眼前。想想自己小时候的那些乐趣，是现在的这些孩子们无法体会的。我七岁以前的童年时光是在重庆的一个小山村里度过的，那里的池塘、小河、稻田、大山、草地、树林都是我的游乐场。

夏天我最爱做的事情就是下河捉蟹、下田摸鱼。重庆的山村到处会被一条条溪流所环抱，约上几个伙伴来到小河边，找水浅的地方下河，然后轻轻地搬开石头，那些螃蟹就躲在石头下，有时会有一只，有时会有两三只。捉螃蟹是有技巧的，弄不好不但捉不到螃蟹，反而会被螃蟹咬，它的那两只大钳子夹着你的手指甩都甩不掉，不小心就会“光荣负伤”。我也是在无数次“好了伤疤忘了疼”的锤炼中总结出来的。捉蟹时要快速搬开石头，手要从上往下按，直接按住它的铁甲身，另一只手从它的两侧将它抓起，这时你就可以尽情地欣赏它的“八爪舞”了。那时我们装蟹的工具也很特别，想破脑壳估计你也猜不出是什么——裤腿！每抓住一只螃蟹就放在裤腿边，将裤腿向上卷一下，随着抓住的螃蟹不断增多，裤腿也会越卷越高，直到裤腿卷到大腿根，再卷会成开裆裤为止。不是所有的石头下都会有螃蟹，有时也会有其他东西，比如——蛇！这时千万不要多想，赶紧松手，撒丫子就跑啊！回到家，将裤腿慢慢放下，看着一只只螃蟹在盆里爬来爬去的，很有成就感啊！晚上老妈在锅里一煎，那个酥脆爽口啊！简直难以形容……

童年的记忆中，家乡的稻田就像一块块会变色的画板：春天是嫩绿的，夏天是墨绿的，秋天是金黄的，冬天是雪白的。稻田中不但有美味的稻米，更有许多童年的欢乐。下田摸鱼也是我的拿手好戏。找块鱼多的稻田下去，不能鱼跑哪你追哪，要知道“如鱼得水”你是追不上的，要采用一定的战略战术才会有收获。先用田里的泥围一个两米见方的水坑，不要太大。接下来我要做的就是在水坑里尽情地搅水，双手双脚都用上，任凭浑浊的泥水四处飞溅，就算掉进嘴里那也是涩涩的甜，而且水越混浊越好。这时水面上就出现了一个个张着嘴吸气的鱼脑袋，此时你只要一手拿根狗尾巴草，一手将头正露出水面吸气的鱼抓起串在草上就行了，此时你会觉得抓鱼是多么惬意的一件事啊！等这块“战场”打扫干净之后再开辟新的“战场”，当太阳落山时，就可以提着好几串劳动果实回家了。

多年后在学校里学到“浑水摸鱼”这个词时，我真是感受颇深啊！你看人家多会总结，说不定发明这个词的人会和我有同样的经历呢！

老妈嫌我在家里太捣蛋，六岁时将我送到了村小学的学前班，报名时因为我是班里二十来个孩子中唯一能从一数到一百的孩子，所以我成了班长。学前班的事因年代久远大都记不清了，老妈对我的评价是全校闻名，淘气超过了学习。唯一记得的是第一次上台表演。

记得那年的“六一”演出，老师选十来个同学排了两个舞蹈，好像和毛主席、天安门有关，对！其中一个节目是《我爱北京天安门》。演出那天老师用手在墙上的红色标语上蹭了几下，然后给我们每个人的脸蛋都涂成了红色，还把我们摁住，用毛笔把眉毛一一描过。相互看看，小小的脸上长着一对扫帚眉，好不显眼啊！老师领着我们赶了七八里的山路来到乡上的一个中学演出。我第一次看见这么多的学生，他们的打扮和我们差不多。记得那时舞台上好像只有一个报幕的话筒立在场地中央，如果是独唱就对着话筒干唱，如果是舞蹈就自唱自跳。

该我们上场了，不免心里怦怦直跳，再看看我身后的那些同学，一个个都紧张得发抖，也难怪，第一次见这样宏大的场面啊！老师一声“开始”，我领头边唱边跳就出去了，结果下面的人都笑翻了。我开始还纳闷是怎么回事呢，再回头一看，半天只有我一个人出来了，那些人都僵在原地了！天！有没有搞错啊！怎么能这样忽悠人呢！我赶紧退了回去。老师一看，先把我使劲表扬了一番，然后又说：“如果跳得好，就给你们买馒头吃!”有馒头吃,这可赶上过年了啊!那时候能吃块糖都是件很奢侈的事情,更何况传说中的馒头啊……这次大家跳地都很卖力,有馒头做奖励效果当然很不错啊!在台下阵阵掌声和笑声中我跳完了人生中的第一支舞蹈,当又香又甜的馒头捧在手中时,感觉从来没有那么幸福过。多少年过去了,再没有吃到过那样香甜、勾人魂魄的馒头了……

这就是我童年生活的几件趣事,不管时间如何流逝,记忆中的池塘、小河、稻田、大山、草地、树林依然那么清晰,永远不能忘记……

留住我们的根

榆中县方家泉学校 张艳萍

“孩子,请你记住,在这个世界上有一个国家,它的每一个文字都是一幅美丽的画、一首优美的诗,这个国家就是中国,它的文字叫作汉字。”这是20世纪50年代印度首相尼赫鲁告诉女儿的话。在“汉语热”席卷全球的今天,我们迎来了电教化的新时代,当方方正正千篇一律的印刷体取代了我们充满灵气的粉笔字、钢笔字走入我们的课堂教学办公生活的时候,在人们大呼方便高效的同时,我却有了一种不合时宜的失落感;尤其是当扎眼的错别字出现在电视屏幕上,当我的学生拿着被打差的错别字无所适从地告诉我电视上也是如此时,我愣住了:作为语文教师,我们该寻找一种怎样有效的识字教学法让孩子们彻底明辨对错呢?为了提高生字的识记效率,多年来我一直非常注意形声字的教学,可是面对错别字丛生的大环境,我发现这真的还不够。

“喔,太神奇了!”当我写出甲骨文的“令”和“今”,告诉孩子“令”是一张高高在上的嘴下面跪着一个受命之人,那底下一点是人跪着时踮起的脚后跟,所以不能丢时,孩子们兴奋了!我看着孩子们亮晶晶的眼睛,那一刻我真切地看到了这古老文字的吸引力是超越了年龄界限的,那一刻我多么希望我能够马上就掌握更多的古文字知识,让我们的孩子更多地接触和了解我们美丽灿烂的古文字啊!

一下课,我就从网上下了一本《甲骨文字典》,想潜心学习,以美化识字,可教学时才发现我就是打不开它。书店看了几家，也只找到了《金文决》。我只能把手中那本朱振家版的《古代汉语》翻了又翻。

“别忘了‘德’字‘心’上的这一横，它像横在人心头的一把尺子，量出了世间的是与非、对与错……”2011年冬天，当我在《小学语文教师》上看到了《有血有肉字理教学》的教学案例，那一刻我兴奋极了：语文就该这么教！我更兴奋的是有识之士早已开始探索了。那一年我参加了“第二届全国教师字理教学知识竞赛”，因为电脑技术太弱，我好不容易才下载到试题，当时夜里直到十一点，电话那头字理教学理事会的秘书长黄亢美老师还在耐心地指点我。感动之余，我将自己的诗集《界限》寄给黄老师一本，没想到黄老师一下子赠我与字理教学相关的三本书。那一次竞赛我考到了87.5分，离一等奖差了0.5分。因为我是完全自学，答题时还未有任何相关资料，黄老师破格给了我一等奖。

手头有了相关资料，正当我想放手干工作时，我的身体却出了严重的问题，随后我发现我的记忆力也跟不上了。在病休时我偶然翻书，看到甲骨文的“女”字，我突然眼睛一亮，感觉那字后面隐藏着一个体态优美的女子。我将甲骨文的“女”写下来，添上几笔长发和广袖花边的汉服，天呀！甲骨文太神奇美丽了！我想到了用甲骨文做简笔画，形意结合，这样我就好记住甲骨文的写法了。把这样的东西画给孩子们看，他们不是一下子就理解了吗？这样一来，字理教学上与古文字接轨的短板之地不是就有办法涉足了吗？之后我又相继画出了“艺”“保”“龟”“藿”“龙”“猱”“花”等字，我发现，甲骨文实在是太有魅力了！为了让甲骨文作画更美、更有中国味，我想先学学国画；可是我发现学国画的人相对少多了，好多好多的孩子为了考试，都去学素描和油画了。

2014年秋季我开始上课，因为身体原因我暂代英语和一些美术课。带二年级的美术时，我突发奇想：都认为古文字难学，可曾经的实验告诉我，能认出篆书的“鼠”字的孩子，低年级的要比高年级的多。既然人物类的不好画，可是动物类乃至所有简单点的甲骨文作画，对小学生而言到底如何，我何不一试？还有，我一直不满有那么多人为了艺考只学油画、素描那些洋玩意，这样中国化的东西为什么不能让孩子们画呢？

在开始一定要选象形意趣特强的字，我在黑板上写下一个甲骨文的“燕”，孩子们就已经看出是一只鸟了；我再提示他们看那剪刀式的尾巴，孩子们就兴奋地喊出了“燕子燕子!”我稍微添了几笔,让它完成从字到画的转变,然后转身对孩子们说:“至于燕子在一个怎样的天地飞翔、活动,这可要大家自己来设计了!”孩子们画完了,我挑出了最满意的一张:邹依晨的那幅《燕乐团》最有趣了,在他的画笔下,几只燕子宛若一位位身着燕尾服的音乐家,音符飘扬在几位音乐家的头顶……之后,我们又画出了“龙”字、“万”字、“猱”字、“龟”字、“鹿”字、“瓜”字,还有“蝉”字……

画鹿时,我先给孩子们讲了九色鹿的故事,孩子们的眼睛里充满了神往。有一个孩子笔下的九色鹿的天空里满是神秘的图案,看得出来她是把“猱”字的甲骨文作画变化了来的。到底是个啥,孩子自己也只是笑,说不清楚,那就让这份神秘继续下去吧!虽然这个甲骨文“猱”字学者尚有争议,可是就其甲骨文字形来看,它的确是一只猴子的形象(谢主辉版《汉字字源字典》),拿它来画猴子的简笔画还是不错的。“猱”字作画时,孩子们就画出了猴子爬树、猴子吃仙桃、猴子走跷跷板……我想等孩子画得更有感觉的时候告诉他们这其中存在的一些争议,说不定将来能解决这个争议的人就在孩子们之中。

我们有责任在传统文化与现代文化之间拿出我们的民族特色。一个民族的语言文字是这个民族精神、激情和梦想的产物,它反映着这个民族的审美情操和价值取向。一旦那些健康美好的情操感染了孩子,就会在孩子的心中发芽,甚至开出灿烂的花朵。可是为节省时间,为追赶时髦的新模式,有的老师完全用课件播放生字,汉字的书写艺术之美、构字的哲理无法活生生地展示给孩子看。在此,我们还必须承认,五四运动以来,我们的青少年就开始被西化,现在我们正走在“回归”的路上,而且是刚上路。从小学开始,我们的语文课本中国学的比重在逐步增加,古老而美丽的甲骨文也走进了小学课本,忽视识字与书写的情况也已受到有关部门的高度关注。为了让孩子们准确而牢固地识辨汉字,有识之士们积极地探索实践,这其中有专家学者也有我们平凡的教师,他们利用音义兼备的形声字、表意功能明确的会意字,还有那可追溯到造字之始的各种如诗如画的古文字,创造了一个又一个有理有据、有声有色、有血有肉的字理教学识字教学范例。如果说打字、打印的时代已彻底到来,那么我们还需要三笔字吗?

在靖远城关中学,我曾经万分惊奇地看着一位老师用小楷毛笔写教案,他写得那样干净利落、清俊流利。说起他,同事们都很佩服,羡慕之余我有点担心地问道:“别人都用钢笔写,他这样子行吗?”他们惊讶地看着我:“为什么不行?他留住的可是我们的国粹，这是我们城关中学的骄傲呀！”

是的，打印体再美、再方正都只是僵死的成品，它是永远也无法活生生地展示那一笔那一划是怎样带着一个人的学识、激情、品位乃至梦想神奇地出现在你眼前的。

在这里，我又一次提到了汉字的书写。我曾一次次地告诉我的孩子们：我们的汉字是这个世界上最美丽的文字，它是我们中华民族的祖先比照山川日月、花木鸟兽之形而作，它本身就蕴含着来自自然与生命的力量，蕴含着我们民族的智慧与生活的积淀。用你的激情把它写出来乃至画出来给孩子们看吧！用我们多姿多彩的造字法和你的学识把它解说给你的孩子们听吧！只有这样才能真正地引领着我们的孩子走进我们民族精神文化的殿堂。

一次次，我望着孩子们那一双双充满崇拜的眼神，突然间，我真正地明白了：那一刻，征服孩子们的并不是我，而是我借助民族文化的魅力捉住了他们的心；那一刻，我只是成功地引领着他们到达了那个美丽神秘的精神殿堂；那一刻，就像曾经的我那样着迷地望着我的老师，望着他每一次激情地转身，在黑板上奋笔疾书，写下那一串串桀骜不驯的无法复制的文字一样。

请留住我们的根吧！

为世界做一件美好的事情

——2013，我的阅读故事

兰州铁路第一小学 程 曦

朱永新教授说：“一个人的阅读史就是一个人的精神发展史。”

作为一名普通教师，我自认为让自己潜心读书，带领学生爱上读书不遗余力；在家庭及社会上推广阅读，应该是自己的使命，是做教师毕生追求的最高目标。

我与吟诵

2013元年旦佳节，以我为主要发起人的“兰州教书匠”团队邀请北京景山学校特级教师、中华吟诵学会理事朱畅思老师来兰做公益吟诵培训。周边学校的师生和家长闻讯而来，大家随着朱畅思老师的诗经吟诵，穿越时空，找寻着属于我们中华民族传统的读书声。这场培训拉开了兰州地区一群热衷中国传统文化的人学习吟诵的热情。教书匠团队随即成立了兰州第一个民间吟诵社团——“掬月吟诵社”。为十岁的冶海璐同学录制诗经《蒹葭》吟诵,很快成为网络上广为流传的最美吟诵声;同时,创建了“从零开始—吟诵支持站”QQ群,为兰州乃至全国各地的吟诵爱好者提供了学习交流的平台。此举得到当年年底来兰进一步深化推动兰州地区吟诵事业的中华吟诵学会秘书长徐建顺教授对我们的高度称赞。同时,我开始在自己的教学班级开设了传统文化经典诵读课程,学生用一年的时间背下了“三百千弟”的蒙学内容,并学习背诵了《声律启蒙》上篇。为此,吟诵在我们学校得以开展,省科研级课题的开展带动了几所学校师生对吟诵教学的研讨学习。

我与小古文

三月春寒料峭,新学期刚刚开始,我接受《小学语文教师》杂志编辑朱文君老师的邀请,担任《玩转小古文》网络阅读研讨会主讲。在我的抛砖引玉下,三十多位来自不同学校的匠友们汇聚一堂,在网络中与全国各地的小古文爱好者互动交流。这样的读书研讨会是我带领教书匠友们,自2012年8月以来每周三晚雷打不动的精神盛宴。大家工作之余,一起读书,一起交流,一起探讨,推敲文言文的句读方式,尝试各种能调动小学生文言文学习积极性的诵读方法。这样的学习,也带动了周边学校很多老师尝试文言文阅读和教学的兴趣。小古文教学在我的班级成为孩子们最喜欢的课程。一年时间我们学习了85篇,学生在没有负担的情况下快乐地学习,积累了大量的文言短文知识。《小学语文教师》2012年第11期曾撰文《草根团队的梦想漂流——记兰州“教书匠茶坊”》,为我们团队做了详细报道,而我们这些教书匠成了该期杂志的封面人物。

我与绘本

把一颗颗阅读的小种子及时播种到孩子们的心田是我最大的心愿。

2006年,在“教育在线”论坛学习,知道了绘本书,于是结下了不解之缘。阅读绘本,介绍绘本,成了我推广儿童阅读生涯的一个转折点,我似乎找到了让孩子们爱上阅读的一个节点。从自己班上给孩子们讲绘本开始,到社会公益课堂,进而跨单位成立课题组,创建“绘生活”阅读交流千人群,让更多爱好绘本的老师和社会人士参与到绘本阅读和传递中来,我花了整整七年的时间。

四月,携带着便携式投影机,我和我的课题组成员开始了大公益绘本课堂的阅读推广之旅。第一站是兰州城乡接合部的小西湖回民失学儿童救助点。用一块门板做幕布,我的《小种子》绘本分享课开始了。三十多个年龄不一、身世相似的孩子睁着好奇的大眼睛,随着我的讲述第一次走进绘本。交流中,看着他们简陋的教室、窘迫的生存状态,听着他们充满期待的描述未来的理想,我的眼里泪光闪烁。

同样的《小种子》绘本课在校际之间交流时,在一只船小学、市少儿图书馆、清华小学,孩子们听得开心极了。他们跟着我认识了各种小种子,了解了小种子不平凡的一生,感受了生命的成长。我成了这些孩子们眼中的"种子老师",下课了他们还舍不得离开教室。于是我总会对孩子们说:"你们就是那些小种子,老师吹一口气,你们就飞呀飞,飞到操场上去好吗?"孩子们便开心地伸开双臂,快快乐乐地飞走了。校长高兴地说:"如果我们的老师都能这样对孩子,那该多好呀!孩子们如果都听过这个故事,我们学校苗圃的周围就不需要再用绳子拉起一个防护栏了。因为他们知道:一颗种子长成一朵花、一棵草,是多么不容易。"在我的授课班里,孩子们读了、写了、画了,也种了。他们把读、写、绘很好地结合在了一起,表达了自己对生命的认识和理解。

"六一"前夕,我和绘本课题组老师们再一次在市少儿图书馆和榆中县少儿图书馆,推出了"迎六一绘本阅读公益推广课"。在两百多人的多功能会议室,我带领一百多个家庭进行亲子活动,共读《猜猜我有多爱你》的故事。那些幼儿园的小孩子和我伸开双臂,紧紧地贴在一起,比一比谁的爱更多一点。低年级的学生情不自禁地站在桌子上,举起双臂,大喊:"老师,我爱你有这么多。"一个小孩子挥着手臂,隔着偌大的会场对带自己来听课的姑姑大声说:"姑姑,我爱你从这里到北京那么远!"爸爸妈妈们也张开了手臂,远远地招手,和自己的孩子相互表达爱意。高年级的大孩子们在一个个小书签上写下对父母、亲人的爱,还有的孩子在画纸上画下了和妈妈过马路的一幕,并告诉我:"小时候妈妈拉着我的手过马路。我长大了,妈妈老了,我该拉着她的手过马路了。"那一刻,爱在亲情间流淌,情在节日里绽放。

暑假期间,我受聘兰州晨报专家智囊团,作为兰州绘本课题研究组的负责人,与兰州晨报联手策划推出了"暑假公益小课堂",带领我的课题组成员,为兰州市的孩子们做了《爱心树》的绘本阅读分享课。课堂上,孩子们随着我的讲解,体会了爱心树无私奉献的那种欢乐和忧伤，也引发了家长对索取、给予、感恩的反思。“暑假公益小课堂”取得了很好的社会反响，推动了绘本阅读在兰州社会和各个家庭的普及。随后，我创建了三个月人数就飙升至千人的“绘生活—绘本阅读交流群”，在网络平台上展开专业的绘本阅读和教学研讨。台湾“花婆婆”方素珍老师、杭州余耀校长、江苏周晓霞老师、新疆绘本馆长米萝等专家，都重点支持了我，他们在我组建的绘生活群里进行了无偿的专题讲座，引起了全国绘友的广泛重视和热情追捧。

7月，在上海新经典的大讲坛上，我作为受邀请的大会发言人，和台湾绘本推广人方素珍老师同台交流绘本阅读的心得体会。《我的绘本课堂》演讲，受到与会同仁的一致好评。

把“幸福书包”带到兰州，让兰州的孩子也有机会参与绘本阅读的传递活动，体验绘本阅读的幸福快乐——这是我通过微信平台看到上海一家公益组织开展的绘本阅读活动后产生的梦想。发起活动的负责人“米奇爸爸”最终被我的诚恳打动，首次承诺把在上海市传递的“幸福书包”项目推广到兰州来，让兰州的孩子也能享受这样的阅读幸福。得到消息后，我组织协调课题组六个成员学校共同参与了传递，赢得了学校、家长、新闻媒体的大力支持，在兰州市拉开了一场“绘本阅读——幸福书包爱心传递活动”。兰州市教科所、城关区教育局、辖区各兄弟学校、省市各新闻媒体热情地支持和参与了活动的启动仪式。在短短两个月的时间里，六所学校五百多个家庭参与了“幸福书包”传递活动。每一个有机会接到书包的孩子都无比骄傲，每一个参与活动的家庭都感受到了阅读的幸福和快乐。他们积极写下读书心得、活动感言，在网络上传递，在学校间交流。一时间，“幸福书包”成了大家的热议和期盼，在全社会掀起了一股阅读绘本的风气。新华书店、绘本馆受到孩子和家长们的追捧，让绘本阅读借“幸福书包”的传递得以广泛传播，实现了我做绘本课题普及绘本阅读、造福众多家庭和孩子的心愿。

在《当代教育家》第12期杂志上，我的教育和阅读生活曾以“程曦——做一个纯粹的教师”为题做了报道。

提升自己，惠及他人，实践着作为一个教师肩负的历史使命，这是我的一个朴素心愿。

触动灵魂深处的感悟

——《匆匆》教学有感

西固区福利路第一小学　张　燕

初读《匆匆》这篇文章，感觉很美，又很真实，一个个抽象的概念被朱自清先生解读得那么生动感人，那一瞬间突然觉得时间在我指尖划过了，在我想问题的一瞬间又溜走了，我怎么也抓不住，一种忧愁充斥在心间。我们的生命和时间紧紧连在一起，面对时间的流逝万分感慨，时间如流水，一去不复返，我们的时间到哪里去了呢？于是我又重读一遍，再读一遍，越发感觉时间的珍贵、生命的价值，我想大声地读出来，我用我的感受读了出来，眼泪涌上了眼眶……

如此精妙而又发人深省的文章交给即将面临毕业的六年级学生，我该做些什么呢？想如果能真正唤醒他们的心灵，让他们能更好地面对这剩下的小学时光，那该多好呀！走在路上，我品味这其中的文字，每每有领会，便欣欣然，对了，就让学生自读自悟吧！只要自己读懂了、读透了，才能贴近作者的心。

于是上课伊始，我先创设了一个自由交谈的氛围，让他们说一说生活中什么是“匆匆”的？有的学生说“行人的脚步”，有的说“跑步的时候”……突然有一位学生说“我认为时光是匆匆的”，这一观点引发了大家的争论，大多数学生频频点头。

于是，这一节课的“征程”就开始了。读是起点也是终点，本课的重点是让学生感受时间的匆匆，让学生懂得要珍惜。难点是让学生从语言文字中、从细节处体悟时间的匆匆，同时能联系实际去感悟生活的真谛。在上课的过程中，我通过让学生经过不同层次、不同深度的读，边读边品味关键词句——洗手的时候，日子从水盆里流过；吃饭的时候，日子从饭碗里走过……学生读到这儿的时候，有话说了：“老师，我认为时间无处不在，它在我们生活的每一个角落里。”掌声顿时响起，当我想引导大家说一说时，竟没人理会我，他们开始热烈地谈论起来，有的说：“平时我们都没注意这些，原来我们的生命是由时间元素组成的。”多么富有哲理的一句话，更让人不可思议的是，他们进入了与作者对话的状态，他们说：“当我看电视时，时间从屏幕上走过；当我贪玩的时候，日子从脚边划过；当我吵闹时，日子从嘴边划过……”每个人都争着要说，于是课堂成了“百家争鸣”的世界，我也跟他们融在一块了。此时此刻，也只有读才能表达出他们共同的心声。

我放手了，学生读了，我听着着迷了。那声音是从心里流淌出来的，如一曲悦耳动听的音乐；如一首富有哲理的诗，让人反复品味。他们的声音不但感染了我，更重要的是他们自己也感动了，我想这就是语文课的魅力，这就是这节课的高潮——所有的人有了共鸣，互相感染着。

读到此刻，每个人都不说话了，我看他们在思索着什么，我也在思索，教室里的每一个人都在静静地回忆着自己的往事。过了一会儿，有个学生说话了，说：“老师，我发现了一些词，如‘溜、滑、走’等，从这些词中，我也感受到了时间过得很快，什么一瞬间、一眨眼……”于是新一轮的读书又被掀起了，他们交流着这些“灵魂”的词语，语言文字被他们发现了、读懂了，我感到欣慰。的确，学生用自己的眼光去发现了问题，也让我长了见识，也许这就是教学相长吧！之后，当学生读到“时间是如此匆忙，我们不应该浪费它，而应当利用它，要做点什么才不枉费白来一遭……”时，他们便又去与同桌交流了。激情被点燃了，我让举手的学生发言，可他们每个人都要说。全班20人，每个人都在说自己的心声，连我班令人担忧的后进生也说出了这样安慰人的话语：“老师，以前的日子一去不复返了，我也抓不住了，但剩下的日子我要去冲刺，浪费时间等于在浪费生命，我不能就这样面对我的人生之路。”大家不约而同地鼓起了掌，掌声激烈而持久。我走过去，跟他握了握手，他的脸红红的，眼睛却是明亮的，我看到了他心灵深处的触动。我也深深地被感染了，怎么办呢？就让他们写出来吧，“我手写我口，我手写我心”，听到沙沙的落笔声，多么和谐的一幅画面啊！我很兴奋，也受到了鼓舞，我很愿意在剩下的日子里跟他们共同成长。

原来语文课也有这种曼妙的感觉。老师真应该放手，让学生读、思、悟、再读、写，给足空间，给足时间，从细节入手，找到着力点，再回归课文，进一步去体悟，这样才会深刻、有力；那样读出的声音也才是最美的，也才会找到或是发现语言文字的魅力。语文既有工具性又具有人文性，是借助文字去表达人物的思想感情的。走进去再走出来，那才算是真正的审美吧！

一堂好的语文课的确需要老师精心的备课、精巧的构思、深刻的理解、独创性的见解。如果能很好地将他们进行整合，都付诸整个课堂，那才是一种美好的感觉。

读得有滋有味、品得有声有色、闻得如痴如醉，让这堂课成为“满汉全席”，各种感官都用到了，各种味道都尝过了，你能说他们没有长见识、没有领略到什么才是真正的美吗？我想更多的应该是心灵的一种涤荡。正如窦桂梅老师所说：“一堂好课应该让学生有两个收获：一个是知识的田园，一个是精神的庄园。如果是这样一种感受，那应该是一种小小的成功吧！”

从送教中感悟，在感悟中成长

兰炼二小　王　萍

为共享优质的教育资源，促进城乡教育的均衡发展，兰州市教育局每年都组织教师参加“送教下乡”活动。自2013年起，我非常荣幸地参加了此项活动。活动中，在反复研读教材、围绕先进的教育教学理念精心预设教学环节的过程中，在与农村孩子面对面的交流中，在和乡下教师的思维碰撞中，我为孩子们那勇于上进、不断追求真知的精神而感动，我为教师们那甘为人梯、精心培育“幼苗”的行为而震撼，更为学校立足高远、全力营造轻松愉悦、书香浓郁的校园环境而欣慰。

每次送教，面对不同的学校、不同的学生，我的心底总会产生别样的感受。那一个个震撼人心的瞬间，至今让我难以忘怀。

瞬间一：那一双双大眼睛彰显着他们对梦想的追求，对甘霖的渴求

2014年9月26日，我去永登县大同安山参加了兰州市教育局组织的“走千里，进百校，做三课”的送教活动。在路上，带队领导就告诉我：“要做好思想准备哦，一个学校可能超不过20个孩子，一个班也就5个学生左右！”我起初并不相信，当我们的车在崎岖的道路上不断颠簸，所看到的村庄越来越少时，我开始慢慢地相信了。大约几小时后，我们终于到达了目的地。一下车，呈现在我面前的是一所刚刚建好的校舍，操场还没有完全竣工。进入教室，我看到了那一双双充满期待的大眼睛，我走上前热情地向他们问好。他们那略含羞涩的眼神、有些拘谨的举动，折射出他们的单纯、可爱和质朴，我有一种迫不及待想要上课的冲动，有一种要把自己所能讲授

的所有东西都传授给他们的愿望，有一种渴望看到他们因获取知识而快乐的心理。在课堂上，孩子们积极思考、踊跃发言，他们的精彩表现让听课老师一次次地鼓掌。孩子们那一双双求知的眼睛，那一次次质朴地发言，真的让我一次次感动，我感觉自己比以前任何一次公开课都更有热情、更加投入。

瞬间二：那块块板报、面面墙壁诠释着书香浓郁、特色鲜明的校园文化

2014年11月3日，我随同学校领导，还有几位同事赴永登新城关学校送教。一下车，呈现在我们眼前的是设计独特、造型美观的教学楼和崭新的塑胶操场，让我们充分感受到了国家对教育的重视，感受到了学校领导为学校的发展所做的努力。进入教学楼，可以说面面墙壁会说话，块块板报能育人。通过新颖别致的块块展板，我们全面领略了学校的文化；通过个个园地，我们欣赏到了孩子们快乐成长的精彩足迹。

学校是充满生机的，是活力四射的。每到一处，我们都被孩子们琅琅的读书声所感动，被老师们充满激情的上课情绪所感染，我一下子被这所学校所散发的独特魅力所征服。轮到我上课了，我改变了预设的课前谈话内容。我问：“孩子们，你们喜欢你们的学校吗？谁能介绍一下你们美丽的校园？”孩子们的回答果然如我所料，他们说他们有漂亮大气的教学楼，整洁美观的校园，丰富多彩的课外活动，还有温柔慈祥的老师。每一位站起来的同学都是那样自豪，从他们那稚嫩的话语中，饱含幸福的眼神中，我体悟到孩子们对母校那份发自内心的热爱之情。课后，有许多孩子围过来，骄傲地告诉我：“老师，来看我们的课间操吧，绝对令你不虚此行！”我随同孩子们来到操场，发现他们的课间操不是做广播体操，而是跳老师们自创的一些动感的舞蹈。舞蹈中包含有武术、健美操等元素，形式多样，令人耳目一新。随着节奏明快的旋律，看着孩子们整齐划一的动作，随行的老师被这独特的场面所震撼，对学校领导所做的努力赞不绝口。

瞬间三：每位教师的言谈举止流露着他们对教育的热爱，展现着他们的从业行为

每到一所学校，我发现附近很多学校的老师们都会来听课，他们对我的每个教学环节甚至每句话都会详细地记录下来。评课时，他们都能围绕课标，有理有据地

指出我在教育教学中存在的问题，令我深受感动。

让我记忆犹新的是在永登城关中心小学讲《搭配的学问》时，因为听课老师多，后排的同学淹没在了老师中间。课堂上，前面的学生都非常活跃，可我忽略了后排的同学。交流中，一位老师指出了这一点，建议我要关注每一位孩子，不让每一位孩子失望。之后的教学中，我就吸取了教训，每次上课总会注意避免有被遗忘的角落。

更值得一提的是去永登县大同安山教学点送教时，因为没有多媒体，所以课堂教学没有达到预期的效果。一位老师在交流中就直言不讳地告诉我，城里的老师要掌握一项技能，就是以不变应万变的能力，使教学设计具有真实性、科学性、可操作性，可以不受条件的限制；只有这样，才能保证不管面对什么样的学生，不管在什么样的教学环境下都能上好课。那位老教师中肯的话语令我难忘。从此，我吸取了教训，在以后的教学中，我总会多做几套方案，以便应对各种突发情况。

评课的过程，就是一次真正的城乡教师相互沟通、相互启发、相互补充的过程；还是一次老师们分享彼此的思考、经验和知识，交流彼此的情感、体验与观念的过程；更是一个丰富教学内容，求得新的发现，从而达成共识、共享、共进，实现教学相长和共赢的过程。

说是送教下乡，其实对于送教者和接受者，都是收获者。每次送教下乡，都让我受益匪浅；每次回来，同事们都说我比以前更加积极、更加严格要求自己了。是的，身处在这样一个优越的环境里，我没有理由抱怨；周围有那么多的优秀教师，我没有理由懈怠；面对那么多天真的孩子，我没有理由原地踏步。要想把最好的课例、最先进的教育理念带给乡镇的老师和孩子们，我必须努力提高自身的素质，不断丰富自己的教学经验。“路漫漫其修远兮，吾将上下而求索”，我想送教之路上的且行且思，将会让我的教育教学水平再上一个新台阶。

爷爷的哲学

榆中县第三中学　周尚聪

一间四十八平方米的办公室里，无聊的空气在十二位语数外老师的鼻孔中肆意地进进出出，我顺势揪住一把，狠狠地甩到了窗外。窗外，一片片的地膜将偌大个土地裹得像春天一样温暖。

“庄子上的人把包谷都点上了吧？”也是十二年前的这个时候，爷爷坐在炕上靠着被子问我父亲。

“都点上了。”父亲答道。

这天日落，我爷爷便走了。他是吃了我用我刚当上老师时一个月十分之一的工资买的几个尕西红柿，喝了我妹妹于八里外提的泉水后走的，但没吃上我母亲做的“雀儿舌头子”。在庄子上的人都把包谷点上后，他便从容地睡着了，睡得很安详。他的那句“庄子上的人把包谷都点上了吧？”让子孙们到现在还在说着。

爷爷最不爱穿新衣服了，他的一件羊皮褂子打我记事起就从来没离开过他。这件羊皮褂子应该是在我记事前，更或是在我母亲嫁过来之前就有了。爷爷养着一帮羊，那件羊皮褂子，他只要出门都会斜披在身，哪怕是夏天也从不例外。父辈们自然是已经习惯了。我呢，总觉得很想不通，于是，在一个孩子们光着屁股都还嫌热的下午，在他赶上他的羊要出门、斜披上他的羊皮褂子的时候，我开口了：“爷爷，这么热的天，你为啥还要披上那羊皮褂子？”爷爷摸摸我的头：“孩子，三伏的天，娃娃的脸，说变就变呀，有备无患嘛！”“噢——”我似乎懂了似的回应了一声。

我确实懂了。就在傍晚，狂风、乌云、雷电、暴雨一起挤进了这个炙热的气喘吁吁的世界，还夹杂几粒冰雹。路上往家奔跑的人们，衣服被淋得浑浊不堪，光着屁股找凉快的孩子早已钻进了被窝。爷爷得意地解开他的羊皮褂子，身上冒着热气。他的羊呢，自然湿透了，因为羊们没有“皮褂子”。那些人们也湿透了，因为他们也没有“皮褂子”。

我真的懂了。后来，我也为自己做了件“皮褂子”。

爷爷有时候也会出出远门，去的地方是我的姑姑家，或是到小康营跟跟集。当然，我也会跟上去的。那天，爷爷把他的羊交给了父亲，带着我去姑姑家。一路上，爷孙俩有说有笑，走了十来里后，我们选择了一块有阴凉的地方，我迫不及待地将整个身子囫囵埋在了阴凉里，爷爷则坐在阴凉边上。他看着享受阴凉的我说，走热的人不能完全处于阴凉下，要坐在阴凉边上，否则会着凉的。我听了爷爷的话，那次果然没有着凉。

休息片刻，我们就动身了，站起来临走前，爷爷又回头看了一遍我们坐过的地方,我又不懂了,问道:"爷爷,你在找什么呢?"爷爷很认真地看着我说道:"娃娃,我在看看我们刚才歇的地方有没有丢下东西,记着,'有钱难买回头看'啊!"

这次,我又懂了。

可在我刚读懂爷爷时,爷爷便走了。

在后来当老师的十几年里,我很少让别人担忧过,这也许就是因为爷爷的那句"庄子上的人把包谷都点上了吧?"

我也很少被雨彻彻底底地淋透过,这也许就是我有我的"皮褂子"的缘故吧!

也果然没有着凉过,这也许就是我再没有将自己囫囵地埋在阴凉中的好处吧!

也捡拾了一路的点滴,这也许就是爷爷给我说的"有钱难买回头看"吧!

这些,也许就是爷爷的哲学吧!

倔老头

榆中县第九中学　杨红香

"咱农民跟城里人一样,也能吃上低保了!"这个消息像长了翅膀一样一下子飞遍了整个村庄,乡村沸腾了,有了像过大年似的喜庆气氛。

村委会公示栏下,隔三差五就会出现一些热心的围观者,比起街那边的集市还要红火热闹三分。

"哎呀呀,这么多年来,我们农民终于跟城里人一样了!"平时喜欢读报纸的"眼镜张"夸张地嚷道。

"这还不是党的富民政策好,国库里面钱多呗!"开小卖部的魏大哥高兴地答道。

围观的众人哄堂大笑:"多,比你魏大哥的钱袋子多多啦!"

细眉碎眼的王天明又仔细端详了一遍公示栏上的通知,长叹一声道:"二十一个,咱村四千多口子人,这个名额咋够分配呢?再说了,现在大家条件都差不离,干脆抓阄得了……"

"瞎吃萝卜淡操心!"人群里有人吼道。

三天了,有心人可以看到,村委会大楼里的灯火几乎都是彻夜通明,村委会干部的眼睛几乎都是红红的，村委会会议室里传出来的声音也几乎盖过了集市的喧闹。

通知出来后，是第四天的清晨。当第一缕阳光刚刚洒落在公示栏上，通知前已围了一大群的围观者。

“谈敦政，残疾，享受低保；王天成，孤寡老人，享受低保……”

眼镜张手扶镜框，仔细盯着通知，唯恐读错一个字。

“这还差不多，二十一个人的确比其他人条件差，应该享受这城里人的待遇。”人群里的人七嘴八舌地议论。

突然，人群中有一人大步上前，“唰”的一声撕掉了通知，大家定睛一看，谁呀？原来是倔老头——孤寡老人王天成。

提起“倔老头”这绰号，那可是在整个乡村无人不知、无人不晓。此人一辈子只是好戏，对其他事情一概是不闻不问。听到哪里唱戏，他会第一个毕恭毕敬地到达；碰见相识的熟人，总要生拉硬拽地给人家讲戏。有事没事时，那可都是咿咿呀呀、连哼带唱的，以致村民们说，此老的庄稼都是青衣水袖、病歪歪的。就为这爱好，终身未娶，至今孤老头子一个。就这么一个人，偏偏火气旺盛、牢骚颇多。看见时下青年的穿着打扮，总要拉住人家说上一通；听见谁家流行音乐一响，总要“上下五千年”的教育一番。你说现在这些乡民，谁好这一口？于是他便有了“倔老头”的绰号，“倔老头”所到之处，几乎是人迹罕至。可他无所谓，成天穿一件灰色的几乎发白了的中山装，不时闯入人们的视野。最近一两年倒听不到他的“天籁之音”了，谁能想到他今天会出现在这里，并且撕掉了印着村委会大印的通知，他是疯了吗？

谁都明白，只有对通知不满的人才会有这样的举动，可是这二十一个人里面有他倔老头王天成的名字呀！并且以他的条件，可以享受低保待遇呀！他是疯了吗？

就在大家以惊疑的目光盯着倔老头看时，倔老头王天成也满脸通红地注视着围观的群众，阳光一缕缕照射在他发白的灰色中山装上，照射在他那张饱经沧桑的皱巴巴的脸上，还是那种无法改变的倔意使他的双眼格外有神。

“乡亲们，且听我一言，”有些戏文的味道，“我王天成孤老头子一个人，感谢党和政府对咱的照顾，也感谢老少爷们对咱的厚待，可这低保我无论如何也不应该享受。”在人们惊讶的目光中，倔老头摆出戏台上的动作又说。

“我倔老头一辈子好戏，到头来日子过到乡亲们后头，我也没啥意见。可没承想党和政府会记着咱，给咱一栋新农村的小洋楼，楼上楼下，电灯电话，多少辈子人的梦想我可是全享受上了,可我也惭愧啊!我有手有脚,五十六岁也不算老,凭啥还让政府照顾咱?"

话声一顿之后,老人脸上露出一副自足的表情。

"树有皮,人有脸,自从我搬到新农村就开始寻思我这一辈子,为了戏耽搁了太多,所以我准备精心侍弄我的自留地,人有多大胆,地有多大产……"说着说着他便唱了起来,众人哄堂大笑。

"不要笑!肃静!还有比我困难的,我不要这份低保。"

阳光洒在老人的脸上、身上,为老人的倔强平添了几分果敢和坚毅。

"我这就去找村委会的干部……"

"走啊,走啊,去看看……"众人在公示栏前放声大笑。这笑声,响彻了整个乡村。

母亲的一天

七里河区马滩中心校　王玉英

这是一个星期天,是母亲休息的日子。在母亲的再三呼唤声中,我懒洋洋地起了床,打着呵欠,揉着蒙胧的睡眼走向洗手间。路过厨房,我看见了母亲的背影:清晨的一缕阳光透过厨房的玻璃照在母亲身上,她显得那样光彩照人。母亲卷起的发髻有些散乱,鬓角的几根银发在阳光下闪闪发亮,特别耀眼。听见脚步声,母亲回过头对我说:"快点洗漱!早饭好了。"

吃过早饭,我写作业了。母亲利落地收拾完碗筷,开始整理房间。母亲先把地扫了一遍,接着蹲下来用一大块抹布擦地板。母亲低着头,顺着地板的线条一块一块认真地擦着。刚开始蹲着擦,后来索性跪着擦了。我看见母亲的额头上渗出了汗珠,顺着鬓角滚落在那张秀气的脸上。再看看母亲身后擦拭过的地板光洁如新,熠熠生辉。母亲每个星期都要大搞一次卫生,把房间收拾得一尘不染。

收拾完房间,母亲开始洗衣服,三个人的脏衣服加起来也不少。因为洗衣机是全自动的,所以母亲一边洗衣服,一边抽空做午饭。我便看见母亲在洗手间和厨房之间来回奔波。洗衣机的轰鸣声和厨房里的锅碗瓢盆一起奏出了一首生活的交响曲。到吃午饭时,花花绿绿的衣服挂满了阳台,衣服在微风中轻轻摆动,好像刚出浴的美人伸展着美丽的腰身。

中午是母亲小憩的时间,从我记事起,只要没有特别重要的事情,母亲每天中午都要休息一会儿。记得她曾说过:中午休息是为了下午精力充沛地工作,母亲是一名小学教师。

母亲休息了大约半小时,简单地梳理之后,来到我的房间。母亲挽起的发髻松开了,长长的、黑亮的头发打着卷垂到母亲的肩头,像一条瀑布一样笔直。母亲坐在我对面,微微一笑,说:“你的作文总是写不好,今天我带你去一个地方,先观察,后写作,怎么样?”“好!”我咧着嘴笑了,心想:不管写不写作文,先出去吹吹风再说。

母亲带我来到小区的绿化带,此时正好是春天,到处都是春光明媚的景象。柳树抽出了细细的柳丝,上面缀满了淡黄色的嫩叶;草坪上的小草带着泥土的芳香钻了出来,一丛丛、一簇簇的;墙角的一大丛金银花也开了。母亲指着金银花,和颜悦色地对我说:“你闻闻这金银花,有没有香味?”我把鼻子凑到花前,一股清新的花香沁人心脾。以前我经常从这儿经过,却从来不知道它竟然有如此令人陶醉的花香。母亲轻轻仰起头,微微闭着眼,似乎浸在花香之中了。过了好一会儿,母亲长舒一口气,睁开眼,和蔼地对我说:“你再看看金银花有几种颜色?”我拨开绿叶,惊奇地发现金银花居然有两种颜色,一种是金黄色的,另一种是银白色的。突然间,我像哥伦布发现了新大陆一样,手舞足蹈地说:“我知道为什么叫金银花了,黄色像金子,白色像银子,所以叫金银花。”母亲欣慰地点点头,抚摸着我的脑袋说:“观察仔细,想象力也会很丰富,真是个好孩子!你再看看,花的形状像什么?”“像小喇叭!”我不假思索地回答。母亲意味深长地说:“是啊,它们正向着蓝天吹奏着生命之歌呢!”从那以后,我越来越喜欢写作文了。

晚饭过后,母亲开始备课。静静的夜晚,昏黄的灯光,衬托着母亲亲切的身影。

爱在蓝天下 快乐共成长

——关爱孤独症儿童

城关区拱星墩小学 侯 波

第一天上课回答问题的时候,有许多孩子都举起了手,其中有一个孩子手举得高高的。我见他白白净净的,且看起来有些矜持,就点名让他回答。没想到他站起来一个字也不说,我鼓励他不要紧张慢慢说;但过了好半天,他也说不出一个字,我很生气,用生硬的语气让他坐下,记住了这个孩子叫贾韬。晚上,贾韬的妈妈就给我打电话,要跟我谈谈孩子的情况。她刚开始说她的孩子很特殊,我心想也许是刚开始对老师不熟悉,有点害怕罢了。随着跟他妈妈的谈话深入,我才知道贾韬是个自闭症患者。他小时候一感冒就发烧,经常高烧不退,语言发展缓慢,后来到医院检查说是得了自闭症,而且还有心脏病。家里花了好多钱,他虽有一些好转,但问题还是很严重,动不动就生病。贾韬的妈妈边哭边说,让人听着都觉得可怜。从教二十个年头,我还是第一次碰到这样的学生,该怎么办呢?

于是我查找有关自闭症的资料。自闭症又称"孤独症",它是一种广泛性的发展障碍心理疾病,以严重孤独、缺乏情感反应、语言发育障碍、刻板地重复动作和社会交往困难为特征。自闭症通常在患者3岁以前就会表现出来,从婴儿期开始出现,一直延续到终生。由于健康的成人不会产生继发性的自闭症,几乎所有自闭症成人都是幼年发病,所以自闭症又称为"婴儿孤独症",或者通常称为"儿童孤独症"。自闭症孩子被称为是"来自星星的孩子",他们虽然和你近在咫尺,却让人觉得就像星星一样遥远。从遗传学的角度来说,自闭症是一种由大脑病变所引起的综合征。其主要症状表现为:第一,与人交流困难,缺乏与他人情感交流的欲望,对外界刺激无动于衷。第二,语言发展迟缓。刻板言语、言语奇特、言语的可懂性差。第三,行为刻板或仪式性行为。

通过仔细观察,我发现贾韬从不和班上的同学交流。与他交流也比较吃力,要放慢速度,用简短的语言进行对话。集体活动时,他总是漠然地待在一边,不会主动参与。老师用很多种方法引导他参与集体活动,他都是不予理睬。大合唱时老师带领他到活动场地,他也是旁若无人地站在那里,一动不动,并且偷偷地哭泣。以前的老师曾怕他影响班级的集体活动不让他参加活动。贾韬生活自理能力极差,他的妈妈也辞去了工作,每天都在校门口接送他。刚过四十的她,已经两鬓斑白。真是可怜天下父母心啊!我想我一定要尽我最大努力帮助他,于是我按照专家的一些指导,结合贾韬的实际做了一定的工作。

贾韬不会像正常的孩子一样,不能主动地去玩,去参与游戏,只会孤独地待在一边,沉浸在自己的世界里。因此,如何让自闭症的孩子走出孤独,引导和激励孩子参与活动,在活动中激发孩子的兴趣,让孩子的生活充满情趣至关重要。有专家也曾提出:"让孩子得到情绪上的成长,满足他某些发展上的需要,并获得自我结构上更完整的层次和情感控制上的完整。"我采取了以下方法:

第一,鼓励孩子积极参加各种活动,培养良好的兴趣,稳定其情绪。

对于自闭症儿童而言,要引起其注意,必须先从其兴趣出发,培养其多方面的爱好,使他的无意注意转为有意注意,达到多方面的交流。所以只要班级有活动我就积极让他参加,让他和其他孩子一起平等地享受生活,感受活动的快乐,并多参与一些实践活动。上次我让贾韬去扫地,扫完以后,给他一块糖,他显得特别高兴,回家告诉了他的妈妈。不管他做得好坏,我都会鼓励他。平时读课文的时候,轮到他了,他总是用疑惑的眼神看看我,怕同学们笑话。我总是说:"同学们,让我们听一听世上最美好的声音。"此时他就高兴地读起来,虽然声音小,而且发音模糊,但显得很快乐。每当这时,教室里总会响起同学们鼓励的掌声。慢慢地,贾韬越来越爱读课文了,有时还主动举手要读课文。

第二,真诚地与他交朋友,从而建立良好的师生关系。

平时我特意去关注他,对他投以真诚、持之以恒的爱,让他走出自闭心理。让他从身心上接纳教师,消除对老师的恐惧感,建立一定的师生依恋关系。自闭症倾向的孩子由于自身的特点,情绪很不稳定,不喜欢和周围的人接触,没有情感的体验。要想对其进行教育矫正,让贾韬接受我是前提。他刚开始时,由于不适应新的环境,对我有些害怕,于是我用亲切的语言与他说话。我觉得在心理上予以他温暖的同时,还要注重肢体的接触,平时多去摸摸他的头,有时拍拍他的肩,再把他搂在怀中鼓励一下,让他知道老师是多么喜欢他。这时,他一般都很乐意接受,他也会回报我一个甜甜的、幸福的笑容。

第三,鼓励孩子们主动和贾韬交朋友。

孩子们在校时间内接触最多的便是其他孩子。自闭症的孩了在校生活中,接触最为频繁的对象也是他们的同龄伙伴,他们之间的交往对自闭症孩子语言的发展更胜于老师的教育。由于贾韬语言发展很慢,班上的孩子都不跟他主动来往。平时下课时,他总是呆呆地坐在那里。于是我在班上开展了一项活动——“我和贾韬交朋友”,让每个孩子和他做一天的同桌,主动和他交流。如玩“请你跟我这样做”的游戏,并且互赠礼物,学习上进行帮助,心灵上进行沟通。在活动中,正常孩子的积极热情会感染他,也充分调动了他的学习积极性。因此,有目的、有计划地开展丰富多彩的活动,创设有利于孩子交往的客观环境,为他们提供充分交往的机会,是建立他们良好同伴关系的最有效的途径。现在每节课下课,都可以看到同学们牵着贾韬的手一起玩。虽然他们还不能很好地交流,但我已经看到了希望。

第四,家校及时沟通,共同配合教育。

家长对自己的孩子最了解,最能洞察孩子心理、生理和情绪的变化,最能了解孩子的所缺所长之处,最清楚孩子的现有水平和发展潜力,因此家长与孩子配合一致是非常重要的。在学校,贾韬一直不吭声;但在家里,他可以和妈妈进行正常交流,所以我要求贾韬坚持每天回家把学过的课文大声读一遍,训练其语言发声的能力。我有好的教育方法就及时跟家长沟通。

经过一个多学期的观察,贾韬已经取得了一定的进步,能听从老师的指令来调整自己的行为了;情绪较稳定,能参加集体活动了,不再自卑。但语言发展、交流能力还需要进一步矫正和相应的训练。4月2日为“世界自闭症日”,希望更多的人关注这些“来自星星的孩子”,但愿他在今后的生活中能逐步打开那扇心门,向整个社会敞开心扉,快乐成长。

请允许我轻轻走近你

兰州市第九中学　董卓亚

成长教会给我的第一件事情大概要数“认命”了。在我看来,认命并不是以一种被动又无奈的姿态接受命运的摆布，而是以平和、感激的心态与命中注定的种种机缘相遇。在我二十来岁的生命中，最重要的一次结缘就是做了一名人民教师。

因为父辈的工作性质，从小到大，我都是在学校里长大的。至今仍记得我踮着脚尖趴在高出自己半头的窗台上怯怯地向教室里张望的神情。当时那一排排的做教室用的平房仿佛真的散发着特殊的书香，吸一口气都觉得特别舒服。才上一年级没多久，我就装模作样地跑去学前班给小自己一两岁的“小不点”们当老师，丝毫没觉得尴尬，反倒是一副得意洋洋的样子。小学常常会写《我的梦想》之类的作文，我一直都会执着地写上我人民教师的梦想。时间慢慢褪去了孩提时代很多稚嫩的念头，这个从小就被冠以“梦想”名号的念头也像一株野草，在纷至沓来的岁月风华里一点都不起眼。直到大学毕业站在人生的十字路口认真考虑就业问题的时候，才发现当初种在心底的那颗“幼苗”是如此顽固坚强，它安静又疯狂地生长，猛然惊觉我思绪所及，居然只有这样一个执念。由于大学读的非师范类，所以入职的过程也一波三折，但每当几近无望想要放弃的时候都会“柳暗花明又现一村”，最终如愿以偿进了一所市属高中，现在想来还真有点宿命的味道。这么看来，我是幸运的，因为从小到大就这么一个正儿八经的梦想，最终还是实现了。

从2012年9月我大学毕业进入高中教学到现在，我已经在讲台上站了三个年头，而我的第一届学生都已经快要毕业了。在和孩子们结缘相识、共同成长的三年里，这几十个热血少年用他们最可爱、最美好的一面温暖着我、激励着我。

还记得刚参加工作没多久，我就被学校委以高一班主任的重任。由于是起始年级，孩子们感觉又新奇又兴奋，慢慢适应着高中生活，因此班级管理的工作琐碎而繁重。那个时候的我，走出校园还没几个月，一身学生装，一张娃娃脸，写满了涉世不深、稚嫩有余。同事们都说我站在学生堆儿里根本看不出来是个老师，新的工作、新的环境、新的角色，自己都还没有完全适应，就要去和比自己小不了几岁的学生们“过招”，实在有点措手不及。当时也很紧张，时时刻刻都在盯着学生，一旦发现有任何不符合要求的行为，我的第一反应都是去制止、去纠正。所以，学生们迟到了、上课打瞌睡了、作业没交了、卫生没打扫好，诸如此类鸡毛蒜皮的小事，在我三令五申下还是反反复复地出现，只觉疲于奔命、心力交瘁。然而学生们觉得我这位老师太严厉、太冷酷，他们甚至都会刻意地回避我。从他们躲躲闪闪的眼神中我看到了疏离感，我很受伤，更多的是委屈和灰心，觉得自己已无能为力了——我为了这个班级都已经这么尽心尽力了，为什么孩子们一点都体会不到呢？

有一次，又是因为迟到的问题，我当着全班同学的面非常严厉地批评了一位男生，想通过批评这位同学来警示全班其他同学。没想到这位平时寡言少语的男生在盯着我看了几秒之后摔门而去，留下我愣在原地惊愕不已。本来我已经很生气了，把他找回来带到办公室之后，我正准备责备他不尊重老师，可他突然哭了起来。孩子的泪水也冲淡了我的怒气，我想他可能有什么隐情。在我再三追问下，他才告诉我他的母亲患有间歇性精神分裂症，最近病情复发，昨天夜里出去之后没回来，他和家人找了一夜都没有找到，所以早上迟到了。直到这个时候，我才了解到，他家住在离学校特别远、到现在还没有通公交车的山区，才了解到他的母亲长期患病而父亲也年迈体弱，才知道他的生活长期没有着落，还要时不时地担心母亲……看着他布满血丝的忧伤的双眸，苍白而疲惫的面庞，冬日里只裹着一件单薄外套的身躯，凌乱的头发，强烈的懊悔、自责、怜惜的感觉油然而生。我责备自己怎么这么粗心大意，和他相处了两三个月居然什么都没有觉察到；更责备自己怎么可以这样高高在上而又自以为是，冷漠无情地去数落一个已经背负重担的孩子。

于是，在这个冬日的晨光里，我幡然醒悟。长久以来，我都太在意“老师”这个称号，我借着这个称号把自己高高凌驾于学生之上，我只是戴着面具扮演着一个自以为尊的“老师”的角色罢了，而非用心投入其中去真正做一个热爱孩子的老师。回想工作几个月以来，我有初为人师的新鲜感，却谈不上梦想成真的喜悦感。自己的生活状态也是一团杂乱，在单位和学生较劲、拧巴着，回家之后又会把自己糟糕的心情向最亲近的家人肆意发泄。仔细审视，我发现自己已经不是以前那个开朗的姑娘了，却变得暴躁、消极、爱抱怨；想想冲学生发火时自己那狰狞的面孔，都会厌弃自己。

于是慢慢地开始明白，做老师，不是用“老师”的名号去威慑孩子们，而应该带着真诚的心走近他们，以热忱的爱心去温暖他们，用人格的魅力去感召他们。每一个孩子都是鲜活的生命个体，他们更需要被尊重和被爱。不管是多么细小的事情，它的背后总是会有种种不为人知的故事，那些看上去无关紧要的事也总是牵动着孩子们脆弱而敏感的神经。孩子们的世界是细腻而脆弱的,而我,其实可以用真实的、充满欢乐的自己去更轻松地面对这一群孩子呀!

换个思路就像换了个人,以前满眼的问题也没有那么严重了。给予他们以信任,他们总能做得很好。迟到了我会体谅,提醒他们路上堵车,早点出门。卫生没打扫好,我会自己拿起扫帚和他们一起打扫。年轻的优势就在于很容易和孩子们打成一片,于是我们一起策划文艺联欢,一起在运动会上加油呐喊,一起探讨学习的技巧,一起神聊人生。

孩子们的胸怀是最宽广的,不管你曾经对他们有多少苛责,他们总是会对你抱以宽容之心。现在想来真的非常感激孩子们,他们能够在我年轻任性的时候担待我,又能在我幡然醒悟的时候重新接纳我。孩子们的胸怀又是最诚挚的,他们总能直触我内心最柔软、最脆弱的地方,不断地温暖我,不断地用爱去浸润我。

有一次我生病了,请了几天假,其实当时心里挺担心学生的,担心他们在我不在的时候出什么乱子。在家休息的时候每天都能收到好多同学的短信,七嘴八舌地安慰我,说班里的事。等我返校的时候,早读去班里,老远就听到孩子们整齐的读书声;走到门口就看到门口挂上了红色的千纸鹤串起来的门帘;讲台上放着孩子们为我做的玻璃展板,每个孩子都叠了红心放在上面,一笔一画地写着"老班我爱你"。当时我的眼泪就迸了出来,又感动又幸福。每当走上讲台看到孩子们排排坐等着听我上课的时候,每当看到那一双双焦虑的眼睛盯着我等着我拿主意的时候,每当在深夜收到孩子们诉说心事的短信的时候,我都会觉得自己是那么被信任和被需要。每当和孩子们谈心,他们的烦恼、他们成长的痛苦、他们的热泪、他们的脆弱,都让我心生怜爱,我想要陪着他们一起成长,想要分担他们的痛苦,想要共享他们的喜悦。多少朝夕相处的日子,我们已经成了彼此生活中最重要的一部分,我享受着这段相伴相守、彼此温暖的日子。

教师,似乎多是悲情的角色。"春蚕到死丝方尽,蜡炬成灰泪始干"是社会对教师角色的职业要求和悲情注解,奉献和牺牲似乎成了这一职业的唯一选择和全部内涵。然而,悲情的形象让人们似乎都忽略了为人师者该有的幸福感。诚如诗言,既然选择了远方,就要准备风雨兼程。成为一名人民教师,我们注定要默默付出、辛苦耕耘,就注定要披星戴月、早出晚归,就注定要时时用心、处处操劳;但是,在和这些鲜活生命的相遇中,我们体会着被理解、被认同的快乐,我们享受着被信任、被需要的幸福。我们分担风雨,共享阳光。我陪着他们一点点成长,他们也伴着我一点点成熟,我们帮助他们与自己和解,他们也让我找到了自己内心的宁静与充实。此生有幸为师,也就永远有了与年轻鲜活生命相遇相伴的际遇,有了常人难以拥有的无价的幸福。走过自己的青春,点缀他们的青春,充实自己的生命,丰富他们的生命。如此,教师这一普通的职业已在这场花季相遇的华光中得到了多么宝贵的浸润和滋养啊!

孩子们的真诚和美好也让我真正明白"教育是神圣的"这句话的深刻含义,也让我从以往的无知无畏成长到怀着敬畏之心去面对自己的工作,去以审慎的态度对待自己的一言一行。是啊,面对这样一群生龙活虎、个性迥异的少年,真的不敢再轻举妄动、掉以轻心,真的担心自己的一不小心带给他们难以逆转的后果和伴以终生的影响。有人说,当鞋子合脚的时候,鞋子就被忘记了。我想这应该是我接近同学们最好的方式——安静而温暖,当孩子们需要我的时候,我会一直在他们的身边。

我感激生命中的这场与无数个青春结缘的际遇。我想我是幸运的,因为我有机会去热爱那么多善良的孩子们;我想我也是幸福的,因为在这个世界上,又多了那么多纯净的心在诚挚地爱着我。

常常是最后一把钥匙开了门

——用爱心、耐心、信心成就孩子的未来

兰州市第六中学　孙正霞

2014年10月12日　星期日

"丁零零",一阵急促的电话铃声响起,这是星期天,谁会这么早打电话呢?我拿起电话,还没等说"喂"呢,那边已经说话了:"孙老师,我今天就有可能签约,您说我签哪一家好呢?"一句话问得我有点糊涂,我说:"你是谁啊,我还没听出来呢?""我是张科,明年我就毕业了,现在正在找工作,有三家公司要和我签约,我签哪家好呢?我想听听您的建议。""是哪三家公司,你跟我说说情况。"他在电话里一一描述了长虹、美的、格兰仕三家公司的情况。我说:"我建议你去长虹,依你的个性,你是个善于研究、敢于创新的人,那是一个在广州筹备新建的公司,适合你发展。"他说:"我也是这么想的,只是我觉得有您的支持我会觉得心里更踏实些。好了,我挂电话了,老师,我们有时间再聊。过年了我去看您。"电话挂掉后,耳边"嘟嘟"的声音把我带到了五年前……

2009年5月4日　星期一

早上8:05分,班长问我:"孙老师,今天张科还是请病假吗?""是"。我班学生张科已经有一个星期没来学校了,家长告诉我说他出去打工了,去了哪里他们也不知道。为了不让他再回来时有太多的尴尬,每次出现这种情况时,我总是告诉班级考勤的学生说他有病请假了。

张科从高一进校就不好好上课,经常不请假就不来学校了,刚开始我也很生气,后来跟家长沟通过之后才知道这个孩子在初中时也很优秀,但初中毕业后,他有了一个想法,就是:不上大学我照样可以成才。因为他有一个堂哥就没有上过大学,现在开了一家汽车修理店,他也特别喜欢汽车,希望将来自己也能开一家汽车修理店。在他眼里,他那个堂哥就很成功,他认为上高中和上大学都是在浪费时间,所以初中毕业之后他说什么也不愿意上高中了,要到他堂哥的店里去打工;又因为父母的极力阻拦,他才勉强来到学校。了解到这种情况后,我多次找张科谈话,跟他讲上高中和上大学并不和他成才相矛盾,上大学是为了让他积累丰富的基础知识,习得一门技术,再通过和同学们的相处,学会和不同的人打交道,这些都是成才所必备的。

从那时起,我也开始关注一些新出的各种车型,把图片下载打印出来送给他,我还请有同样爱好的教物理的陈老师经常跟他讲一讲有关汽车的知识。就这样,他对上高中的看法有所转变,但还是经常旷课到他堂哥的店里去帮忙。每次都是他的父亲到店里把他抓回来送到学校的。这一次,到哪里去打工了,他只是给他父亲发了一个短信,并没有告诉他到哪里去了。他父亲也找了很多地方,也没找到他。我该怎么办?学校有规定,高中学生旷课一定时间就可以劝退,这个孩子完全可以劝退了。可劝退?我犹豫了,这个孩子劝退就太可惜了。虽然他到学校学习的时间比其他孩子少,但学习成绩并不是很差,说明他接受知识的能力很强。平时与我和同学们相处时,也能看出他是一个心地善良、很有责任心、各方面能力很强的孩子。我决定再做一次努力,我相信他会随着对社会的认识以及和我的相处改变想法的。

我开始找和他平时关系比较好的同学谈话,跟他们讲张科的父母对他的期望,讲我对他的了解和关注,讲同学们对他的关心,希望这些同学一旦有什么消息,一定要第一时间告诉我。过了大约一个星期,有学生说他在西固长业大厦他初中同学打工的地方住宿。

2009年5月13日　星期三

早上6点半,我到了长业大厦张科住宿的房间门口,听到敲门声,他问:"谁啊?""我!"里面顿时没有声音了,我知道他肯定听出了我的声音。过了大约10分钟左右,里面传出来"等一会"的声音,但门一直没开,我知道他在做激烈的思想斗争,我也没有再敲门,这一次我一定要让他自己做决定。又一会儿,他打开门,也没看我一眼,拿着洗漱用具出去洗漱。回来以后,他拿上自己的包裹,跟我说:"老师,走吧。"我们一路没有说一句话,来到学校,到了教室门口,我对他说:"你走自己的路,我不反对,但我尽我老师的职责你也要理解,如果你真的想自学成才,先做通你父母的工作,再走也不迟。进教室吧!"

那几天我天天观察他的一举一动,也让其他同学多留意,我担心他再一次失踪。刚开始的几天,他比较沉默,我也没有再找他谈话,我想我要有耐心,我要等待让他自己做决定,只有这样的决定他才能坚持。大约一个星期以后,他开始活跃起来,再也没有出现过旷课的现象,认认真真开始了自己的学校生活。到了高二第二学期,由于他在班级有很高的威信,而且有出色的管理才能,我特意任命他为我的班主任助理,协助我做一些班级管理工作;特别是我有事不在学校时,他代替我做好班级的日常管理工作。

2011年7月29日　星期五

我的电话铃声响起,是张科打来的,他非常兴奋地告诉我,他以547分的高分被西安的一所高校录取,学的就是机械设计与加工专业,那是他一直向往的学校和专业。电话里听着他兴奋的声音,我也被感染了,想起这三年来与他的相处,正应了那句谚语:“常常是最后一把钥匙打开了门。”

是啊,每一个孩子都来自不同的家庭,父母对孩子从小的教育理念和关注程度都不一样,孩子们难免有一些这样或那样的不良习惯和我们成年人认为的奇异想法。其实从孩子们的内心来讲,他们都认为他们的想法是最符合自己的,也是最真实的。做了这么多年的班主任,我觉得我们做教师的没有权利去抹杀孩子的这些想法,我们要用爱心和耐心关注、等待孩子的成长,一定要对他们抱有信心,相信他们最终会成为一个对社会有用的人。

校园动态

这里有我们的追求和梦想，有我们的喜怒和哀乐。只要我们善于用智慧的双眼张望校园，校园的一草一木，老师的一颦一笑，同学的一言一行……都会在我们的心中荡起情感的涟漪，都会化成写作的素材，源源不断地流进我们的文章中来，变幻出生活的多姿多彩。

捕捉校门英姿，描绘校园美景，速写运动场景，品味文化长廊，感悟和谐氛围，绘出四季图画，追溯校园历史，诠释办学理念，解读人文渊源，采风风云人物，说明建筑特点，勾画未来蓝图，演绎住校生活，戏说班级故事……

我们可以尽情描绘校园的迷人春色。

流淌的岁月

中堡镇何家营小学 火晓慧

我们是一个特殊的群体，由于家住县城，我们上下班要来往于城乡之间。每天乘坐通勤大巴，在弯曲不平的乡村道路上颠簸，不用另外花时间也能做全身运动，何乐而不为?

家庭、学校两点一线，构成我们每天生活的轨迹。清晨，我们与晨练的人们同起，看着他们穿着宽松柔美的健身服在花园里轻歌曼舞；听着枝头鸟儿鸣叫着飞来跃去，嬉闹于带露珠的花草之间。我们便站在花园的路口，呼吸着清新的空气，等待着接我们上班的车辆。

一行十几人，在固定的时间，固定的地点，坐上固定的车辆。上车、入座，偶尔说句无关紧要的话，要么发表一句评论，继而缄默不语。有人还在酝酿没做完的美梦，闭目养神。有的也许在安排一天的工作，沉思不语。有的也许原本就懒得开口。即便有人故意投下一石，也难以激起很大的波浪。久而久之，早上的车厢内总是一片沉寂。

走进校园，书声琅琅，声声入耳。脚步不由自主先迈进教室，有事没事转一圈，了解学生出勤情况，查看室内室外卫生如何。

再来到办公室，开始生炉子、搞卫生。四五人手脚麻利，你拖我擦，八九分钟一切就绪。忙碌之后，开始吃早点。十几个人分别拿出在家中准备的小菜，摆在同一张桌子上。品评手艺，提出建议，相互切磋，一拜师傅，二拜徒弟。若爽口，便有人几乎用命令的口吻提出这道菜还要作为第二天的“保留节目”。若不爽，自然也有人耐心指点，直到主人虚心接受，点头称是为止，引来的是此起彼伏的笑声。大家边吃还得边汇报各种新奇之事，发言之主动，争论之激烈，是任何场合难以见到的。立场、观点尽情表达，抢发言权，比音量，声音一浪高过一浪。知情人知道室内是包子馒头的“消灭战”，不知道的人还当是在争吵呢！若真遇到这样的人，我们都会戏谑一句：“大嗓门，职业病！”

热闹过后便各自忙开了。一天的工作便从没有批完的作业、没有备完的课、没有处理完的琐事开始。课间便是大量学生出入的时间，辅导学生的学习、了解班内情况、处理突发事件，一片忙碌。临时有事又得全力以赴。空余时间看书查资料、做笔记、电话家访，遇到教学上和知识性的问题相互讨论，共同学习，各尽其能，团结协作。投入地工作，坦然地生活。

大部分工作已完成，正是中午时分。此时大家已饥肠辘辘，迫不及待地拿出自带的饭菜，不求营养味道，但求吃饱肚子。午饭虽简单，但"下饭菜"却不少，那便是"胡侃"。大家想啥说啥、有啥说啥，说的人极尽言辞，听的人心领神会，好不热闹，我们都把此时的时间当作开心一刻。有的人也说说家中之事，倾诉心中委屈。无论多大的伤痛，只要这时提出来，你一言我一语，大家一分析，顿时大事化小、小事化了。

饭毕，讨论也慢慢结束，桌子、凳子成了我们临时休息的床。刚才还热闹的办公室瞬间鸦雀无声，各自都准备休息了。起初觉得休息的地方又硬又窄，久而久之，大家都习惯了。唯有在这样的环境下才睡得那么香、那么熟。

下班后，我们随着整齐的学生队伍离开学校，目送他们回家，我们也乘上回家的车。此时，大家的大脑可以放松了，可以不去管任何事，于是话就自然多了起来。话题多而杂，见景就抒情，借题就发挥。无意之间产生了许多经典的语句、精彩的片断、有趣的故事。敢于面对现实自我解嘲，是每个人的风格。同事之间没有是是非非、恩恩怨怨，更像一个和睦的大家庭。

我们从事的职业无论从工作性质上看还是工作环境上看，用"辛苦"一词概括再恰当不过。但我们有热情饱满的工作态度，有满腹文采的兄弟姐妹，心情总是充满着阳光。智慧在这里闪光，青春活力在这里涌动。不在这里工作不知道什么是艰苦，不在这里工作不知道什么是快乐。既然我们不能改变什么，那就改变自己，投身工作，制造快乐。"不为清贫而思变，不为清净而躁动"，大概说的就是我们这样一个群体吧！

享受幼儿世界的趣味生活

皋兰县实验幼儿园　王晓玲

天生我就有好逗的性格，平常我最喜欢逗小朋友开心，最喜欢与小朋友聊天了。走进孩子的心灵世界，聆听他们的故事和经历，感受他们的喜怒哀乐，分享他们当时的心情，真是太有趣、太好玩了。

清晨，无论是伴着温暖的阳光，还是和煦的微风，还是斜斜的细雨，我都会把一个个家长送来的小朋友接待入园。在美妙而欢快的音乐中，一声声问好、一串串笑语，握握小手、摸摸小脸、拍拍肩膀，偶尔搂搂、偶尔抱抱，每每我的心情都是飞扬与绽放的。

接待小朋友入园之后，我最喜欢与小朋友聊天的内容是："今天早餐吃了没有？告诉老师吃的什么呀？"小朋友们可高兴了，一个个举起小手，争先恐后告诉大王老师他们吃了包子稀饭、鸡蛋泡馍、牛肉汤泡馍……

瑞士教育家裴斯泰洛齐在《教师道德》中指出："每一种好的教育都要求用母亲般的眼睛时时刻刻准确无误地从孩子的眼、嘴、额的动作来了解他们内心情绪的每一种变化。"我非常喜欢这句话，在平常的幼儿园教育教学工作中，我正是用这样的方式，细致入微地与孩子们交流着且颇有收获。

一天，薛德春小朋友告诉我，他早餐吃的是"馍泡奶子"，当时，我也不觉得怪，吃得很有营养，回答得也挺响亮。通过这种师幼对话，目的在于鼓励小朋友乐于表达，注重师幼平等地沟通与交流，从而使老师进一步全方位地走近孩子、了解孩子。但我看到旁边的小女孩方文轩用手捂着小嘴巴一个劲地"嘿嘿"笑着，并且嘴里不停地嘟囔："他吃的是馍泡奶子、馍泡奶子，嘿嘿……"其他听到的小朋友也跟着乐呵起来，我也忍不住笑了起来。没想到这些可爱的小家伙竟然会笑话别人了，竟然笑话起这个说法了。我们笑了好一阵子，笑够了，也笑累了。每每想起当时的情景，我个人依旧觉得很可笑。

因为薛德春小朋友平常不善言谈，性格也比较内向，我怕大家笑会影响他表达的积极性。于是,我指名方文轩小朋友,故意让她给大家说说有什么可笑的,聪明伶俐的她站起来回答我说:“大王老师,薛德春说‘馍泡奶子’,应该是‘奶子泡馍’呀!”小家伙竟然这般反应灵敏、立场坚定。我没有当场明说谁对谁错,只好对在场的小朋友们说:“好,那我们干脆一起来演一演!”

“假设在一个阳光明媚的早晨,我们苹果一班的小朋友起床之后,先自己穿衣漱口洗脸,然后轮到吃早餐了。今天早晨,亲爱的妈妈为每位小朋友都准备了牛奶和馍馍,大家参与模拟,小手动起来:先掰一块馍馍,撕成一小块一小块,再倒进一些温好的牛奶里浸泡馍馍。也就是牛奶要淹过馍馍,然后小朋友用小勺子自己舀着吃,吃得干干净净,再喝完剩余的牛奶,咂咂小嘴,真香呀!吃完擦擦小嘴巴,再漱漱口……”这样的模拟表演,小朋友们都很喜欢,也就悄无声息地淡化了“奶子泡馍”的说法正确还是“馍泡奶子”地说法正确了。同时,不但对小朋友渗透了“一粥一饭,当思来之不易”的爱惜粮食的节俭意识,而且渗透了幼儿自理能力的培养,更渗透了幼儿良好的卫生习惯和感恩教育。

《3—6岁儿童学习与发展指南》中明确指出:“要正确认识幼儿及其发展,幼儿有自身的权利和尊严,了解和理解幼儿是教育的出发点,幼儿的和谐发展是教育的归宿。”遵循这样的教育原则,在我这种有意识的师幼平等交流下,师幼关系变得和谐融洽,在我和孩子共同相处的生活中,真正地体现出了“亲其师,信其道”,小朋友懂得了尊重与感恩他人,学会了交流分享,学会了勇敢展示,学会了力所能及地干家务……

刘鹏芳小朋友长得比较秀气,不善言谈、胆小老实。有一次,我把他叫到自己身边想要抱抱他,“套套近乎”。平常,他不好好吃饭,所以我特别关注他的早餐情况和日常生活。我双臂拥着他问道:“早餐你都吃了什么呀?”他咧着嘴微微笑着说:“吃了一根胡萝卜。”我用手刮刮他的小鼻子,左右手伸出两个手指,故作小白兔的耳朵对他说:“小白兔才爱吃胡萝卜呢!”他小脑袋一歪,莞尔一笑。又问他还吃了什么,他坏坏地说:“你猜呀!”“我猜呀,洋芋包子?胡萝卜包子?三丝包子?闻闻小嘴巴,是不是韭菜包子?还是豆腐包子?番瓜包子?”他摇摇头说都不是。我都被他搞晕了,最后,只好投降,对他说:“老师真猜不出来了,告诉老师你到底吃的什么呀?”他莞尔一笑,说“洋芋包子”。我不是猜中了吗?小家伙,竟敢戏弄人,不过我也不能真跟他计较,只要他能喜欢吃饭就好,只要他能主动和我交流、变得开心就好。通过这种师幼多次交流,渐渐地,他变得大方了,也调皮了,也能找机会同我聊天了。

元旦三天放假回来,我为小朋友搭建了交流的语言平台,我特意安排了“说话课”——与小朋友分享自己是怎样度过元旦佳节的?具体说说过新年放假三天,每位小朋友都经历了什么有意义的事情?都有什么好玩的事情?给我们大家分享分享。我鼓励小朋友们畅所欲言、大胆表达,学会倾听别人说话,懂得相互尊重。

魏孝德小朋友说他跟随父母去了兰州,逛了儿童公园,坐了电动火车,跳了蹦蹦床,骑了旋转木马,开了碰碰车,真是玩美了!并且和父母一起吃了火锅……既有好吃的,又有好玩的,大家好羡慕呀!都说有妈的孩子像块宝,在家人的陪伴下,他享受着这个节日的特殊礼物,我深深地体会到了这份礼物的意义与分量。于是,我不失时机地适当点拨小朋友们要从点滴小事做起,要学会感恩与懂得回报父母。后来,许多小朋友开始在家帮助大人力所能及地分担家务了,许多小朋友在“三八妇女节”为妈妈亲手制作了表达自己心意和谢意的节日贺卡,看上去简简单单却情意浓浓。

刘鹏芳小朋友说跟随奶奶去了农村老家,我问:“老家爷爷的地里都能种出什么?”他说:“爷爷种辣椒、玉米、桃子。”我这个爱刨根问底的老师又问:“皋兰好,还是老家好?”他对我说:“皋兰有超市,还有玩具,还有高楼、广场。”我听出来了,他就是说县城比老家好呀!孩子不会伪装自己的言行,县城比起农村当然好吃好玩的都会多一些,所以我明白了拓宽眼界的重要性。为了让孩子们能走出去,能走得更远、飞得更高,视野的开阔尤为重要。

走进孩子的世界如梦如幻,那里有“喜洋洋”,那里有“沙丁城堡”,那里有“绿泡泡”,那里还有“神厨小福贵”“巴拉拉小魔仙”……蹲下来,和孩子们平等地交流,会觉得生机无限、童趣盎然!

爱在心间　情满校园

西固区福利路第一小学　王丽萍

作为老师,我是快乐的,因为我的一生都会有至真、至纯、至善、至美的学生们与我同行,是他们让我拥有了一颗年轻的心。作为福一的老师,我更是幸福的。"望窗外云卷云舒,看门前花开花落",每当迈进福一的校园,呼吸着带有清新泥土芳香的空气时,我会感到我们的校园是亲切的,也是美丽的。和福一的老师们在一起,我知道了校园里有爱、有温暖,也有幸福;和福一的孩子们在一起,我知道了校园里有情、有阳光,也有感动。在这里,我学会了感受爱,付出爱,体验爱。在这里,我的同事、我的学生让我不断感悟教育的真谛,让我在漫漫人生路途中知道了爱心与耐心的重要,也教会我如何善待孩子、善待生命。回想那一个个跳动的身影、一张张天真的笑脸,那一件件、一幕幕喜怒哀乐的往事,都充实了我的生活、丰富了我的人生。感谢我身边的每一个人,让我收获了很多很多。

总有一种精神让我们泪流满面,总有一种力量让我们信心倍增,总有一种人格驱使我们不断寻求自我完善,总有一些日子让我们久久难以忘怀。

2012年的10月2日是个特别的日子,因为儿子今年已经7岁了。自从有儿子之后,家里人记住的都是儿子的生日,我的生日早就被渐渐淡忘了,再加上我工作繁忙,也就没有了过生日的感觉。但是,在我32岁生日那天,我们的马校长却给了我一个大大的惊喜和感动。

那是国庆长假前的一天,有人说校长找我,我没多想,走进校长室,我们的马校长微笑着给我和张海英、王俊彦三位老师一人一张蛋糕卡,并说道:"生日快乐!"因为马上要过节,我还以为是校长节日里给大家的心意,我"纠正"校长说错了,我说应该说"节日快乐!"可校长紧接着补充道:"明天就放假了,生日当天我没时间挨着去送蛋糕,提前祝你们生日快乐啊!"天哪,校长不是口误,她真的是给我们专门送的生日礼物,我们三位老师都太激动了,跑过去一一拥抱校长。校长平时那么忙,居然专门给我们每一位老师送生日蛋糕卡,我们真的太幸福了!还有平安夜的那个苹果,小小的温暖,大大的感动;还有每天早上办公室里温暖的一杯热水;还有平日里同事们真诚的、无私的帮助,都让我深深地感到在福一上班的快乐与欣喜。我是如此幸运能够拥有同事们的爱。

其实,我不光拥有福一的一群好同事,还拥有福一的一群可爱的孩子们。三(一)班是我来福一带的第一个班级,三年了,我喜欢我们班的每一个孩子。是孩子们用纯真的爱心,唤起了我工作的激情和梦想!呼吸着花儿的芳香,我来到了纯洁可爱的孩子们的身边。那次大扫除时,我和孩子们一起搞卫生,看着那么小的孩子拿着长长的扫把笨笨地扫操场,我心疼地要过扫把想帮孩子们扫,可是我可爱的孩子们固执地要学着自己扫。就在我们推搡时,扫把上的铁丝划破了我的手指,鲜血顺着手指流了出来,孩子们都围了过来,我笑笑说:“不要紧,大家都去忙吧!”我们班的董洪辰说:“老师,上次我的手上划了道小口子,我觉得好疼,眼泪都流出来了。您都流血了,还说不疼,您真坚强,下次我也不哭了,要像您一样坚强,做个男子汉!”听着孩子们稚嫩的言语,我的心里暖暖的,幸福极了!

何止是为人师的我?我相信我们的学生在这样的感动中也感悟着这份师生情义,收获着这一份属于自己的无价的精神财富。

其实每个孩子都是一首歌,歌里有天真,有欢乐,有忧愁,也有自己淡淡的悲伤。他们有着自己对人生的浅浅的,也是纯纯的感受。有时他们甚至会有我们不曾经历的痛苦和无奈,比如父母离婚了,亲人离去了。也许我们需要做的只是聆听他们的心声……于是我学会了耐心聆听。

曾鑫是个小姑娘,个头很小,很瘦弱,比班上大多数孩子小一个头的样子;眼神黯淡无光,很少说话,给人一种营养不良的感觉;衣服也穿得很马虎,常常没洗干净;上课也总是心不在焉的。那次单元测试,时间快过去一半了,她的试卷上一个字都没有,我心想照这样下去卷子肯定不能按时交,便很生气地问她,“你怎么了?”

“老师,我妈妈不要我了。”

“你在说什么?”我一愣。

“我爸爸妈妈离婚了,妈妈走了,再也不会回来了。”听到这里,我心疼地看着这个本来就很瘦弱的小女孩。

“没关系,孩子。妈妈虽然不能和你住在一起,但是你的妈妈依然很爱你,还打电话问你在学校的表现呢。她说了,过些天她会回来看你的。”

“真的吗,老师?”

“真的,孩子。妈妈希望你坚强,做个很棒的学生,老师还在妈妈面前表扬了你呢!”

“谢谢老师!我一定好好学习,考上100分,等妈妈来看我时她就会高兴的。”说着她把头贴近我的胸前,我心疼地摸了摸她的头,她真的很瘦,头发上还沾着汗味。

此后,我尽量给她一些照顾,她也很努力,期末考试真的考了100分,我们都甜甜地笑了。爱学生其实很简单,有时就是一种默默地关怀,而且付出有时比收获更让人感到幸福。

英国有句谚语说:“世上没有不生杂草的花园。”学生是花园,而我们就是打理花园的园丁。埋头苦干拔掉杂草固然重要,但更要学会放眼欣赏竞相开放的花朵,学会发现每一朵花都有着自己独特可爱的一面,每一朵花都在慢慢长大。所以,我学会了如何宽容与爱。

杨万熙是个聪明的孩子,但由于父母常年在外打工,由爷爷奶奶带大,缺乏管教,非常顽皮。还自由散漫、磨磨蹭蹭,常常违反校规校纪,打架骂人、写作业拖沓、书写潦草也是他的毛病。这样的学生,没有哪个老师不头疼的。可作为他的老师,爱他是我的责任。仔细观察,我发现他属于平时自制力差、做事不能持之以恒的孩子,他更需要我的关怀和鼓励。不知道多少次,当他犯了错误后,我和颜悦色、语重心长地跟他讲道理;也记不清多少回,我和他一路回家,路上和他交流谈心。只要他有了点滴的进步,我就在班上及时肯定他、鼓励他,让他重新树立学习的信心和正确的价值观。时光在流逝,我的关怀始终跟随着他。在爱的感召下,现在的他尽管有时交作业仍会拖沓,虽然偶尔还会搞些恶作剧,但较之以前,已经进步了许多,今年的期末考试他考了90.5分,我们都笑了。

其实不止他,班上每一个学生都需要爱,我会努力用自己的言行去感化他们、引导他们,让爱的阳光雨露照耀、滋润每一位学生,伴他们健康成长。从细微的地方发现学生的闪光点,去激励学生,一个信任的眼神、一句称赞的话语、一个爱抚的动作,都将让学生感受到春天般的温暖,鼓足不断进取的勇气。给孩子阳光,让他们灿烂,我们便会因学生的幸福而幸福。

在福一的日子里,我不断学习着、吸取着、分析着、变换着、适应着、快乐着、幸福着。早晨,走进校园,同事之间一句温暖的“早上好!”会带给大家一天的好心情,浓浓的同事情在校园蔓延。孩子们微笑着问一声:“老师好!”老师也会微笑着点点头说:“早!”在这一谈一笑间,深深的爱在师生之间蔓延。课堂上,一起和学生们徜徉在知识的海洋中,看见学生期许的目光、求知的眼神,我知道我为他们打开了另一片天空,我会觉得很幸福;校园里,有孩子主动捡起地上的垃圾,看着孩子们文明的言行举止,我会觉得很幸福。我知道,我浅薄的知识因为有了学生而充满着激情,我渺小的身影因为有了学生而忙碌活跃,我平凡的人生因为有了学生而丰满动人。我想只要我的心中有一份爱——对工作的爱、对事业的爱、对学生的爱,我就可以做个好老师,把爱的阳光播撒到每个孩子的心中,使孩子在爱的阳光雨露中茁壮成长。

有时,爱不完全需要用语言来表达。同事之间多一份爱就多一份感动,师生之间多一份爱就多一份真诚,学生之间多一份爱就多一份温暖。在校园中,同事的情、师生的情、学生的情,这种人世间最纯真、最美好的感情正用淡淡的方式体现着。这种淡淡的、真挚的爱陪伴着孩子走过童年,陪伴着老师度过人生最美的时光。

花开的日子,让我们在爱的教育氛围中愉快地学习;花开的日子,让我们在爱的校园中陶冶情操;花开的日子,让我们在爱的校园中健康成长。福一,就是一个充满爱的大家庭。

师爱如花　花开不败

西固区西固城第一小学　马　岩

参加工作已经12年了,这12年中,我的生活中最让人回味的就是与学生在一起的日子。

记得刚参加工作的那年秋天,我刚被分配到达川工作,从我家到学校要40多公里路。我第一次去达川,一路上颠簸了近2个小时才到达。路途偏远,环境陌生等种种客观因素让我这颗年轻的心彷徨过、犹豫过。而当我走进那所不大但绿树成荫、鸟语花香的校园时,我的心一下子又平静了许多。我的学生们也用他们特有的热情陪伴我走过了十几年的岁月:我们走进硕果累累的枣园,钻进充满丰收喜悦的玉米地,踏进种类齐全的蔬菜区,游览景色宜人的八盘峡水库……孩子们一边和我玩,一边向我介绍这个、介绍那个。我慢慢忘记了起初的不快,正是有了他们,才让我告别了孤独、告别了浮躁。我的生活不再哀怨,开始安然面对一切,我和我的学生们就这样开始了我们新的旅程。

光头小鹏

记得我们班有一个孩子——小鹏,从小没有长过头发,却是个非常天真活泼的孩子。有一次我们班搞活动,一位老师走进教室,让大家把衣服和头发整理一下,照照片漂亮一点。孩子们一边整理,一边互相看看对方有没有整理好。这时一个稚嫩的声音传到我的耳朵里:“老师,我……就不用整理头发了吧?”我循着声音看去,原来是小鹏。我看着他天真的样子,心里一下子涌出对他的爱怜之情:“小鹏,你已经很好了,照片照出来一定很可爱!”我一边说一边走到他身边,摸摸他的小脑袋,小鹏也看着我露出灿烂的笑容。在我的影响下,我们班的孩子没有一个人笑话过小鹏,没有一个人给他起过外号,小鹏在我们班一直快乐幸福地成长着。当然快乐幸福的人还有我。

爱的手纹

还记得在达川那间没有现代化教学媒体的教室里,我和我的学生们尽情徜徉在知识的海洋里。在孩子们心里老师就是最美的人。有一年冬天,我刚买了一件紫色的羽绒服,孩子们就用那种眼神看着我。下课在和孩子们聊天时,许多孩子会偷偷伸出小手摸摸我的衣服,然后说上一句:“老师,您的衣服摸起来好舒服!”我知道孩子们是想感觉和老师那种无间的亲密感。于是我说,“这么舒服,那就多摸摸吧!”一双双小手呼啦一下都落在了我身上……我还清晰地记得孩子们那灿烂的笑容、那无邪的眼神;也还清晰地记得那节课后,同事们说我那羽绒服怎么那么脏。可在我看来这就是孩子们爱的手纹,是我的孩子们让我感受到了从教的幸福。

意外地出走

那年我来到了西固一校,面对的是个特殊的群体——农民工子女。他们像一群候鸟的孩子;又像漫天飞舞的蒲公英,随父母漂泊在不同的城市之间。这样的一群学生,更需要我们老师把特别的爱给特别的他们。那一年我带六年级,我们班一直以来被我和各科老师视为懂事、勤奋、以身作则的海明突然有一天没来学校,我赶紧联系他家长,可是他家长那边给了我更加意想不到的消息——孩子离家出走了。怎么会这样?我开始在脑海中飞快地搜寻海明最近的反常表现。在反思中,我逐渐感受到这孩子升入六年级后不像以前那样活泼开朗了,而是比较内向了,不喜欢参加各种活动了,是不是发生了什么事?我和他家长联系,在交谈中,我才知道原来孩子的出走和家长有很大关系。海明的家庭是一个少数民族家庭,家长开牛肉面馆,没有时间与孩子交流沟通,在孩子的学习上,家长也不太支持;但海明一向努力,一直是自己管理自己，自己要求自己，好学上进，所以没有落在后面。但是随着年龄的增长，他有了自己的想法，对父母的态度也很有意见，但是看到严厉的父母，孩子没有勇气与他们进行沟通，所以最终选择了离家出走。听海明的父亲说，海明去了北京，在他做生意的舅舅那里。他想摆脱自己的父母，想有一个新的生活环境。后来，父亲从北京接他回来了。记得那是一个晴朗的早晨，我正在上课，突然听见门外有敲门声。我开门一看，原来是海明和他爸爸，我当时不知是怎么的，竟然不知说什么好："回来了？回来了！回来就好！回来就好！"我带着海明回到座位上，我看到孩子有点不好意思。之后我没有找海明谈过话，也没有向班上同学提起过海明去北京的事。过了大概一个多月后，我和海明QQ上聊了起来，我才问起了他有关这次出走的事。在和他的交谈中，我了解到他的这次出走是对父母的一种反抗。所以，我从多方面鼓励海明，帮他分析父母的不易，分析父母所持态度的原因；并告诉他如果今后有什么想法可以和老师聊，不便当面说的可以和老师在QQ上聊，老师会帮助你。海明还是很信任我的，从那以后，他经常会和我聊天，说自己的故事，发表自己的看法。渐渐地，他又开朗自信了起来。现在海明已经上中学了，但我们还经常在网上聊天、留言。他告诉我他会珍惜现在的学习机会，再也不会和上次一样做傻事了。海明的成长对我来说意义很大，让我明白孩子需要尊重，需要老师的理解，这样他们才会在暴风雨袭来之时挺得住，坚持得下来。

我们班的群照片

今年，我们班孩子最喜欢关注的就是我们班的群照片。每当孩子们组织任何活动时，我都会将孩子们的活动情景照下来，再传到网上：有生动的班会课、激烈的运动会、我们的美术作品、我们的快乐大课间等等。这样一来，不仅让孩子们能回忆自己的学校生活，积累自己的生活经历；也可以让家长了解到孩子在学校的生活和学习情况，在家能和孩子有共同谈论的话题。老师对孩子的活动抓拍，让孩子们看到了自己在老师心目中的样子，都是活泼可爱、充满朝气的。我也会和孩子们谈论起照片上那些有趣的情景，每每谈论起来，孩子们的兴奋劲儿一波胜过一波。在交流中，我和孩子们走得更近了，心和心贴得更紧了。

冰心老人有一段话我一直铭记在心："爱在左，责任在右，走在生命之路的两旁，随时播种，随时开花，将这一径长途点缀得花香弥漫。"是啊，作为老师的我们都在播种着、爱着、奉献着，让一个个小生命开花、结果、成材；而自己的生命也就在这教育教学中生长着，在一个个开花的生命中延续着，生生不息。那么，就让我们用这份爱、这份执着，让美好的师爱如花般绽放、花开不败吧！

我哭了，但与脆弱无关

——班主任教育叙事

西北师范大学第二附属中学　杜花娟

教师这个称谓，长久以来被人们冠以各种神圣庄严的修饰和比拟之词。第一次班主任工作的经历，又遭遇恰逢青春期、个性张扬、较为叛逆的初中生，使我这位在岗九年的"老教师"也常常陷入混乱、无助、迷茫的境地。也许是身为女性，也许是天生泪腺发达，我成了班主任教师队伍里的特例——爱哭的班主任老师。

2012年9月，是我所带的这班孩子在新学校的第二个月，也是他们的初中迎来的第一次运动会。对于这群孩子来说，一切都充满着希望，他们个个摩拳擦掌、跃跃欲试，准备大显身手，为自己、为班级争得在初中的第一份荣誉。然而，全校广播操比赛环节，由于班上有两名协调性不好的同学身体略感不适，我就同意他们不用上场，结果广播操比赛因缺两人被扣掉了10分，我班全校前五名的成绩顷刻间就变成了倒数。孩子们辛勤苦练、准备了一个多月的广播操比赛就这样收场了。我看到了他们的伤心、难过，看到了他们的失望、沮丧。当天下午放学后，我把他们留在教室，向他们表达了深深的歉意，告诉他们，他们其实个个都很棒，责任全在我这个班主任身上。也许是道歉的气氛太煽情，我说着说着竟然红了眼圈，孩子们看到了，他们为我鼓掌，为班级加油，气氛很热烈，我被深深地感染，泪水悄悄地滑落……在后面两天的比赛中，我班孩子们不但没有失去信心，反而更加奋力拼搏、积极进取，终于取得了运动会团体总分第二的好成绩，并获得"精神文明先进集体"荣誉称号。

2013年5月，学校组织"蔷薇花开"诗文朗诵会，按照活动的具体要求，朗诵要脱稿。我班选出30名同学用了一周的时间生生把几千字的长诗《我的中国梦》背了个滚瓜烂熟，又请语文老师精心指导和编排，节目质量确实很高；但在比赛中由于我班后面的一个班也选了《我的中国梦》，他们又是全班抱着朗诵稿上台，气势上自然比我们班恢弘,但原则上讲,他们班是违规的。可是偏偏结果很可笑,他们班得了全校第一名,而我们班连个三等奖都没有,比赛的不公平严重挫伤了孩子们的自尊心和积极性。那一天,我很难过……我想到了和孩子们辛苦排练一月有余的一幕幕,自己也很委屈,很忿忿不平。我背着孩子们偷偷去找评委理论,但木已成舟。活动结束了,但孩子们一个也没离开,都进了教室,安静地坐在自己的座位上。我知道他们在等着我呢,等我给他们一个合理的解释,他们的委屈必须由我去化解,这件事显然不能避而不谈,只能面对。但是,如果我一进教室就拿大道理去劝解他们,我想他们从此之后一定会和我产生隔阂,一定不会再像以前一样信任我了,我该怎么办呢?我只好先硬着头皮走进教室。看到我进来,孩子们的目光一下聚集到我身上,我的步伐很沉重,心情也很沉重。我只能以温暖、和蔼、赞许的目光回望他们,这时,不知是哪位女孩子一时没忍住轻轻抽泣了起来,教室里顿时一片唏嘘之声。我依然没有开口,只是望着他们任凭自己的眼眶湿润,直至泪水涌出眼眶,就这样,我和孩子们一起默默流泪。几秒钟后,前排的女孩拿出一张纸巾递到了我的手上,低头哭泣的孩子们又重新将目光投向了我。看到我的样子,孩子们显然很吃惊,但我确定他们一点都没有嘲笑我脆弱的意思。我挤出了一个微笑,问他们:“要不咱们再哭一会儿?”我看到好多孩子哑然失笑的可爱神情,自己也忍不住笑了!然后我问孩子们这会儿心里是不是好受多了,他们都以微笑和点头默许,气氛显然已经轻松了很多。我顺势对他们说,我们不如分析一下,若抛开朗诵要脱稿的要求,我们的节目和他们的节目差距在哪里。孩子们先是七嘴八舌地非议另一个班的节目,我没有制止,等他们说得差不多没话说了,我叫起了文艺委员和语文科代表让他们说说人家节目的长处。两位同学很认真地指出:人家的节目朗诵技巧运用地更好,声音效果处理地更好,更有气势等等。很快,孩子们就都认同了这些说法,对比赛的结果也不再纠结了,看到他们轻松的状态,我知道我的眼泪流得很值!

初二第一学期,学校迎接标准化验收,有区级、市级、省级三级检查,同时又申报了德育示范性学校和校园文化建设先进校。各种检查使得当时兼职学生处工作的我应接不暇,对班级所花的心思肯定就没有以往那么多了。期中考试,我们班成绩很不理想,孩子们有些沮丧,我很是着急。我挤出了一些时间,精心准备了一个幻灯片,里面有这班孩子们从进校第一个集体活动——拔河比赛以来所有活动的照片,还有班级曾获得的荣誉,老师和学生、学生和学生之间感人的那一幕幕故事…… 准备好之后,我召开了一次关于梦想的主题班会。当孩子们看到我为他们准备的那一张张记录他们初中生活点点滴滴的画面时,许多孩子深受感染回顾过往,百感交集。接着我让他们写下了自己的梦想和誓言,并让他们一一展示,孩子们士气高涨。最后,我也对他们说出了我的梦想和誓言:"愿我第一届所带的这班孩子们将来都有一个好的前程,因此,我愿付出我所能付出的一切,永远和大家在一起!"之后,有好几个女孩子跑上来拥抱我,哭着对我说她们没有尽力去学习,让我失望了,对不起我之类的话。我再次流下了感动的泪水。

我的确是个爱哭的班主任老师,我曾经很担心我的爱哭会使我在孩子们心中失去威信,会让孩子们没有安全感。但是这么久以来恰恰相反,我明显感觉到我的眼泪化成了珍贵的力量,让我和孩子们心连心,水乳交融。他们信任我、依赖我、体谅我、支持我,我们就这样互相搀扶着,一路风风雨雨,只顾风雨兼程。

经常听到有人感慨地说:"现在的孩子太冷漠、太麻木了!"造成这样的局面,有很多很多的原因,但我想说的是,孩子还很小的时候,家长和老师就是这样传递信息给他们的:伤心了,不能哭,哭了就没出息;高兴了,不能笑,笑了太张扬;心情烦躁了,不能表现出来,否则容易让人误会你不礼貌;愤怒了,不能发脾气,否则就太没涵养了……妈妈要是在孩子面前流泪,她就不能成为孩子坚强的后盾;老师要是在学生面前流泪,她就得不到学生的敬重……所以,大多数家长和老师都把自己变成了没有喜怒哀乐的机器,仿佛只有这样才能教出品学兼优的孩子,可事实真的是这样吗?冷漠麻木的孩子也许恰恰就是我们言传身教下的产物啊!当他们正应该学会用心体味并感受各种情绪和情感,丰富自己内心世界,成长为一个有情有义、知冷知热的人时,我们却活活扼杀了这样的机会。没有了正常的情感体验和反应的孩子们,要么冷漠麻木,要么虚伪。

知其然,方能知其所以然;有情感,方能有情感的共鸣和表现;也才能正确运用情感,恰当表露情感,有效控制情感。

愿我的眼泪能给孩子们启示:笑着、哭着、走着,当某一天他们不再轻易流泪,不是因为冷漠麻木,不是因为虚伪,而是因为成长……

和你们在一起

榆中县职业教育中心　郭玉兵

人与人之间的情感是靠尊重、理解、沟通来积累的，老师与学生之间也是如此。工作十一年了，我做过小学、中学、高中三个不同阶段的班主任工作。不同的工作环境给了我不同的感受，不同的群体也给了我不一样的体会。我觉得真正要得到学生的认可，或者说做一个合格的班主任，必须走进学生这个群体中，用心感受、平等相处。

小学——一起快乐

小学生是天真无邪的，他们的心灵就像一张洁白无瑕的纸，就看怎样去渲染。这就需要我们更认真仔细地去观察他们，用科学合理的方法去塑造他们，使他们健康成长，为他们今后的工作和生活打好基础。小学阶段，学生一方面要搞好学习；另一方面就是要学会玩，每天在开心快乐的氛围里学习，这样才能使他们乐于学习、热爱学习。在学校，他们的偶像是老师，他们的梦想是和老师在一起。每天课外活动时，我总是带他们到操场上做各种各样的游戏：打沙包、丢手绢、跳绳、踢毽子等。有时带着学前班的孩子玩老鹰捉小鸡的游戏，有时和那些性格孤僻的学生在操场上捉虫子，有时给他们在大树下讲故事，有时在野外放风筝，有时在鱼池里边钓鱼，有时在山上野炊……总之，在小学的一年，是我最快乐的一年，因为我和学生都感受到了快乐。第二学年我要调离时，学生们围在我宿舍门前久久不愿意离开，包括那些学前班的孩子们。我的房间里摆满了各种礼品，孩子们的眼睛里都含满了泪水。当他们知道一切无法改变时，一定要我到教室里再转一圈，我发现黑板上写着：老师，我们永远和你在一起！每一张桌子上都写着：老师，别走！

初中——用心倾听

初中的学生已步入青春期，随着知识面的拓宽、阅历的增长，他们的意识里不再以家长或者老师为偶像，而是慢慢开始寻找自我，开始有了以自我为中心的叛逆心理。他们喜欢怀疑和争论，不轻信与盲从师长。但由于他们还很不成熟、缺乏经验、知识不足，往往容易陷于武断和偏激。所以这一阶段对学生的教育，我注意方式方法，以攻心为主，亦师亦友。无论是优秀的学生，还是问题学生，都一视同仁，要对事不对人。歌德有句名言："教师如果征服了学生的心，其形象就如天空的星星一样在学生的心中发光。"所以，应"以人为本"，尊重每一位学生。有时应该做到换位思考，替学生着想，常和他们谈心，要用准确、真诚的语言，才会使学生心悦诚服、欣然接受，这样才有利于走进他们的心里。

小安当时是语文科代表，到九年级第二学期，平时性格温顺的他突然变得极其犟，用他母亲的话说就是"拧着劲"的那种。由于和家人闹矛盾，他便不来学校上课，要在家中自己复习，他自己说这样做是为了减轻家庭负担。家长怎么劝说都不听，我也给他打过几次电话，也没有作用。小安性格比较孤僻，干什么事都是独来独往；但他爱好体育锻炼，喜好观察昆虫。有次我去他家时正好是晚上，家中只有他一人。他看见我后显得很不安，但也很礼貌地招呼我。我和他谈了最近的一些学习情况后就直奔主题，为啥不去上学？他告诉我：一是家长的批评，由于语言的过激使他难以接受，以至于和家长冷战；二是在学校没有朋友，很少有同学和他交往，他觉得很孤单。了解了这些之后，我和他谈了我上学的经历和遇到类似问题时的处理方法。小安也就自己的看法和我谈了很久，最后欣然接受了我的看法，决定回学校好好努力，迎接中考。后来我和他的家人也通了电话，谈了关于和孩子如何交流的方法问题，得到了家长的赞同。所以，作为一名班主任，要设法了解学生的一切，设法开启他们心灵的天窗。带着一颗真诚的心走入学生中间，去询问、去了解，倾听学生的意见和心声，点燃他们心灵深处理想的火花，鼓励他们奋发向上。最终，小安如愿以偿地考上了重点高中。

高中——若即若离

高中生面对更重的学习任务，也面临着未来生活道路的选择，在此阶段会形成重要的世界观、人生观和价值观。高中生的抽象思维已经从“经验型”走向“理论型”，思维逐步进入系统化和理论化的层次。思维的独立性和批判性更加鲜明。思想上的片面性、表面性和主观性有所改善，文化知识和生活经验都比初中生丰富多了。在他们的意识形态中，老师就是朋友，他们总要求平等，不喜欢别人干涉他们的生活，不喜欢别人对他们指手画脚。我一方面用正确的方法引导他们在学习和生活上自立自主；另一方面又和他们保持一定距离，给他们自由想象的空间。因为有时候同某些学生距离过近，反倒不利于工作的开展，也会引来其他学生的非议。

后来我担任了高二的班主任，这个班最凸显的问题是纪律不好，学生之间不团结，特别是有几名调皮的学生总和老师“唱反调”。由于我和他们年龄相差不大，还喜欢打篮球，所以大多数学生在课外时间愿意和我交往，关系相对比较融洽。我也有意和这几名调皮的学生常在一起打篮球，相互交流，慢慢得到了他们的信任和尊重，班级工作开展的也比以前好多了。周末的一天下午，这几名学生打电话约我出去唱歌，当时我玩得很开心，和他们有说有笑的。后来回到学校，这些学生和我说话时言语上不注意分寸，总是有意或无意地犯错误，以至于在班级管理上出现了一些漏洞，别的同学对我很有意见。我反思了这些日子在工作中的不足之处，找来这几名学生交谈，说清楚了利害关系，得到了他们的理解，后来的班级工作就比以前做得顺利多了。

从这件事中我得出一个结论，高中的学生不像初中，要征服一个班级就得先征服班上几名“刺头”，既要和他们搞好关系，又得保持一定的距离。我和他们保持了一定的距离，既让他们感知我的存在，又让他们认识到我们之间的距离，有利于我工作的开展。

教育工作有苦有乐，不同的经历有不同的感受，不同的事件给我不同的经验教训，只有认真总结、反思、警醒，才能在以后的工作中更好地处理各种事务，走进学生的心中，当好他们的代表。

甜 梦

榆中县第二中学 李福鹏

昨晚,夜自习后,我的宿舍。

因为生病,三节夜自习后,我疲乏至极。早早地,我就和衣上了床,拿过《陶行知文选》准备看。这时有学生打报告。

"进来吧。"我应声道。

进来的是司玉娇和蒋菲菲。

"班爸,看你来了!"两个孩子满带笑容,充满诡异。

"好好好,赶紧坐。女儿来看我,我真高兴。"我边招呼她们坐下边说道。

"班爸生病了,很乏,就早早上床了。"我又随口说了一句。

正在这时,又有人轻轻地敲了门。我们一起转过脸往门的方向望去。门轻轻地开了,张菲菲从门口探进头来,身后还有王青荣。

"快进来!"我又连忙招呼。张菲菲这孩子,自认我为干爹以来,对我关心有加,尤其是学习上,相当用功。尽管她上学期因生病耽误了不少学习时间,临近期末考试又大病一场,连考试都没能参加,我想名次肯定会落在最后,可没想到上次考试结果却大出我的所料,语文成绩居然名列全班第一。但因为我任课的地理,她考得最差,给这孩子心理上造成了不小的压力。我这两天正想着为她心理减负呢,但愁没机会,正巧她自己来了,我要趁这次机会做做她的工作。

在她和王青荣进门的时候,我听见门外还有轻微的脚步声,却不见人。我问张菲菲:"还有谁?快让进来。"她调皮地转过身把门关上,向我眨眨眼,之后又打开门,走出门外,说道:"时昊斌,进来吧,老爹叫你呢!"

"呦,是胖儿子。快进来吧!"我赶紧冲门外招招手。

这会儿,随张菲菲进来的不只时昊斌,还有宗亚军和郭辉。他们都是我的"儿子"。

"女儿""儿子"们依次向我问好,我边答应边招呼他们坐下。我小小的宿舍里顿时热闹了起来，充满了一股浓浓的亲情味。

我假装生气地责怪他们"心太狠"，这么长时间也不来看我(其实我们几乎每天都见面，只是没时间坐在一块儿谈话)。他们向我解释来不了是因为作业太多，或看我太忙而不忍心来打扰我。之后，我们便开始了无拘无束的聊天。

我们的谈话无所不及：学习、思想、班级、社会、大家的生活，包括孩子们的"爱情"——对异性那种说不清的好感，我们都谈，毫不掩饰。在这些谈话中，我能了解到许许多多的东西。比如班上存在的问题，孩子们的兴趣爱好，价值观、道德观、是非观，他们的思想追求，心理上存在的各种困惑等等，都能在这种轻松愉快的谈话中轻易地了解到。对于在场的学生存在的问题和困惑，我大都可以当场解决；当场不能解决的，我们会在之后的接触时间中慢慢解决；而对于不在场的学生存在的问题，我也可以及时了解动向，并在以后的时间里去处理。

我喜欢这种谈话方式，也喜欢感受这种气氛。没有丝毫血缘关系的人围坐在一块儿，像一家人一样，甚至比一家人还要亲。因为在这种场合，没有高低尊卑之分的约束，不怕自己的隐私被别人知道，大家像最好的朋友一样平起平坐、无拘无束、畅所欲言。这种气氛在理想社会里也难找到，但我和我的孩子们却已经实实在在、真真切切地享受着。

聊天的过程中，我看见郭辉的外衣腋下的针线开了一个大大的口子，我让他脱下来给女同学缝。几个"女儿"毫不推脱，蒋菲菲手快地顺手接了过去便缝了起来，毫无羞涩之意，就像兄妹或姐弟之间的情分一样。她文静地坐那儿一针一线地走着，那样娴熟。王青荣和司玉娇则坐在她的两旁不时地拽拽这儿、拽拽那儿，像亲姐妹一样。只有张菲菲调皮、贪玩些，一直在那儿抱着宗亚军的手机玩游戏。几个男孩子则和我兴高采烈地谈论宗亚军最近"情感"上正经历的困惑，还说到郭辉那英俊、博学的优势应该找个什么样的女孩子当媳妇……一切都那么自然、温馨、和谐。

时针指向了深夜零点，郭辉的衣服缝好了，"儿女"们向我道了声晚安，便一起离开回去休息了。

这一夜，我睡得很香！我相信，他们也一定睡得很香！

新课改的理念告诉我们，学生首先是人，其次才是学生。作为班主任(任课老师也一样)，在进行班级管理工作之前首先应该认可这个事实，然后再去放手工作或教学。只有老师认可了学生，学生也认可了老师，我们的教育工作才可能顺利进行。

一碗热乎乎的小米粥

——彩虹班营养餐纪事

榆中县第二中学　赵春玉

“随风潜入夜，润物细无声”，我一直以为教育就像这缠绵的春夜喜雨一样，会在无声无息之间浸入孩子们的心间，润湿他们的心灵，滋养他们的生命。

2014年秋季开学，我校的餐饮楼正式投入使用，学校以此为契机改变了营养早餐的供应方式。牛奶、鸡蛋、花卷、馒头、包子、苹果汁、醪糟汤、小米稀饭、八宝粥、玉米粥……每天变化不同的搭配。当这个食谱在“营养早餐的班主任会议”上一公布，我由衷地为孩子们感到高兴。虽然只有三元钱，但是其中包含着党和国家对孩子们健康成长的巨大关注和无限关爱。

我向孩子们报告了这个好消息，他们高兴地欢呼着，笑得眉眼弯弯的，对这样的早餐充满了期待。

第二天早晨，当我带着跑完早操的住宿生来到餐饮楼我班的就餐位置时，Bill和Leo已经将鸡蛋和花卷分别摆放在崭新的不锈钢碟子里……孩子们已经各就各位，就等着小米粥了。当厨师将装着小米粥的不锈钢桶送过来后，他们就拿着小碗来盛粥了。为了让大家早些吃完回教室读书，我便拿起大铁勺，担起了分餐的任务。一勺勺下去，桶子见了底，孩子们每人面前都有一碗冒着热气的小米粥。Jack端着碗，一边吹着，一边笑呵呵地说：“大清早，喝上这么一碗热乎乎的粥，多舒服啊！”看着他红扑扑的脸蛋儿，我不由地想：“多朴实的话啊！这份早餐真是暖到孩子们的心里了。”

我拿起相机，按下快门，记录下这快乐而又难忘的一幕。当孩子们发现我在照相时，有的害羞了，有的吃得越发欢了，有的抬起头对着镜头咧嘴一笑……放眼望去，整个大厅一片热火朝天的景象，场面可谓壮观！十二个班级四百多名学生一起吃早餐，我想这份经历一定会在孩子们成长的道路上留下深深的足迹。

但是吃完早餐后，孩子们纷纷起身离开，问题就暴露出来了：有的孩子不收拾自己的餐具；有的孩子没有吃完，偷偷将鸡蛋揣进了口袋；有的孩子将餐巾纸随手丢弃掉……怎样才能改正孩子们的这些用餐陋习,培养他们良好的用餐习惯呢?得想个法子啊!照相机让我眼前一亮。完了我替孩子们默默收拾干净后回到了教室。

当我把他们离开后拍的照片展示出来后,有几个孩子脸红了,吐着舌头低下了头。我说:"孩子们,想想这份早餐,有多少人在背后默默付出?我们吃完之后,应该怎样做才是有礼貌、有教养的行为?"孩子们不禁七嘴八舌地说了起来。

"老师,我们应该把食物吃完,不能浪费。"Tom第一个站起来说。

"我们吃完之后要把餐具收拾了,放到收集处。"Danny发言。

"我们吃完之后应该把桌子擦干净。"Annie补充。

"还有,我们不能把餐巾纸扔到地上,要扔到垃圾箱里。"Angel站起来说。

"我们应该把塑料筐和不锈钢桶还回去。"小个子的Tim也发表了自己的意见。

……

最后,班长Amy站起来说:"我刚才把大家说的话记录了下来,以后这就是我们彩虹班的《早餐文明公约》。大家说话算话,一定要做到!"

听着孩子们的讨论,看着班委会成员在其中发挥的作用,我很开心。不仅为他们的出色表现,也为孩子们在这次讨论中的收获而开心:他们不但认识到了自己的错误,也达到了自我教育的目的。

第二天早晨,情况就大不相同了。孩子们不但全部吃完了食物,还在离开时,擦干净了桌椅,并将自己的餐具拿到了收集的地方。在一个月之后的《营养餐问卷调查》中,我发现孩子们将这些好的用餐习惯也带到了家里。Eric的妈妈说他家孩子现在懂事多了,知道饭前帮忙摆筷端碗了,饭后也会收拾餐桌了。原来Eric是家中的"独苗",平时爷爷奶奶、爸爸妈妈宠着他、惯着他,真是到了衣来伸手、饭来张口的地步了。现在孩子有这样的转变,真是一个意想不到的收获。

不光是家长,就是我也收到了孩子们暖暖的回报。一天早晨,我正在分粥,Mike小心翼翼地端着一碗小米粥来到我身边说:"老师,您尽顾着给我们舀粥了,您也坐下来喝一碗吧!这碗粥已经不烫了,喝起来刚合适。剩下的粥我来分吧!"捧着这碗热乎乎的小米粥,我的心里也是暖暖的。

孩子们总能带给我们感动和意想不到的喜悦。教育就是这样,于细微处见文章。一份营养早餐,只要我们细心发现,抓住时机,巧妙运用,不仅能暖人,也能育人。(注:文中人名均为孩子们的英文名)

短信传递无阻爱

兰州西北中学　唐淑琴

我们经常说:“从小事做起,把小事做好。”把简单的事做好就是不简单,把平凡的事做好就是不平凡。老子就曾说过:“天下难事,必作于易,天下大事,必作于细。”古谚说:“千里之堤,毁于蚁穴;千里之行,始于足下。”三国时的刘备在临终前告诉自己的儿子刘阿斗:“勿以善小而不为,勿以恶小而为之。”这些都告诉我们:做事要注重细节,细节决定成败。教育亦是如此,关注细节,是发自内心世界的一种深层次的对学生的爱,是一种润物细无声的爱。这种爱与关怀,更能引起学生心灵世界的共鸣,更能走进学生的心里。下面是我与学生短信谈话的实录。

第1天

师:为什么你在学习上心不在焉,不能全神贯注呀? 为什么总是给人马马虎虎的感觉? 要知道高考可不是闹着玩的! 青春,它应该充满着力量,充满着期待,充满着求知,充满着希望,充满着信心。你现在的青春面临的最大的事就是高考,它可具有里程碑的意义呀! 这些你难道就没想过吗? 你怎么这么不懂事? 前途就要毁了呀!

生:老师,其实不是这样的,我很在乎高考,我总想自己考不上将来该怎么办呢? 我非常焦虑,有时失眠,心理压力很大;尤其是最近学校把上届学生的高考榜挂在校门口,我看后感觉压力更大,不知明年榜上有没有我?

师:那你就去做呀! 去努力呀!

生:我要怎么做呢?

师:从现在做起,从每一节课做起,从每一个晚自习做起,从每一次作业做起,要比别人加倍刻苦。现在你已经落在别人后面了,只有做得比他们好,比他们更刻苦、更用心,你才能赶上并超过他们。请记住:自强,使你奋发;自信,使你坚定。这一切将使你在成功的道路上遥遥领先。

生:还能来得及吗?

师:能!绝对能!还有半年多时间,只要敢拼就能赢。只要你想做,就能创造奇迹!我曾有个学生情况和你一样,曾经对学习漫不经心,曾经对一切玩世不恭,可是上了高三后他突然觉醒了,拼命学习,最终以优异的成绩考上了大学。我深信你也能!

生:我也能?

师:对!你能!

生:谢谢老师对我的信任!我要拼了!拿行动证明我能!

第7天

师:你在努力吗?有进步吗?学习状态好吗?

生:在努力。数学卷子刚做完,由于这两天上课状态佳,听讲效果好,会做的题比以往多了,所以我很开心。

师:是啊!"学之,则难者易亦矣!不学,则易者亦难矣!"只要拿勤奋去挖掘,潜力会无穷啊!你是潜力股!哈哈!

生:现在对自己比较有信心了!

师:坚持一天两天并不难,"善始者实繁,克终者盖寡",很多人不能成功是因为不能坚持。从现在起你要天天问自己:你在坚持吗?我很想看看我们的坚持能带来什么?

第12天

师:你在干吗?

生:做数学。我学习数学向来没有天分,进入高三,我做了很多数学题,但是成绩还是这样子,看来没得救了。今晚有几道题太难,想了半天还是做不出来,白浪费了很多时间,心里很烦!

师:你不能这么想,遇到难题很正常,遇到不会做的题也很正常。你努力想了,但没有想出来,并不意味着徒劳,因为你在思考的过程中已复习了很多知识点,复习过的内容已铭刻于心,怎能说是白浪费了时间呢?

生:原来这样!我静下心来吧!还是心平气和地复习吧!迎接下周考试吧!

师:对！考一个对得起自己的分数！

生:应该会有进步的,再不会考50多分吧?!

师:那本来就不是你应该考的分数！难道你没有远大的目标？难道你不想改变现状？但那是要落实到每一天的努力中去的,没有人能随随便便成功。不经历风雨,怎么见彩虹？人在奋斗中是充实的,我会与你同行。加油！

生:确实很充实,也很快乐,奋斗并且快乐着！人生有了目标就有了动力,不像以前那样老觉得浑身没劲,像散了架似的！

师:是啊！最近你的目光坚定,眼睛明亮了好多,看起来神采奕奕的！

第18天

师:最近状态怎样?

生:很好！每天都在进步！心情很愉悦！

师:太好了！终于迎来了属于你的春天！

生:老师,明天考试我有点胆怯！

师:那是属于你的战场,勇敢地接受挑战吧！失败并不可怕,信念不可缺少,只要在努力中,就对得起自己！你要拿勇气去战胜胆怯,勇气是在每天与学习中的困难做顽强斗争中养成的。我们高考生的箴言就是勇敢、顽强、坚定,排除一切学习障碍。

生:好！我一定会好好考的,我不会让你失望的！

师:记住！每天都要这样！我送给你一段话:人最宝贵的是生命,生命对每人只有一次,人的一生应当这样度过:当他回忆往事的时候,他不会因为虚度年华而悔恨,也不会因为碌碌无为而羞愧！

生:太精彩了！我每天会读一遍！

第26天

师:我推荐给你的电影《当幸福来敲门》看了吗?

生:看了,太感人了！影片中的父亲和孩子靠努力改变个人命运的情节很打动人,我明白了一个道理:想要身边的人和自己幸福,就得靠努力,要有理想。

师:高尚的理想是人生的指路明灯。有了它,生活就有了方向;有了它,内心就感到充实。迈开坚定的步伐,走向既定的目标吧!你就是现实版的《当幸福来敲门》。

……

经过一段时间细致耐心的短信谈心,该生学习成绩进步很大,最终以优异的成绩考上了理想的大学。

我想,我用短信的方式与学生交流,可以改变或影响一个学生的内心。所谓一句话改变人生,那不过是我们美好的想象,或是机缘巧合,水到渠成而已。没有大量的细节教育,仅凭一句话能改变什么?关注细节,是发自内心世界的一种深层次的对学生的爱,是一种润物细无声的爱,是滋润大地的春雨,是温暖心灵的阳光,是幻化明媚春天的鲜花。这种爱与关怀更能引起学生心灵世界的共鸣,更容易走进学生的心灵。教育本是一项艺术,更是关注细节的艺术。

春风化雨 润物无声

榆中县恩玲中学 郭新萍

热爱是最好的老师,热爱是教师的天职。爱是阳光,能化解坚冰;爱是雨露,能滋润万物。有谁会拒绝阳光雨露呢?

于是,我想起了张源。

他是班里的“问题学生”,不仅自己不思学习、不守纪律,还经常影响其他同学学习,甚至怂恿他人,被同学称为“朽木”。他常牢骚满腹,上课趴在桌子上睡觉,且美其名曰“心情不好”。你看,我已开始上课,他既无上课的准备,又无学习的样子,照样左顾右盼。我也照样给他冰冷的面孔,心灰意冷的语言,恨铁不成钢的不屑。我料想着,只要我坚持冷言冷语,终有一天他会受不了,会被我制服——开始学习、开始守纪。但没想到的是,就在那天的课堂上,就在我的“冷嘲热讽”中,他竟恶狠狠地站起来与我怒目圆睁,意在告诉我要和我正面“交火”。为了维护我教师的颜面,我先撤离“战场”。接下来的日子,我讲课,他睡觉。我们互不干涉,各做各的;我无心管他,他无心理我。就这样,井水不犯河水,日子很平静地过了几周。没想到一次意外,也是我一句阴差阳错的问候使他得以转变。

事情是这样的:有天上课时,我发现讲桌下第一位同学正趴着睡觉,就边讲边走上前,轻柔地扯了一下他的衣袖,关切地问了一句"你不舒服吗?"他抬起头的刹那,我惊奇怎么会是他?原来他换了座位。哎,又是对牛弹琴,我告诉自己。在课堂上,有他不嫌多,无他不嫌少。但令我吃惊的是:我清楚地看到他分明坐了起来,尽管依然面前无书。当时忙于上课,我没来得及多想。课后,我思想再三斗争,再试一次吧!干脆来个"趁热打铁"吧,我找他谈谈话。当然,这次我只想谈学习、纪律以外的事。没想到的是,他把心中的苦恼和快乐全告诉了我,原来他远没我想的那么讨厌。以后的日子,上课他不睡觉了,还有了学习的主动性。

第二天早自习,我早早来到教室,环视一周,学生都来齐了,科代表已经开始组织早读了。突然,我发现张源未带课本,和同桌挤在一起看书。看我走过去,他不由得紧张了一下,站了起来,"你的书呢?"我问道,他低着头不回答,我把他叫到了办公室。经了解,他早已把自己的书送给别人了,现在又不好意思要回来。我立刻将我的教本给了他,他显得很惊讶,瞪大了眼睛,"老师,那你怎么办?""我还有,这个你不用担心,回去上课吧!"我便目送着他离去。

接下来的日子,他的作业都能按时交上来了,意外的是,字写得也比以前工整了许多。在作业本里,还夹了一个小纸条,上面写道:"老师,我保证以后再也不为难你了,相信我吧!"另外还画了一张带着调皮表情的小脸,我在他画的小脸下面,也画下了一张灿烂的笑脸。

随着我们交流的增加,我对他的情况有了进一步的了解,他的父母文化程度不高,工作比较辛苦,和他的交流较少,在他出现问题时,没有及时解决;且他又是家里唯一的男孩,所有的家人特别宠他,因而造成小事不解决、大事解决不了的现状。同时由于缺少沟通,他和父母的关系较紧张,逐渐发展到被父母放弃的地步。

为了有针对性地做工作,我与他的父母取得了联系,并建议他父母转换角色,换以朋友的身份和儿子进行交流。另外,我还特意安排他多参加学校、班级的活动,以便及时发现他的进步并在全班进行表扬,增加他的自信心。

平静的日子没过多久,有天上课时,我从办公室出来经过教室后门,下意识地扫了一眼坐在教室里听课的学生,就在我收回目光、准备离开时我看到了他:正眯着眼睛,脑袋一晃一晃的。凭经验,我可以确定此刻的他正在奋力地抗拒着周公的诱惑。由于不能打扰到正在上课的老师和其他学生,我不能去叫醒他。所以只能在心里祈祷着他赶紧战胜睡魔,认真听课。然而他终于无力抵抗,在我期盼的目光中,昏然趴倒在桌子上开始了与周公的美丽之约。我很无语,抱着周围同学看到会叫醒他的奢望匆匆离去,因为还有事要忙。

等到下课,我就把他叫到办公室准备"审问"。还没等我开口,他突然报告说要出去方便一下,我白了他一眼:"就你毛病多,以后要找也找个漂亮点的借口,去吧!"他走了,可等到下课也没来。我也没再追究他去了哪里,反正这样的事天天发生,太常见了。

下午去上课的时候,我发现他还没来,就跟同学们开了个玩笑:"张源是不是掉茅坑里了,上午去方便,到现在还没回来?"同学们都哈哈地笑了。他的同桌轻轻地推了我一下,说:"老师,张源住院了!"我心里一惊:"又跟谁打架了?伤得严重不严重?""不是打架,是病了,他在厕所里晕过去了,我们上厕所时发现了他并把他送到了医院。我们班主任在那守着呢,他父母也来了……"我一下子无言以对了,面对学生我突然不知道该干什么了,难道还继续拿着一个学生的不幸开玩笑吗?

课后,我的心情一直不能平静,很内疚,于是我做了一个决定,要去医院看看他。

推开病房门的一刹那,我从他的眼里读到的是怀疑,继而是羞愧与无限的感激之情……真的,我很难用语言去表述当时他眼里流露出的那种复杂的感情。也许那一刻他的心灵受到了震撼:普通的任课教师居然走进了我一个差生的病房。

他只轻轻地对守护着他的父母说了声"这是我的老师",就不再言语,或许是由于手术的原因,也许是心情使然。他淳朴的父母忙着给我让座,诉说着对孩子的期望,打听着孩子在校的表现。

面对老实巴交的父母,我无法开口说出实情,这时张源也看着我,眼中似乎在乞求,也似在承诺:请不要告诉我父母,我会改的老师!相信我!

还能怎么做呢?我对他父母说:"不用担心,孩子大了,自己会处理好的,学习你们就不用操心了,等孩子身体好了,一切都会好的。你们不用担心,他不会让你们失望的!"

淳朴的父母没有一丝怀疑,毕竟自己的孩子生病,连老师都来探望了,如果孩子在校表现太差的话,老师能来吗?

几分钟后,我起身告辞,我看到张源眼中的感激,那是一种发自内心的流露,没有做作,没有伪装。那一秒,我相信他的心意是真的,我也相信他会变的。

此后上课的时候,有意无意地,我对他的提问多了一些。慢慢地发现,他的底子原本不弱,一经努力,成绩还是提高得很快的,考学也大有希望。与其他老师交换了想法,也都说他接受能力很强;同学们也反映说,他现在学习就像在跟谁拼命一样,晚上睡得最晚,早上起得最早。

也许是无意,也许是有心,张源的转变使我惭愧的同时,也使我懂得了"春风化雨"的爱心教育比"暴风骤雨"的权力教育更易于让学生认同、接受。我千百次地告诉自己,又千万次地叮咛自己:学生,有时只需要你的一句善意的提醒,一个会心的微笑,一次肯定的点头,甚至你在他身边片刻的停留。只这些对他就够了,就满足了。爱是如此简单,如此容易,我感慨万千,你不经意间地点滴付出,就会有数以百计的回报。

那是一个风雪交加的夜自习,我拖着疲倦的身体无精打采地走进教室,过度的劳累与感冒使我身心疲惫。我无力看管他们,也无心扫视他们,转身就坐在前排空着的一个座位上。教室里出奇地安静,不知过了多久,一声"老师"打破了课堂的平静,我抬头一看,是坐在最后的张源,他手中拿着一张折叠的纸条,分明是给我的。我接过,匆忙打开,一行清晰的字迹写道:"高兴是一天,不高兴也是一天,希望老师高高兴兴过好每一天。"旁边画着一张变形的笑脸,下面是十来个同学的签名。下课时,我向同学们说明了情况。第二天,我的办公桌上多了一双红色的手套和一个白色的口罩。我知道这是他们给我的,感动之余,我写下这样的感言:"因拥有这手套与口罩,这个冬天将不再寒冷。"

我贪婪地享受着用爱心浸泡的琼浆玉液,默念着"付出自有回报"这句话。是啊,哲人说过,爱可以传递。愿我们老师爱心永驻,也愿我们的事业与爱同行!

我的"梦想教育"

榆中县恩玲中学　刘晓明

他们都能心怀感恩、积极阳光地面对每一天;他们都能用心感受拼搏的幸福,考上理想的大学；他们都能胸怀祖国、放眼天下，树立起远大、崇高的理想，肩负起时代的重任……他们这些积极的人生态度是会感染身边的同学、同事、朋友的，他们用心成就着自己，造福着社会！十三年来，我坚守着心的方向，在一个又一个教室中实践着自己的教育理想，带着学生一起寻找梦想，确立梦想，实现梦想，超越梦想。

第一程：唤醒梦想

我做了这样一个调查：让学生幻想一下自己四十岁时的生活，学生写的让我非常痛心。男同学写的大多是：腰缠万贯、香车美女。女同学很多写的是：吃吃薯条、看看韩剧，没事和姐妹们一起逛逛街、买买衣服、美美容。

这样的梦想可能也是人之常情，无可厚非，但假如人人都是这样的梦想，那么我们中华民族的明天会怎样呢？我要当科学家，我要当画家，我要当工程师，我要开着大飞机满天飞，我要遨游全世界……孩提时这些美丽的梦想随着他们的长大而远去了，这是多么可怕的事啊！在震惊之余，我不禁发问，这是为什么呢？我详细地制订了一个表格，以探明学生成长的过程中有哪些因素改变了他们的梦想，竟得出了一个惊讶的结论，抹杀孩子梦想的竟是他们最亲近、最信任的人。不少家长和老师在教育孩子时莫不会都是这样的逻辑推演：好好学习—考大学—找工作—挣大钱—买房—活下去。我终于明白了我们的学生为什么丧失了创造梦想的能力。

怎么办？必须点燃激情，让梦想重新萌芽，发展，壮大！

一、预热——欲擒故纵

播放《大家》之钱伟长、丁肇中，《人物》之中国导弹之父钱学森等各行各业的佼佼者实现梦想、追逐梦想的视频，并利用班会不断介绍本校的优秀学生、优秀校友，讲他们的故事，播放他们来校做讲座时的视频。经过一段时间，学生已经心痒痒了，他们想不通为什么我总是说别人的梦想，就是不提让他们确立自己的梦想。他们不知道，这是我的欲擒故纵之计。

二、升温——演讲唤醒

演讲一：感恩亭里深情演讲

制度是有形的管理，文化是无形的管理。而学校的文化底蕴是真正“没有管理的管理”，那感恩亭和玲珑玉背后隐含的爱国人士朱恩余、谢玲玲夫妇捐资办校的感人故事便是一种无形的力量。

我校“办学虽只有十七载，育才却近两万人”，可谓“桃李满天下”。他们中有升入浙大的优秀才俊，有留学海外的学者博士……他们为母校争得了荣誉，我们为此感到骄傲和自豪。同一环境下成功的先例比任何名人都更有说服力，更容易让学生信服，从而让他们心悦诚服地肩负起自己的人生使命。

于是我把班会开到了感恩亭，希望学生从恩玲中学名称的内涵中汲取营养和力量，在自己众多优秀的学长、学姐中找到榜样，找到人生的方向。在与他们的对比中找到自己的差距，唤醒沉睡多年的梦想的种子。这是一次梦想之旅、励志之旅。在这里我深情演讲：

“有人说只要考上好大学就一切都有了，那考上大学可能就会是你人生堕落的起点，因为你把考大学当成了人生唯一的目标。亲爱的男同胞，请不要满足于‘腰缠万贯、香车美女’了，好吗？(男生不好意思，女生大笑)亲爱的女同胞，也请你们不要再自满于“吃吃薯条、看看韩剧、逛逛街、买买衣服、美美容”了，好吗？(女生脸红，男生狂笑)……”

我希望你们都能像这里优秀的校友们一样，把自己每天平凡的日子堆砌成不平凡的人生。

演讲二：霹雳演讲，唤醒激情

时机成熟，我一脸严肃地走进班级，发表了题为《非凡的梦想，非凡的努力，非凡的人生》的演讲。摘录片段如下：

“孩子们，我们现在就必须要慎重地做一道有两个选项的选择题。选项A：用非凡的努力，实现非凡的梦想，成就非凡的人生！实现最大的人生价值，让生命精彩万分；选项B：用暂时的安逸、休闲、颓废，换来无法弥补的遗憾，换来一生的碌碌无为，让生命暗淡无光。我选择了A，所以激情、阳光、快乐时时与我相伴。同学们，你们的答案明确而坚定吗？我相信我们是志同道合的！你们每个人都会和我一样坚定地选择A，因为谁都不想来到这个世界上只为了吃饭，只做一个合格的饭桶。对吗？……”

我希望所有的同学能够打开自己的内心，唤醒那颗梦想的种子，为它浇水、施肥，让它萌芽、成长、壮大！

三、内化——逐步推进，水到渠成

第一步：写出梦想

写一篇题为《我的梦想》的文章，包含儿时的梦想、长大后梦想的转变、梦想的再认识、大学梦、人生追梦。

第二步：交流梦想

统计出所有学生的梦想并分类，相似的梦想者围坐在一起，交流畅谈，每个小组设一名同学做研讨记录。各小组推选出一位代表参加班级组织的"梦想演讲大接力"。

第三步：梦想演讲大接力

各组选出的学生对研讨记录进行重新梳理，重新写出一篇演讲稿，每天在课前预备铃响过后的5分钟时间里进行演讲。何时萌芽？如何成长？并根据自己的现实情况，规划实现梦想的步骤与方法。

第四步：家校互动

在征得学生同意的情况下，我又将所有学生写的《我的梦想》复印了一份，以信的形式邮寄给了各个家长，并给家长打电话，让家长在百忙之中给孩子写封回信，说些真心话，对孩子的梦想进行鼓励与支持。很多家长看后都很激动，他们也更加支持孩子、相信孩子。

第五步：巩固

制作梦想表：以"非凡的梦想，非凡的努力，非凡的人生"为表头，要求学生郑重、勇敢地写出自己的近期目标、大学梦想、人生梦想。写下实现梦想的最大障碍、解决之道等。最后将梦想表贴到自己课桌的右上角，每天课前预备铃响后喊出自己的梦想。

第六步：内化

"喊出自己的梦想"，到高三就不再进行了。一方面，因为梦想已经深入到学生的内心了，不需要这种外在的形式了；另一方面，实现梦想既需要激情，又需要踏实冷静，学生需要让梦想深深地在内心中沉淀。持续的梦想教育，他们若能够不问成败，心平气和，安静专注，分解目标，步步为营，那么实现梦想便会水到渠成。为此，实现梦想成了班级的主旋律！

第二程:追寻梦想

一、阳光心态——快乐开心结

我们清楚地知道实现梦想的过程不是一帆风顺的,学生学业负担重,对自己的前途、人生担忧,情绪不稳,考试紧张等等因素严重影响着学生的高考成绩。实现梦想的过程必然充满艰辛、充满挑战,我们必须拥有一个积极阳光的心态。

怎么办?

喊响"卓越的人,都不抱怨"的口号,让学生积极阳光地面对每一天,打造"零抱怨"的卓越团队。

活动一:师生共读《钢铁是怎样炼成的》

这本伟大的心灵励志书改变了无数人的命运。我发起"不抱怨"活动,邀请每位参加者戴上一个自制的开心结,接受30天的挑战,创造心想事成的无怨人生。抱怨不如改变,要有接纳批评的包容心,以及解决问题的行动力。

我把班级分成几组,每一个星期都要找出专门的时间分组研讨读书感悟,每一小组要推举出一名同学在班级内发言,交流读书心得。

活动二:师生共同挑战30天不抱怨

让学生自制开心结,学生和老师每人一个,向抱怨宣战,并结合班级情况说明了不抱怨的开心结的用法。经历了前期的发动造势,学生们都热情高涨地投入到了不抱怨的运动中来。

"理想很丰满,现实却很骨感",很多同学戴上了开心结,才发现自己每天竟然会说那么多抱怨的话,有那么多消极的想法。部分学生也有点沮丧,这得多久才能实现连续30天的不抱怨啊?

为了让这个活动能坚持下去,我在班级公开说:"谁听到我抱怨了?不要因为我是老班而不好意思,一定要立刻给我指出来,我会遵守规则,并且奖励这名同学。"

我刻意地演了几次"戏",到班级里故意抱怨一下,学生特高兴,反应很快,会立刻跳起来,朝我要奖品。我也言出必行。

这样师生同行,相互监督,相互提醒,一段时间后,也不知道是从哪个学生开始的,后来班级同学竟然把"打招呼"的标准都统一化了,标准动作是这样的:两个同学微笑着相互走来,然后几乎同时伸出右手,大幅度地摆动三下,然后大喊“不抱怨”,非常开心。

全班一起坚持下去,效果极为显著。有的学生从每天要说十几句抱怨的话,到一天只说一句抱怨的话,再到连续几天都没有抱怨的话,最后都完成了30天不抱怨的挑战。每个完成了挑战的人都极其兴奋,我们战胜了自己,用幸福的笑赶跑了抱怨,让燃烧的信念和激情围绕在我们周围。抱怨少了,阳光多了,我们成功地打造出了一个“零抱怨”的卓越班级。我们约定要一辈子都戴着这个开心结,让不抱怨成为习惯,成为信仰!我希望孩子们都能拥有一个能将一切阻力变为动力的强大心脏。

二、野蛮体魄——趣味火爆的活动

身体健康是第一位的。我们高度重视学生的身体健康,开展了丰富多彩的活动。

活动一:趣味体育比赛

利用体育课,开展“小组接力”“结对而行”“倒跑比赛”等活动,既锻炼了身体,释放了学习压力,又加深了同学间的感情。

活动二:疯狂跑操

每天加跑一千米,口号喊得震天响,大摆臂,高抬腿。在跑操的过程中,每个人是否达到了锻炼的目的,是不是足够疯狂,就以出汗的多少作为判断标准。

活动三:俯卧撑挑战赛等

男同学挑战俯卧撑,从每次做20个开始,每两天增加一个,最后男同学全部达到一次可做60个以上俯卧撑的能力,甚至有的同学可以一口气做100个俯卧撑。女同学挑战蹲起、跳绳等,也都有数量上的突破。

三、凝聚团队——与众不同的军训

我们要热火朝天,我们要激情飞扬,我们要用最快的速度让班级形成凝聚力,我们要闪亮登场,让整个年级向我们投来羡慕的目光。

1.老照片

为了调动学生军训的热情,我拿出了我高中军训、大学军训时的照片,以及获得的军训优秀学员的证书给学生看。照片上的我被晒得很黑,我的脸被晒掉了一层皮,学生都感到很震惊。目的初步达到,我开始“战前动员”:

“同学们都看到了，你们老班当初黑黑的脸以及被太阳狠狠地晒掉了一层皮后留下的伤痕。没错，军训对我们的意志力将是一个磨炼和考验，军训是你们进入八班的第一场考试，我想我们八班的每个人都不会在这场考试中败下阵来。我为我当初的肤色骄傲，我为我脸上掉下的皮自豪，因为它们是我在困难面前毫不退缩、勇往直前的证据。如果没有它们，我今天还能像现在这样站在你们面前和你们吹牛吗？我希望我们八班的每一个同学都要为这段记忆留下坚毅、刚强的形象，而不是懦弱、怕吃苦。你们有没有这个信心？”

“有！！”学生声音很大地回答道。

2.同行

站军姿、踢正步，只要教官不下达休息的指令，热血沸腾的我竭尽全力地给学生做出了表率。学生军训时我从来没有躲在阴凉下，而是选择和他们一起军训，我几乎是又实实在在地军训了一次，又一次被太阳晒得不能再黑了。

战争是要讲究策略的，军训也是要有方法的。什么方法最权威？当然是“国庆阅兵训练精妙23招”了，诸如“用笔芯矫正颈姿”“用透明胶固定手形”“头顶水兵帽保持身体稳定”等，我给学生一一展示并进行了讲解。学生在大呼“变态”的同时，也深深地被震撼了。

晚自习，我把电视剧《亮剑》最经典的片段剪辑下来，重新编辑的一个小时的《亮剑》精华浓缩版，带给学生深深的感动。

当然不能仅仅停留在感动这一层面上，我又跟进开了一个班会《中国军人》，课件展示了很多经典的照片。军人的爱国、勇气、果敢、守责、不怕牺牲、团结、一丝不苟，这些都深入了学生心灵。战争的残酷、和平的重要等等，我也从多方面对学生进行了教育。所有学生都理解了这一句话：流血流汗不流泪，掉皮掉肉不掉队。

3.移师金牛广场

我们把军训的第二地点移到金牛广场，我们迎着朝阳踢着正步，我们喊着“八班八班，团结无敌，挑战极限，创造奇迹！一、二、三、四！”的口号，整齐划一地疯狂地练操，学生们热情高涨，也感染了很多市民。不仅有很多小朋友跟在我们队伍后面也踢着正步、喊着口号，还有一些晨练的老年人也加入到队伍中与我们一起训练。军训休息时，他们纷纷问学生，你们是哪个学校哪个班级的，学生骄傲地答道：“我们是恩玲中学的！我们是高一八班的！”老人们笑着说：“你们来这里军训真好，我们也跟着年轻很多。”

这个与众不同的军训,学生不仅向市民展示出了恩玲学生良好的精神面貌,而且生成了强烈的自豪感。黄昏时,我们一起合影,留下了珍贵而温馨的记忆。

4.献歌

在军训结束的前一个晚上,我组织学生拉歌,后来被学生逼着上台献歌,我便有目的地唱了一首刘德华的《今天》:“如果要飞得高,就该把地平线忘掉……”无论过去是成功还是失败,我们都要忘记它,我们每一个人都非常出色,恩玲中学是我们崭新的起点,要想在新的班级有一番成绩,必须要以更加踏实的态度来对待学习、对待生活。

在年级的军训汇报表演中,我们当之无愧地成为焦点。汇报表演结束时,全体学生高喊:“今日之责任,不在他人,全在我少年。少年智则国智,少年富则国富,少年强则国强,少年独立则国独立,少年自由则国自由,少年进步则国进步。中国,爱你在心中!爱你在行动!我们的梦,中国梦!”

第三程:携梦远行

当梦想不只是高考,我们便不再畏惧。当理解了奋斗的意义,我们便不以奋斗为苦,反以奋斗为乐,“心平气和,宁静专注,默默耕耘,静待花开,用专注赢得状态,用状态收获信心,用信心创造奇迹”。当一个班级的学生都把奋斗作为人生最大的幸福和最大的享受时,这个班级就一定能够创造奇迹。今年高考捷报频传,我们知道梦想之船将会行得更稳、更远!

十三年来,我的团队不断地进步,不断地经历着发现梦想、确立梦想、实现梦想、超越梦想的过程。这一过程中,师生行动在一起、心在一起,留下了无数温馨的记忆:

中秋节那天,我亲手把一个个月饼放到学生的手里,给了学生温暖惊喜的幸福。“晓明哥,请放心,您的学生永不言败,我们是最棒的!一千次跌倒我们会一千零一次地站起来!祝晓明哥全家新年快乐!”2014年6月9日,高考已经尘埃落定,学生点起蜡烛摆成“心”字,配着音乐,朗诵他们自己写的对高三一年的回忆时的那份欣慰……

学生短信中深情地写道:“平淡的生活总能让人淡忘了一切,如水的岁月总会稀释琐碎的喜怒哀乐,是晓明哥点燃了我们无法淡忘的激情,是八班给了我们无比快乐。为了让老班的希望落空,我们要坚决做到:把八班打造成极品中的极品,让晓明哥再也教不出更优秀的班级!"

作为一名班主任,我已经享受了十三年。未来的日子,我会一直坚守心的方向,用心关注我每一天的价值,用心体验平凡工作中的点点滴滴,继续带着我的学生去追梦!

一次即兴的师生对话

兰州民族中学　周玉琴

那天,天气有些闷热,我拿着教案走上高二2班的讲台,向下扫视了一圈,发现几个同学极不情愿地从桌子上爬起来,睁开慵懒的双眼无奈地看着我,我知道他们的眼神是在抗议:又要学习文言文了!因为我和学生正在学习《中国古代诗歌散文欣赏》,中国古代散文鉴赏课已进行两周了,尽管我使尽了浑身解数,但总有个别不和谐的"音符",今天依然如此。

按惯例,每节课课前会有一位同学上讲台为大家进行一次作文素材的积累与解读。那天上来的是一位腼腆的男生,看样子是做了精心准备,但他在描绘了几句"秋风萧瑟,落叶飘飘,有一个活蹦乱跳的小松鼠出场了——"之后,忽然脸通红,嘴上不断地说着"思维短路了、短路了,记不住下面的内容了……"我正在大脑思忖着本节课的教学目标——"文无定格,贵在鲜活"在《子路、冉有、曾皙、公西华侍坐》一文中的具体落实,被这突然安静的场面拉回了现实,同学们饶有兴趣地观察着我与这位男生。我看看那位同学,再看看大家,忽然灵光一现:"中国大教育家孔子与学生席地而坐,自由轻松地谈论理想,我们本单元的教育目标是'文无定格,贵在鲜活',咱们这节课也来个'教无定法,贵在活学'怎么样?这位同学,你不必紧张,想对大家说什么话就说什么,我们本节课就自由活泼地表达自己的想法吧!"

此时此刻,我自己受了孔子"平易近人、胸襟开阔、循循善诱"风度的影响,忽然发出了难得的会心一笑,台上的那位男生也不由地跟着笑了起来。全班被我俩的笑给逗乐了,有些同学竟夸张地“哈哈”大笑起来,我宽容地看着他们。讲台上的这位男同学忽然找回了记忆,又惟妙惟肖地描述起来,“这只天真无邪的小松鼠忽然跳到了大象的脊背上……”

此时我大脑快速转动:如此闷热的天气,我必须将学生的文言文学习引导到一个“鲜活,不拘泥于文本”的教学氛围中去,培养学生对古代散文的些许兴趣,实践“教无定法,贵在活学”的诺言,那么这节课我就必须要营造一种新的教学模式。当讲台上的那位男生满头大汗地讲完松鼠和大象的故事,并像老师一样要求台下的学生从他的故事中找准角度并自由立意时,我用赞许而欣赏的眼光注视着发言的同学,我第一次发现这群学生是如此可爱。他们的表达尽管不是很流畅,但已敢于表达了;思想上或深或浅,但至少已学会思考了。

接下来我抛出一个问题:“同学们,我们已学完了《子路、冉有、曾皙、公西华侍坐》一文了,此文重在展示一个怎样的画面?” “先贤论志!”学生齐接。“那么这节课我们也来个自由表达——我们也来评述先贤。对于孔子四个弟子述志的内容及孔子的评价,我们如何看待和评述? 对此文,我们该获得怎样的启发? 不要认为我是老师就不敢发言了,你们如何看待两千年前的先贤们?”我又问道。

学生们先是思忖片刻,接着便践行我们吴小刚名师工作室的“绿色生态高效课堂”模式——小组合作交流研讨学习模式。不久,学生们便争先恐后地举手发言了。

马慧同学说:“我喜欢子路。他非常坦率,有话就说,孔子老师说了,让大家畅所欲言,可他老人家却微微一笑,否定了子路的不谦让。看来,坦率的人在古代不受欢迎啊! 子路的自由发言才引出了其他人的志向,没有第一个,哪有第二个? ……”

蔡永锋同学针锋相对地说:“我不同意马慧同学的观点。儒家主张礼让,表现在师生对话上,学生应该考虑成熟了再发言,才是对老师的尊重,对他人的尊重,这说明礼让应该表现在生活的点滴之处……”

马玉杰同学又抛出了新观点:“冉有、公西华也太爱看老师脸色了,见‘夫子哂之’便降低理想、更谦虚了。难道你的思想与梦想都寄托在老师的好恶上了吗? 那样岂不是唯唯诺诺的人? ……”

张书宾同学马上激动地反驳道:“古人的尊师环境不同于现在,古人主张‘君君、臣臣、父父、子子'，在一日为师、终生为父的老师面前，若像现在人这样目中无人，那就会是大逆不道的。古人比现在尊师，所以老师的主张起决定性作用……"

我刚想发表我的看法，可看到不少同学满脸期待地举手，我又咽下了自己的想法，决定效仿孔子继续倾听。

兰彬同学说："我觉得孔子不是一个好老师，学生述完志后，竟然不置褒贬，用我们今天的话来说——有点阴。要不是曾皙留下来询问，我们都不知道他为什么赞同曾皙的理想、否定子路等人的想法，为什么不对学生坦诚些呢？"

于明珠同学急得脸都涨红了，顾不上举手，便站起来反驳兰彬："不能否定我们的孔圣人，他的教育方式是——不愤不启、不悱不发，是'随风潜入夜'式的潜移默化的教育。学生没有疑问，他绝不主动说出答案。但现在的不少老师就是灌输答案，用自己的思想、标准答案决定学生的思维。相比之下，孔子是多么开明的思想家啊！他只会对有疑问的学生点拨，不会先入为主……"

我的后背一阵阵发凉，听到学生激情澎湃的言论，我感到了自己肩上的沉重。

潘浩同学胸有成竹地站起来，咳嗽了一声，不急不躁地总结道："我们生活在快节奏的当今社会，学生和老师都必须快节奏地面对应试教育。学生和家长希望老师能领着自己走捷径，少走弯路，故老师怕中考、高考学生输在学业上，会将平生所研究的做题方法、学习方法等全部教给学生；但学生既想自己摸索学习方法，又想走捷径，故师生之间不再那么和谐，缺少了空白和含蓄。孔子办的是私学，没有太大的压力，故才开拓出最本质的教育，所以每个时代的节奏影响着教育的步伐……"

我正在回味着这些同学的观点，忽然又有一位同学大声地喊着说："老师，我想说！"我一看是班里的"学霸"李扬，她是位善于思考质疑、学习刻苦的女生，下课总是跟着老师问题。看我点头同意后，这位女生竟然走上讲台歉意地给我鞠了个躬，面对同学们说："我想站在讲台上给大家表达一下，以此锻炼我的胆量。老师、同学们！我的观点是将子路、冉有、公西华、曾皙四位同学的志向依次排列，我们不妨做个类比联想，多么像孔子的成长阶段：子路是他的青年时代，故理想高，少年不识愁滋味，有种少年狂的热情。冉有、公西华如同周游列国时的孔子，碰壁后，意欲蛰伏。而曾皙描绘的'莫春者，春服既成。冠者五六人，童子六七人……'的画面多像晚年的孔子，没有了青年时的豪迈、壮志，只有更为成熟的笃定与从容，收弟子办私学，与学生自由地进行心的交流，从而修身养性。所以他赞成曾皙的理想，就像一首词里所描述的‘少年不识愁滋味，为赋新词强说愁’。到了老年，‘天凉好个秋’，不再谈理想，却喜欢学生曾皙诗意地描绘理想画面，暗含自己的追求……”

我刚想反驳她，但又有几只手举得高高的，我便索性让举手的同学一吐为快。

刘霞同学胸有成竹地说：“这篇文章我已预习了，并查了相关资料。孔子之所以同意曾皙的理想，是因为曾皙描绘的是一次雩祭活动。同学们试想，晚春在周公历上是二月份，春寒料峭谁去洗澡？而这十几个人从水边涉步摆成龙形，表示龙将被唤醒。这次祭祀是祈雨，而雩祭活动最能集中体现孔子所崇尚的‘礼治’……”

同学们依然在激烈地交流表达，我本来想补充些观点或纠正一些想法，但此刻我想起了孔子的“不愤不启、不悱不发”的教育理念。我不想将自己的观点强加给这些正在摸索着的学子身上，我只有一遍遍地鼓掌，鼓励这些有思想火花的孩子。他们的发言已经鲜活地展现了对此文或深或浅的认同和学习。而受教育的恰是我，因为今天竟然没有学生打呵欠，可见给他们主动学习、思考的空间才是培养兴趣的前提。我们总是不太放心学生，总想领着他们走路，岂不料他们已会自己走路了，是老师硬塞给他们拐杖；我们总按套路出牌，孰料教育也要学习孔子的“因材施教”，适时地提供给学生展示个性的机会与平台，恰比领学生齐步走、奔向高考的行为更有价值。孔子在《子路、冉有、曾皙、公西华侍坐》一文中所体现的教师风度，我们这些现代教师远远不及啊！时代在快步前行，我们是否被功利蒙蔽了双眼？

下课了，学生们意犹未尽地还在讨论。回到办公室，我的心潮澎湃许久。

这次即兴的师生对话让我欢喜让我忧啊！

老师也有错

皋兰县第一中学　魏孔喜

教师真正的教养性表现为：学生能从他身上看到一个引导他们攀登道德高峰的引路人，从他的话里听出他在号召他们成为忠于信念、对邪念不妥协的人。

——苏霍姆林斯基

情景背景

高中教育更多是把教育教学局限在课堂之上，老师总认为学生已经长大，弱化了言传身教的作用。只要走下讲台，似乎老师就可以脱下一层包装的外衣，松懈得有点忘乎所以了。注重"学高为师"但却疏忽了"身正为范"，而往往学生的眼睛是无处不在的，并且会像摄像机一样捕捉并记录你的一举一动，并效仿转化成自身的行为模式，开始他们的社会人生。第斯多惠在《德国教师教育指南》中指出："只有当你不断地致力于自我教育的时候，你才能教育别人。"那就让我们常常自我反省、自我教育吧！

情景再现

九月的阳光下，高二开学典礼正在举行。在雄壮的国歌声中，五星红旗冉冉升起，同学们昂着一张张充满朝气的脸庞，行着注目礼，目送国旗升上天空。

在这整齐划一的队伍后面可以见到朵朵盛开的"花朵"，那是女老师们撑起的遮阳伞；男教师们站在树荫下，背着双手；国歌声中偶尔夹杂着一些不和谐的声音，那是有些老师在一起的窃窃私语。

其实，我也是这一群中的一员，以为树荫与太阳伞能够遮盖住国旗下窃窃私语的教师形象。

烈日下的升旗仪式比以往任何时候都显得漫长，炙热在考验着学生们和老师们的耐力与纪律性。仪式过后照例是学生代表、领导讲话。烈日下的长篇大论让原先安静的操场渐渐骚动起来，一会儿声响越来越大，开玩笑的、讲话的，队伍没有了队形。老师们终于忍无可忍，放弃了自己的“谈天说地”，走到队伍跟前开始小声呵斥、极力压制，于是操场上时而安静、时而骚动。仍小声讲话者，一与老师的目光相碰便赶紧收敛，像耗子碰到猫一般，那样子有点可笑又有点可怜。看着越来越放肆的学生，我本想收拾几位特别嚣张的，但看着烈日下学生们脸庞上滚滚而下的汗水，又有些不忍，只能用严厉的目光去提醒那些特别出格的学生，心中盘算着回到教室后再怎么好好教育他们。班级荣誉和班主任的脸面何在？这样的状况是绝对不能姑息的，我意识到了这一点。

回到教室后，我即刻召开了班会，议题是：国旗下我们应该怎么做？应该怎样尊重他人？但同学们不怎么响应我的提议，嘴里喊着：“很热啊！很累啊！”喝水的、趴在桌上无精打采的，似乎都没有发言的兴趣。我有点生气了，声音一下提高了很多：“刚才还生龙活虎的，讲话的、开玩笑的，现在怎么都像霜打的茄子蔫了呢？刚才的劲头哪里去了？你们喊热、喊累，老师我也热啊、累啊，还不是跟你们一样站在太阳下……”我的话还没讲完，“老师有撑伞——”角落里突然传出小小的嘀咕声，拖着长音带着不满，但又随即戛然而止，可能是看到我阴沉的脸色而不敢说下去。我一愣，再看看一个个头发被汗水浸湿紧贴脑门的孩子们，心理咯噔一下。听声音就知道又是“刺儿头”王超带头抗议，我注视着他，他很快胆怯地低下头。我缓和了一下我的语气，换了一个问题：“那你们认为国旗下老师们该怎么做呢？”教室里很安静，我沉住气，没有打破这寂静。过了几秒钟，大家悄悄议论起来，看来他们对老师的意见还蛮多的。“没关系，有什么话尽管说出来，说得对的老师会改正并按你们的要求去做，即使说得不对，老师也要感谢你们。”我大声说道。

“我觉得老师们应该跟我们一起晒太阳，不能打伞，不能离开我们站在树荫下。我们不是连帽子都不能戴吗？”学习委员带头发言。

我感觉到我的脸在发烫，夏天时常有学生戴帽子升旗，我都会叫他们摘掉。

“有的教师眼睛没看国旗，没有行注目礼，这是对国旗的不尊重。”

“我站在最后，升旗时也有老师在讲话，这样也不对。”

“宣誓时，老师是不是也跟我们一样应该宣誓呢？是不是也应该像我们一样向国旗敬礼呢？”

我的脸再次开始发烫……

“不是,老师要这样敬礼——”另一个调皮的男孩张昊急不可耐地站起来学着解放军行军礼的样子,惹得同学们哄堂大笑。

“老师,我再告诉你一个秘密,行吗?”一向稳重的吴波神秘地请示我。

“好啊!”

“老师,上学期我们学校不是开展‘三弯腰活动’吗?”

“是啊!”

“‘三弯腰活动’是校团委发起的:第一,见了老师、长辈能主动弯腰问好;第二,见了垃圾能主动弯腰捡起;第三,见了力所能及的事能主动弯腰去做。其中捡垃圾我们没少挨老师的批评。在期末考试的时候我们男生就商量,也来考考老师。在数学考试时,我们在教室门前的走廊中间放了一个空易拉罐,看哪位老师能把它捡起来。因为这时学生都已坐在考场里,过来的四位监考教师,第一位教师目不旁视,第二位教师跨过障碍,第三位教师踢了一脚,易拉罐滚动到了栏杆边。正当我们灰心时,您夹着试卷过来了,并捡起了角落里的易拉罐。我们班男生特兴奋,特崇拜您,那次数学成绩男生考得都很优秀!”

同学们热烈地鼓掌。

而我的脸却比任何时候都发烫!上次捡易拉罐我是为了制作一只烟灰缸,此时的它正安静地躺在我的办公桌上,所以捡易拉罐纯属巧合。

听着这些心直口快的孩子们的褒贬之词,我一时陷入了沉思。同学们以为恶作剧使老师生气了,不敢再吭声,教室里瞬时安静了下来。面对同学们清澈无瑕的目光,我想应该对同学们说点什么:“你们觉得老师会犯错误吗?”这下同学们面面相觑,谁也不敢率先开口了。于是,我转身在黑板上写下“老师也有错!”五个大字,然后诚恳地对他们说:“其实老师也会犯错,上次捡易拉罐出发点是为了制作一只烟灰缸,在这里我向同学们道歉!今天谢谢同学们所提的意见,老师会好好反省自己的行为,并转达给其他老师。今后学校集会活动,要求你们做到的,老师先做到,请同学们监督老师,好不好?”“好!”同学们兴奋地高喊。“那也希望今后老师能真正成为你们学习的楷模和榜样!”“好!”又是兴奋的欢呼声。

以后,在国旗下我会努力做得更好,因为我知道有那么多双眼睛在看着我。我想“身正为范”就从这做起吧!

自我反思

实际上我觉得这更像是学生给予我的一次深刻教育。在日常工作和生活中,教师特别是高年级的教师随着教龄增长往往不注意细节,或许忘记了我们身后有学生看着,我们所做的一切或许正是最直接的无声教育。当我们回想有些不经意的行为时却感到后怕:课堂上发表一些与教学无关的言论、牢骚;办公室的一些过分玩笑;抽着烟批评学生不该吸烟;升旗时随意走动、讲话;自己五颜六色的着装还要求学生每天穿校服等等。我们没有意识到老师自己的行为实际上是在诱导着学生,还埋怨现在的学生苦口婆心地讲道理收效甚微。殊不知原来教师的一举一动同学们都尽收眼底,只不过平时他们是“敢怒不敢言”罢了。“其身正,不令而行;其身不正,虽令不从”,想想我们还有什么资格去教育批评学生呢?学生怎么还会怀着一颗敬畏之心接受教师和教师的课堂呢?就让我们从勇于正视自身的不足,敢于向学生承认错误开始做起吧!

写景记游

身处大自然中，不需要你思考什么。在静默中，你会感到有种无形的力量潜入你的身体，它是取之不尽、用之不竭的。

天，湛蓝湛蓝的，心也变得明静、高远；地，浅绿浅绿的，心也变得柔和、轻盈。去小溪边，坐在岸边，静静地听小溪的吟唱；去树林中，沐浴轻风，神清气爽。几声清脆的鸟鸣声，给森林带来了几分幽静、几分神秘。

大自然就是一首诗，每个字符都是那么圆润，每个音节都是那么清亮，每个句子都是那么流畅。这首诗是粉红的、油绿的，也是金黄的、雪白的；这首诗是恬静的、玄远的，也是热烈的、欢快的。它将秀丽、绚烂、雄奇、柔美逐一展现给我们，等待我们去欣赏、去领会、去品味。

韩国之旅

城关区平凉路小学 张 敏

一说起韩国,你首先会想到什么?泡菜、烤肉,还是济州岛、青瓦台?

首 尔

随着飞机徐徐降落,迎着八月的热浪,我们到达了韩国首都仁川国际机场。第一次出国,站在异国他乡的土地上,面对着陌生的文字和语言,心中充满了激动和憧憬。坐上观光大巴,眼前忽然一亮,窗帘居然都是挂着吊穗,还带着波浪绲边的,像极了中国古代女子闺房的帘帐,温馨舒适。这时才深切地感受到自己已经置身国外了。汽车行驶在马路上,透过车窗细细欣赏这座现代化的城市。两旁林立着的一座座高楼大厦证明了它的繁华,绿化带和整洁的街道诉说着这座城市的飞速进步。

几天的游览,点滴的收获。首尔——这座现代化城市的文明体现在小小细节中。那天在路上,忽然发现一座高楼居然用白布包裹得严严实实,也没听见叮叮当当的敲击声,却是一座建设中的大楼。还有一次,我看见一辆小型厢货车缓缓驶进一条巷口,忽然喷出一股白烟,正纳闷呢,导游说那是在灭蚊。难怪我们虽然行走在夏天绿树成荫、鲜花盛开的街道,却很少被蚊虫叮咬,更不用说在居住的宾馆里发现蚊蝇了。而宾馆里不大的卧室、雪白的床单、光洁的桌面,可以光脚行走的榻榻米上纤尘不染,更给旅途中的人们增添了几分惬意和舒畅。有时也会居住在靠近马路的宾馆,非常担心即便关窗仍有汽车鸣笛的聒噪。但没想到一夜好梦,天亮推开窗户只见一辆辆汽车"唰唰"驶过,即便堵车,也听不见滴滴的声音。一天清晨,由于赶时间,我们都在大巴上吃着面包解决早餐,这时红灯亮了,汽车在一个十字路口停住了。很快旁边也停了一辆箱式小货车,没想到司机也在吃早餐。司机看到我们投来了一个热情的微笑,并向我们轻轻挥手。习惯了城市里冰冷的脸庞,那一刻觉得早晨的阳光似乎格外灿烂和美好。

旅途中偶尔也会发生小的意外。由于韩国特有的山坡地势,汽车需经常在极窄的道路上转弯行驶,那天早晨我们乘坐的大巴碰巧在宾馆门前拐弯时撞上了旁边楼房的阳台。我们下车后,没听见争吵,等了一会儿很快便有另一辆车将我们接走了。导游说我们的行李在车修好后会送到当晚我们下榻的宾馆,请大家不要担心。想到这几天随时都可以听到的"阿尼哈塞哟"(韩语:你好!),以及司机大叔一件件帮我们整整齐齐放好行李,又一件件地从车上给我们取下行李,不厌其烦中显示出的是敬业精神,同行的所有人对这次意外都表示谅解。

一天,我们参观梨花女子大学。它坐落在首尔市中心,是韩国最负盛名的私立女子大学,建校于1887年。它历史悠久,保存有许多古老的建筑,其中最具代表性的就是位于校门入口的基督教教堂。校园里环境优美,古树参天,各种盆栽装点其中,修剪得造型优美,可谓移步换景,能与苏州园林相媲美。离开梨花女子大学,在一条不起眼的小路上,我们发现了一所韩国的小学,校门外长着浓密的绿色爬藤植物。绿叶丛中隐约可见一些孩子的小画,都是用瓷砖粘贴上去的,稚嫩的画笔描绘着心中的梦想。只是由于放假,不见一个孩子或老师的踪影,颇为遗憾。自然的美、人文的美、语言的美、这一所所的学校不正是韩国现代文明的标志吗?

釜　山

第二站我们来到了釜山。快节奏与慢生活双重感受的韩国第二大城市,依海岸而建的花园别墅和饭店使釜山洋溢着浓郁的异国情调。清晨的釜山国际市场是宁静的,一条条窄窄的小巷似乎在诉说着它昨日的繁华。漫步在一间间风格迥异的店铺之中,细细欣赏着橱窗里琳琅满目的服饰,似乎是在清晨等待它洗尽铅华,又一次地醒来。一行人晃晃悠悠不知不觉已到中午,朋友在一家店铺里看中了一双凉鞋,素雅的浅杏色,甚是好看!服务员帮她把鞋穿好,又轻轻拍拍脚背,那份热情,令人倍感亲切。虽然是盛夏午时,但釜山还是一派神清气爽的清透,天是湛蓝的。走在海边,全然忘记了高温难耐。风景秀丽、苍翠浓郁的冬柏岛虽然不大,但环境舒适,似乎让人可以忽略时间。一路散步、跑步锻炼的人们,三三两两与我擦肩而过,增添了别样的风景。沿着海云台长长的海岸线走的话就能看到沙滩附近高2.5米的美人鱼雕塑,这也是冬柏公园的一大亮点。海云台浴场则是韩国最有名的海水浴场之一。蜿蜒曲折,长达两公里的白沙滩,海水清澈,沙子细软,甚至可以看到蓝、绿、白三色分着色差的海水漫至海滩上。人们吹着海风,或弄潮戏水、玩耍打闹,或静静沐浴阳光、聆听浪声。漫步于海水轻拍的海边，喜悦与幸福感随之而来，我便迫不及待地奔向大海的怀抱了。

釜山每年秋季的国际电影节也是颇负盛名的，在这座文化气息浓郁的城市里，我们碰巧就遇到了一次釜山大学生社区文化节。没有绚丽的灯光，在一座庙宇前的小广场上，挂个条幅，支个话筒和音响，一个简单的舞台就设好了。拿把吉他自弹自唱，人群很快就围拢过来了。我们欣赏完韩国时尚的流行音乐并给予热烈掌声后，就顺着旁边一个窄窄的小巷开始参观他们的其他活动了。有饲养小动物、种植植物、画画、义卖，竟然还有我国传统文化——书法的学习。书法老师知道我们是中国来的朋友，热情邀请我们在纸折的小白扇子上写几个字，只是我的毛笔字实在写得不怎么样。很多韩国孩子都在那条不长的小街上细细看、慢慢选，安安静静的。

釜山，将韩国港口城市的奔放与内敛的迷人魅力发挥得淋漓尽致。

济州岛

济州美丽的自然景观早已闻名于天下，尤其以汉拿山的四季景色争相竞艳而闻名。春季的樱花、夏季的瀑布、秋季的枫叶、冬季的雪景，均令人神往。所以我们的最后一站就选择了这样一个浪漫的小岛。

济州有“三多”“三无”之说。“三多”，除了石头多之外，就是风多、女人多。往日男人出海捕鱼，留守家园的妇女成为当地生产劳动的主力，到处都能见到妇女艰苦创业的身影。因此，给外面的人留下了“女人多”的印象。而“三无”是指无小偷、无乞丐、房子无大门。民风淳朴，达到路不拾遗、夜不闭户的境界。

有句俗话叫作“不登城山日出峰就相当于没有来过济州岛”，可见这里在游客心中的地位。日出峰的山顶不是我们常见的尖峰，而是平顶略凹陷，状如巨大的王冠，这是海底火山爆发形成的。为了看日出，我们清晨六点半就到了这里。由于日出峰山脊上铺了草坪，一行人晃晃悠悠，连上山带下山花了一个多小时。那天云多，我们在山顶上并没有看到太阳从海上喷薄欲出的壮丽景象；但优美的海岸线、花花绿绿的小洋房、波澜不惊的小浪花，还是让人流连忘返，慨叹于自然风景的优美。

城邑民俗村则完全反映了济州岛独特的居住文化，很好地保留了古代村庄的原貌。民居、乡校、古代官公署、石神像、碾子、城址、碑石等有形文化遗产及民歌、民俗游戏、乡土食品、民间工艺、济州方言等无形文化遗产，共同构成了韩国独特的本土文化。你在这里可以看到堆得稀稀疏疏的挡风石墙(黑熔岩石),为了防止风直接进入里屋而建得又直又弯的“奥米”(窄胡同)……这些都给济州岛蒙上了一层神秘的色彩。村子中间几百年树龄的榉树、朴树已被指定为自然保护对象。穿上韩国服饰,在这里散步,就会让人感觉仿佛时间在倒流。

不知不觉中,日子过得飞快,短暂的韩国之行也即将结束。虽然对这个国家还是陌生,记录下的也只是旅途中的一些微不足道的小事,但是它曾真真实实地出现在我的生活中。优质的服务、干净的街道、秀美的风光、环保的理念、国产的汽车,都给我留下了极为深刻的印象。韩国之旅,真是不虚此行!

与动物零距离接触

安宁区长风小学 王丽萍

暑假,妈妈带我去了青岛森林野生动物园。它位于山东省黄岛上的小珠山,这里风景优美、空气清新,植被的种类很丰富。这个动物园和我从小见过的兰州动物园有很大的区别。

这里的动物都处于半放养状态,每种动物的活动空间很大,动物们被照料得很好,一个个胖乎乎的、精神头十足。在这里,我第一次荣幸地和野生动物们进行了零距离的亲密接触。

刚入园区,我们就近距离地观看了鹦鹉表演。精彩的表演结束后,我和神秘的金刚鹦鹉一起合了影。工作人员把它放在我的手掌上,这只鹦鹉色彩斑斓、又大又重,我不得不用两只手掌使劲地托住它,它简直重得像块石头!

在猛兽区,我们又欣赏到了狮子和老虎的精彩表演,胆子大的游客还可以在演出结束后和老虎一起合影留念。我和妈妈远远地躲在一旁观看,我们发现那只大老虎的头不停地转来转去,还时不时地张大嘴巴打着哈欠,它的嘴巴好大,用血盆大口来形容再贴切不过了,他的表情看起来也非常不高兴。

我们发现随着拍照次数的增加,老虎的样子更吓人,妈妈很担心它会不会发怒咬伤游客。犹豫了半天,最后出于安全考虑,我们还是决定放弃跟眼前的这只大老虎合影。

随后，我们和游客一起乘坐景区的观光车来到了蟒蛇馆，在这里，我很荣幸地接触到了大蜥蜴和黄金蟒。大蜥蜴摸起来浑身上下疙里疙瘩的，只有肚子是软塌塌的，它很温顺，一动不动地趴在我的肩头。工作人员看我很喜欢这些另类宠物，很热情地又从橱窗里抓出一条黄金蟒。这条蟒蛇有一米多长，全身上下都是金黄色。听工作人员讲它才一岁多，已经有二十多斤重了。它的肉质紧实，浑身上下冰凉凉的，大热天搂在怀里很舒服。

我和妈妈跟它一起合影时，它的头很不老实，一直动来动去，舌头不停地舔着我的手指，我很害怕它会吃掉我的手，妈妈坐在旁边安慰我说："别害怕，它肯定是吃过饭的！"

事后才发现，照出来的照片上我和妈妈的表情都很惊恐，妈妈的眼睛瞪得特别大，就像快要掉下来啦！

园区的动物很多，不知不觉中，太阳渐渐落山了。黄昏时分，我们带着依依不舍的心情离开了青岛森林野生动物园。

春江花月夜

安宁区长风小学　张学农

难得悠闲，随手打开唱机，悠扬的经典名曲——《春江花月夜》飘然而起。跳动的音符、抑扬的节奏让我沉浸其中。

漫步江边，血红的夕阳映着江面，好似一团火花，我不禁赞叹起江南水乡的优美风姿。微风拂过江面，泛起层层涟漪。转眼间，落日只留下一片红霞做背影，渐渐沉入江水之中，我不由吟道："日出江火红胜火，春来江水绿如蓝，能不忆江南？"

夜幕渐浓，轻轻抬头，一轮金黄的圆月轻轻拨开云层缓缓上升，露出皎洁美丽的面容，真似一位白衣仙子翩翩起舞，我不禁感慨世上竟有如此令人心动的画面。江风习习吹过，花草摇曳着它们那纤细的身子，好像和我一样在赞叹这副春江画卷竟如此美丽。徜徉其中，闭上双眼，仰望星空，我尽情享受着这独到的自然恩赐。

忽然，和煦的微风伴着渔歌由远而近，逐渐清晰起来，坐起身抬头四望，水天一色的景象便迎面扑来：江水倒映的花草亭亭玉立，轻轻泛着波纹，嵌上天空中的一轮明月，好似一幅动态的3D水墨画，我竟分不出哪是天哪是水？那种"江天一色无纤尘，皎皎空中孤月轮"的意境油然而生。随着渔歌声的渐近，远远望见白帆点点，应该是渔民打鱼归来了吧！

悠扬的渔歌和渔舟的影子逐渐清晰起来，欢快的旋律和清脆的声音伴着人们爽朗的笑声，沐浴其中，我的心情也跟着欢悦起来。渔船靠岸，有的渔民跳下船来，等在岸边的亲人迎上前去，搬下鱼篓，高兴地谈论着今天的收获；有的渔民停船埠头；有的渔船继续划行，渐渐消失于暮色中，渔歌声随船渐行渐远。

星空皓月，沉浸在周围的一切中沉沉睡去……

难忘的桂林之行

兰州师范附属小学　王至辉

人们都说"桂林山水甲天下"，今天我慕名前来，才明白"赏在桂林、玩在桂林"的真正含义。

初到桂林，我便被秀美的水、灵动的山所吸引。早上八点多，整个漓江还浸在乳白色的浓雾里，似温柔的少女披着轻纱，所有的景物都朦朦胧胧的，给人梦幻般的感觉。周围群山环绕、绿树成荫，传来阵阵凉意。到了中午，雾渐渐退去，太阳升起来了。看！漓江水在阳光的照耀下犹如片片白银，静得像一面镜子，镜子里面是绿色山峰的倒影，清得仿佛可以看见江底五彩斑斓的石子和活泼可爱的鱼儿。绿油油的水草在江底来回摆动，绿得像一块碧玉，温润无比。

船行驶在江面上，溅起白色的浪花，向远处望去，一座一座的绿色山峰相互牵着手，形状各不相同，有"老人峰""取经山"等等，都是惟妙惟肖、妙趣横生。这里最值得一提的是"九马画山"，听导游介绍，此山九座山峰相连，石壁上有白、黄、灰、黑等色，色彩斑斓，呈现出马的画像，最多可见九匹，又名"九马画山"；还说，谁看出的马匹多，谁就是"大官"。

按照导游的讲解，游人纷纷观看，我也踮起了脚尖，瞪大了眼睛凑热闹，仔细地看了起来。先找马头，再找马尾，有的在奔跑，有的在饮水，有的在互相问候，还有一匹调皮的小马趴在妈妈背上跟游人打招呼，仿佛在说："远方的客人，欢迎你们来到风景如画的桂林……"

告别了美丽的漓江，我又来到了惊险刺激的古东瀑布。一到那儿，就看见白练似的瀑布悬挂下来，拍打着水花。它的独特之处在于不仅仅要用眼睛去看，更是要用脚去征服。它由八个大小不一的瀑布连成，也是我国唯一一个可以攀爬的瀑布群。

许多游客都已经在攀爬瀑布了，一个接一个，远看好像一只只蚂蚁爬在大石头上。我也迫不及待地全副武装，头戴安全帽，脚踩草编鞋，整装待发。

没过多久，我便来到第一层瀑布前，它可是最高最险的一座瀑布，有四层楼那么高，几乎呈直角。雪白的水花倾泻飞溅，远远望去犹如一条银色的缎带，悬挂在半空中，真是"飞流直下三千尺，疑是银河落九天"。虽有点胆怯，但我还是抓住瀑布上的铁链，用防滑的草鞋扒住石壁，用手往上使劲地拉，终于迈上了爬瀑布的第一步。水花溅在了我的脸上，还喝了几口水，衣服也湿了，但我却没放弃。

后面的瀑布就好爬多了，我把脚丫伸进凉凉的水里，只见瀑布下的水塘清澈见底，还有不少灰色的小鱼在水里灵活地穿梭着。但只要有人把脚伸进去，小鱼便大惊失色，落荒而逃，真是有趣。这次刺激的攀爬真让我终生难忘！

桂林之行虽已结束，但那里的山山水水犹如一幅美丽的画卷，深深地印在了我的心里。

冰川·圣湖·人

天庆实验中学　朱丽娟

有人说西藏自驾行是"身体在地狱，眼睛和灵魂在天堂"。没错，为了求得这一净化灵魂的旅程，今年暑假，与挚友相约，怀着对雪域高原的敬畏与向往之情，我们从兰州出发，一路西行，驱车来到这威严神圣的来古冰川脚下。

来古冰川位于西藏昌都地区八宿县然乌镇内，紧邻然乌湖。冰雪融水流进然乌湖，湖畔是茂密的原始森林，开满格桑花的草甸，一块块嫩黄的油菜花点缀其间，朵朵白云飘浮在如镜面般平静无澜的湖面上，让我们这颗奔波劳累了多日的心一下子安宁、松弛下来。眼前的美景似梦中仙境，真想以云为被，用青草甸做床，伴着虫鸣、牛儿的歌声美美睡一觉。

只有七十多户人家的来古村保持着原汁原味、半农半牧型的藏族村庄风格。房子较分散，远则相隔两三公里。房屋间分布着块块草甸，可谓“阡陌交通，牛羊对歌”。当地的年轻人会讲汉语，村里不少人家已有摩托车，有些家里还安装了卫星信号接收锅。原始与现代、古朴与文明在这里相融合。

卓玛大姐是位热情纯朴的臧家大姐，她身穿红白纹路的藏服，家中有八十一岁高寿的老阿爹和一个哥哥。她家新修的三层小楼供游客住宿，门前打扫得非常干净，她给自己的小客栈取名为“然乌藏式家庭客栈”。在这世外桃源的地方，竟也能感到家的味道。

因是旅游旺季，床位紧缺，大姐将我们安排在她哥哥家，让我揪着的一颗心总算落了地。卓玛大姐拉着我的手，亲切地问我是哪里人，又急切地指着二十米开外的一座小院说：“那儿就是我哥哥家，他那里也有床位，干净，也清净，没事，放心吧姑娘。”我冰凉的左手紧紧地被她的双手裹住，她的手掌布满茧子，虽然粗糙但很温暖。

溪水潺潺，转过一座拱形小石桥，在柔软的草地上留下一串脚印，再走过一座由五六根圆木拼排而成的木桥，就到了今晚的家。进门一个大院，院内铺满了碎石片，小草也跟着溜进来，走在上面却不垫脚，叫人满心欢喜。一排石砌的房屋，搭配红、黑、白三色相间的木质屋檐、窗棂，蓝色的屋顶在湛蓝色天空的映衬下，似乎在向我们诉说着雪域高原那古老朴实的故事。

安顿妥当已是下午三点半，我们又驱车前往然乌湖。站在观景台上，雨点打着湖面泛起层层涟漪，仿佛一位手持木槌的白衣女子在演奏扬琴，“嘀嗒”“叮咚”地歌唱着这世间难觅的原始之美。此时的来古冰川静卧在高山之上，用它晶莹剔透的眼神安抚着脚下的圣湖，心中仿佛听到了它的召唤。雨也适时地停了下来，瞬间使然乌湖安静下来。冰川、高山、圣湖，共同诉说着这里的原始，不断抽走我们奔波多日的劳苦和工作生活中的烦恼。那一刻，时光凝固，恍如隔世。

“你们去哪里?”两个四五岁的藏族小男孩从各自的儿童自行车上下来，好奇地看着我们。他们的眼珠乌黑明亮,独有的高原红脸蛋就像熟透的苹果。“我们想去湖边,能走过去吗?”孟师傅笑着问。“能,跟我们走。”话音未落,两个小向导已跑出十米外,不时回头停下等我们,摇着冻红的小手喊:“快,快来,这边走。”没跑两步的我便气喘吁吁。此时的然乌湖又像一位慈祥的老妇人,真想静静地坐在她身边,和紫色、蓝色的格桑花,陪她一起欣赏落日的余晖。回到小路边,哥俩没走,还等着给我们做向导。拍照留念时,哥俩特有镜头感。为了答谢两位热情的小向导,我们将仅剩的一袋牛奶糖全分给了他们,他们羞涩的小手捧着奶糖,笑容灿烂,露出了洁白的牙齿。雨点又来凑热闹,我们决定原路返回住地,与小哥俩道别后,也嘱咐他们快点回家别淋着雨。可他们的小手一直在雨中摇摆,渐渐消失在我们的后视镜里。

回到小屋,客房十分简朴,除两张一米多宽的小床外,别无其他。七十厘米见方的窗外是片油菜花地,鹅黄浅绿倒也衬出小屋的清新别致。休息后,我们趴在小院的石墙上看着牦牛们“哞哞”地叫着。有的在玩顶牛角的游戏,有的在贪恋美味的青草,有的在悠闲地散步。太阳落山后,刚才衣服被淋湿了,我有点不舒服,头晕脑涨。进屋又摸着潮湿冰凉的被褥瑟瑟发抖,之前的好心情也烟消云散,嘴里不停地唠叨着:“为什么这么冷?为什么这么潮?怎么睡呢?”这时,卓玛大姐的阿爹回来了,抱怨中的我也没有和孟师傅一同问候老爷爷。在房中不停搓手跺脚的我,听到孟师傅问老爷爷:“爷爷,房间里的被子太潮了,有没有火取取暖呢?”听到“火”字的我一下冲到院中,只见老爷爷默默地走向大门旁的柴房,抱着一堆枯树枝向我走来。我竟不知如何是好,为自己先前的失礼羞愧地低下头。老爷爷面容慈祥,用半生不熟的汉语招呼我们去他的主屋,笑着说:“进吧。”

这间屋子是当地典型的藏式民居。三张高约60厘米、面宽约80厘米的方形藏桌摆放整齐,进门左手边靠近灶台的墙壁上挂放着一排大小不一、铜制的水瓢,下面全是盛满热水的暖瓶,供疲惫的旅客洗漱饮用。右边一组高一米多的藏柜,靠墙摆放。上部对开门,内镶玻璃,可放物品;下部柜门涂漆后锃光发亮,柜的表面绘花卉鸟兽,精雕细刻,制作精美,意寓吉祥。经堂内摆着一张一米多高的双柜,佛龛内供奉着普度众生、庄严慈善的释迦牟尼佛像,左右两边供着十四世达赖喇嘛、十一世班禅的照片,旁边悬挂着一幅诸佛坐禅的丝质唐卡,鲜花果品香气四溢,点点闪烁的酥油灯……顿时让我那焦躁不安的心平静下来。

老爷爷顺手拿起一把藏刀,从一块松柏木上劈下长约5厘米、厚约3毫米的木片，往炉中暗红的火芯上一引，木片竟轻而易举地着了。老爷爷趁势添进柴火，炉中的枯枝瞬间吱吱作响，房间一下暖和明亮起来，不时散发出淡淡的松香味。他懂的汉话不多，却一直在微笑，边比划边说："去，把被褥抱来，烤烤，暖和，就好了。"我这才看清他的样子：黑瘦的面颊，被炉火照出了特有的高原红，目光炯炯，虽说已是81岁高龄的老人了，但看上去俨然还是一个健康、矍铄的山里人。浸满油渍的藏袍外披着一件他儿子给买的黑色皮衣，散发着一股牦牛味混杂藏香的味道。老爷爷亲自生起火炉让我们烤被子，又帮我们添好柴火，就出去招呼牛儿们回圈了。虽然整个小院里只有我们三个人，但他还是很放心地离开了。对于我们这些久居都市的人而言，被信任的感觉真好。我的手心后背开始冒汗，头也不太疼了。夜深了，火星渐渐暗了，在满天星斗的守护下，盖着暖暖的被子，我们安然睡去。梦里依稀看到在神圣的冰川脚下、恬静的湖畔旁，听到牦牛的"哞哞"声，看着老爷爷粗糙厚实的手掌，心里的火苗越燃越旺……

第二天上午，还是这样的宁静悠闲。蓝蓝的天空，山顶上晶莹的冰川，绿草地中自由自在的牛羊。临别前，老爷爷笑着问我们："从哪里来？"我们答道"兰州。"他一个劲儿地摇头，满脸茫然。为感谢老爷爷，孟师傅拿出两盒黑兰州想送给他，可他说什么也不要。"那爷爷，北京，您知道吗？"他憨厚地笑着说："党中央、毛主席、北京天安门，知道，知道。"边说边用他那双布满枯树纹的手拉我去看他的毛主席画像。"今天你们要去哪里？""拉萨。"我们说道。老爷爷双手合十，幸福地说："拉萨，好地方呐，佛爷保佑你们，孩子。"老爷爷一直把我们送到门外小溪边，车的引擎发动了，他的身影也渐渐消失在后视镜里。我双手合十，在心中默默祝福他：冰山脚下的老爷爷，愿你平安幸福！

西藏一直是我们心底深处的一个梦，一个美丽神秘的梦。追梦的路上，有威严圣山、静谧神湖的庇佑；有蓝天白云，有美丽草原上悠闲自得的牛羊和金黄的油菜花田，还有青绿的青稞地和清澈见底的山间溪水一路相伴；更有帅气的小哥俩、善良的卓玛大姐、慈祥的老爷爷的关爱信任。你们都是我心中的"菩萨"，有你们保佑，我心纯净！

秋游北山

兰州市第十中学　杨月梅

早听友人说青海北山国家森林公园的景色宜人，那儿山清水秀、树木葱茏、飞泉瀑布、小径通幽。每到秋季时就会有无数的绘画爱好者驻足一个多月流连忘返于山川美景之中，用他们手中的画笔画出心中的喜悦、自然的美妙。经不住诱人的美景，今秋十月，我们一行人终于踏上了这片神奇的土地。

汽车在兰青高速公路上飞驰着，车窗外一掠而过的是成片的田野，庄稼都已成熟收割，疲惫的土地静静地享受着这暖暖的秋日。间或有一两只麻雀忽地腾空而起，旋儿又落下，在草丛间觅食或嬉闹着。公路旁的行道树还拽着盛夏的尾巴，深绿油亮，偶尔有一两片红、黄叶掺杂在其中，景色也倒是很别致，温暖柔和，绝不刺眼。连绵起伏的山峦少了甘肃的高大威猛、荒凉寂寥，多了温顺秀丽和勃勃生机。印象中的青海可不是这样的，同行的人都在那儿感慨着，同样的地域为何竟有如此大的差别呢！

上苍很会眷顾众生，早晨天气异常得好，如春的秋阳。高远的蓝天、清新的空气、扑面而来的美景，让人目不暇接。汽车穿行在峡谷间，头顶是一团团浓密的植被，脚下是一股股清澈的溪流，河底的鹅卵石清晰可见，不时有片片树叶随波而去。渐渐地，河流不见了，山越来越高，路越来越崎岖，天气越来越暗，山的颜色也不断变化着。连续的山路、弯道，让人心惊胆战，真应了王安石的“世之奇伟，瑰怪，非常之观，常在于险远，而人之所罕至焉”那句话。就在此时，一座观景台赫然出现在我们面前，大家长舒一口气，打开车门，一股清冽的寒风夹杂着雪花扑面而来。大家说笑着、指点着、瑟缩着，还不忘摆个姿势来张靓影。此时成片成片的映山红早已没有了春天的芬芳和热烈，只是彼此紧挽着手臂相依相偎着。在这风霜雨雪中，蓬勃着暗红的枝条，顽强地长出不屈的筋骨。这大自然的宠儿，不管是在热带雨林还是雪域高原都有它的芳踪。阴冷潮湿它不怕，冰天雪地它不惧，苦寒难耐它不屑，只要能把根扎入缝隙，只要能吸收到养分，只要能与日月同呼吸，它的生命就会牢牢地滋长蔓延,这是何等的气魄和情怀啊！更有那不知名的树木以及那金灿灿的树叶竞相展示着当下的风采,蜿蜒起伏的山脊上,一丛丛、一片片、一棵棵和着幽静的绿色展示着自己的妩媚和娇艳。它们不因寂寞和无人赏识而沉默,不因土地的贫瘠和风雨的暴虐而沉沦,而是在这清冷的秋风中迸发着生命的强有力的呐喊,抒写着不屈的灵魂。远山如黛,天空高远,阳光透过厚厚的云层洒在群山万壑之间,明暗交错、时隐时现;更有那星星点点的金黄点缀其中,犹如一幅幅色彩斑斓的水彩画,画不尽的风采,道不完的美景。最妙的是群山怀抱中的那方足球场大的草地,新绿的颜色是那么醒目,如新生的婴孩静静地卧在山谷中惬意地熟睡。群山小心翼翼地呵护着它,为它遮风挡雨,唯恐有闪失。环境纯粹了许多,心灵也就跟着纯粹了许多。

暮色苍茫,森林的夜色来得好像更早一些,我们夜宿在群山环抱中的农家山庄,准备第二天进山。

山间气候多变,半夜时分竟然下起了雨。雨势不小,打的窗外玻璃彩瓦噼啪作响,树叶簌簌,我们不由得嘀咕起来。天亮了,秋雨还是不肯罢休,淅淅沥沥地下着,丝毫不见有停下来的迹象。秋风也不甘示弱,肆虐地吹过所经之处,让人更觉阴冷。远眺群山,巍峨高耸,林木葱郁挺拔,雨雾朦胧。大家决计冒雨前行,方不枉此行一趟。

湿,渲染了山林;村落,改变了大自然的色调。那被雨洗过的松树林一片墨绿,草绿色的灌木丛也偏暗绿了。它们都渗进了深暗色的成分,蕴含着墨色了。成片的红桦已脱去了夏日的盛装,树冠宽大、枝干遒劲、傲然挺立,红褐色的树皮越发透亮、柔软,大片大片地挂在树干上。湿了的衣服穿在身上不舒服,但湿了的大自然的景色却格外有韵味。雨后的空气极其洁净,清新中掺杂着森林特有的芬芳。因为雨,有些景物朦胧了,有些形象突出了,似乎那位宇宙大画家在挥写不同的画面,表达着不同的意境。云雾缭绕,缠缠绵绵徘徊在半山腰,久久不忍离去。

雨停了。倏忽而来的竟是纷纷扬扬的雪花。那漫天飞舞的雪片,使天地溶成了白色的一体,“长天远树山山白,不辨青松于柳柏”,仿佛整个世界都在雪白的静默中。这时,每株树上都落满了白雪,真是“忽如一夜春风来,千树万树梨花开”了。山坡上有的地方雪厚些,有的地方雪薄些,再配上红的、黄的、墨绿的色彩,犹如给山穿上了一件带水纹的花衣。山脚、路边不时有暗黄的小草从雪中探出脑袋,留恋地望着这一季春花秋月、夏风鸟鸣。青黑的柏油路湿漉漉地沿着山势伸向大山的深处。而山下的木质栈道犹如一条白练变成了通向月宫的阶梯,洁白无瑕、纯洁晶莹,让人不忍践踏。女儿小心翼翼地走上去,立刻留下了两行清晰的歪歪斜斜的足迹,试想人生之路何尝不是如此啊?我们每个人都是生命的过客,匆匆忙忙来到人世间,从此,就在这条路上有意识、无意识地走。也许这条路是平淡的,也许这条路充满了挑战,但无论是哪一条,都会留下人间的悲欢离合,生活的酸甜苦辣。它犹如一本永远也读不完的书,常翻常新,走完一生,谈何容易?看似简单,实则不易。

山间气候说变就变,刚还是大雪纷飞,此时骤雪初霁,天空像是刷洗过一般,浮着几小片白色浮云,蓝晶晶、亮汪汪的,又高又远。空气异常清冽,清爽如琼浆,沁人心脾。山里的阳光似乎拉近了与人的距离,显得格外温馨、格外耀眼。这时,远近前方,无数层峦叠嶂之上,向上升起团团乳白色的雾,弥漫着满山满谷,是那样浓,那样深,像流动的浆液,能把人都浮起来似的。一行人恍如走进了朦胧的梦里,正感叹着,一眨眼,云雾却倏忽散去,自此不知消失在哪山哪壑了。

山清晰起来、润泽起来,被雨雪冲洗过的树木越发苍劲,色彩越发斑斓。阳光洒下点点金光,照在金黄色的树叶上,如丝帛般艳丽明澈,黄得彻底、黄得透亮、黄得纯净。而眼前的那株不知名的灌木丛着实令人惊叹,黢黑的枝干尽力伸展着,还未凋落的树叶黄绿相间,通红的果实一串串、一嘟嘟掩藏在枝叶间,无一例外地积满了白雪。渐渐消融的雪花凝成了晶莹剔透的冰珠,仿佛颗颗钻石戴在巨大的王冠上,透着耀眼的光。而那通红的果实反射着红色的光,恰如害羞的新娘越发娇艳欲滴。色彩从四面八方聚拢来,个个都活蹦乱跳,都有生命,黄的黄得彻底,红的红得透明,绿的绿得苍郁,白的白得纯净,眼前的和谐之美实在令人销魂。这是一个色彩错杂、光影幻动的世界,是一个炽烈的、喧闹的、跳动的世界,是一首最高亢的生命呐喊之歌。蓝天、白云、苍山、红桦、薄雪、不知名的杂树乱草、清澈的激流,犹如一幅印象派画家的油画,色彩是那么和谐,画面是那么丰满。一切都醉了,醉在秋日里。

沿着曲径通幽的小径,踩着薄雪和落叶,转过一山又一湾,耳边传来訇訇隆隆的水声。只见悬崖峭壁上一条宽五米左右、高五十多米的瀑布犹如白练凌空而下,撞击着岩石,溅起朵朵水花,在阳光下幻变为五彩缤纷的水珠,又形成一股股激流冲刷着光滑的泛着幽光的石壁，飞泻而下，冲入潭底，激起一阵阵水雾，好似大珠小珠落玉盘。潭底的水澄澈明净，清得发绿，如同一大块碧玉无瑕的翡翠。潭水倾泻而出，形成一条小溪，顺着地势迤逦而下，斗折蛇行，明灭可见，消失在多彩的森林里，不知其源头。瀑布的右面石壁上有一尊色彩鲜艳的藏龙王佛像。据说早年北山地区经常遭受旱涝之灾，农牧民生活十分贫苦，为求风调雨顺，人们便在悬崖上雕刻了一尊龙王像，称作“佛像崖”。多年之后，山顶上流下来一帘无源之水，久而久之形成了今天极为壮观的神龙潭瀑布。传说奇，景更美，山因水而呈阳刚之态，水因山更显其娇柔之美。山水相依相偎，和谐共生，孕育了这片神奇的土地，美哉北山！大美青海！

忆三峡

兰州市商贸职业学校　赵　斌

在国外，曾有一个外国朋友问余秋雨：“中国有意思的地方很多，你能告诉我最值得去的一个地方吗？一个，请只说一个。”而这位文学大师常常随口吐出的回答便是：“三峡！”

一直想写篇文章回忆三峡，三峡的一草一木都是一种值得深刻记忆的美。峡江上的点点滴滴都能勾起我的记忆，不管我身在何方，心中总会奔腾着一朵朵峡江中最美的记忆浪花。

峡江两岸高峰夹峙，崇山峻岭，风光奇绝；江面狭窄曲折，滩礁棋布，水流湍急。舟行峡中，有“石出疑无路，云升别有天”的境界。“万山磅礴水泱漭，山环水抱争萦纡”，郭沫若在《蜀道奇》一诗中，把峡江风光的雄奇秀逸描绘得淋漓尽致。《水经注》中，郦道元也生动地叙述了三峡的胜景：“自三峡七百里中，两岸连山，略无阙处。重岩叠嶂，隐天蔽日，自非停午夜分，不见曦月……”高耸的山和浩渺的水是三峡的标志性建筑。

山总是那样高，再向上爬一点或许就可以够到天了。曾经在峡江里看到那种瓦蓝纯粹的天，激情燃烧的红霞，就想爬到峡江岸边的山巅之上，去摸摸天，摸摸那些烫手的晚霞。“山高日落迟”，五彩的云霞舔着山尖，夏日的余晖总不肯落去，飞翔的鸟儿消失在苍穹……峡江上的天是有魔力的,总能变幻出许多关于神话的遐想。

夕阳在水里笑,晚霞在水里烧。我见过很多地方的天空和云彩,却鲜有峡江天空的魅力和那云彩的悠姿。峡江的天是有感情的,是和晚霞预演过的;霞光是有灵性的,和天总是演绎得浑然一体。

柔美的霞光静静地泻在每一片叶子上、每一粒泥土上,给这峡谷中的万籁都增添了一份足够的希望和激情。霞光的斑斓中透露着深邃,纯粹的天空中讲述着悠远。天总是默默地给云彩鲜亮的背景,云总是在天空的帷幕里演绎最美的舞姿。

当夏日的最后一缕余晖还未散尽的时候,晚霞已不再那么耀眼,色彩也不再那么灿烂了。云彩将它的气魄、它的豪情涂抹于天空,这个时节的晚霞总是那么绮丽,奇特的色彩也让人难以忘怀。看着看着,仿佛自己长满了羽翼,飞入了云端去逐彩霞。霞光散开,闪耀着绚丽的光彩,柔和地洒在江水浩渺的峡谷中,此时的大山是最具魅力的。

漆黑的夜空渐渐逼近,可最后那一抹晚霞并不想屈服,依然坚持着自己的美丽。和这大山的精神一样呼应着,峡江两岸的人们在这美丽的大山里经营着各自的生活。没有大富和显贵,有的只是一份平淡和实在的生活。面对长江,他们守望着这份因人而美丽的自然。

这里的霞光从远古走来,俯首峡江,隐约还能听到历史厚重的回响。“经纶事务者望峰息心”,往返于三峡中的那一群人,一定也观赏过这峡江的胜景。青山碧水间,两岸陡峭连绵的山峰衬托着熠熠的云霞,他们一定感受到了这份美的魄力,幻化了他们心中的凡尘。瞿塘峡的雄伟,巫峡的秀丽,西陵峡的险峻,被这一道道霞光天衣无缝地串联在了一起。这里的每一道霞光都能孕育一个诗人,每一滴水都能催生一位美女,正如这里生长了中国伟大的爱国诗人屈原和千古美女王昭君;霞光碧水间,这里也曾留下了白居易、刘禹锡、范成大、欧阳修、苏轼、陆游等诗圣文豪的足迹,留下了他们千古传颂的诗章。三国古战场、白帝城、黄陵庙、南津关……它们同这里的霞光山水交相辉映、名扬四海。

身在异乡,时时回味起那些美丽的晚霞,会情不自禁地感动于它的神奇魅力和灵气……那种由内而外的张力,那种美丽中的不屈,和这峡江的脊梁一样成了一道人世间最美的景致。

三峡的一山一水、一草一木，无不如诗如画，并伴随着许多美丽的故事和动人的诗章，令人心驰神往。这里的群峰叠嶂、奇峡林立，这里的江水汹涌奔腾、百折不回，这里的奇石嶙峋峥嵘、千姿百态，这里的霞光柔情悠长、厚重自然……

“昔游三峡见巫山，见画巫山宛相似。疑是天边十二峰，飞入君家彩屏里。”我愿把这美丽的三峡永远留在我的记忆中！

咏物抒怀

“一切景语皆情语”，自然界的风花雪月脉脉含情，此时无声胜有声。许多艺术家都是从大自然中获取创作灵感的。

碧空万里，是那么深邃与浩渺；星汉灿烂，是那么神奇与耀眼；微风细雨，是那么缠绵与柔美。中国古代文人对于大自然有着特殊的感情，大自然孕育了中国文化，于是大自然本身也就成为文化。金圣叹说：“名山大河、奇树妙花者，其胸中所读之万卷之书之副本也。于读书之时，如入名山，如泛大河，如对奇树，如拈妙花焉。于入名山、泛大河、对奇树、拈妙花之时，如又读其胸中之书焉。”

槐　树

西固区柳泉中心学校　王会英

教室门前有一棵高大的槐树，树干很粗，要两个同学手拉手才合抱得过来，硕大的树冠遮住了整个房顶。其实这是一棵普通的北方刺槐，只是树龄古老，就像门前奔流的小溪，没人知道它的年代，只知道它给人们带来的欢乐。

初夏，当街道两旁的其他槐树挂满白花的时候，这棵槐树却依然光秃秃的，但只要你仔细观察，就会发现槐树下面的树梢上有了一丝新绿，嫩嫩的、毛茸茸的有些发白，就像蒙上了一层薄薄的白纱，甚是诱人。啊，原来那是槐树长出的嫩芽！槐树的枝条一天比一天柔润了，先发芽的树叶开始疯长，没两天它们就已经变得郁郁葱葱了，而树冠的树梢上才出现了星星点点的一些新绿。微风轻轻吹过，它们也随风舞动着，发出沙沙的响声，好像要把它全部的生命力展示给我们看。几天过后，整棵大树已经完全绿了，这些树叶翠色欲滴，一簇挨着一簇，层层叠叠的。

盛夏时节，这棵槐树就成了鸟的天堂。树冠上部有两个大大的鹊巢，一对喜鹊整天站在高高的树枝上唱歌。树冠下部的树枝，则是麻雀的天下。它们将窝做在教室屋檐下的缝隙里，大树则为他们哺育后代提供了充足的食物。天空乌云密布，眼看就要下雨了，一阵大风吹过，槐树的整个枝条在风中颤动，左右摇摆，树上的枯枝烂叶哗哗地跌落下来。透过教室的窗户我看见一群机灵的小燕子在树冠上方迅速地翻飞，它们啾啾地叫着，一会儿从空中俯冲下来，一会儿从树下直冲云天，围着槐树嬉戏着。瞧，两只燕子相向而来，就像两只离弦的箭朝对方直冲过去，眼看要撞到一起了，我的心揪住了，替它们担心起来。只见它们身子轻轻一斜，在空中划出两道优美的弧线。一只已飞到大树的后面；另一只则飞向树梢，嘴尖轻轻碰了一下树叶就离开了，只剩树叶在那里颤动。原来，要下雨了，空气潮湿，许多小虫飞不起来便落在树叶上，它们就成了燕子的美餐。风停了，槐树又恢复了原来的平静，和蔼地看着身边翻飞的燕子和叽叽喳喳的麻雀，好像慈祥的母亲看着自己顽皮的孩子。

这棵槐树不仅是鸟的天堂，还是孩子们玩耍的乐园。烈日炎炎的中午，槐树撑开它绿色的大伞,替同学们遮住了阳光,同学们都纷纷在树下愉快地捉迷藏、跳绳、玩游戏……看着孩子们一张张可爱的笑脸,老槐树也开心地笑了。

秋季开学的时候,这棵槐树打了花苞,那花苞米粒般大小,散发着淡淡的清香,不仔细闻是闻不到的。小槐米藏在槐树丛中,轻轻地随风飘动。听周围的老人讲,槐米可以入药,还能做染料。可同学们从来不去采摘,他们知道这是槐树的孩子,爱它们就等于爱槐树,爱自己的校园。

深秋来临,树上的叶子渐渐变黄了,一阵秋风吹过,一片片金黄色的树叶纷纷扬扬地飘落在操场上,像一块金色的地毯。孩子们在上面欢快地唱着歌、跳着舞。有的同学悄悄地捡起几片落叶,把它夹在书中,制作成标本,永久地珍藏起来。

冬天,天气变冷了,树枝上仅剩下的黄叶也都剥落了,一场大雪过后,落光了叶子的槐树上挂满了亮晶晶的银条。同学们在下面堆雪人、打雪仗、滚雪球……欢乐的笑声在树下回荡着。

啊,槐树!你就像一位天使把快乐和幸福留给了同学们;你又像一位坚强的卫士,一年四季守卫在校园里,守护着每位同学,让他们茁壮成长!

江南雨声

安宁区长风小学　陆　军

曾记得这样一句古诗:“一种春声浑难忘,最是长安课归时。”表现了作者对放学之后那种欢快嬉闹之声的深深怀念。今天,我们周围的声音很多很多,可是哪一个声音真正能牵动你的内心?是校园的铃声,还是窗外的风雨声?是新年的爆竹声,还是梦中的短笛声?还是……

我的故乡在江南,那里总是飘着雨,那淅淅沥沥、不缓不急的雨声成了我记忆中最难忘怀的声音。

南方多雨,雨下不大;不像北方的雨,下起来总是狂风暴雨、粗犷奔放,豪迈地把窗户拍得“砰砰”响。江南的雨像极了那里的人,温柔秀美,雨滴打在青砖白瓦的屋檐上,发出“叮叮当当”的声音,像是演奏音乐,虽然没有规律,却令人感到闲适。雨总是不疾不徐地下着，落在青石板路上，敲在关紧了的窗户上，也轻轻拍打在路边的柳树上，像是能把这座城市都唤醒一般，让那些平时安安静静的街道都窃窃私语起来，为这里平添了一份生机。

雨中的江南像一幅朦胧的山水画，美得不真实，但它又偏偏存在，从容优雅，叫人难以忘怀。在江南静谧的清晨，除了淅沥沥的雨声，似乎没有什么其他声音了；只偶尔能听见邻家一两声鸟叫，或是远处传来的轮船起航的汽笛声，菜市场商贩的忙碌声，赶早市的人们的脚步声……

我爱江南的雨声，如同爱上一首美妙的乐曲，沉醉其中，无法自拔。那轻缓的雨声里有我忘不了的童年，那下雨的日子总是那么宁静，时光仿佛停止了，只有耳边阵阵的雨声提醒着我岁月在流逝。即使是年幼无知的我也在雨声中感受到了那份难以言传的悠闲。直到现在，我也会忍不住怀念那段听着雨声度过的最天真的童年。

岁月蹉跎，光阴似箭，唯有那江南的雨声沉在心中，化成了一片最美的风景……

我愿是一朵八瓣梅

永登县城关回民小学　刘世秀

一

我爱花，尤其对八瓣梅情有独钟。

每年五月到九月的时候，农舍前、小溪边、树林下、小径通幽处，随处可见风姿绰约的八瓣梅。葱葱茏茏的枝叶呈网状，枝丫细长。顶端开着各色的花，有白色的、粉色的、深红色的。每朵花都有八枚花瓣，花瓣尖端为齿状。美丽的花瓣中间镶嵌着圆形的鹅黄色的花蕊，花蕊周围是一圈星星点点的茄紫色，顶端又是鹅黄色。那花蕊看起来如明亮的眼睛在对着你闪呀闪。

微风吹来，一朵朵八瓣梅像身穿绿色舞裙的少女翩翩起舞，轻盈妩媚；又像久别重逢的好友充满了盈盈笑意地来拥抱你，让你心旌荡漾。每当这时候，爱意总会充满我的心间。在八瓣梅飘荡摇曳的风韵里，我恨不得自己也变成一朵八瓣梅。

二

我决定亲自种一株我所喜爱的八瓣梅。把八瓣梅种在哪里呢？一般人家的花园里是不种这种花的，因为它太普通了。

为了不惹人嫌，一个春天里，我在花园的南墙边、靠近厕所的地方悄悄地种下了一粒八瓣梅的种子。不久这粒种子就生根发芽了，长出了嫩嫩的茎叶；后来，它默默地生长着，一天天地变高了。

五月里，八瓣梅大约有40厘米高了。除了我谁也没有注意到它。是呀，谁会注意到偏僻角落里悄悄生长的它呢？因为园里其他花儿正争奇斗艳呢！特别是花园中间的那两株正盛开的白芍药和红芍药格外引人注目。它们娇艳欲滴、芬芳馥郁、独占花魁、富贵无比。

别人的眼里尽是这些名花，而我的心里只有八瓣梅。八瓣梅，我心中的花，你快长啊！不到一个月你也会开出那美丽的花的！这株我心爱的花，它仿佛听懂了我的呼唤，噌！噌！噌！不到几天就长高了一大截，还分枝了，枝枝丫丫、影影绰绰，充满了无限生机。

快六月了，那两株芍药已褪了颜色，逐渐凋谢，而这株八瓣梅正孕育花苞准备开花，就在我的期待里。可是一天，这株不幸的八瓣梅被家里老人连根拔掉了。为什么要拔掉？老人轻描淡写地说那是一种草花，低贱，不配长在花园里。

我真没想到这种花在家人眼里会如此低贱，连长在厕所边都不配，连凋零的芍药都比正要开放的它强。

在失意里，路边的八瓣梅如约开了，一簇簇、一朵朵，摇着、笑着、舞着、说着，对我的情意丝毫不减当初。我空空的心一下子跟着这些花舞动起来，心湖中的快乐层层荡漾开来……无论这些花有多低贱，我还是愿做它们中间的一朵！

三

多么希望有一个自己的花园，种下我所钟情的八瓣梅啊！可以天天看到它们，和它们谈心。

这个机会终于来了！我所在的那个山区学校这一年有了自来水，校园里那个荒芜的花园终于可以浇水种花了。那个花园真是可怜，除了花园周围长着几棵高大的榆树外,园里几乎光秃秃的。几根稀稀疏疏的小草犹如秃子头上的毛,花园显得格外寒碜。如今有了水,不愁花园美,如果再种上我喜欢的八瓣梅,那景色更是美不胜收的。我憧憬着!

几场春雨过后,我和学生翻松了地,种上了八瓣梅、早晚花、菊花、牵牛花等一些花。自从种下这些花后,每天下课我们都去花园边观察花儿发芽了没有。一天天过去了,地上什么动静都没有。一个月过去了,土地都变干了,还是不见一个花芽出来。后来我和同学们又浇了几次水,仍不见花芽的影子。难道是小虫子们把种子吃了?不可能啊,种子总会有吃剩下的呀!真是丈二和尚摸不着头脑,于是我去请教了一下当地的老教师。他说那个山区的土地碱性大,自来水也是碱性,仅凭那一两场春雨根本长不出植物的。而那个地方浇田的水是从很远的地方引过去的,一年也就那么两三次。那金贵的浇田水校园里用不起,所以多年来那花园一直荒着。

真是不毛之地,枉费了我们一片心血!春天过去了,花园荒芜如初;夏天过去了,花园可怜依旧;秋天过去了,花园寒碜无物;冬天过去了,花园更加干瘦。从此不再理那个花园,更不再想种下的那些八瓣梅了。

第二年的春天又来了,依旧下了几场春雨,想想去年那些可怜的花种,心里除了有点痛之外,什么都没做,什么也没想。春天过去了,夏天过去了,都是一些没有希望的日子。

暑假过去了,很快又回到了那个偏僻的山区学校。车停了,我下了车,绵绵秋雨里独自走向校门口。校门口的野草由离去时的匍匐在地变成没膝高了,心里更觉荒凉。进了静寂的校园,空落落的,不见一个人影。突然,无来由地悲从心中来:谁能与我同醉,相知年年岁岁?

孤独中的我本能地望了一下那个令人伤心的花园,不禁惊呆了:只见花园里开满了大大小小的八瓣梅。最高的大约有30厘米,主茎上有三个枝丫,每个如蚊香一样细的枝丫上顶着一朵深红的花儿;最矮的还不到10厘米,那么纤弱,只有一根细细的淡绿色的茎,头上竟然也顶着一朵深红的花儿,虽然只有纽扣那么大,但倔强地开着。是梦吗?我摸了一下自己的脸,泪水从腮边流下,不是梦!我俯下身子,轻轻地用脸挨着这朵娇弱的小花,心潮澎湃。恍惚间,我仿佛听见小花说:“我没有放弃!”一抬头,似乎听见满园的八瓣梅在细雨里噙着泪一起说:“我们没有负你!”

是呀,只有我心爱的八瓣梅才不会放弃,才不会负我!你瞧,在这个雨水充足的暑假里，去年种的其他花一朵也没有长出来，一朵也没有！

现在我已离开了那个山区小学，但那些绵绵秋雨里满园开放的八瓣梅永远开在了我的心间。

八瓣梅，贫民的花！我心中的花！如果有来生，我愿是一朵八瓣梅，一朵深红色的八瓣梅，开在农舍前、小溪边、树林下、小径通幽处，甚至荒芜的花园里。

陪伴我长大的猫

榆中县周前学校　谈花香

翻开陈旧的回忆，我想起了那只陪伴过我的猫咪，心中荡漾起阵阵的甜蜜。

它是我童年的快乐

盼望着，盼望着，我家的猫妈妈终于生出了三只可爱的小宝宝。刚满月，邻居把两只小的抱走了，留下了一只黑白相间的，我叫它“桃桃”，那是因为它的腿上有一簇白色的毛，在黑毛中显得更像桃子的形状。

小猫们刚出生的时候，都围着猫妈妈吃奶。其中之一的桃桃很是淘气，只要其他两只靠近妈妈，它就奋力地跑过去，用身子硬蹭它们，用爪子抓它们。直到它俩离开妈妈，它才懒洋洋地靠着妈妈，一只爪子放在妈妈的肚子上，另一只爪子挨在别的小猫上，显得尤为霸道。你若是想抱开它，它会躲在妈妈的肚皮下，瞪着杏眼看着你。也许在它的眼里妈妈的怀抱是最安全的避难港。

桃桃真可谓是“上屋檐，下厨房，得民心，留欢乐”，是我们村家喻户晓的“可爱包”。

那是一个周末，妈妈给我买来了一只画眉鸟，漂亮极了。它上体呈橄榄褐色，头和翅膀具有褐色轴纹；眼圈白色，眼上方有清晰的白色眉纹；下体是棕黄色，腹部夹灰色。我和弟弟围着笼子左看看右瞧瞧，爱不释手。

天渐渐黑了，妈妈提议将鸟笼挂在屋檐下。该睡觉了，我和弟弟才恋恋不舍地离开了画眉鸟。第二天正值清晨，我便一骨碌爬起来去看画眉鸟，哪知画眉鸟不知去向,连鸟笼子也歪斜地躺在院子里。我哭着喊妈妈,妈妈闻讯赶到。我们四处寻找,偶然间在大门口看到了桃桃,它竟然正神气地叼着画眉鸟的翅膀,一看见我们过来,飞快地扭头便跑。我和弟弟气得无可奈何,直跺脚。它真可算是“屋檐飞贼”。

虽然它叼走了我们喜爱的画眉鸟,但我和弟弟也不怎么责怪它。它是我们的玩伴,是我炫耀的“财富”。

每次和伙伴们去外面玩“过家家”“找朋友”等游戏时,我们总要抱着它去,因为它是我们尊贵的“客人”,伙伴们总抢着抱它。因为有了桃桃,我们的童年过得异样快乐。

春节马上来临了,伙伴们都穿着新衣服来我家玩,其实他们来我家是看桃桃的。伙伴们都说都要过年了,你家的桃桃连新衣服都没有。听到他们的话,我恍然大悟:对呀!桃桃也应该有一件属于它的新衣服。于是,我立马找到妈妈,央求妈妈给桃桃做一身新衣服。可妈妈却说我在胡闹。我心里想,妈妈还是裁缝,连猫穿的衣服都做不了。我下定决心,一定要做套衣服给桃桃穿。第二天天刚亮,我就从妈妈做衣服剩下的布料中找出来几块颜色艳丽的花布。在我不停地“加工”下,一天后,桃桃的新衣服终于完成了。我和弟弟合力将衣服给它穿上,抱着桃桃去见伙伴们,就像是妈妈抱着孩子回娘家一样。伙伴们听见我给桃桃做了衣服都好奇得很,并提议让它下来走走看。我尽力把它往下抱,它却死死抓住我的衣服,并不时发出楚楚可怜的叫声。我好不容易把它放到地上,它却一步不走,反倒夹着尾巴往后退。直到后来,妈妈告诉我,猫是不习惯穿衣服的。

它是我年少时的牵挂

上小学时,我是我们班个子最小的,可能是个子小的缘故吧,我的胆子也异常小。每次放学回家,别的孩子离学校近,都提早回家了,只有我还要独自走很多路。

在上学的路上,我都要抱着桃桃,不停抚摸它,将它带到伙伴们等我的地方。在我和它分开时,桃桃会很听话地扭头回家。看到它远去的身影消失后,我才欢快地和伙伴们向学校走去。在放学时,桃桃总会在送我的地方迎接我。看到我时,它大老远飞速跑过来,将尾巴翘得高高的,用身子蹭我的腿,踮着小爪子在我的脚上跳过来、蹦过去,还用牙齿咬我的裤脚。我若是抱起它,它会发出丰富的叫声,好像在对我诉说很多有趣的事。当我写作业时,桃桃会站在我的作业本上,不时地用爪子抓我的笔尖，好像在提醒我书写要认真。晚上等我睡着了，桃桃会偷偷钻进我的被窝，靠着我睡觉；它若觉得热，会钻出被窝，压着我的被子，有时还将我的胳膊当它的枕头。即便我被它“骚扰”醒了，我也不去管它，随它去玩。

在上二年级的一天深夜，妈妈煤烟中毒了，家里只有我和弟弟。我留弟弟在家照顾妈妈，我去邻村请医生。在我不停地飞奔之下，我的鞋子不知所踪。在耳旁一阵狂风呼啸后，终于到了邻村诊所。可让我难过的是医生出诊还没回来。

我决定到出诊的地方找医生。天黑得让人惧怕，远处还不时传来狗吠的声音，本来胆小的我被吓得魂飞魄散，哭着往回跑。突然，我的脚下被什么东西挡了一下，并听到了猫的叫声。我定神一想，难道是桃桃？我很欣喜，它又像往常一样用身子蹭我的腿，还不时喵喵地叫着，好像在说：“主人，你别怕，我会陪着你的。”我抱起桃桃，又返回去找医生，找到医生后，妈妈得救了。

天有不测风云。记得那个周末，我做完作业去麦草堆找桃桃玩，却发现它耷拉着脑袋，像喝醉酒似的，一摇一晃地向我走来。我急忙跑过去抱起它，只见它无力地抬起头，用迷茫的眼神看着我。我发疯似的抱着它去找妈妈。妈妈看了看说：“桃桃生病了，可能是吃了有毒的食物。”

我迫不及待地抱着桃桃去找我们村的兽医，兽医找了一些药，让我给桃桃灌进去。我竭力地扳开它的嘴，用勺子灌药，它只是无力地看着我，并挣扎着让我放开它。

我哭着放下桃桃，它踉踉跄跄地向大门走去，我紧随其后，它突然转过头，看了我一眼，然后倒在地上，一声不吭地离开了我。从那以后，我痛恨在食物中放农药的人。我希望桃桃能到达另外一个更美好的世界，更期盼人类能给动物一个安全的生存环境。

桃桃是我童年的快乐，是我的骄傲，是我的梦想。陪伴我长大的猫走了，走得那样匆匆，好多天里我失去了欢笑。桃桃虽然走了，但它带给我所有的欢乐将永远留在我的记忆里，我爱我的猫咪，我更感激它给予我的无声的幸福。

玫瑰香飘苦水川

西固区达川中学　达选正

久闻永登苦水玫瑰名扬天下,小满时节,与几位朋友相约,我们驱车去苦水川看玫瑰。车向西出西固城区不远,很快就到了苦水镇。

沿一条水泥村道来到庄浪河畔,眼前的景象真像过节一般,集市上人流熙熙攘攘,简易商铺里的商品琳琅满目。努力想看看玫瑰系列的土特产品,但很少,只有两三家卖玫瑰糖酱和花苞的。同行的朋友说,现在正是采摘时节,产品自然很少。想想也是,于是作罢。

稍作休息后,我们便打算到玫瑰园去感受玫瑰的风韵,了却心头那一段久违的牵挂。对于一个闯入玫瑰园的外乡人来说,我很担心一点:想看懂玫瑰恐怕不是一件容易的事。

所幸我们来的正是时候,玫瑰刚进入盛花期,此时呈现在我们面前的就是一片玫瑰的花海。只见含苞欲放的花骨朵羞涩地躲到叶子底下,而那红艳艳的花朵傲然绽放在翠绿的枝头。早听说苦水玫瑰枝叶繁茂、朵大色艳、花瓣肥厚、香气浓郁,今日所见,果然名不虚传。我不禁想起乾隆时兰州翰林秦维岳的一首玫瑰诗:“霞光锦缎覆苍台,点缀芳园朵朵开。西陇花迟兼遇闰,端阳才拥艳香来。”这首诗极力赞颂了玫瑰色香俱佳的特点。最让我赞叹的还是玫瑰的那种红,你看,它比大红更加深沉,比紫色更加明丽,怕是高明的画家也难以从调色盘里调出吧!我想,还是让繁枝绿叶间的朵朵红艳自己说说这种红吧!因为玫瑰花,世间就多了这一种色彩——玫瑰红。

徜徉在玫瑰园,我的思绪翻滚。清道光年间,苦水下新沟的秀才王乃宪科场失意后并没落魄,准备返乡时,毅然决定带回一株玫瑰苗以立新志。回乡后,当他把那株玫瑰苗栽种在自家庭院前时,心中便升起了一轮瑰丽的希望。于是,每至清晨、黄昏,人们总会看到秀才按时浇水松土、精心侍弄花苗的身影。待到一朵红花迎风怒放时,引得许多路人驻足观赏,击掌赞叹。我想,眼前的这一朵朵红艳,不正是秀才胸中那颗跳动的心蘸上大唐故宫里侍女们略施粉黛的胭脂,在苦水川摁下的一个个印记吗?苦水人是懂多情的秀才的,也是懂玫瑰的。他们争相从秀才庭院前的那株玫瑰树上剪来枝条,植于自家的前庭后院、街旁巷尾,同时也就在这片土地上植下了如秀才般向往美好的心愿,并在以后的百余年间苦心经营,终至今日花香满川。

"灿若朝霞小似梅,偏于苦水育琼浆",苦水人爱玫瑰,玫瑰也真没辜负人们的这份苦心,给苦水人以丰厚的回报。你看,在玫瑰树丛中时隐时现的那些花农,头戴草帽,脖颈上吊着一只特制的布袋,正在摘玫瑰呢!她们一边说笑,一边双手熟练地摘下花苞,装进胸前的布袋里,每个人的脸上都充满了玫瑰花般的笑容。

随着一阵微风吹来,空气中的花香便更加浓烈了。"玫瑰花开十里香",一点都不假。一川的玫瑰哟!苦水川再大,也兜不住这一川的花香。热烈而纯粹的红艳,让从马牙雪山冰川和乌鞘岭险峰峻谷间流下来的庄浪河水不再沁凉;浓烈芬芳的花香,使西汉大将军霍去病渡过黄河西征时踩过的这块土地苦味淡去。今日的玫瑰,已成为兰州市的市花,正传达着兰州人民不甘落后、勇于创造新生活的开拓精神。苦水,一个苦涩的名字,让人们记住它的,却是这色艳味香的玫瑰。今日的苦水川,应该叫"玫瑰川"了吧?

逗留了大半日,当我们驱车离开苦水川时,耳畔响起了从猪驮山李佛殿里传来的袅袅梵音,仿佛是在为苦水这块沃土祈福,让她永葆繁荣、富足。

赞野菊

榆中县第二中学　魏家萍

石缝中,山道旁。无须沃土,蓬勃展芬芳。百花谢后犹怒放。独立寒秋,不惧冷风霜。

叶碧绿,花灿烂。品似梅兰,蕊散淡淡香。志高常被时人赏。高品雅志,永驻妙辞章。

——苏幕遮《赞野菊》

那年9月，我们刚从大学毕业成为我县第一批被分配到川、山区任教的本科生，没有了留在县城工作的机会。从县教育局报到之后准备回趟家，途经一条之前很少走的山区公路，在将近四个小时的车程中，我的视觉被一座又一座山峰的灰黄所搅扰。忽然，一簇簇灿烂的淡紫色野菊花映入眼帘。

多么生机盎然的花啊！尽管我以前见过很多野菊花，灿灿若星的黄色、皑皑如雪的白色、幽静似纱的紫色，但如此怒放、充满生机的确实少见。它们恣意、野性，精彩演绎了令人心动的灿烂；它们淡然、清雅，仿佛在竭尽全力地诠释生命的真谛。此处的野菊，花是淡淡的紫色，进入我的视野时如云似雾，远远的是一抹一抹的紫；等近了时，我才惊奇地发现，山脚崖边、石缝沟壑，似乎只要能扎根的地方就有它们矫健的身姿。绿色的枝叶舒展在阳光里，迷人的紫色花朵一团团簇拥着。一簇簇的野菊渲染着灰黄的山体，映衬着湛蓝的天空。在摇晃的车里我看到了一枝伸向崖边的野菊，伸展在天幕的剪影让它分外妖娆，天空仿佛也被它踩在了脚下。那种盛况无以形容，如果以生长环境来衡量，那么它们绝对是极地“生存王”；如果以岁月更替来界定，那么它们开在深秋却依然生机勃勃。野菊花是平凡、朴素而又雅致、坚韧的，而它们的魅力更在于其生命的顽强，无须播种、无须培育。哪里有泥土哪里就能生根，只要给它们一点立足之地，哪怕是悬崖峭壁，或是石缝秃岩，就能开出一片灿烂，凸显一种精彩；并且总是怒放在万木枯萎、百花凋谢的深秋时节。顽强的生命力是它们独有的特点。

车窗外不断有紫色的野菊花一一闪过，远望，一片一片的，连绵起伏着。

多么密集、贫瘠的山啊！一眼望去，满眼皆是沟壑纵横、石缝遍布，单调的灰黄色显得凝重严肃。山旁路边的草丛和偶尔闪过的树木无法改变整个山区的荒凉，即使漫山被开垦的广袤无边的顺山坡地也难掩山区的萧瑟。不见人影的山地空旷静谧，看见劳作的场景，又分外担心人、畜会不小心滚落山底。车窗外不时还见新翻的山地，但依然有着无人问津的苍凉。在这片靠天吃饭的地方，贫瘠是主色。但，山地永远不会是野菊的栖身之所，那些无法耕作的犄角旮旯才是它们的乐园。在那里它们繁衍生息、枝繁叶茂，一簇簇、一片片，不乞求肥沃的土地、充足的水分和精心的护理，羞涩地躲在野草丛中，不慕时令、不羡荣耀，虽渺小但不自卑。它们顽强地生存，等待着自己的花季的到来；它们的花蕊虽小，花朵数量甚多，一枝花茎上，会开好多花朵，全都精神抖擞地在秋风中摇曳，傲然挺立在荒草之间，展示着独有的风采。它们没有兰花的雅致、牡丹的华贵、杜鹃的妩媚、腊梅的热烈;它们也没有吸足水分的墨绿和那种养料充足的娇艳;更没有杨柳的婀娜多姿、荷花的亭亭玉立,但只要能开花,它们就绝不怠慢,总是竭尽全力。它们究竟是为自己曾经遗留的芬芳,还是为感恩脚下滋养它的这片山地?我想,它们的怒放,只是为了感恩滋养它的土地容纳了它。当其他花朵畏惧寒冷早早休眠,它们却在这别人不喜欢或不能承受的冷风冷雨中开出花朵。一任山地贫瘠,一任环境艰苦,只对自己和山地负责,这是一种多么高尚的情操啊!贫瘠的山地能给它们的确实不多,但它们却在竭尽全力装扮山畔道旁,用自己的全部回馈着这片贫瘠的山地。记得感恩,只论付出不论给予,这又是它们的一种品质。

汽车疾缓颠簸在山间的公路上,爬山下坡、转弯遛沟,一下子好像快了许多。长途行程的疲倦似乎烟消云散,心头涌动着一团暖暖的情愫,野菊花在我的心里扎了根,枝繁叶茂。它们之所以灿烂怒放,在于它们的顽强,在于它们不患得患失,在于它们只顾奉献、不思索取。它们以自己秀丽的容颜、健美的身姿,在百花凋落、万物寂寥的深秋季节尽心装点着世界,净化着人的心灵,给人以美的享受。古今中外,有多少仁人志士受野菊花这种品性的熏陶,从中汲取了无穷的力量,为历史做出了卓越的贡献。在这情绪纠结的行程里,我开始强烈地祈求,愿自己是株野菊,一株永远平凡的花。经风雨愈坚强,历磨难会感恩,在一个人承受不悦和困苦时可以有更多战胜困难的勇气。有野菊一样的坚强,有野菊一样的信念,有野菊一样的品质。再想想我那些赴山区任教的同学们,他们应该也会看到这些野菊花吧!应该也会如野菊一样眷恋这片山地,变得如野菊一样顽强,如野菊一样只论付出不求回报,用他们的实际行动改变大山,让荒凉不再,让贫瘠消失,把那勃勃的生机留在山间吧!一晃八年,我们应该自问还是那株长在山地的野菊吗?

“若慕天香傲花丛,岂守荒郊雨露中?垂首吟思泥土恩,仰天长赞日月功。王孙公子不可得,江山社稷却驻胸。风寒霜雪我去也,来年依旧笑春风。”野菊花,我衷心地赞美你!

七月杏香

西固区柳泉中学　岳鸿平

这几天,忽然看见街头有很多挑担卖杏的小贩,一问才知道杏子已经下来好几天了,大多是天水那边的杏子。有黄黄的杏子,也有红红的杏子,一斤三元钱。买了几斤尝尝,只是甜甜的。但是,总没有小时候偷摘四爷家杏子的那种香甜,更没有爸爸种的杏子的那种可口。

北方的四月,是杏花红艳的时节,满山遍野胭脂万点,占尽春风。那扰扰嚷嚷的杏花,不计较花的色彩,不计较花的形态,只争着赶趟儿。花间嗡嗡嘤嘤的蜜蜂和蝴蝶,翩翩起舞采花忙,为杏花平添了几分生气,也平添了几分灵动的色彩。"人间四月芳菲尽,山寺桃花始盛开",正说明了桃花,也是杏花盛开的时节。

但杏花的花期是短暂的,似乎它的开放不是为了那虚妄的花,而只为那实实在在的果。所以没开几天,花瓣尽落,或遇到一阵风洒落花瓣满地,或遇到一阵寒流冰冻了花朵,将幼小的杏子扼杀在花苞里。

小时候,总是喜欢看火红的杏花,总是盼望在开杏花时不要下雪,不要下霜。总盼望着杏花一直盛开,不要凋谢。一夜之间,红红的花苞全开了,飘着淡淡的幽香,引来一群辛劳的蜜蜂在花间游走。要品尝到酸酸甜甜的杏子,就要看老天爷的心情了。如果碰到老天爷心情好,花瓣落下后,一颗颗毛茸茸的绿色小杏,如一个个初生的婴儿,憨憨地笑着,伸着"小手"挠你的痒痒,让你忍不住摘一个尝尝。吃杏的时间很长,可以从杏树结出小杏时一直吃到成熟落地后。那酸酸的小青杏,透着阵阵的清凉,让你口齿生酸,蠕动了你的舌头,润滑了你的肠道,分泌了你的唾液。你可以把它连同嫩嫩的杏仁一起吃下,也可以小心地一点点来吃。最后只剩下一个奶白的小杏仁,把白色的小杏仁放进耳朵里,可以体会清凉,我们俗称"孵鸡娃",是一种小时候我们常玩的小游戏。那白色的杏仁嫩嫩的、鼓鼓的,煞是好看。过了好一会儿,"鸡娃子"就孵了出来,杏仁就变成了棕褐色,好似刚孵出的可爱的小鸡;然后再放一个到耳朵里,这样就能"孵"出一群小鸡。四爷家的杏子就是我和几个小伙伴"孵鸡娃”的素材。在正午时候，四爷一家吃完午饭后就睡觉了，那就是我们“偷袭”的时间。几个人迅速爬到树上，一人摘上一口袋，然后就开始先吃杏子，再“孵鸡娃”。或者在别的小伙伴前炫耀一番，馋得他们直流口水，正好满足了我们的那种成就感。但是，也有“马失前蹄”的时候。一次，我们正好在树上猛摘杏子，被四爷发现了。他一顿训斥，正要找棍子打我们时，我们乘机从树上跳下来，逃之夭夭。那火红的杏花，那种酸，那奶白的杏仁，那“孵鸡娃”的游戏，那偷袭的成就感，永远刻在了我的记忆里。

等到六七月时，杏子便慢慢成熟、长大、变圆，褪去了青涩，由青绿色变成青黄色，再变得黄里透着红，像一个成熟了的少女。喜欢吃酸一点、硬一点的杏，你就六月底吃；喜欢吃甜一点的杏，你就七月初吃。总之，杏是随和的，杏是善解人意的，配合着你的心情，适应着你的口味，宛如大众情人一般，大家都能各取所需。

这时候，大街小巷，各种各样骑着车带着筐、挑着担卖着杏的人络绎不绝。

五年前，勤快的爸爸在门前的园子里种下了十颗小杏树，在爸爸精心地呵护下，它们已经长大并开花结果。最高兴的是放暑假后到老家亲自去杏树园摘杏，一大片的杏树如撑起了一把巨伞，给炎炎夏日带来阵阵清凉。走到树底下，看红杏挂满枝头，伸手可及，摘下一枚杏子放到嘴里，品尝着生活的甜美。如果够不着，你可以搬个凳子，站到凳子上摘，也能上树去摘；实在摘不到，就摇树枝，听树叶哗哗作响，看杏子纷纷下落。此时，爸爸、妈妈还有我们一家三口，各挎着一个小竹筐，捡拾散落在草丛里的黄杏。也不在意沾了泥土的杏子，随手擦擦，便扔进嘴里，顿时，香甜充斥着全身的每一个细胞。爸爸的喜悦挂在了脸上，我们一起走进了自然，走进了原始，远离了城市的喧嚣，回归到了原来的日子。

人们常用“七月流火”来形容夏日的炎热，我们却因为有了那飘香的杏树而感到格外清凉。杏只可吃一季，不可储藏，所以在七月里，我们要放开肚皮好好享受这一难得的美味，以不辜负这杏的美意。七月里，是收获杏子的季节，也是感受亲情的季节。让我们一起走进七月，感受杏香吧！

臊子汤

兰州市实验小学 王 璐

臊子汤,是兰州的传统美食之一,是我父亲的拿手绝活之一,也是我记忆里的兰州味道。臊子面也是传统兰州人家的新年第一餐。

每逢大年初一,热情的兰州人喜欢围坐一桌,享受这独特的兰州美食。春节是忙碌一年的人们最期待的时刻。这时候,与父母一起看新闻,聊一天的生活,吃热腾腾的臊子面。和最亲近的人在一起,一年的疲惫在这里放下,在这里分享收获的喜悦。一同享受美食,也是现代生活给一年辛苦劳作的人们最好的馈赠。

上好的臊子汤入口口感极佳,汤汁温暖润滑,汤中还富有肉菜。喜欢吃面的人们,还在汤里加入面条,就是臊子面。我猜想,过年吃臊子汤,也许就象征着对美好生活的祝愿——家庭和睦,其乐融融。土生土长的兰州人,无论在外漂泊,或是扎根异乡,或是从未离开这里,都忘不掉臊子汤的味道,因为这也是家乡的味道。

父亲从小在兰州长大。每个清晨,古老的黄河水蜿蜒曲折流过兰州城。我的父亲就是在黄河边玩耍长大的,对他来说,兰州的味道,就是这一道道兰州菜的味道。他热爱这里的生活,继承了老兰州人豪爽、热情的品性,并乐于将这样的热情融入生活;他享受这里的美食,他热爱厨艺,并将这一道道兰州风味美食继承了下来。在闲暇的日子里,或是逢年过节的时候,我总能吃到一道道父亲精心烹制的美食。

这一天,父亲做起了臊子汤。

清早,父亲就去了市场,我醒来时,他已经在厨房里忙碌起来了。为了臊子面更营养、更可口,父亲选用的都是早晨最新鲜的蔬菜,还带着露水呢!今天,我心血来潮要求跟父亲学做臊子汤,想着这一门“独门绝技”要是真掌握了,还真是一门技术。而且平时我只顾着玩,在独立生活这方面真是欠缺。我决定留心观察,跟父亲学一手。

不一会儿,洗菜、切菜完毕。父亲刀功非常好,胡萝卜丁、土豆丁、豆腐丁,个个大小均匀,比小拇指尖略小,大约是七八毫米的小立方体;黄花菜,均匀地切好,大约是两厘米长；打好的鸡蛋盛在白色的瓷碗里，黄澄澄的，颜色很是新鲜；切好的菠菜放成一小堆，绿油油的，叶子和茎也都是三厘米左右的宽度，十分均匀；还有浸泡好的新鲜木耳，黑黝黝的，摸起来比干木耳厚实，很有弹性，鲜嫩诱人。各色的菜，红是红、白是白、黄是黄、绿是绿……一块一块整齐安静地躺在淡黄色的切菜板上，光摆在那里就非常好看，仿若花丛。菜板旁边还备好刚刚炒好的肉臊子，冒着香喷喷的热气。

一切准备停当，要做臊子汤了。

等待烧好油，土豆丁、胡萝卜丁、豆腐丁依次下锅；快炒好时放入黄花菜、木耳、绿菠菜、肉臊子；勾汤；即将出锅时再打入新鲜的鸡蛋，鸡蛋花很快飘起来了，浮在汤上，像一朵朵淡黄色的云朵；再用汤勺搅匀，就可以出锅了。爸爸还根据家人的口味加入香菜或葱花调味。

父亲为一家人精心准备的老兰州臊子汤终于出锅了。这汤多汁味美，营养更是丰富，蛋、菜、肉浑然一体溶于汤中，是我们一家人都喜爱的美食。我们围坐在一起，母亲一边吃，一边夸赞父亲做得味道好极了，说父亲越来越贴心了；父亲一边笑呵呵地合不拢嘴，一边回答母亲："再别夸我了！"然后，又转过头来笑呵呵地对我说："这可是你妈最爱吃的。"我的父亲母亲还真是有趣又有爱。品尝着美食，享受着周末，这便是最美味的幸福。

兰州人有自己独特的饮食习惯，在饭将吃尽时，会端起碗来，一口气喝尽碗里的臊子汤。便听"啊，满福"这一句感叹伴随着哈气从口中呼出，三个字就足以表达发自内心的快乐和满足，这就是兰州人豪爽、干脆、干练的个性体现。而臊子汤的温暖滋润，又是兰州人细腻通融的一面，这就是刚柔并济的兰州人。

如果说美食是上帝给予劳动者最好的馈赠，那么这一碗臊子汤就是祖祖辈辈中智慧勤劳的兰州人留给客人、留给家人、留给自己、留给子孙最贴心的礼物和最宝贵的文化财富——如这汤一般热情温暖；如这汤中的荤素和谐的材料一般，有气度、有胸怀；如这汤给人的感受一般，通融和气。

情思涌动

这一生，应当记住这些人——他们给了我们生命、幸福、快乐、知识、友谊、力量与财富。

记住父母的养育之情。父母给了我们生命，也给了我们整个世界，给了我们感知万事万物的心灵。

记住老师的培养之情。李老师是我的小学老师，是他鼓励我第一次走上演出的舞台。刘老师是我的初中老师，是他第一次把我的作文当作范文在班上讲解。王老师是我的高中老师，他是改变我人生的舵手，他指导我选择了教育专业，也成了一名人民教师……

记住同学、朋友、同事的情谊。从小到大，一起长大的同学，一起工作共事的朋友、同事，因为有他们在我们的身边，我们才不会孤单，我们的生活才如此丰富多彩。

记住伯乐的知遇之恩。生命中，是他们给了我们舞台，不是我们的歌声多么迷人；而是在这个舞台上我们的声音传得更远。

记住这些生命中的美好，记住生存的意义和价值，让情思在最熟悉的旋律中缓缓涌动吧！

最美的笑容

城关区雁宁路小学 杨彩霞

亲爱的老师,您曾经如花似玉的面容什么时候刻上了密密的细纹?是您,给予了我们一把生活的尺子,让我们天天去丈量生命的价值;是您,赠送了我们一面行为模范的镜子,给我们照亮人生的航向;是您,成为我们处处学习的榜样……五年来,您那无微不至的关怀,让我多少次热泪盈眶,让我多少次想起您那最美的笑容。

记得那天,火辣辣的太阳炙烤着大地,“秋老虎”发起了威。依赖性特别强的我怯生生地拉着妈妈的手,生怕一松手妈妈就会离我远去。妈妈见状,忙安慰我:“没事儿,老师可好了!早晚你都会离开妈妈,要听话!”尽管妈妈这样说,我的心里还是七上八下的。

踏进校门的第一步,我就被铁门上面那镶嵌的古色古香的花纹深深地吸引了。一颗小心脏又随着那郁郁葱葱,如翡翠般宽大的树叶怦然心动,暂时忘却了心里的担忧,想摘下一片树叶玩弄。最后,还是不忍心看到心爱的树遭到破坏。告别树朋友后,我的担忧再一次涌上心头。到了教学楼门口,我死活都不肯进去。我低着头,拉着妈妈的衣角小声地说:“妈妈,听说新老师会打人。妈妈,我不想上学!”妈妈苦口婆心地劝说,我就是不肯进去。最后,妈妈狠下了心,把我连推带搡地拉进了教学楼。然而,我的脚又“钉”在了地上,目光却落在了楼梯前的大镜子上,再一次把担忧抛到了九霄云外,幻想着这面镜子就是白雪公主后妈的魔镜。

我好不容易走到了一年(3)班教室门前,可脚步沉重得再也走不动了,心提到了喉咙口。最终我还是迈着沉重的脚步走进了教室。我一抬头,突然看见讲台上站着一位年轻美丽的女子。她一见到我就露出了甜甜的笑容,她笑得那么美丽,那么自然,那么动人,让人感到春风拂面。我的脑海中不禁出现了一幅美丽的画面:阳光明媚、春意盎然,在五彩斑斓、色彩缤纷、争奇斗艳、姹紫嫣红的花丛中,闪过一道身姿曼妙、婀娜多姿、亭亭玉立的倩影。她与花朵露出笑靥,与蝴蝶翩翩起舞,与百灵一展歌喉。

没等我回过神来，老师已经快步迈到了我的面前。我心中的恐惧和担忧立刻烟消云散。她温柔地摸了摸我的头，拉着我的手关心地问道："孩子，你叫什么名字？"我抬头向她的脸望去，还是那张灿烂的笑脸。于是我回答了老师的问题。老师郑重其事地把我介绍给了同学们，并让同学们为我鼓掌，欢迎我的到来。我渐渐地喜欢上了这个面带笑容的老师，喜欢上了这个温暖的班集体……

可如今，老师那双会说话的大眼睛灰暗了，一道道细纹爬上了老师的脸颊。五年了，老师为了让我们学到更多的知识，为了让我们学会做人的道理，为了让我们懂得感恩，为了让我们……真是操碎了心啊！

老师啊，老师！您是开启我们智慧的钥匙，您是扶正我们思想的园丁，您是指引我们走向人生殿堂的天使……我们该如何回报您的恩情呢？我想我们应该用自己的实际行动好好学习，让您少为我们操心；我们应该多帮您做一些力所能及的事，为您分忧解难；我们还应该把您那最美的笑容深深地印在脑海中，激励自己，直到永远。

韭菜兰开花

永登县城关小学　魏晓红

"爱花的人热爱生活，爱生活的人喜欢孩子。"我喜欢养花、赏花，三十年如一日；而我从事的也是"园丁"的职业，一年四季都和孩子们在一起。

爱花就要舍得为花掏钱舍精力。你看，我栽植的一品红雍容夺目，三角梅艳丽多姿，龟背竹沧桑饱满，橡皮树光鲜大气……阳台上、客厅里、餐桌上、衣柜上，木本的、草本的、名贵的、无名的、大大小小、各色各样的盆花满眼皆是，一年四季叶绿香飘、花开不断。

在学校忙碌了一天累弯了腰，被孩子们吵昏了头，回到家看看这些有灵性的植物静静地张开笑脸，倒也顿感轻松。

养花是个细致活，也是个操心活。夏天还好，窗台上、走廊里、院子里都是养花放盆的好地方。一入秋，天气日渐变寒，我便得转移养花阵地，室内空间本来就不大，这近百盆花每到冬天就成了我家中“最美丽的负担”。

于是，我就把一部分在家里无处落脚的盆花搬到学校去，办公室和教室的窗台上也就有了绿枝嫩叶、姹紫嫣红的春意了。于是我和我的学生们就可以在课余时间赏花、养花，写作课上品花、写花了。

有一回学了《白杨》一课，让学生学写托物言志的小作文。我颇是自豪并略带偏爱地手指那些造型独特的花盆，诠释了君子兰、文竹、迎春梅等花的象征意义；然后要求学生认真观察这些花树、花形、花色和花态，运用借物喻人的写作手法，描写并赞美自己最喜爱的一种花。结果，在批改学生作文时我却发现我所列举的花种很少有学生去“描”、去“言”、去“赞”，而最震撼我的却是这样一个题目：《韭菜兰开花》。

“韭菜兰”我见过，顾名思义，其根和叶与食用的韭菜颇为相似。其实韭菜兰的根部更像大蒜，类似于君子兰、马蹄莲、对莲、兰草的块根，也许“兰”和“莲”有相通之处吧，总之这“韭菜兰”和它们一样都是花。其叶有圆形和扁平两种，一年四季都素色直立、素颜面天，倒也一丝不苟、郁郁青青；夏天开出白色如韭菜花一样的五瓣花，简单朴素、清幽淡雅，并不见得多美。记得我最初养花的时候也有一盆，后来养的花品种繁多且名贵起来，这韭菜兰就越发显得普通而寡淡、低矮与平庸。有一个冬天我竟忘了挪到室内，它就蔫蔫地伏倒在花盆里，冻僵在小院一角。

第二年的夏天，这雨后的韭菜兰竟然缓过气来，满满地长成了一盆。我一边惊叹这韭菜兰的顽强，一边担心它这长势迟早会撑破花盆。后来因移栽伞竹需要花盆，我就把那韭菜兰挖出来送人了。

在看到学生作文题目的一刹那，我的眼前立刻浮现出那独傲寒冬、郁郁葱葱、朴素低调的韭菜兰。赶紧去翻看这学生的名字，眼前便浮动着那个因不善言辞且学习成绩不好险些被我劝退学的小小身影。

那是一个清瘦而矮小的农村女孩，和她多病的妈妈蜗居在郊区一间昏暗的出租房里。我第一次去家访是打车到路口，又步行了十几分钟才走进那间不足10平方米且堆满杂物的小屋的。

当时小女孩正伏在矮小的饭桌上写作业，一个面色苍白的女人在墙角的小火炉上煎药，满屋子都是蜂窝煤混合中草药的味。

我是有备而去，早就打听到她妈妈原来在一个建筑工地做饭，现在娘俩靠拾荒过活。

“你爸爸呢？为什么不回老家去？农村没学校吗？”我现在一想起我第一次家访时的问话就脸红。

“她爸在工地上出事了。”那个端着药碗的女人说，“等处理结果下来我们就走，兰儿学习不好，给您添麻烦了。”

“老师，我笨我差，可我一直在努力。”这个叫兰儿的就是我的学生，我知道她的确比别的孩子用功，但她再怎么努力，各方面怎么能够与我的“得意弟子”们相比呢？

“你们城里的学生娃聪明、底子厚、家庭好。是我们大人把兰儿拖累了。”兰儿的妈妈顿时流下了眼泪，“是因为你们学校的条件好、老师强、成绩好，我们才把懂事的兰儿送到你们学校的。”我一时不知道说些什么好，只得悻悻地退出了那个“乌烟瘴气”的小屋，还差点儿踩到门边一个破瓷碗中栽着的几株韭菜兰……

“城里的老师真好，同学们个个优秀。我们一家就像这平凡的韭菜兰，突然移栽进五彩缤纷的大花园。我们不只羡慕身边的姹紫嫣红，我们更要在这繁华的城市努力找到属于自己的位置……”读着兰儿的作文，我不觉地眼眶湿润了，“……爸爸出了意外，我们家的天坍塌了。妈妈丢了工作，我们家失去了生活来源。考试成绩公布了，我拉了我们班级的后腿……韭菜兰啊韭菜兰，你永远都这么细弱这么矮小吗？什么时候你也能开出洁白清雅的花朵？你一定要见证我们农村娃不会比城里娃差！”

“不，不是这样的。”我心想，赶紧在作文本上写下这样的旁批：“是老师的偏见，是我的粗心和失职，兰儿现在各方面都赶上同学们了。”

“韭菜兰已经打了花苞了，亭亭玉立地立在斜阳里。听妈妈说爸爸的补偿款也快下来了，如果妈妈能找到新工作，我就说服妈妈不再回老家去。我要告诉我乡下的小伙伴们，我没有给老师和同学们丢脸。我喜欢城里的学校、老师和同学，我要加倍努力学习，争取各方面的进步……”我轻轻地读出了声音。

“秋天到了，我也要把韭菜兰放到教室的窗台上去，我要让所有人都知道：是韭菜兰就要开花，韭菜兰更要开出与众不同的花。”

放下作文本，我擦了擦湿润的眼角，快步去寻找那个瘦弱的女孩——正值课间休息时，别的孩子们都在教室内外尽情地喧哗嬉戏，而她，正伏在课桌前紧皱着眉头，握着钢笔在练习簿上专心地计算……

我不忍心打搅她，我的眼前是一片执着盛开的韭菜兰。对，放学后先去买一个大大的花盆，我要帮兰儿一起移栽她的韭菜兰，我要陪她、陪每一个热爱生活的孩子去欣赏、去品味韭菜兰开花。

大山情怀

西固区金沟中心学校　杨雨凡

犹如朝阳中的晨露，在那百合盛开的瞬间，我想到了你；犹如清风中的嫩绿，伴随着尘埃的气息，我见到了你；犹如大山的影子，融入了山的情怀，那一刻我思念着你。

我不知道是谁给贫瘠的黄土地带来了一丝希望，我不明白是谁带走了我无限的思念，我不清楚是谁在山花灿烂时给大山谱写了一篇华丽的乐章。你说那山像父亲的脊梁，让你有了依靠；又似母亲的怀抱，温暖又安逸。或许，山才是你的家，家才是你的心。

初春的阳光照在你稚嫩的脸上，母亲送你去上学。出门时，母亲微笑着对你说："好好学习，走出大山！"看着母亲已经出现皱纹的脸，你踏上了上学的路，那条被大山包围的小路是村里通向外面唯一的路径。妈妈曾说山的外面很美，你一直想象着山外迷人的景色……

骄阳似火，放学的快乐心情无以言表，你奔跑着回家，想告诉母亲你回来了。就在离家不远的地方，你看到母亲弯着腰在地里干活，她瘦弱的身躯在空旷的大山里显得微不足道，然而她却为你撑起一片蓝天。看着你灿烂的笑容，母亲脸上的笑容在夕阳下显得更为和蔼。

秋风吹落了满山的红叶，那张鲜红的录取通知书染红了整个山谷。这是生命的红，它将少年的梦与大山的情融为一体。在家门口，你看到母亲的头发已经花白，布满皱纹的脸上露出了从未有过的喜悦。那眼神中似乎隐藏着无数的语言——有一位母亲对儿子的叮嘱，有一个女人对大山的情愫。

大雪覆盖了整座山,白茫茫的山间没有一个人,你独自走在回家的路上,你不知道山是否会给你一个拥抱。山外的繁华世界让你迷失了自己,无数个夜晚在辗转反侧中失眠,现实的浮华与内心的虚荣让你矛盾,几经挣扎之后你选择了回到你出生的地方;可此时你又犹豫了,害怕这里的一切不再给你机会。就在踏进村口的那一刻,你知道自己想错了,大山上的路依然泥泞,大山间的山花依然灿烂,你看到母亲饱经风霜的脸上又多了一些沧桑的皱纹。

寒风中,母亲送你出门,就在你和她离别很久以后,猛然回头你才发现,她居然还站在那里,看着你的背影远去。你看着母亲佝偻的身躯和被风吹散的银发,不知为什么泪水模糊了你的双眼,母亲真的老了!儿时上学的记忆瞬时涌上心头。第一天上学,母亲就是这样看着你送你出门的。

你常常想,山为何总是那么雄伟,总让你无法超越,这座承载着你青春年少梦想的山上留下了你人生的足迹。时光飞逝,今天你已不想远去,你是大山的孩子,你有着对山炽热的激情,山间的一草一木是你心中的美景,山花烂漫之时,便是你破茧而出之时……

那山、那水、那人,都是你久别的亲人。雨后的百合更加清香,那脆玉的花瓣纤尘不染。清晨,朝阳照耀着整个山间,崇山峻岭依稀可见。当百合十里飘香时,你便走入了大山的心间……

爱的力量

城关区水车园小学　魏　蓉

时光匆匆,不知不觉间我已经在班主任的岗位上“摸爬滚打”了十年。在这十年中我曾为孩子们的成长而高兴,也曾为孩子们的淘气而伤透脑筋,但不论是开心或委屈,只要心中还有爱,我就会一直坚持走下去。

爱是教育的润滑剂,也是教师与学生情感沟通的纽带。没有爱便没有教育,爱是一切教育的起点。我们在工作中,是用高八度的调子、盛气凌人地去压制学生?还是用诚挚的情感去尊重、信任每一个学生?当然,我们都愿意选择后者。在工作中要运用情感和爱来开导、教育学生,而且爱学生是一名老师必备的智慧锦囊。没有这份对学生的爱,班主任很难开展班级工作,也很难成为一名优秀的班主任。

小学中高年级的孩子正处在心理和生理的突变阶段,他们虽然已能明辨是非,有时却不能控制自己的言行,难免出现不当行为。所以,当他们出现错误时,我们要及时地给予引导,避免正面严厉地批评。要选择好时机,用“爱”的方式让他们认识到自己的错误。下面就是我在从事班主任工作中遇到的一件事,它体现了我作为老师对学生诚挚、友善的关爱。

在六年级第一学期期末时,我遇到了一件让我至今记忆犹新的事。那天天气很冷,北方的冬天早晚温差很大,人们都躲在家里享受温暖。刚吃过饭不久,手机铃声突然响了起来,潜意识里我就觉得似乎要发生什么事,我习惯性地接起手机,听到电话那头很急切地说道:“是魏老师吗?”我似乎感觉到了什么,说道:“您别急,我是魏老师,怎么了?”只听电话那边又传来喘气的声音,夹杂着担心与紧张,说:“我是戴倩倩的爸爸,孩子这阵子还没到家,我们到学校找了好几遍,都没见到人,路上几个来回也没见她的踪影,这实在是没办法了,就想问问您知道不知道她去哪了?”我一面听着这位家长说话,一面感到事情的严重。因为那时已经是晚上七点半了,黑色的幕布早就挂在了天边,没有一丝亮光,而且天又冷得出奇,这样的夜晚,一个身形瘦小的女孩会去哪儿呢?一种不祥的预感笼罩在我的心间。我首先稳定了一下情绪,让戴倩倩的爸爸不要着急,也不要紧张,并告诉他我会帮助他找孩子。几句简单的对话后,就挂了电话。此时,我的心像是被一块巨大的石头压住了,心想:她会去哪儿呢?放学都三个多小时了,各式各样的假设在我脑海里重复出现。对,问问和她关系好的几个女孩,或许会有些线索。接着我打通了雷新月家的电话,当我把事情的原委告诉她后,她告诉我说:“戴倩倩今天放学和我还有几个女生一起出的校门,我们在水车博览园那里玩了一会儿,就各自分头回家了;但是戴倩倩却没有朝家的方向走,她告诉我说今天她没考好,怕她爸爸打她,她想一个人到体育公园走走。后来我就回家了,不知她去哪儿了。”听了之后,我立刻穿上外套,往体育公园走去。

窗外的寒风肆无忌惮地扫过无人的街头,零星飘落的几片树叶也仿佛赶着人们回家似的。刚出门的我打了个冷战,在这天寒地冻的天气里,她会去哪儿呢?想到这我加快了脚步。好在我家离体育公园不远,十分钟后我便到了那里。夜晚的公园早已没有了白天的热闹景象,萧瑟的寒风吹过干枯的树枝发出“沙沙”的声音,我疾步走在沿河的小路上，急切地张望着周围的景物，多么希望能看到那个熟悉的身影啊！就在我失望至极、驻足环顾周围的时候，突然发现小路的尽头有个孩子正背着书包。我快步往马路的方向走去，而且越走越快，我看那身影有点像戴倩倩瘦小的身影，心里一紧，加快脚步跟了上去。再近一些时我确定那就是她，我三步并作两步赶快跑了过去，喊叫着她的名字。她听到后，停下了忙乱的脚步。我走上前去，看到了她冻红的小脸、疲惫的眼神，心里不知为什么突然很难受，关切地问她："你为什么这么迟了还不回家？"她怯生生地看了看我，小嘴一憋哭了出来，说："期中考试我没考好，爸爸说要是这次考不好就要打我，所以……"说到这儿她就呜呜地哭了起来，我赶忙把她搂在了怀里，用我不是很热的双手紧紧攥住她的小手，对她说："爸爸其实是最爱你的，看到你这么晚还没到家，着急得快要疯掉了，他已经找了你整整一晚上了……"听到这，她的哭声更大了。

之后，我赶紧打电话告诉了戴倩倩的爸爸，他急匆匆地赶了过来，显得很疲惫，也很内疚，红红的眼眶包不住那深深的父爱。

平静了情绪的父女俩，在寒冷的冬夜里抱在了一起……事后，戴倩倩的爸爸很激动地握着我的手说："谢谢您，魏老师，我们的孩子平时最喜欢的就是您，在她最需要帮助的时候也是您安慰她，给了她自信，我们作为家长真是太羞愧了。这次她离家出走要不是您，我都不知该怎么办。今后在孩子面前我们当家长的一定要对自己说的话负责任，再次感谢您！"说着情不自禁地留下了泪水。

事情过后，我想：只要我们用心去对待孩子，他们也是能体会到我们的这份爱的，但不要把爱的方式表露得过于粗暴，那样会成为孩子前进的阻力和压力，而让孩子无法放开臂膀去展现真实的自己。也许几句暖心的安慰和鼓励的话语，又或是一个表达爱意的动作，都会让他们沐浴在浓浓的关爱之中。在爱的包裹之下，孩子会更加信任家长和老师，自然会积极地投入到学习和生活之中。

有爱才能面对学生的过错，将"暴风骤雨"化为"和风细雨"；有爱才会长一双慧眼，去发现每个孩子的长短，将爱洒向每一个角落。我坚信只要用爱心雕琢、用精心教诲、用恒心呵护，每朵花都会绽放异彩。

欢喜从师记

七里河区西果园中心校　高　岩

虽然这里处处是山，一片荒凉，但我的心并不荒凉，我愿点亮一盏心灯，照亮大山的眼睛，唤醒大山沉睡的梦。

——题记

回想起刚上班的情景，怎一个"惊"字了得。因为参加的是甘肃省招考五千名大学生到农村工作，心里早已做好了条件艰苦的准备；但真正到了学校，才知道原来七里河区还有这么艰苦的地方。

一、我来报到

报到的那一天，前两天的积雪还没完全融化，西果园中心校的大校长对我们几个新教师一一做了安排。有坐专车去报到的；有自己坐公交车去报到的；剩下我们几个分到后山的老师，大校长手一挥："等着，你们的校长来领书，把你们捎上去。"捎？后山？我们几个心里嘀咕着，那到底是怎样的？

"快——快——快——出来上车！"随着催促声，我们几个忙从等待的办公室跑了出去。一看吓一跳，进入我们视线的是一辆破旧的三马子，车上堆满了书，车轱辘上还安着防滑链。一见司机才让我忍俊不禁：军大衣、雷锋帽，黑围巾更是将整个脖子和脸包得严严实实，只留一双乌黑发亮的眼睛注视着他的"坐骑"。"我们就坐这个吗？"有人忍不住问道。"上车——上车——"我们几个忙着连拉带拽爬上了三马子，气喘吁吁地坐到了书上。我的脑海里突然出现了电视剧里看到的场景：知青上山下乡。

沿着公路也不知走了多久，只见两面都是一座座山，山上光秃秃的，格外苍凉。只有这一条公路伸向前方，似乎没有个尽头。我忍不住问校长："我们的学校还没到吗？"我们的校长是一个面色红润的中年汉子，他满脸笑容，活像庙里的泥菩萨。他手指着左前方一座山笑嘻嘻地说:“这还在哪啊?万里长征才是第一步呢!看见没,翻过那座山就是。”我吐了吐舌头,我的天呐!我想着路远,也没想着这么远啊!终于,三马子开始上山了,“全副武装”的司机尽管开得小心翼翼,可我们还是被颠簸得左摇右晃。这是一条顺着山势而修筑的土路,约有五米多宽,好像一条长蛇盘踞在这里,又显得那么毫无气力。校长介绍道:“我们上初中,就是骑自行车去上学的。”在山路上,而且是这么陡的山路骑自行车,我想那感觉一定比玩赛车还刺激。三马子顺着盘旋状的山路一圈一圈地走着。我想起了一句歌词:“这里的山路十八弯,这里的水呀……”可是这里只有连绵不断的山而没有水,缺少了水的山总觉得少了几分韵味和灵性。校长指着山坡说:“你们看那是什么?”我们顺着他的手指望去,整个山坡都被农民平整成了田地,山有多陡,地就有多陡。有的地陡得感觉人都没办法站在上面,我们疑惑农民们怎么在上面种庄稼。校长严肃地说:“土地就是农民的根,只要农民们能把地开垦出来,他们就算在上面站不起来,爬着种也会种出庄稼来。”是啊!勤劳的农民们正是靠着这种不怕苦的精神发家致富的。这里是靠天吃饭,庄稼的好坏要看老天爷给不给力,但这里又被称为“百合之乡”,全国闻名。这里的农民靠着自己勤劳的双手,好多人都住上了二层小楼,开上了小轿车,日子照样过得滋滋润润的。

上了山,感觉到了世外桃源。土路上零零星星的羊粪、牛粪,就那么安静地躺着;耳边不时传来“咩——咩——”的声音,似乎是小羊羔在呼唤妈妈,又仿佛是它们在跟我们这些外来客打招呼。有些人家门口还拴着骡子,养着牛、鸡,各种家禽的叫声此起彼伏。路上有挑着水桶的人,还有拉着满满一架子车粪给地里上肥的人,更有开着三马子拉粪的人。我心想我们坐的这辆三马子,不知拉过多少车粪啊!后来才知道,有车坐是多么幸福的一件事,平时老师们都是徒步一个半小时上下山的。在以后的日子里,我在这条路上,冬天还坐过摩托车,感受过寒风刺骨的透心凉;还坐过拖拉机,站在车厢里,车开的时候,风在耳边呼呼作响,后面的头发都能被吹到头顶去。

二、我眼中的奇景

我的学校就是属于西果园中心校的上岭小学。终于到了学校,感觉时光倒转到了20世纪80年代。学校是两排,每排三间砖房,更奇怪的是进了教室看见屋顶不是平的，而是两根两根木头对搭起来的，也不知道有多少根，把屋顶撑得尖尖的。房顶上长满了杂草，有一次校长上房顶还摘了几个野蘑菇，他说没毒，但我们只是瞧着新鲜谁也不敢吃。老师的宿舍听说是新修的，也只是砖头盖的几间平房。刚到学校的那几天，一下课，低年级的学生就全跑到我们宿舍窗口，用好奇的目光打量着我们，仿佛我们是来参展的珍稀动物，我显得局促又尴尬。我们对他们来说是新奇的，其实他们对我们来说又何尝不是新奇的。问他们最喜欢吃的是什么，他们会说是牛肉面；问他们喜欢上学的原因是什么，他们会说来学校爷爷每天会给一块钱；问他们遗憾是什么，他们会说没看过电影没玩过电脑，没进过餐厅没吃过汉堡……

刚来的时候是初春，我算是见识到什么是“二月春风似剪刀”了，没两天，我的脸就被刮得烧疼烧疼的，嘴巴干裂，老是感觉口渴，可喝多少水也不管用。白天的风还不算厉害，到晚上那个架势才叫来势汹汹，好像是一节一节的火车从耳边呼啸而过，又像一只勇猛的狮子在耳边肆无忌惮地咆哮。慢慢地，这样的声音也竟成了我们安然入睡的催眠曲了。听久了，也就不大惊小怪了。听当地的老师们说这里属于二阴地区，因为地势高，不仅风格外大些，只要山下下雨，这里绝对飘雪。前来看我的朋友有一次正好赶上这里下雪，他惊讶地说：“我今天来算是经历了三种天气，出门时天是阴的，进了西果园下着雨，到你这里变成了雪，真是太神奇了！”

后来条件好一点了，我们上下班可以坐个三马子改造的拉客车了。我最喜欢看秋天的朝阳，每次车到半山腰时，就看见对面两山间一轮又红又圆的太阳缓缓升起，心中仿佛充满了力量和希望。这里最美、最神奇的还是要数下雨天。每到下雨，没课时，我就爱伏在窗口看对面，对面的山洼到处都是白雾缭绕，仿佛那里是一片仙境，住在那里的神仙们都睡醒了，仙女们开始翩翩起舞，仙子们开始吟诗作乐了……让人遐想无数。对面的山在雾的笼罩下渐渐失去了轮廓，那些山似乎离我们很近又似乎离我们很远。

三、我的娃们

我总是把我的学生叫“我的娃们”，只要他们听到我这么叫，总是会抿着小嘴偷着笑。在我的心里，他们都是我的孩子，我带了他们六年，他们从一个懵懂的小孩到现在茁壮成长的少年，看到他们一点一滴的进步，我真是又骄傲又欣慰。

我们这个班有特点的学生真是太多了。其中我们的小班长石新瑶虽然年纪不大、个子不高，但管起学生来就是一个小老师，倒让我省了不少心。她说起道理来真让我自叹不如。她的反应能力非常快，有一次，我给学生发第三单元的测试卷，卷子刚发下去，有些同学就喊起来，“老师，我是第二单元。”“老师，我也是。”我嘴巴一张，还没说话，石新瑶眼珠一转，双手一拍，大声说：“好了，好了，大家安静，发错卷子的同学把卷子交给我，高老师给你们再找第三单元的。”同学们立马安静下来，这个小姑娘真是太厉害了！那天我感冒了，鼻子吸溜吸溜的，一说话就不停地咳嗽，好多同学都用关切的目光看着我。下课了，刚出教室门我就听见她训斥平时调皮的男生：“你们如果今天再惹老师生气，我们女生就合起来揍你们。”她俨然是我的保护神，听得我心里暖暖的。

还有经常语出惊人的小帅哥柴浩，记得四年级我们学习《中彩那天》这篇课文时，我问同学们：“如果你是围观的人，看到别人中了一辆车，你的心情会怎样？”同学们纷纷说“高兴”“羡慕”之类的。柴浩突然站起来说：“羡慕！嫉妒！恨！”我一听他的答案，再也控制不住笑出了声。感谢这些带给我快乐的学生，让我的教师生涯不再枯燥。

每个班都有极其调皮的学生，我们班也不例外。“捣蛋大王”王旭让我非常头疼，他的调皮劲我都无法用语言来形容。他经常敞着衣服，双手插在口袋里，迈着八字步，走路还摇头晃脑的，嘴里哼着各种流行歌曲，时不时再冒出两句脏话。有一次，王老师气势汹汹地来给我告状。他就是我们班的“搅事棍棍”，好事没他，坏事准少不了他。可就是这么一个难以管教的学生，在我生病在家时，天天打电话问候我。作为教师，真的不要以学习成绩的好坏来衡量学生的好坏，每个学生都有自己的闪光点，只是我们经常蒙蔽了双眼，不愿多看。

还有“书呆子”柴一帆、“小美女”高国萍、“大侠”高艳霞、“大脸猫”柴佳美、“光头强”蒋新旺……提起他们的名字，一件件趣事历历在目，我们一起挖过“锅锅灶”烤过土豆；我们一起绞尽脑汁计划着怎样表演好节目；我们一起努力想着怎样在运动会上能取得好成绩……我们在一起经历了太多太多难忘的、快乐的事。六年了，再有一学期他们就毕业了，我真的有十二分的不舍。跟他们在一起，真的会让人觉得世上有不老的童心。

我最喜欢这么一句话：“教师就是耕种者。”那么，我愿将知识的种子种在娃们心间，也愿教会他们怎样为人处世，留给他们的童年一个美好的记忆。虽然这里处处是山，一片荒凉，但我的心并不荒凉。我愿点亮一盏心灯，照亮大山的眼睛，唤醒大山沉睡的梦。

妈妈的手

榆中县文成小学　郑喜红

有这么一双手，第一次扶我学走路，第一次教我学会吃饭，第一次教我学会了穿衣……这是一双勤劳的手，一双温暖的手。这双手很丑，皱皱巴巴的，又粗又硬，还布满老茧。可这就是妈妈的手，为我撑起一片幸福蓝天的手。

妈妈的手是一双勤劳的手。白天母亲用这双手操持我家的承包地，为的是让我们全家能吃饱不挨饿。一年四季妈妈的手从来没有闲着，忙完地里忙家里；全家人吃饱了又要喂猪喂鸡，卖了猪肉和鸡蛋供我们上学，她却从来舍不得吃一颗鸡蛋。每当鸡蛋卖了钱，母亲就会笑呵呵地用她那粗糙的手指一遍又一遍地数，数完了就望着钱，嘴里不知在嘀咕什么，还不时地偷偷笑几声。然后微笑着用她那长满老茧的手把一个破旧的手绢铺得很平整，用那双手把钱放在手绢中央，再小心翼翼地把手绢从四角叠过来，叠得方方正正，把那些钱包得严严实实，甚是规整。我都不相信母亲的手会把手绢叠得那么规整，她会再用手压一压，最后放进一个带锁的抽屉里。每当我们上学买学习用品时，母亲就会笑呵呵地打开那个抽屉，满足我们的需求。母亲的那个手绢就好像是有魔法一样，里面的钱永远也取不完。

妈妈的手是一双温暖的手。小时候因为家里穷，没钱买衣服和鞋。白天母亲忙完地里的庄稼活，晚上就在煤油灯下给我们兄妹纳鞋底、做衣服。有多少个夜晚我一觉醒来后还看见母亲在灯下忙碌着，她怕冬天到来时我们兄妹没有御冬的衣物。妈妈的手特别灵巧，为我们兄妹做的衣服都很合身。也许我是女孩子的缘故吧，妈妈为我做衣物时格外用心。我最喜欢的是妈妈做给我的兔棉鞋和兔棉帽，每年冬天穿上妈妈为我特意准备的“装备”，把我打扮得像个公主，小伙伴们都非常羡慕我，整天围着我转，都想戴戴我的兔棉帽。穿着妈妈做的千层底我就感到分外有精神，走起路来脚下都有风。它陪我走过了无知的幼年，走过了懵懂的少年，走过了人生最关键的青年,我仍一步一步坚定地向前走着。穿着妈妈做的棉袄袢,我温暖地度过了一个又一个严寒的冬季,迎来了一个又一个明媚的春天。母亲的这双手为我拂去了冬日的严寒,带来了春的温暖,不但温暖着我的身,也一直温暖着我的心。

现在我们都已长大,每次回家和妈妈聊天,望着妈妈满头的白发,拉着妈妈那双皱皱巴巴、又粗又硬,还布满老茧的手,我的思绪不由得就会回到曾近的岁月……就是这双手把我们养育成才的。这双手挑起了我们全家的天,是我们全家人心中最伟大、最美丽的手。

追忆童年的游戏

城关区东岗小学 李 娜

童年的时光也许是人来到这个世上最为纯真的时光,尽管儿时不再来,但是回忆依旧在。回想起那一件件完全不同于现在的孩子们玩的玩具,还有那一种种现在孩子们似乎都没有多少机会玩的游戏,自己不禁呵呵笑出声来,同时又为现在的孩子们觉得惋惜。

每当春天吹柳絮,夏天捉蚱蜢,秋天杠树叶,冬天打冰凌,还有跳皮筋、扔石子等等,那一个个美好的瞬间浮现在脑海里,仿佛风铃响起般叮叮当当,既悦耳,又让人感到轻松。还记得自己从小就是男孩性格,在尘土飞扬的大马路上,我曾骄傲地推着父亲做的小木车,印象里那两个带钢珠的轴承还闪着亮光。滚铁环是件很有挑战性的事情,它不像推小木车那么简单,它需要找平衡,需要技巧,急不得。这也许是男孩子们的游戏,可是急于要学会这样技巧的我没有在意这件事情的难度,滚来滚去也就学会了。还记得,铁环再也不倒退而是直冲向前时,我快乐极了!

那时的马路都是土路,我们院子里的小伙伴最爱和泥巴了,尤其是我们女孩子喜欢用泥巴做出各种各样的饭菜"过家家"。男孩子们就更有创造力了,我记得坦克车是用两块正方体的泥巴一大一小粘在一起,修出轮子,再搓一根细长条斜粘在上面,就成了"所向披靡"的坦克。还有啊,很刺激的一种,把泥巴捏成小碗的形状,里面放些水,有时干脆吐些唾沫,那时根本不知道讲卫生是怎么回事。然后,把小碗反着往地下一摔,大家比一比谁的那个摔得最响,呵呵,真够厉害呢!不知道是什么时候,我们也许是在休息吧,也会拿块石头在地上画"丁老头",这也是我们女孩子喜爱做的事情,直到现在我还记得那首有趣的童谣。一个圈、两个圈,画上皱纹和五官,画上头发和腿脚,简简单单的笔画和线条,也能组成有趣又形象的画面,真的不需要太多绘画技法,所以你教我、我教你,乐此不疲呢!

那时的冰棍是真正的冰棍,除了冰就是一根木棍,不过很甜啊!现在恐怕再也找不到那样的冰棍了,五分钱一支。一根一根存起来像宝贝一样,每天都要数一遍,看看少了没有。就是这些普通的冰棍棒也够我们玩上一整天的。和小伙伴一起玩时,我把我的一把撒到地上,然后另外一个人一根一根往外抽,如果能保证其他的冰棍不动,那么他抽出的这根就属于他了。如果他犯规了,那么下一个就轮到我来抽他的冰棍棒了。最后数数看谁赢得多,这还真需要耐性啊!

还有廉价又不费力的游戏是男孩拍画片、女孩抓杏核。拍画片有点像现在孩子们玩的打卡。两个人玩,拿起一个拍地上的,地上的被拍翻过来就算拍的人赢了一个。那时为了让自己的画片有魔力,还真下了不少功夫呢!女孩们抓杏核就更有趣了,只要有了杏核,就可以玩起来,三两一组,玩法简单。一种玩法是把五六个能一起抓在手里的杏核先摊在地上,把其中一个先拿起来,然后抛到空中,在这个杏核落下来之前,要先从地上快速取一个杏核,再接住空中落下的那一个。比谁能全部完成,一个个地从地上取到,再接住空中落下来的那个,全过程一个动作都没有失误,就算赢了。另一种玩法是,在空中那个落下来之前,一把全部抓起地上散着的杏核,并准确地接住空中落下的那一个,就算成功。我看过姐姐们玩这种游戏,她们会用颜料把羊拐染成红色的或蓝色的,摊在地上时花花绿绿的很好看。

我们的童年里,常常在秋天玩一种游戏——杠树叶。在落叶满地的季节,一帮孩子在树下找那些最粗壮的树叶,去掉叶子,只留下一根粗壮的叶柄。我找一大把,你找一大把,大家互相拿着"杠"。所谓"杠"就是把两根叶柄相互勾住,互相往回拉,看谁的被拉断。这个游戏的输赢并不重要,也没有人计数,我们就是为了玩一下树叶的叶柄而已。在阳光灿烂的午后,天很蓝很蓝,晴空下黄叶子闪着金色的光,发出诱人的叶片清香,我们把满地落叶踩得咯吱咯吱作响,那些时光真美好。杠得多了就自然有了经验,刚掉落的叶片不能要,水分太多容易拉断,要选那种有韧性的叶柄才不容易被拉断。直到现在,我时常在某个秋日的午后,还会想起自己和小伙伴们在学校的小树林里乐此不疲地满地寻找叶柄。

冬天很快就来了,我们穿着厚厚的棉袄、棉裤,带着棉帽、棉手套,一个个穿得圆滚滚的。行动不够方便的我们再玩点什么呢?机灵的小姑娘转身闪进屋里拿出一个圆形的小盒子,我们定睛一看原来是“百雀羚”的小铁盒。“我们一起跳房子吧!”只见她高举着铁盒,眼睛笑得眯成了两弯新月。“好啊!”我们异口同声地应着。这个游戏参加人数不限,形式有两人轮换跳,几个人轮流跳,多人分成两组轮换跳等。跳之前,先在地上用粉笔画出连在一起的方格,有正方形、长方形,也有长方形与半圆形相结合的,也有画成飞机形状的。

跳时先将小铁盒(也有用沙包的)放在第一方格外,跳者全神贯注,用一只脚将石块轻轻踢进第一格内,然后单脚跳进第一格内,用支撑脚将石块踢进第二格。依次进行下去,直至将石块踢过全部方格。如果中途累了,可以在规定的方格内休息片刻。如果有人在踢的过程中出现铁盒压线、出格或铁盒连穿两格的现象,算失败一次,下一轮重新从第一格跳起。先到达终点的人,要把铁盒放在脚背上,轻轻走出方格。先完成全套动作者为胜,负者要接受胜者的处罚。玩不了一会儿,我们就感到浑身热乎乎的,再也不怕寒冷的冬天了。

回忆着童年的小游戏,我突然感到自己很幸福,没想到童年时代的小游戏竟深深扎根在我的脑海里。几十年过后,我想起它们时心中还会有一丝颤动,嘴角也会不由自主地上扬,发自内心地笑出声来。虽然童年的时光一去不复返,但是它却是我生命中最珍贵的回忆。

无声的父爱

兰州天庆实验中学　王玉雯

2005年10月22日,星期六,早上七点。推开病房那扇沉重的大门,望着父亲那因彻夜未眠而熬红的双眼,还有那不再圆润的脸颊,此时我才相信——父亲真的生病了。

工作调动

“臭丫头，你爸为了你，可是放弃了自己的前途啊！”

听母亲说，小时候家里条件不好，又抽不出人手专门照看幼小的我，母亲便想将我送回老家托人照顾，但被父亲拦下了。过了几天，父亲兴高采烈地回来对母亲说，事情解决了。

那天开始，父亲便带着我同他一起上班。后来母亲才知道，那是父亲找医院的领导谈话，自愿从门诊效益最好的药房调到活最多、最累的药材加工室，只有一个条件，那就是带着我一起上班。从那时起，我就变成了父亲的一条“小尾巴”。父亲走哪儿，我跟哪儿，哪怕是父亲在干活，我也会在休息室里透过那微微张开的门缝，大声地喊着：“爸爸，快来陪我玩！”此时的父亲总是皱紧眉头，不发一言，但手底下干活的速度却加快了不少。

干完活休息的父亲，总是会在第一时间打开休息室的门，把飞奔出来的我抱在怀中，用他那细密、微微发硬的胡茬蹭蹭我的脸颊，逗得我咯咯直笑。

这样无忧无虑的日子一直持续到我上小学，但是只有父亲知道，我的这些快乐时光是他用自己一辈子的前途换来的。

上了小学后，父亲用一句“姑娘不能太黏爸”，就将我打发给了母亲。渐渐地，我这个黏人的“小尾巴”也和父亲的距离越来越远……

膝盖之伤

“臭丫头，还生气呢？看着你膝盖上的伤，你爸这两天没少内疚、心疼！”

父亲常说：“食不言，寝不语。”但我总没当回事。

吃饭时，我正眉飞色舞地与母亲说东说西，父亲瞪了我一眼，说：“赶紧吃饭！”我不在乎地“嗯”了一声后，继续与母亲说说笑笑。“啪！”一声，就听见父亲将筷子扔在了我的腿上，我没坐稳，从小板凳上摔了下去，磕伤了膝盖，流了很多血；但因为对父亲的害怕也没敢哭出声，只是苦着一张脸，在心里暗暗地数落父亲的不是。

谁想这次伤得有些重，抹了药之后膝盖仍然很疼，我走起路来一瘸一拐的。母亲为这又把父亲狠说了一通，父亲抿了抿嘴却不发一言，转身进了屋。

因这腿伤，第二天我起得早了点，害怕走不快而迟到。穿好衣服从卧室出来却发现父亲已经穿戴好,坐在沙发上抽烟。见我出来后,他将烟按在烟灰缸中,接过我的书包,把早饭塞进我手中,“这几天我送你上学,我去取车子,你把早饭吃了就下来。”说完这句话后,父亲便开门走了出去。此后直到我腿好,都是父亲骑着车子送我去的学校。

但在这之后很长的一段时间里,父亲在我的心目中就如同一尊冷峻而遥远的雕像。我也以为我和父亲的关系就会如此疏远下去,直到知道父亲生病的消息。

父亲生病

“丫头,你爸说他想活下去,想看你结婚、生子……”

其实在暑假时,我已感觉父亲的身体有些不适,时常咳嗽。但因父亲的身体一直很好,所以我也以为只是一点小感冒,没太在意。一直到九月底,母亲说要陪父亲去北京做检查,我才隐隐感觉有些不对。

二十多天后,父亲、母亲和姑姑从北京回来的那天晚上,我才知道父亲得了小细胞肺癌。

父亲住院安排手术期间,我天天陪在他的身边,怎么都无法想象身体强壮的父亲会得这种病。而生病的父亲似乎也不如以前坚强了,每次我坐在病床前,他都会紧紧握住我的手不发一言。但从父亲的眼中,我知道他那是放不下我。

从病房到手术室,一路上父亲依旧不愿松开我的手。我知道,他是担心自己下不来那个冰冷的手术台,我想说一些安慰他的话,但话到了嘴边却什么也说不出,只是反反复复念叨着一句:“爸,你要好好的……”

那是记忆中我第一次看到父亲流泪,我那心性坚如磐石的父亲,此时在我面前露出了他那柔弱的一面。我知道,我与父亲之间的隔膜,在这一刻已烟消云散了……

手术很顺利,经过一段时间的治疗和休养,父亲的身体渐渐恢复了起来。放下了心中的大石头,我也一夜好梦。我梦见父亲微笑地望着我,他背后的背景是,一棵大树在狂风暴雨中保护着一颗脆弱的小树……

父亲的泪花花

兰州天庆实验中学 张宏辉

都说“男儿有泪不轻弹”，可是在我的记忆中，父亲的眼里却常常噙着泪花。

父亲是一个老实巴交的农民，但他心灵手巧，做得一手好木活。农闲时节，他常常外出给人家盖房子、打家具，挣一些小钱贴补家用。他生活的时代，与今日相去甚远——“土改”时期，他作为地主后代受了不少皮肉之苦；“文化大革命”期间，他也照样没好日子过……可是，这一切父亲都挺过来了，用他自己的话说，那叫“针眼里磨了一条命”。

20世纪80年代初期，“包产到户”的农村土地改革已初见成效，家家户户基本都能填饱肚子了，可是我家却不行。母亲患上了脑膜炎，姐姐也差点被杏仁毒死，祸不单行的日子差点就压垮了父亲。父亲很少说话，只是每天到了吃饭的时候，自己端起一碗饭，只见他一口饭刚送到嘴里，却不嚼，喉头蠕动，眼里早已满是泪花……每当这时，我和姐姐吓得不敢说一句话，也弄不清他心里在想些什么。

我上五年级那年，学校编排了文艺节目，要参加全乡学区的“六一”汇演。我参加舞蹈《哈达献给边防军》的演出。演出当天，需要找一件绿军装（上衣就行），父亲为此跑东家串西家、求爷爷告奶奶地去借，最后却空手而归。我心中自是十分委屈，别人都有绿军装，唯有我穿一件藏青色的公安服。表演结束后，我拿着奖状给父亲看，父亲没接，只是喉头一动，眼里又是数不尽的泪花花，我却不懂他为何如此。

母亲的病一连几年都不见好转，父亲一面求医问药，一面勤耕细作。干木活挣来的那点钱，也被母亲变成中药喝到肚里去了。偏偏那年，弟弟又出生了，虽是一件喜事，可家庭的负担却让父亲几度不堪承受。几个月下来，刚刚不惑的他白发就添了不少。我和姐姐一边上学，一边帮父亲干些农活，同时照顾生病的母亲和年幼的弟弟。那一年，父亲早出晚归，东借西凑，勉强延续着弟弟那十元一包的奶粉，家中光景，那真叫一个惨淡啊！可奇怪的是，那一年，我却很少见到父亲的泪花……

父亲一面支撑着这个贫苦的家，一面又忍受着亲人别离的痛苦。

一年后,父亲托表姨在新疆边境给姐姐找了一个婆家,姐姐出嫁了。婚后的姐姐生活并不如意,酗酒成性的姐夫经常打她,有时竟一连几天将姐姐关在阳台不让出来。父亲得知这一消息后,一夜之间头发掉了不少,从此不苟言笑,家中的气氛笼罩在一片阴霾之中。父亲只要端起碗来,眼里总是含着泪花,我懂,父亲挂念姐姐,想让她吃了自己手中这碗饭。

这样惆怅的日子过了八年,父亲的泪流了八年,这八年光景,将父亲飞快地催老。最终姐姐的婚姻破裂,重返老家另嫁他人,父亲的精神负担才算真正有所减轻。在我看来,生活的清贫、家境的贫苦,都不及他对子女的牵挂更易催生出他内心柔弱的情愫……

我到省城上大学后,最痛苦的就是给父亲打电话。电话的那头,是父亲对我没完没了的牵肠挂肚。每次通话的最后,我总能感觉到父亲的哽咽,他嘱咐我好好学习,不要惦记家里,我听着听着,仿佛又看见了他眼里闪烁的泪花花。

再后来,弟弟也长大了,上了大学、工作了。父亲对弟弟的牵挂变成了我和他交谈的主题,父亲的嘴里总有唠叨不完的弟弟。他担心弟弟的脾气大会得罪别人,又担心弟弟做事粗枝大叶误了工作……说着说着,眼里的泪花又在打转。

如今我已有了我的儿,每次回老家,一进门,我都能注意到老父满眼泪花的情形,因为父亲高兴,更怕别离。父亲老了,举手投足已大有不便,他总问我打听一些外面的世道,问我们在城里的生活及我的工作。我们要离开的时候,他总是装一些鸡蛋给我们,说是土鸡蛋比城里的好;也让我们带一些他自己种的蔬果,还要照例给我的儿子兜里塞一百块钱……待到车门关上的那一刹那,我又分明看到他眼里的泪花花。

时至今日,我才明白:父亲很坚强,生活再艰难他都能撑起这个家;父亲也很脆弱,子女才是他唯一的牵挂。他所有的情感,就是他眼中那数不尽的泪花花……

记忆中的小窑洞

皋兰县第四中学 郭 琴

“哟,我的琴娃来了!”令我魂牵梦绕的声音似乎又在耳旁响起,那是奶奶迎接我的声音。奶奶其实是我的外婆,俗话说“外孙子,不如萝卜菜根子”,我对此不能苟同,在我的心里外婆是无人能比的,称呼“奶奶”我觉得更亲些。依稀中透过小窑洞的玻璃窗,奶奶一眼就看见她的琴娃了,她踮着小脚,“嗒嗒嗒”地迎我来了,那张和蔼亲切的笑脸便很快出现在我的面前。奶奶粗糙温暖的大手握着我的小手,将我带到了小窑洞里。小窑洞虽然没有那么敞亮,但是它却锁住了我童年最美好的回忆,它一直亮在我的心里。

窑洞小而简陋,一张土炕占据了一大部分空间,一个红漆的祖传木柜安放在炕的一端,间隔了炕与后面放杂物的空间。红柜是个百宝箱,常常锁着,带铃铛的钥匙奶奶随身存放在她对襟衣服的口袋里。百宝箱里的宝贝,随着时令变换着,什么大板瓜子、炒大豆、干枣、芝麻等。每次我去看奶奶,奶奶的头一件事就是开木柜,随即她的双手就把好吃的给我捧过来了。我嘴里津津有味地嚼着,幸福就在心里流淌着,红柜便吸引着孙儿的眼球。奶奶真好!要知道那些美味都是奶奶舍不得吃的,一点点给我们存留下来的。

奶奶是个勤快、爱干净的人,每天清晨,地板都被奶奶打扫得干干净净的,洒上水,看上去清新整洁。白天奶奶踮着小脚不停地忙,做饭、洗衣、喂猪、喂鸡,全靠她的一双手,她伺候着一大家子的日常起居。不懂事的孙儿们,只顾一起疯玩,全然没有想到给奶奶分担一些事儿,不过偶尔我也会幸福地给奶奶捶捶背、挠痒痒。“我的娃真孝顺!”在奶奶的赞许声中我快乐地成长着。小窑洞里最幸福的事便在晚上:我们几个小孩争着要睡在奶奶的左右,奶奶不是给我们唱小曲,就是给我们讲故事。小曲悠扬动听,奶奶轻松愉悦地唱着,我们如痴如醉地听着。故事朴素感人,故事里传达着真善美,什么神话故事、二十四孝故事,奶奶储备的故事可真多。听着奶奶的故事,我懂得了百善孝为先,懂得了好人有好报。奶奶也跟我们唠嗑,我常常把在爸爸、妈妈那儿受到的责骂和委屈说给奶奶,奶奶耐心地倾听,不时地抚慰,我心里的小疙瘩不知不觉就灰飞烟灭了。亲爱的奶奶,您大字不识一个,可是您却这样富有智慧。

奶奶虽然过着穷日子,但这丝毫没有阻止她对生活的热爱。奶奶养的老母鸡颇"善解人意",很能下蛋,攒起来奶奶就有钱了。只要听到走街串巷的小贩叫卖声,奶奶就坐不住了。那些颜色鲜丽、质感顺滑的丝袜,总让奶奶忍不住左摸摸、右看看。尽管都是次品,可奶奶却爱不释手,不过很快丝袜又穿在了我们脚上。穿着奶奶给的袜子,我格外高兴、格外小心,将它视为珍宝。

奶奶虽然过着苦日子,但这阻挡不了她接济讨饭的乞丐。那时候,挨家挨户乞讨的人多,一听到巷子里的狗叫声,很多人家就赶紧闩上大门。可奶奶却不急,奶奶常念叨讨饭的可怜,能给就给他们一点吃的吧!

奶奶有一句名言,那就是"牙齿硬,掉得早;舌头软,却长久"。多么朴素,却多么耐人寻味,奶奶的言行举止点点滴滴地诠释着这句话的含义。奶奶整日微笑着,傻傻的我还以为她没有烦恼,其实怎么会呢?小脚的奶奶从早忙到晚,她累呀!舅妈可不是"善茬儿",心里稍不舒服,就板起脸,没少给奶奶气受。奶奶任劳任怨,什么事都埋藏在心里,哪里不舒服也不告诉儿女们,跟舅妈也从来没有吵过嘴。有一年麦收时节,大人们都去抢收了,大热天,奶奶要准备十来口人的午饭,一不小心,面和得太硬了,要知道放了碱的面,硬了擀起来可不容易。擀杖在她的手里来回搓动,面团慢慢变大变薄,而奶奶的额头上也浸满了密密的汗珠。奶奶的刀工不错,擀好的面很快变成了细细的、均匀的长条。吃着筋道顺滑的凉面,胃里好舒服,可是我却数不清这其中滚落了奶奶多少滴汗水。

我上高一那年冬天,奶奶病了,病得很重,谁也没有料到她病得那样重。那个周末天是阴的,心是沉的,我返校时顺路去看奶奶。进了舅舅家的大门,我径直奔向院子后面的小窑洞,那声"我的琴娃来了"的声音没有再迎接我。窑洞的炕上,奶奶躺着,她的脸色很黑,她喘着粗气,身体看上去很胖,其实那是浮肿的样子。我跪在炕上,脱掉手套,握住了奶奶的手。她的眼睛真利,一眼就发现我的手套破了,硬要给我补,她是躺着给我补好手套的。奶奶的心里永远装着我,我哭了,奶奶急了,她努力笑着对我说:"我的娃,奶奶会好起来的!你要好好学习,考上大学哟!"其实奶奶骗了我,她再也没有好起来,没过几天,奶奶就永远地离开了我们。

如今小窑洞依然在,窑洞里的故事却仿佛在昨天,我的耳旁又回响起那声温馨亲切的“我的琴娃来了”。记忆中的小窑洞,我亲爱的奶奶,愿您在地下安息!您对我潜移默化的教育和影响将陪伴我成长、成熟,笑对人生。

墨 渊

榆中县第九中学 魏志梅

周六在QQ上聊天时,看到了教院一位同学的个人画展——水润浸墨,其中一幅水彩创作《烟雨蒙蒙》,成交价是一万五。当时在帖子上除了对这位同学的祝贺之情外,心中早已是打翻了五味瓶,为自己的懒惰,也为自己的平庸。想起读大学时他绘画水平就崭露头角了,那时的代课老师就鼓励他走水彩这条路。一路走来,他陆续有新作入选西部水彩网的“新人新作”,成绩骄人。而我呢?

2002年,我有幸调到了县城工作,在这里,碰到了一帮爱写作、爱钻研、爱搞学术的同事,于是,我的失落就这样有了转机。我卑微地提起笔,在报纸上临摹,很怕别人讥笑,竟是乘办公室没人时才敢奋笔疾书。基于以前的基础,渐渐地,我已能在众多人闲谈时自顾自地练字了。虽然,这些“站立不稳”的字尚难登大雅之堂。就这样,两年匆匆过去了,我的字已稍稍有些看相,但终因练字不太勤奋,成人世界太多应酬,常人生活的琐碎,没能使我造诣太深。画好的工笔画上,我依然不能潇洒地题跋。于是,练字的兴致便淡了。

一个偶然的机会,我独步在南河公园,在一座雅致的偌大庭院里,看到了一个让我不曾想到会对我以后产生很大影响的人。他头戴一顶草帽,蹲在青石砖上,一只手里提着毛笔,一只手拄在一个貌似玉石的很结实的水杯子上,后来我才知道,他这是在分担身体的重荷。他一边写着一边退着,长长的走廊上,满满的都是他的字,有的水迹快干了,斑斑点点的;能看清楚的,是离他较近的几行。笔法苍劲,结构匀称,章法讲究,浑然一体。下午的阳光透过树梢零星地照在地上,也投在了他身上。走廊的里侧是一幅幅精美的浮雕,一组组太极走势;走廊的这边,丹柱雕梁,红栏迂回。他就至身于此,平添了几许静美。也许是感到有人注视,他终于抬起了头,一个慈眉善目的消瘦老人闯进了我的眼里。他戴着一副石头眼镜,边角有小小的裂痕,也很陈旧,一根失了本色的细绳绑在后脑勺上。“你也会写字吗,要不要试试?”他看着我说道。我忽然有一种冲动想写写,兴许老人会指点我一下。于是我说:“我写过几天,但写得不好,您不要见笑。”言毕,手已接过老人递过来的笔,小心地在砖上写起了楷书。一笔一画,一藏一回,规规矩矩。此时,老人已站了起来,卷了一根旱烟,默默点上了火,不言语。写完四个字后,我站了起来,眼中期许着,也勇敢地做好了心理准备。老人沉默了一会:“还行,你的字基本有了柳体的味道,只是布局还生疏些。”我心中有了小小的激动,虽然同事们平时也会评论我的字,可从没有一个人给过我中肯的建议。于是,我很感激地同老人攀谈起来,并告诉他我练字不是为了向这方面发展,只是想体会毛笔的用笔技巧和方法,为以后画国画打基础,并能在自己的作品上自如地题跋。老人后来问起我的家乡青城,说自己也曾去过,觉得那地方人杰地灵,出的大写家很多。不觉中,我们俩的距离拉近了些。和我交谈时,老人始终没停下手中的笔,他建议我现在就练行书,且选文徵明的帖子,不然字会越写越死。还说自己几乎每天上午和下午,只要天气好,都会出来写字,我若是有什么问题,都可以去问他。后来,我依然练楷书,总觉得写行书有点早,也找不到感觉。

在和老人见过面后的第三周,有个熟识老人的同事带话给我,说老人要我去找他,要给我一本字帖。我终究没去,缘于自己的写字水平不高,心里忐忑不安,又觉与老人初见一面,便接受他的礼物似有不妥。这样,我竟错过了半年不曾受教于老人。有一次,和爱人一起闲逛南河公园,又见到了老人,但估计他已不认识我。我站着看了看他写字的情形,便悄然离去。

今年,我画了两张国画准备参展,可自己的毛笔字还是不能题跋,于是,央求同事赵(书法家),给我提了字。虽然他很热情,也没架子,可我内心却是愧疚万分,遇到技穷的事,也只能怨自己。一周后,我迫不及待地再次踏进那块圣地,等待老人的出现。可左等右等,只看见许多练太极、耍棍的武人,心里忽然很慌,老人是不是生病了?他不是经常来吗?终究没有等到他,我悻悻地回了。

下一周,我更早地来到南河滩,老人依然没来。无聊中,我拿起手机,给院子一角的竹子留影,想起它谦虚正直的君子美誉,不觉昂头细观 。院子一边,满满的都是爬山虎，红彤彤的一片，风姿秀逸地攀在有漏窗装饰的墙面上。头顶的柳叶黄绿相间，稀稀疏疏的，柔柔地垂着。墙脚是快开败的月季，几枝不再娇艳的花骨朵丰韵犹存地挺立着。阳光强起来了，驱散了浓浓的寒意。

正午里，一个戴着黑色礼帽，手提夹凳和塑料袋的老人蹒跚着，一步步走到了他的"领地"。他习惯性地拿出水壶、水杯，又从另一个袋子取出笔，大小两支，大笔笔尖套了一个黑色的小布袋子，用线扎着，像裹藏的精灵。老人倒好水，旁若无人地蹲在地上又开始练字了。我蹑足敛步地来到了他身后，静静地看他写字，他当时写的是苏轼的《水调歌头》，许是看见了我投在地上的影子，他又一次抬头，言道："现在年轻人能站着看一会儿字的已很少了。"我赶紧蹲在了老人身边："你不认得我了，我就是那个和你聊过的九中老师啊！"老人停了笔，看了看我："哦，想起来了，好久没看见你，都不认得了，来，写两笔。"我顺从地再次接过老人手中的笔，将心中准备好的几个楷字背了出来。老人看后，说道："我记得要你练行书，以后在画上题字，练得怎么样了？"我惊奇老人还记得我，也记得我说过的话，心中感慨不已。于是坦诚地告诉老人，苦于无师点拨，我自己写的又拉不上台面。老人笑了："你谦虚了，你的楷书确实还行，只是写得太呆板，要写行书，先得破了你写楷书的规矩，放开胆子，敢于下笔。"在老人的鼓励下，我就像写钢笔字一样牵强地用毛笔写出了李煜的《虞美人》，老人有些迟疑地问："你没写过行书？"我点了点头。老人接过笔，在旁边的空砖上，另写了一遍《虞美人》，我索性拿起另一支笔，在老人写过的字迹上描摹。老人笑着说："这是一种笨办法，却也可行。"待我写完，老人又对我的字点评了一番，忽然间，我真的好像懂得了好多东西。写行书一窍不通的我，又拿起笔，在老人字迹上描了一遍。老人似乎也被我的认真感染了，也拿起笔，在旁边又更正了我写的个别字，并告诉我某个字的另外几种写法及它的繁体、它的草法。在老人写时，我迅速用手机拍照，怕水干了看不清字迹，回去练时又忘了怎么写。一边又蹲在老人身边，手底下空摹着，学着他的运笔。老人身上有一股浓重的旱烟味，就像父亲身上的烟味，我很喜欢闻，也觉得特别亲切。那种感觉，就像陪在久违的父亲身边一样。不知不觉过了两个小时，该是午饭时分了，我便帮老人提着东西，一边寒暄一边往家走。分别时，老人说："我们这就算熟了，以后见了就认得了。"我说："下周我还来。"老人笑着点头离去。

周六，我如期而至，老人还没来。等了许久，十点左右老人才来，却急着向我解释家里没面了,他得帮老伴置办。我很感念他的细心,问起他的年龄,才知已是七十五了,退休前是党校的老师。想起这一周里都是看见老人骑着自行车过街,便好心劝他别骑车了,年纪大了太危险。他笑言道,只是有事才骑。练字时,他突然说:“我把文徵明的那本字帖借给你吧,你先拿去练。”说着就要起身回家去取,我赶紧制止他,“你来去至少二十几分钟,影响你练字,下次帮我拿上吧!”老人默许了。我在老人写过的字上描摹时,附近有人过来调侃:“你收的新弟子?”我回头,看见老人谦和地笑着:“不敢,只是教学相长吧。”我很佩服老人的低调,却也不敢造次,专心地练起字来。正当时,又有我的一位学生过来向老人打招呼,并拿起地上的笔写起来。这才知道,老人也在给这个小女孩指点。快中午时,我想请老人吃饭,不想他却生气了,他说若为吃饭,他吃得饭多了去了,他就是想结交些爱好书法的朋友而已。我无言地道别了,心中多了份敬重。

如今,跟老人写字已有五六次了,每次都会碰到与他探讨或请教字的人,他都会一一点拨,从不见他有任何不耐烦。后来问起老人,为什么用水而不用墨写字,他说“墨会留印,弄脏砖面,破坏环境”,呵呵的笑声之后是爽朗的一句:“君子之交淡如水呀!”是啊,中国书画艺术的魅力,不正是源远流长嘛。

当今的社会,许多有才有德的人,他们是默默无闻的,却用中正朴素的思想、诲人不倦的精神,影响和感化着身边的人,他们是社会的正能量,是远离了喧哗和名利的人,也是能让我们刮目相看、值得记在心中的人。

不管我的艺术之路能走多远,我都要感谢这位不曾拜过的恩师。不远的将来,我也会创作一幅作品,那里面有阳光,有长廊,有一位写字的老人,头戴礼帽,蹲在地上,正在挥毫。漏窗的外面,是巍峨绵延的兴隆山。画幅的名称便是:墨渊。几行娟秀流畅的行书题字:“师魂寄我心,魏志梅亲笔题”。

被上帝咬过一口的苹果

永登县武胜驿镇金嘴初级中学　魏　昭

每个人都是被上帝咬过一口的苹果，都是有缺陷的，只不过有的苹果格外香甜，上帝就多咬了一口。

——题记

一个暖暖的秋日午后，沏一杯绿茶，望着窗外摇曳生姿的柳树，看着树下翩翩飞舞缠绵于八瓣梅丛中的蝴蝶。备课、上课、批改作业、跟操、查宿，就已经让人身形疲惫，加上小飞小梅早恋的事，这几天，真是让人吃不香、睡不安。正想静静心，整理一下纷乱的思绪，琢磨如何帮小飞小梅从早恋的漩涡中走出来。突然，电话铃声响起。拿起电话一看，归属地是北京的号码。我很纳闷，北京有谁给我打电话呢？

"老师，好久不见了，您还好吧？"电话那头传来浑厚略带激动的男音。"你是？……"声音有些熟悉，但就是想不起来，要知道，这二十多年来，虽不能说桃李满天下，但带出去的学生也不在少数。想了半天，也没能听出对方是谁。为避免尴尬，我只好一字一顿地说："你——是——我——的——学——生……那谁……""全子！"谢天谢地，对方急切地说出了自己的名字，解了我的燃眉之急。"是全子。"一组画面就这样快速闪过我的脑海……

20年前秋季开学，我早早就来到了初一(1)班的教室，等候新生来报名。我是这个班的班主任，那是我师范毕业参加工作的第二个年头。

操场停满了三马子、摩托车、客货车，以及为数不多的小轿车。校园里到处是熙熙攘攘来报名的家长和学生。到十点多，初一(1)班已有二十多个学生报名。等了半天，见暂时没有学生来报名，我正准备去办公室倒杯水喝。这时，扭头一瞥，看见一个小男孩怯生生地在教室门口张望，"老师，我想报名……"孩子表现出一脸的窘态，脸颊微微泛红。双臂垂于身体两侧，拘谨、局促地站在我的面前。眼前的男孩引起了我的极大关注。他的衣服有点小，差不多成了马甲。裤子有点短，以致露出了脚踝。脚穿条纹面自制的布鞋。孩子穿着极为普通,甚至有些寒酸,但很整洁。我笑着问孩子:“为什么才来,还满头大汗的?”“妈妈领妹妹去小学报名了,我是自己跑步……”后面的话因为孩子声音轻,我没听清。报完名,我问他:“住不住校?”“住。”“现在去6号宿舍铺好行李,然后领书搞卫生。”“哦。”看着孩子离去的背影,我第一次记住了这个其貌不扬、害羞拘谨甚至有点寒酸的孩子,他叫全子,更记住了他有一个小妹妹。

领完书,要组建新的临时班委。我问大家:“谁愿意当生活委员?”“我!”教室一隅一位男生站了起来,是那个没有家长陪同单独来报名的孩子全子。我有些迟疑:“你能带领大家搞好卫生?”“能!”“我在家经常做家务,搞卫生是我的强项。”说话间,他的眼睛熠熠生辉,明显带着自信与自豪。

以后的日子里,全子的表现确实没有让人失望。他对班级事务很热心,也很负责。他做得多、说得少,低调做人、高调做事,是他一贯的风格。同学们拥戴,老师们欣赏。因为他的尽职尽责,我省心不少,我暗自庆幸选对了生活委员。相处时间久了,我对全子的情况也有了更多的了解。

说起全子的生活遭遇,真让人同情,甚至唏嘘。全子家住在离学校十几里路外的小山村,家境特别贫困。父亲早逝,他与母亲和小他三岁的妹妹相依为命,艰难度日。母亲务农,兄妹上学,特殊的境遇让这个家庭入不敷出、不堪重负。穷人的孩子早当家,年幼的全子从小就养成了自理自立的好习惯。在家主动帮妈妈分担家务,照顾妹妹。在家是个好孩子,在学校是个好学生。正因为如此,我在平时的学习生活中给予了他更多的关注和关爱。

昔日腼腆、害羞、拘谨的孩子不复存在,全子渐渐变得开朗阳光起来,与我的距离拉近了不少。有一个偶然的机会,全子偷偷告诉我,初一报名的书费是他在假期捡废品攒的钱,请老师千万不要告诉他妈妈。他说,他妈妈已经很不容易了,他不忍心再让妈妈为自己操心。听了他的话,我内心隐隐作痛。才十二岁的孩子,就懂得为他人着想,多好的孩子,多懂事的孩子啊!我在自己的工作手册上记下了这件事情。我暗自思忖,该怎样帮帮这个孩子。

初一第二学期开学,全子是第一个来报名的孩子。他身穿锈色微皱的夹克,双手冻得通红。裤子依然是“提高警惕”的状态。我问全子:“你不冷?”“不冷,我习惯了!”说着还咧嘴笑了起来,露出了一口皓齿。我心里一紧。

紧接着,他从裤兜摸出一把毛票:“老师,学费。”两张十元,三张五元,还有一元、五角、一角的毛票若干,总共我记得也就是四十来块钱。其实,学费、住宿费加书本费要一百多块钱,就这还差七八十块钱。全子红着脸:“其他的……”“其他的后面再说……”我不动声色地收下钱,“是过年的压岁钱?”全子抠了抠头,嗫嚅着:“是。”

下午开班会,我说,“每个人都是被上帝咬过一口的苹果,都是有缺陷的,只不过有的苹果格外香甜,上帝就多咬了一口。有这样一位同学,他幼年丧父,他被上帝多咬了几口,但他不沉沦,他自强不息,为减轻母亲的负担,部分学杂费是他捡废品自筹来的。他就是全子。”同学们的眼光齐刷刷投向全子,并鼓起了热烈的掌声。全子低着头,双手不自然地来回搓揉着。我接着说,“全子的书本费我已经替他交了,但学杂费还有缺口。”同学们异口同声地说,“我有,我有,我有……”不一会儿,全子的全部学杂费都有了着落。全子站起来,向大家深鞠一躬,坐下后竟然稀里哗啦哭了。事后,全子找到我说,大家这样帮他,令他十分不安,他会记着大家的好,他以后要打工还大家的钱。我想,人穷志不短,懂得感恩的人将来肯定有出息。

全子学习很吃力,尽管努力,成绩始终没有太大起色。初中三年,我为全子交了五学期的书本费。初二第二学期的冬天,校门口贴出了一张大大的感谢红榜。后来全子的妈妈来找我,说红榜是她央人写的,是感谢我的。她说,孩子遇到这样的好老师是孩子的幸运,她要让孩子一辈子记住老师的好。初中三年的时光转瞬即逝,一晃全子就毕业了。因为成绩平平,全子既没有资格参加中师中专的考试,也没能考上高中。自此,我再也没有见过全子。

直到今天,我接到全子的电话,才第一次有了他的消息。他说,他正在北京买机票,准备回老家奔丧,回来第一时间一定来看老师。

过了两天,全子来到了学校。眼前这位身材魁梧、浓眉大眼的小伙子是全子?全子看出了我的疑惑,紧紧握住我的双手,“老师,是我,我是全子,老师不认识我了吧?”说完哈哈大笑,久别重逢的欢愉充盈于房间。我要倒水,全子不让,非要自己亲自给老师倒水,还要我坐正位。

眼前的全子不再是学生时代的全子,除了谦虚、质朴的品质和乡音没变以外,其他什么都变了。毕业后,全子在兰州开过餐馆,拉过拉面。后来到北京打拼,开了家属于自己的汽车4S专卖店,赚到了人生的第一桶金。如今在北京有车有房,有贤惠漂亮、在当地小学当老师的妻子,有聪明伶俐、懂事可爱的女儿,日子过得风生水起。全子说,他这一生最感激并敬佩两个人。一个是他母亲,一个就是我。母亲给了他生命,抚养他长大,教他学会了坚强。老师给了他知识,在生活和学习上给予了他无私的帮助,为他的人生指明了方向。他说,走到今天,有一种信念始终支撑着他,那就是当年老师在班会课上给他的鼓励与安慰:每个人都是被上帝咬过一口的苹果,都是有缺陷的,只不过有的苹果格外香甜,上帝就多咬了一 口。

临行,全子跟我互加了QQ和微信,他一再叮嘱,一定要来北京玩,来北京一定要跟他联系。他要陪老师游北京最美的景点,吃北京最好的美食。

生而为人,孩子不可能自主地选择母亲,有时也不可以随心所欲地选择老师。我认为人生最大的幸运不是财富,不是学历,而是遇到合格的母亲和称职的老师。一位合格的母亲,一个称职的老师,能够拥有化腐朽为神奇的力量,让有心灵缺陷的孩子重拾生活的信心,让面临困难的孩子看到未来的希望。

诲人不倦方显爱

兰州市第十九中学　王锡攀

“没有不好的学生,只有不好的老师。”每次听各种讲座,专家们都这样教育我们,而每到这时候我都很不以为然:“对孩子的教育,应该是社会、家庭、学校共同完成的,怎么都赖给老师单方面了?”何况我们中学老师,经常会在初一就发现一些行为习惯差、学习成绩差、家庭教育跟不上的孩子,他们几乎成了我们所有任课老师的心病,当我们觉得自己已经把所有的教育手段都用过了,什么苦口婆心,什么威逼利诱,什么家校合作都统统不管用时,我常常会用这样的话安慰自己:“算了,他小学就这样了”或者“他家长都不管或管不了,我们有什么办法呢”,这种时候,我们只好悲哀地看着这些学生们一天天沉沦下去,而束手无策。

但是在我记忆中,有那么一些学生,他们在用他们的成长经历告诉我:作为老师,对待学生,永远都没有失败,只有放弃。

小明自从初一进校就是一个很优秀的学生,不但学习成绩好,其他方面更是让人刮目相看,当班长管理班级有条有理,主持过市区级大型文艺晚会,辩论场上是优秀辩手。他还有一项特长,那就是计算机水平也高于班里其他同学,老师们有什么电脑问题,叫他来一般都可以得到解决;但正是这个特长,差点让他误入歧途。

初二下学期,小明突然开始在同学们中销声匿迹了,上课不再积极发言,班级活动也懒得参加,更明显的现象是,期中考试成绩由年级十几名下降到三十几名,期末考试竟然到了一百多名。这期间,我找他谈过好多次话,提醒他成绩下降了,问他是不是有什么困惑。又和他的家长联系,得知孩子在家里的表现也和以往相比相去甚远,关键是没有人知道为什么。无论老师还是家长找他谈话,他的态度都极好,表示要好好学习,可就是不见起色,成绩继续下降,状态继续不好。我们都陷入了苦恼中。

峰回路转,一次在办公室又说起小明时,语文老师给我看了他的一篇作文,原来他自认为自己已经是一个电脑高手,在了解了比尔·盖茨和乔布斯的经历后,就产生了一个想法,想效仿他们的退学经历,专注于计算机的开发。作文中他这样写道:"到底是上清华呢还是上蓝翔,为了父母的愿望,我应该上清华,但是我自己的理想却是上蓝翔,既然都是挣钱,为什么不选择自己喜欢的事做呢?"了解到这个情况后,我觉得事情好办多了,于是我在他的作文后面写了整整一页评语,主要告诉他三点:

第一,你还不是高手,比你会玩电脑的人多的是,你只是懂了一点皮毛。

第二,乔布斯和比尔·盖茨都是大学才辍学的,你在我们这个中学就想辍学,想法太幼稚。就算人家辍学,但是基础教育是完成了的,这样才谈得上以后的智力开发和发展。否则,你基本的原理都不了解,如何在这个高手如云的行业做到创新和发展呢?

第三,你不一定已经发现了你的终极爱好,人的兴趣会随着年龄或者经历或者交往的朋友等发生变化,还有很多未知的领域你都还不知道。你才14岁,你不一定就知道自己以后的兴趣走向。

我想以他的领悟力,我说到这些就可以了,没想到人家马上就给了回音,也是三点:第一,我知道我还不是高手,所以我才不想在普通学校浪费时间,我要去专门的学校深造。第二,很多人到死都没找到自己的爱好,我不想那样碌碌无为地过一生。甚至,正是老师和家长的行为,扼杀了多少孩子的兴趣和理想啊!第三,为了实现自己的理想,我需要很多钱,如果家长不能满足我,那么我就上技校,早点打工挣钱是我唯一的办法,要实现理想就要有牺牲。我觉得自己一定会成为伟大的人。

思想工作做不通,急坏了家长,孩子的成绩每况愈下。初三月考过后,我想软的不行就来硬的,我准备把他狠狠地批评一顿,拿着他的各科试卷,我对他说:“你说你要做一个伟大的人,可是这个学习,你每天花了十几个小时却学成这样,可见你的能力有问题,就这能力,你还能干什么?说什么成功?!”我希望我的激将法有用,没想到被他识破:“老师,不要用激将法,我已经拿定主意了,只有这样,我爸妈才会同意我辍学。”这孩子,已经开始藐视老师和家长了,他觉得我们就那几招,早就被他识破了,他在逼我们就范。这时家长也和我诉苦,说孩子就是不想上学了,他们已经没办法了,任由他吧,不然逼急了还不知道孩子会出什么事。我想我也可以放弃了,至少这孩子是有理想的,虽然他的理想很不切实际,并且按照他的途径,理想也不容易实现,但是他还是会成为对社会有益而无害的人,那我们还苛求什么呢?

好吧,放弃。我在想,他那么骄傲的性格,我们越是反对,他只会越挫越勇,他以和我们斗争为乐,老师家长越着急,他仿佛在洞察一切,躲在一边笑,他要看到我们都败在他手里,这也是他证明自己能力的一种方式吧。最后一次,我找他来告诉他:“我承认对你的干预教育失败了,你想做什么尽管去做吧,我保留我的意见,也给你保留意见的自由。但是你必须完成老师布置的家庭作业,只要在校一天,就没有任何特权。”没给他说话的机会,就让他走了,但我从他的身影里看到了若有所失。我突然觉得,也许,上蓝翔是假的……唉,不管他了,冷下来吧。

事情的结局出人意料,这之后的某一天,他突然变了个人似的,又恢复了以前的学习状态,家长发短信也给我说,过去那个爱学习的小明又回来了。还问我是怎么劝说动他的。其实,我也不知道。小明后来上了清华,不是计算机系,而是他高中时代的另一个兴趣——环境科学。当我后来问及他初中时的理想时,他这样回答我:“老师,我那时候就是想玩电脑游戏而已。”

我们和孩子之间到底有多少误会呢?我们到底应该如何走入他们的内心呢?其实不必想太多,老师要的就是不放弃而已。

也许,我们教育者很愿意把大把的时间和精力放在成绩好的学生身上,对一些小学就有各种问题的孩子,我们可能就没有那么多耐心了,小雪就是这样的孩子。

小雪是老师们最不喜欢的学生类型,早恋、逃学、离家出走,在学校拉帮结派,为某个男生打群架,和社会青年纠缠不清等,这种孩子,不但自己不学习,还会在班级中形成非常恶劣的影响。很多孩子会羡慕,甚至效仿她的一言一行,班主任每次听到她的名字就头疼,任课老师对她也是睁只眼闭只眼。

这一天,又有人来告状了,说她叫了社会青年打了别班的女生,人家家长都调来了监控,确定是她。班主任一听,把她叫来调查,她却一口咬定自己只是路过,根本没参与。班主任没办法,只好说:"那我叫你家长来处理吧!"没想到小雪突然就炸了:"怎么我说什么你都不听,别人说是我你就听了,你就是不相信我,你要叫我家长来,我现在就退学,不上了!"说完就朝门外跑,几个老师拦住了她。于是在办公室里,你就看见一个疯了似的孩子,只要有人试图教育她,她就马上和你顶撞起来,全是什么"我知道她讨厌我""叫她不要叫我家长非要叫,我爸来了会打残我的"等等之类的话。总之,此时她和她班主任的矛盾已经到了不可调和的地步,在她眼里,自己是个坏小孩,总给老师惹麻烦,老师肯定是讨厌她的,所以根本不可能公平处理这件事,只会叫家长来惩罚她,或者偏向别班同学。家长没有来,局面陷入僵局,班主任只好让她自己冷静冷静。这时我看到这个女孩儿,她是恐惧而无助的,她心里知道自己闯了大祸,老师早说过再犯一次就要严惩了。家长呢,如果来了更是灾难,她家长上次说过她再惹事就打断她的腿。于是她决定采取自暴自弃的方式,不如离家出走,不上学、不回家就谁都管不了她了。

我在想要不要帮她,这个花一样的女孩难道就这样被推向社会了吗?而且是带着对所有人的憎恶。可是前面所有的老师都"碰了钉子",我的帮助对她有用吗?我也不能肯定。但是我还是决定试一试,希望有一种教育方式适合她,把她挽救过来,至少不让她那么无助与绝望。

我把她叫到身边想要和她谈谈,果然她又开始歇斯底里地叫嚷起来,伴随着号啕大哭。我突然发现她之前一直没有哭,为什么我一叫她就哭了呢。她一定是把我这个在这时候还愿意理她的人当作了唯一的救命稻草,所以一下就表现出了软弱。我安静地等她哭完,然后才问她为什么这么激动。她告诉我:"妈妈在住院,我不想让她操心,爸爸知道了一定会打断我的腿。因为他以前就狠狠地打过我,以前还有我妈劝着,这次妈妈不在,肯定是要被打残的。与其被打残,还不如跑了。"这个孩子因为在家里得不到爱,所以她只好到外面寻找爱。因为家长喜欢用暴力解决问题,所以她也习惯用暴力。她个性张扬,所以老师抑制她,而她把这理解为老师讨厌她、孤立她。我首先指出,她在这次事件中一定有参与,否则她不会这么害怕,当然老师也一定是掌握了证据才找她的,她自己必须认识到事情的严重性。其次我告诉她,老师找她了解情况是想帮助她，否则人家家长都想报案了，是老师要求尽量校内处理，所以要理解老师的苦心。最后我让她知道，她对老师的理解是错误的，老师对每个孩子都有不同的教育策略。比如内向的孩子，老师会锻炼他与人交流的能力；骄傲的孩子，老师要挫败他；粗心的孩子，老师会给他精细的事做等等。老师没有也不会放弃任何一个孩子，只是教育策略不同而已。

谈着谈着，我觉得小雪眉宇间的叛逆神情解开了，心理的纠结也释怀了，我看到了她坚定而明朗的眼神，这种眼神在她脸上从来没有出现过。我问她："你知道怎么做了吗?"她点点头，主动到班主任那里承认了所有事。等她家长来后，班主任又做家长的思想工作，建议家长冷静对待孩子，给她改正错误的机会。至此，这件事得到圆满解决。更可喜的是，从那以后，这孩子也脱胎换骨一般，认认真真地当起了学生，后来居然以中上的成绩毕业。

现在我终于领悟到那句话："没有不好的孩子，只有不好的教育。"我坚信，合适的土壤一定会开放出鲜艳的花朵来。

母亲，别放纵了爱

皋兰县第一中学　基梅月

伟大的母爱，一旦放纵，将会被欲望吞噬。

曾经在电视纪录片《生命》中看到这样一个画面：一种生活在森林里的，只以一种稀有的落果为食的昆虫——赤椿象，当她有孩子了，它不知疲倦地四处寻找食物。初为人母的她对每个果实仔细研究着，看看熟不熟，味道好不好，可能要花好几个小时才能找到完美的果实，之后再拖着比她身体还要大的果实返回巢穴。这种果子随着季节的推移越来越难找了，而小赤椿象一天天长大，赤椿象妈妈的日子却越来越艰难了，直到有一天她活活累死在巢穴里。而在巢穴里养尊处优的小赤椿象，发现没了果子可吃，就把嘴伸向了已经死去的妈妈。

看到这，我自心底呼喊，"孩子，别！她是你的妈妈，她曾怎样用心地抚养你，怎样期盼你长大，你不能这么做。"但结果不是我所期盼的，吃完了妈妈的小赤椿象，明天是否会长大，短片没有说明，我也不想知道。

赤椿象妈妈死了，我为它悲哀，更为那些溺爱孩子的母亲悲哀。她可能是千万母亲中最普通的一位，但也是最溺爱孩子的一例。

开学第一天，别人家的孩子都是自己填写报名表，而她交钱、填表。我说："让魏宏自己来。"魏宏自己听到了都下意识地走了过来，她却抬头歉意地说："我来，一会儿就好。"之后她在教室外一直等到把书发完，帮儿子抱着回家。

一周后，所有学生的座位安排好了，她又来了，说她的孩子和同桌在初中有点矛盾，坐在一块儿会影响孩子的情绪，学习成绩会下降。我问魏宏和他的同桌，两个孩子都说时间久了，都快忘了。而她却在两周内来了三次，还对我一一描述当时的情景，使我几乎相信两个孩子真的有深仇大恨似的，好像我不将座位调开，终究有一天会发生她所说的更大的伤害事件。这件事最终以我的妥协告终，我不但怕她的絮叨，更怕她预测的事件某一天真的会发生。

三个月后的家访，我来到了魏宏的家，是个简单的吃饭睡觉的租住房。恰巧赶上吃饭时间，吃饭期间她的一个小动作使我很疑惑，于是问道："你怎么知道魏宏推碗的那个动作是要喝汤，而且你把汤的多少拿捏得那么准。"他有点小小自豪地说："照顾了他十六年啥不知道，开句玩笑话，就连他啥时上厕所我都能说的八九不离十。"我说："都这么大的孩子了，许多事其实他做的不一定比你差，比如洗自己的衣服，收拾自己的床铺，担水劈柴之类的活，十几岁的小伙子哪样不能干。"她说："都高中了，哪有时间做这些，他父亲去世早，我现在所有的希望就是好好照顾他，让他考上一所好大学，我怎么着都无所谓，反正都已经老了。"

她所说的老，只不过是心老了，一个四十岁刚过一点的女人，能老到哪儿去？

经过半学期的了解，我感觉魏宏还是一个不错的学生，没有迟到早退现象，人缘关系也可以，唯一的不足就是懒。打扫卫生时，别人扫地他站着看，老师过去了，会装样子拿起拖把，但也不会拖，脚踩着刚拖过的地方拖。这种懒若体现到学习上就是不动手，不动脑，主动性差。

转眼到了冬天，早晨六点多我急急忙忙去查早自习，老远就看见她站在班级的门口。看到我就想躲避，但已经来不及了，于是她不好意思地说："星期天下午魏宏玩了一下午篮球，不学习，昨晚和我吵了一架，早晨赌气，饭都没吃就走了，我给他送来了。"我看她发暗的眼睛和嘴唇，知道她昨夜肯定没睡好，今早自己还没来得及吃就跑过来给儿子送吃的。我说:“饿一顿不碍事,再说了学校那么大的餐厅能饿着他?即使没钱,同学那么多,借不上吗?”她不好意思地笑笑说:“你还是把他喊出来,我给他吧,他吃不习惯外面的东西,再说都拿来了。”对她的爱子之心,我能说什么?

高二分文理科,她拿不定主意,问了我又咨询了别的任课老师,慎重决定后学理科,但不知怎的兜兜转转地又要说学文科。学文科一段时间,老师说这学生根本不适合学文科,不记知识点,不看书,知识面窄,思维也不开阔。前前后后折腾了一个多月,魏宏的心就没安稳下来,随母亲的想法转。不过毕竟他是一个从农村来的孩子,还不敢私自决定自己的前程。但这一耽搁,好多学科都落下了,本来成绩就不太好,又不愿下苦将落下的课补上。她也多次跑来了解情况,外面也找老师补了课,我和各任课老师也努力在上课时多提问他,找一些理由表扬他。但效果一点都不好。唯一让我认可的是,这孩子还能按时到校,和同学之间也没有矛盾。

转眼到了高三,各任课老师不时反映魏宏在班上的不良表现,有时早晨五节课,他能装睡三节课,实在睡的连自己都感到不好意思了,会请假到厕所转一圈。我也知道不吃苦的魏宏怎能经受住长期的枯燥学习,而且高三考试又频繁,每一次的考试只会让他更加清醒地认识到目前的状况;而越清醒他就越怕,毕竟考学这是他和母亲多年的梦想,不想清醒就干脆装糊涂。慢慢地,他就不想到学校里来了,在家装病,装病这一招被他母亲识破后,他又说心里乱得很,想去外面走走。她就做好吃的,陪儿子转,她不敢也不愿儿子一个人出门,他的脚步移向哪儿,她就跟到哪儿。听说先沿着铁路走,又改走公路,再坐车,反正没目标,去哪儿都行。几天后回校,魏宏的状况也没有好转。

不久,魏宏又没来学校,她也没给我打电话,我主动联系了她。一瞬间,我能感觉到她的声音有点发慌,但还是慢慢稳定了下来说:“他吃完早饭按时出去的,去哪儿了,该不会一个人跑了?”我说:“不会的,可能在附近的网吧,你去先找找看。”

她找了一早晨没找到,魏宏下午却来校了。知道后她急急忙忙来了学校,我说:“我和各任课老师一块儿做了他思想工作,每次他听是听,但就是做不到,要不要将魏宏叫到办公室你再和他谈谈。”她说:“不了,回家再说吧。这孩子好面子,我害怕我失控后会骂他,他受不住。”但不巧的是,她出去后遇见魏宏和女生在楼道说笑,她实在忍不住了,拉过魏宏就呵斥。本来魏宏也不是在谈恋爱,他受不了她在这么多同学面前乱说,于是顶撞了她,她的委屈在一瞬间全都喷涌而出——赚钱的辛苦,没人依靠的无助,全都随着她的哭声说了出来。他看到一向顺着他的母亲这个样子,血在沸腾,怒吼道:“你做这些,不就是让我考学吗？你以后再也不要管我了,我不考总行了吧!”说完头也不回地就走了。

她对着他的背影撕心裂肺地喊道:“不管你我倒省心了,我这些年累死累活的我为了啥,又得到了啥,以后你想上天就上天想入地就入地,我不管了!”

之后的一段时间,她再也没来学校。

她是怎样平复内心伤痛的我不得而知,但最近偶尔在路上遇到她,简单地寒暄几句,明显感到她比以前阳光了,且重新成家了。魏宏在家怎么样了我没问,但从她的状况看,肯定也坏不到哪儿去,不是说,心若向阳,必生温暖吗？

赤椿象妈妈为了孩子付出了所有,她死后,小赤椿象会不会走出巢穴？会不会反思？会不会长大？我想应该会吧,不然赤椿象这种昆虫应该早在地球上灭绝了。爱孩子是母亲的本性,但我们能否从生命个体的角度重新审视孩子的成长,重新考虑我们自己。孩子有孩子的世界,我们有我们的生活。一个心里没有阳光的母亲,能给孩子多少正能量;一个不认可自己价值的母亲,如何培养孩子的价值观、人生观;一个没有幸福感的母亲,如何将幸福传递给孩子;一个只知道付出的母亲,孩子除了会索取还能学会什么？

不要放纵了我们的母爱,需要我们有所保留;不然,它就会泛滥。泛滥的母爱只会让孩子的欲望膨胀,最终一切都会被吞噬。

人生真谛

雨果说："世界上最宽阔的是海洋，比海洋更宽阔的是天空，比天空更宽阔的是人的心灵。"一个人想要获得真正的幸福和终身的快乐，就应该不断地去体悟人生的真谛。

一颗善于探索的心就像海一样宽广而浩瀚，它能接纳一切，也能化解一切。它会带着你跨越困难，找到新生。它又是一种无声又强大的力量，只有明白人生真谛的人，生命才会更加饱满。

没有在冰天雪地里踯躅过的人，不会感到暖室轻裘的舒坦；没有经历过饥饿煎熬的人，不知道温饱的幸福；没有过殚精竭虑的人，不会有大彻大悟的明澈。超然者，举重若轻；博大者，虚怀若谷；宽容者，与人为善。多一分体悟，就会少一分狭隘，多一分坦荡；多一分明白，就会少一分烦恼，多一分宁静；多一分理解，就会少一分怨气，多一分人气。

生命本是一场花开的过程，是心灵相约的驿站。只有处在宁静中，才能听到花开的声音，感触心灵深处的呼唤。

修 炼

安宁区培黎小学 李翠琴

看到北京实验二小的李烈校长坐在讲台上侃侃而谈她的治校经验，那般淡定自如、谈吐不凡、内外兼修的气质让我顿生几分羡慕。在众多的优秀校长中我单单喜欢她，是因为我们有近乎相同的经历与性格：年龄相当，女教师，因教学突出得到许多奖励，在自己极为不情愿的情况下由教师提成副校长，在自己犹豫不决的情况下接任校长。李烈校长同样面临的是在老校长“无为而治”的管理理念下形成的教师队伍，同样面临的任务是新课程改革、素质教育、教师队伍建设。作为新任校长，如果仍然沿袭老校长的“无为而治”，是不符合校情，也不符合国情，更不符合当时教师对她的心理期待的。她用智慧与执着、热情与虔诚做出了一番成绩。我在羡慕的同时下定决心：我也要带领我的老师们通过努力改变学校面貌，树立学校形象，做出一点成绩扬眉吐气，让社会认可。

然而，当我的视线从屏幕上移开，面对诸多鸡零狗碎、婆婆妈妈的事情的时候，疲惫与无奈、烦躁与不解、忙碌与卑微时常伴随着我，让我觉得当校长真累。每当我情绪低落的时候，常拿别人的话安慰自己：“当你看不惯一切的时候，不是别人的错，而是自己修炼不够；当烦恼缠身的时候，不是别人故意给你添堵，而是你没有换位思考，是你的胸怀不够宽广；校长的最高境界不是坚持真理，而是能够容忍别人的错误。”我就是在这样的意念支撑下走过每一天的。

我忘不了当校长后第一次也是仅有的一次发火。某个中层干部因工作中多次失误引起大家的不满，我说了多次没有转变，气愤之余当着很多老师的面将她狠狠地说了一顿，没想到她反戈相击、胡搅蛮缠，我的几分儒雅气质在她面前荡然无存。当时我想，你还敢跟校长顶嘴，我愤怒到了极点。后来静下心来想想，为什么老师就不能和校长顶嘴，教师队伍中不是个个都有修养，个个都尊重领导的。做错事是别人的不对，发火就是我的失态了。回想起自己以前工作过的学校，也是新任校长，有些年长一些的老师把他们不放在眼里，也大吵大闹过。通过这件事，我告诫自己，校长不是一般人能做好的,要加强修炼,练到遇事心平气和,练到有胸怀、有气魄、有智慧。

买了《张瑞敏如是说》来读,走进海尔的管理,借鉴海尔的理念。一个个活生生的例子,一句句鲜活的名言,对学校的管理也有着指导作用。海尔的人才观是:人人是人才,兵随将转,无不可用之才。作为领导可以不知道下属的短处,却不能不知道下属的长处。要能够容忍之短,用其所长。能翻多大跟头,就给搭多大的舞台。在工作中我就尝试这样用人,在教师面前多表扬,少批评;给教师提供展示才能的机会,鼓励教师在平凡的岗位做出不平凡的事,提高教师工作的幸福感和成就感。张瑞敏喜欢引用一句古语:"上下同欲者,胜。"企业领导人要在关心人上下功夫,对员工要"三心换一心":解决疾苦要热心,批评错误要诚心,做思想工作要知心,用这三心换来职工对企业的忠心。借鉴海尔的做法,我常对教师进行理想信念教育,使教师热爱学校,有主人翁精神。《张瑞敏如是说》中还用通俗易懂的故事或寓言解释管理艺术:如,"刺猬原理"揭示的是领导与群众的关系问题;"诛大为威"讲的是赏罚,干部要身先士卒,做好表率;"鸟笼逻辑"谈的是创新思维与领导艺术;"鲶鱼效应"讲的是打破平衡,展开竞争,螺旋上升的工作状态……这些浅显的故事均揭示着深刻的道理,作为校长读一读这本书,跳出圈外,从不同的角度认识自己所从事的工作,对提高管理艺术是很有益处的,对校长来说也是很好的修炼。

读《论语》,悟《老庄》,这是管理者的精神食粮,它教给我们如何守住这份清贫,如何使我们的灵魂得到淡定和安宁,如何对我们所从事的工作痴心不改。孔子说:"学而不思则罔,思而不学则殆",这是在强调学习的重要性。校长,不能因为忙而忽视了学习,校长的水平决定着一个学校的水平,校长代表着学校的形象。在校长的带动下成为一个学习型组织,这个学校才有希望。老子"宠辱不惊"的境界对我们仍有启发,校长要有忧患意识,当得意时不忘形,失意时不失态。

俗话说:"行万里路,读万卷书。"生活是最好的一本书,学校生活是这本书的一部分。整天和老师们在一起,他们就是我必读的书。

L老师是专家们说的那种价值观念和行为规范与学校所提倡的完全保持一致的教师,师德高尚,业务精良。但这样的教师学校太少,只占30%,学校要发展,质量要提高,好老师不可能都集中在一所学校,怎么办呢?要加强教师的培训,提高教师的素质,首先要从我做起,做一个专家型的校长,喜欢课堂、喜欢学生、喜欢思考。当老师们遇到教学难题的时候,我的出现让他们似乎看到像救星一样,那是多么享受的时刻。和老师们共同研究教学、共同进步是多么有意义的事情。在研究教学中不知不觉与老师们打成一片,校长的敬业精神和工作作风会感染着老师,校长的魅力与权威会在老师心中扎下根。

X老师是专家们说的那种价值观念和行为规范与学校所提倡的完全不同的老师,业务不精,师德不良,因为眼界不宽,所以凡事都爱斤斤计较,让人头痛。有一次,因为职称的事他在会上发表意见,有点攻击我的意思,我侧目看看其他老师,均无视她的表现。我的怒火便从心中升腾起来,准备要发火,但又马上告诫自己:忍住,让一个无知的人激怒自己,就是和她一样计较的人。我没有发火,始终面带微笑,并边听她说话边整理思绪,想好对策。等她说完之后,我心平气和地给她解释,也让在座的老师听明白事情的来龙去脉。校长与教师的不同之处就在于校长比一般老师更有气度与胸怀,一个内心强大的人就是在这种特殊的场景中不断磨砺出来的。

忘不了2010年教师节,这是一个意想不到的教师节,一个惊心动魄的教师节。早上我正准备第一节课——给年轻教师上一节示范课,忽然有学生来报C教师在自习课上晕倒了。我箭步跑到教室,安排其他老师将这位老师送到医院。看看时间,还来得及上第一节课,就走进了教室,上完课就去了医院。下午,四点钟的全校家长会,由于学校要改建,我们学校在某实验中学过渡,我得向家长尽早告知一些学校的要求。我在家长会上的讲话还没有结束,就听见室外有老师急匆匆跑上跑下的声音,等我讲完话以后得知有两个孩子在垃圾台被爆炸物炸伤了。我如雷轰顶,看到孩子伤得很重,赶快送到医院。接着,公安来了,记者来了,家长的埋怨声不断,一直忙到晚上十点多才回家,这就是校长的一天。自此,我的那根专管安全的神经比以前更粗壮了些,安全的重要性时终铭刻在心。我时时讲、天天讲,我不怕唠叨,要求老师别嫌我啰唆。经历了这件事,我更加明白老校长们为什么遇事总是镇定自若,原来都是这么练就的。

把一个薄弱校交给我,改变现状是当务之急。要想让学校发展,校长不仅要着眼校内,更要放眼校外,去争取更多的支持与帮助。要想争取到更多的支持,校长要有很好的沟通能力。这种能力不是生而有之,而是在工作中练就的。为了理想和目标自然就有了改变自己的动力,向有经验的领导学习,在实践中摸索,在总结中提高。我始终抱着这样的态度与人交流,不因为学校的薄弱而自惭形秽,不因为学校的名气小而示弱,要有信心,把自己当成未来名校的校长,要让老师们感到因为我的存在而充满信心和希望。

有人说,当校长责任太大、太累,没有一定的境界是当不好校长的。还有人说,校长是一个地方的文化人,没有一定的墨水是得不到敬仰的。我说,我用心体验,潜心钻研,把校长这个平台当成我演绎精彩的舞台。其实,当校长有苦也有甜,校长在吃苦的同时锻炼了自己的心智,在受累的同时也丰富了自己的阅历,在付出的同时也收获了成功的喜悦。

用心呵护孩子的心灵

安宁区兰飞小学 吕 瑞

有人说教师的工作是辛苦的,要起早贪黑地备课、批作业;有人说教师的工作是单调的,整天穿梭于教室不停地重复授课;更有人评价说教师的工作很平庸。但对于我这个工作刚满十年的年轻教师来说教师的工作是幸福的,因为教育不是牺牲,而是在不停地感受教育智慧在学生身上融化、组合、萌芽、生长的满足和快乐。如同教育家苏霍姆林斯基说:"一个好教师意味着什么?首先意味着他是这样的人,他热爱孩子,感到和孩子交往是一种乐趣,相信每个孩子都能成为一个好人,善于跟他们交朋友,关心孩子的快乐和悲伤,了解孩子的心灵,时刻都不忘记自己也曾是个孩子。"这才是教育的全部奥秘。那在平时教学中我们应该如何关心每一位学生的成长呢?

感悟一:教师的爱是平等对待每一位学生。

2013年春季,刚结束教学培训的我迎接了一个崭新的班级——五年级三班。在这个班级里我是唯一的陌生人,为了尽快适应孩子们,我天天都会在课间和他们待在一起,就这样我发现了我们班张小燕(化名)同学。张小燕是个漂亮活泼的女孩子,经常扎着两个麻花辫在你眼前叽叽喳喳地说个不停,虽然她挺努力,但学习成绩却一直不理想。可就在最近,她一连几天都很不开心,上课也不发言了,课下也不找你说个不停了,性格也从以前的活泼自信变得自卑孤僻起来。于是我利用一次大课间的时间,和孩子们玩起了“真心话”的游戏,才得知她从小就酷爱舞蹈。可由于她学习成绩不理想,在几次的学校文艺活动中都被数学老师强行淘汰,而选上参加跳舞的同学除了学习成绩比她好,舞蹈功底根本不如她,所以她觉得自己很没用,也觉得老师不公平。听到这一切我心里真不是滋味,我一直在思考我们的教育到底是为什么教育?是我们功利性地只想从学生身上获取分数、获取升学率,把每个不同个体都培养成相同的考试机器?还是顺应孩子之天性,让他们快乐成长,发挥自身长处,最终成为具有个性、富有创造力的人?终于我带着困惑把我的想法告诉了我的配班数学老师,她听后觉得有点惭愧地说:“教育了一辈子竟然忽视了教育的最终目的。”于是在去年“六一”文艺汇演上,张小燕终于站上了她梦想的舞台。在我和数学老师多次帮助、辅导后,她的成绩也渐渐提高了,并多次得到各科老师的表扬。

后来,我总会在每周的班会课上表扬各个方面进步的孩子,并在评比栏中给他们盖上相应的小红花鼓励他们。我希望通过这样的方式让孩子们知道,老师对于每个孩子任何细微的进步都会很关注,也很欣慰。就像张德文校长说过的,“爱学生是教育的境界,而最高境界的爱学生是对所有学生的爱。”所以这种爱要既爱优秀的学生,也要爱有缺点的学生,更要爱各方面素质都有较大差距的学生。这样的爱,既要关注学生当前的学习成长需求,提高学生当前的学习成长质量,更要关注学生未来生存发展的需求,为学生未来成功和幸福的人生做好准备。

感悟二:教师的爱是用心呵护每一位学生。

在我刚休完产假上班的一天早晨,我像往常一样领着学生进行早读,突然发现我班何小伟(化名)一直趴在桌上,我正准备走上前去询问,何小伟就哗啦吐了一地。但让我没有想到的是,周围的同学们都立刻离开自己的座位,捂住鼻子,和其他同学窃窃私语,并对小伟投向异样的眼光。此时何小伟的脸和耳朵立刻通红,然后低下了头,表现得很是羞愧。地面的污渍也没有值日生愿意打扫。于是,我立刻指派了科代表陪他去了洗手间,同时对同学们说:“老师来拖地,谁愿意当老师的小帮手,帮助老师来擦桌子?”这时班长举手了,说:“老师,我愿意。”当我和班长正在打扫的时候,学习委员张毅抢过我手中的拖把,要求由他继续清理地面,我也应允了。待打扫结束,我没有直接表扬班长和张毅,只是告诉大家:“无论是任何人,都应当懂得帮助他人,因为殊不知何时你就需要他人的帮助。懂得帮助他人应该是一件很普通的事情,不要把得到老师、家长的表扬当成做好事的目的,更不能在别人需要你帮助时你不仅不帮忙还落井下石般嫌弃对方,这是不尊重对方的表现。我们是平等的,要尊重、关爱身边的伙伴。”此时离开座位的学生都迅速回到了自己的座位上并羞愧地低下了头,班长和张毅也一脸通红……“吱”,门开了,何小伟刚推门进来,班长和张毅就争先恐后地上前搀扶。正当受宠若惊的何小伟不知所措时,其余同学也都纷纷表示了对他的关心,还有人主动递给他了一瓶自带的白开水。何小伟也终于没有了哀郁的神色露出了暖暖的笑意,大家也都跟着笑了。就这样早读结束了,虽然没有学习一个汉字、读一篇课文,但我觉得孩子们在这个早读学到了更多的东西。

其实作为教师,每天生活在学生中间,每天和学生在一起学习、交流,学生完全能从教师的一个眼神、一句话或一个动作中领会到教师的想法,只有教师和学生的交流变成心与心的交流、灵魂与灵魂的共振,我们的教育才会变得和谐与美好。所以教师对学生的教育不能只是单纯的知识教育,而是应该通过行动教育学生。从最细微的小事关心呵护每一位学生,从学生的生活方面关心呵护每一位学生,要求学生做的事情教师首先必须做到,还要做到言传身教。这样才能用自己的言行、人格影响和感染学生,这才是教师无私的大爱。并把爱学生的终极目标定为:使全体学生的个人潜能充分发挥、展现,使每个学生都能自信地学习、成长、成才。爱学生就要教会学生求知,学会做事做人,学会共处。让学生在德、智、体、美、劳诸方面全面发展。世界著名教育家苏霍姆林斯基说过:“没有爱就没有教育,热爱学生是教育学生的基础和前提。”所以教师给予学生真正的爱不能仅体现在教学中,更要体现在点点滴滴的言行中。教师不能急于将规则与道德强加于学生的思维之上,也不要对他们一时的错误大加训斥和责备,而是要把鼓励、赞扬、信任或批评都蕴含在眼神、表情乃至一些隽永的故事中,为孩子们创设一种“不留痕迹”的教育情境。

教育是一门充满爱的艺术。在教师的关怀下,学生体会到温暖;在教师的平等爱戴中,学生学会尊重;在教师的赏识下,学生获得自信;在教师的宽容中,学生懂得体谅。师爱是一种无私奉献的爱,是一种真挚温馨的爱。正是因为有了师爱,才有了教育的成功。让我们用心呵护孩子的心灵,有时一个眼神、一句话也会成就一片天空。

爱，融于一点一滴

永登县龙岗小学 把淑英

高尔基曾经说过："谁最爱孩子，孩子就爱他，只有爱孩子的人，他才可以教育孩子。"对此，我深信不疑。是的，教师只有给予孩子无私的爱，才会自然而然地激发出孩子对教师的爱。

作为从教近20年的我，一直以来，我尊重并关爱着每一个孩子。用赏识的眼光看待每一个孩子，不偏爱学习好的孩子，也不嫌弃学困生和行为偏差的孩子，平等地对待每一位学生；表扬孩子点滴的进步，关注孩子的学习，关心孩子的生活……用我的爱心抚摸孩子、拥抱孩子、浇灌孩子，全身心地去拨动每个孩子身上的每一根琴弦，让他们奏出动人的旋律。

今年，我的学生三年级，该班的学生是我从一年级入学时接手的，也就是我和孩子们共同学习、生活了两年多。作为一名班主任，我一直视自己是孩子们的妈妈，我也确实像妈妈一样呵护着他们、关怀着他们。

一次，我正在上课，一个孩子突然跑到我面前对我说："老师，我想上厕所。"我摸着她的头示意她去，她却站着不动，我很奇怪，问她："怎么不去啊？"她回答说："我没带纸。"我顿时为自己的失误感到自责，连忙从衣袋中掏出纸递给她。自此，每天上课，我一定要在衣袋里给我的孩子准备一些手纸，以备孩子们在上课时急用。同时我也不忘叮嘱孩子们：每天在衣袋里装一些手纸，用来擦鼻涕或上厕所用。要是哪天哪个孩子忘带手纸了，却偏偏闹肚子，孩子们会抢在老师前面递给他手纸，看到孩子们良好的习惯和互帮互助的行为，我由衷地感到欣慰。

有时，我在面批孩子们的作业时，看到孩子的鼻涕流了下来，我会拿出随身带的手纸帮孩子拭去鼻涕。孩子的作业本皱了，我会一页一页帮他们抹平。孩子们的铅笔、橡皮擦掉在地上了，我会轻轻地捡起放在孩子们的桌角，孩子们看见了总会对我微微一笑说："谢谢老师！"我会回报孩子们一个微笑，摸摸他们的头，赞许地说："真有礼貌！"孩子的鞋带散了，我会蹲下身子帮他们系好；孩子们衣服的拉链没拉上，我会亲自为他们拉上;孩子们不会系红领巾,我会手把手地教会他们。有时,女孩子的辫子散开了,我也会帮她们扎上。我无时无刻不在扮演着一位母亲的角色。

天冷了,我叮嘱孩子们多穿衣服以防感冒。提醒孩子们吃好早餐再来上学,不吃垃圾食品,保护好自己的身体。看到孩子们冻得通红的小脸和小手,我会用我的双手帮他们取暖。看到孩子们学习上有了进步,我会摸摸他们的头,给孩子们以赞许的微笑,让孩子们能拥有更多的自信。在我的影响下,孩子们讲文明,有礼貌,学会了感恩。还有一次,也是上课的时间,坐在最前排的一个小女孩忽然剧烈地呕吐起来,桌子上、衣服上,甚至桌位里都溅有呕吐物。孩子们满眼期待地看着我,我赶紧放下课本,掏出纸先擦拭孩子的脸和嘴,再擦拭她衣服上的呕吐物。女孩们看到老师不但不嫌脏还帮着擦,也掏出自己的手纸帮女孩擦桌子、收拾桌位,男孩们则拿起扫帚和拖把清理地面。在我的影响下,孩子们团结友爱,如兄弟姐妹一般互相关爱,快乐地生活这个温暖的大家庭里。

我经常用自己的行为感染孩子们,用无声的语言影响他们,也常常会有意想不到的收获。我感冒了,上课时嗓子有点嘶哑,下课了孩子们会围在我身边关切地问:“老师,您感冒了?您真好!生病了还为我们上课。”“老师,您辛苦了!”有一段时间,数学老师生病了请假了,每天都是我一节课连一节课地上,小小年纪的孩子们在日记中写道:“看到老师那么累,我很心疼。”听到孩子们纯真的话语,我心里涌出一阵阵暖流。我爱我的孩子们,我的孩子们也爱着我。前段时间,我到兰州参加了为期两个星期的培训学习。结束后的周一一早刚到学校,恰好我班的一小女生看见了我,她满脸惊喜地飞快跑到我身边,扬起小脸,一脸欣喜地看着我。我爱怜地摸摸她的头,告诉她先回教室,老师马上就来,她一边跑一边高兴地喊:“把老师来了!把老师来了!”回到教室,看看我的孩子们,几日不见他们竟长大了些许,再看看那些稚气的小脸,也略显懂事了。下课后,孩子们围在我身边,叽叽喳喳地说个不停:“老师,我们想死您了!”“老师,我们以为您不要我们了。”“老师,您不在了,我们没有像您在的时候听话。”听了孩子们的话,我的心中是那么温暖,我的孩子们长大了,他们会用自己的语言表达他们的感情了。更让我感动的是,第二天上课时,孩子们悄悄地塞给我一个又一个的小纸条,回到办公室,我急忙打开小纸条,上面写着:“老师,您不在的日子里,我好想您!”“老师,您就像我们的妈妈一样关爱着我们。”“老师,我爱上语文课,更爱您!”“老师,您的微笑是那样灿烂,让我们感到温暖!”“老师,您就是我们的妈妈!”“老师,我以为您不对我们好了,结果,您还像以前那样对我们好,我很开心!”我不禁热泪盈眶,孩子们在我外出学习期间如我思念他们般思念着我,我是幸福的,因为我拥有孩子们的爱。

两年多来,不论早上还是中午,我到学校的第一件事就是走进教室,将桌子摆放整齐,亲自拿起扫帚扫地,指导孩子们学扫地、学拖地,教会他们做值日。同时发现班级中的不良现象,关注学生的思想动态,针对个别学生及时进行思想教育,确保学生思想健康、行为文明。

班上有一个小男孩,长得虎头虎脑,很是可爱,而且人也机灵,可就是不爱学习,不做作业,而且总是满口谎言,还特别捣蛋,踹这个一脚,捶那个一锤,孩子们总是告他的状。我不厌其烦地给他做思想工作,告诉他不能欺负同学,要好好学习。说的时候,他一脸真诚,使劲点头,可不出两天老毛病就又犯了。经过了解我得知:孩子的妈妈在孩子刚上一年级就离家出走了,爸爸常年在外打工,爷爷奶奶年纪大了而且身体又不太好,孩子不听从爷爷奶奶的管教。我觉得孩子可能是缺少母爱吧,从此,我总是尽最大可能地给予孩子更多的关爱,效果仍然不是很好。那怎么办呢?孩子这么小又蛮聪明的,要是耽误了真是怪可惜的。我决定去孩子的家里和他的家人进行一次面对面的沟通。放学后,我直接去了他家所在的小区,因为不知道他家的具体位置,我就在小区里向别人打听,正好看见了在院子里玩耍的他。他用怯怯的目光看着我,低着头,显得很是害怕,小心翼翼地将我带到他家。看到我和孩子,家里人先是很惊讶继而是愤怒,大声斥责了他,以为他在学校又干了什么坏事。面对愤怒的爷爷、无助的奶奶、暴跳如雷的爸爸,小家伙局促不安地看着我,眼泪滚出眼眶。我拉他坐在我身边,先对家人列举了他的种种优点,然后就他的教育问题和他家人交流了一下意见,我一再对他家人说:“千万不能打孩子,如果你们打了孩子,我的家访就是彻底失败的。”接下来的日子里,我发现小家伙变了:上课也能认真听讲、积极回答问题了,作业也能按时完成。在我的鼓励下,他越来越上进,而且不再淘气了。尤其是班级开展了“我爱读书”的活动后,他是第一个以最快时间爱上阅读的孩子,只要有时间,他就会安静地读书。每次爸爸给他买了新书,他第一个拿给我,让我读给同学们听。班级家长会上,小家伙安静地坐在爸爸的身边,总是一脸自豪,期待着老师的表扬。

班里还有一个孩子,也是很聪明的一个小男孩,上课小动作特别多,自己不听课,还总是转过来转过去影响别人,同学们很不喜欢他,没人愿意和他同桌。但这个孩子体育上有特长,每年的运动会上报的项目最多,拿的奖也最多。我就在班会上夸奖他为我们班取得的荣誉,告诉孩子们,每个人都有优点也有缺点。咱们要发扬自己的优点,正视别人的缺点,同时也要帮助同学改正缺点,咱们是一个团结友爱的大家庭,班里的每一个孩子都是咱们的兄弟姐妹,不能落下任何一个孩子。慢慢地,孩子们能接纳他了;只要看到他的一点小进步,我就表扬他、鼓励他。很快,他的小动作没有了,学习上也有了很大的进步。他的妈妈看到孩子的改变和进步,欣喜地给我打电话说:"把老师,我真的非常感谢你,发自内心地感谢你!没想到我家孩子的变化这么大,这都是你的功劳,我真的太高兴了!"她言语中透露着无法言说的幸福。是啊,哪一个家长不希望自己的孩子优秀,他们把最殷切的希望深深地寄托在了我们教师身上,作为教师的我们岂能辜负?说真的,看到孩子们的变化和进步,我也从内心深处感到高兴,因为我用爱开启了一扇心灵的窗户。

两年多来,孩子们的行为越来越文明,同学们之间越来越团结,班级的凝聚力也越来越强,在各项活动中取得了一些较好的成绩:二年级时,班上有7个同学参加全国"正能量"作文比赛,全部获奖。其中两个一等奖,一个二等奖,两个三等奖,两个优秀奖。学校的趣味运动会上,我班的学生连续三次在同年级的拔河比赛中得了第一。可喜的是越来越多的同学在运动项目比赛中得奖,仅三年级的趣味运动会上,班上有20多个学生得奖,有些学生单项奖就拿了好几个。在"六一"文艺汇演中,我班的舞蹈《鹅,鹅,鹅》(一年级)和校园情景剧《校园的小路》(二年级)均获得学校低年级组一等奖。

为了让孩子们爱上学习、爱上写作,最近我在班级组织了"我爱读书"的活动。让孩子们每人带一本书,利用课余时间读书。为了激发孩子们读书的热情,我常常利用课余或者中午上课前的一段时间,声情并茂地给孩子们读绘本故事,把孩子们引入一个美好的读书氛围。就这样我坚持了两周的时间,孩子们渐渐爱上了阅读。只要有时间,孩子们就拿出书本静静地阅读,那入神的样子温暖了我,也感动着我,我为自己骄傲,我为孩子们骄傲。紧接着,我又在班级开展了"一句话"日记的教学活动,每天在课堂上花5分钟的时间,让孩子们阅读自己的日记,收到了良好的效果。很多孩子能在日记中表达自己真实的感受,说自己最想说的话。每天读日记是孩子们最渴望的一件事,他们都想把自己的日记读给老师和同学们听。不论孩子写得多与少,好与不好,我都带头和孩子们把最热烈的掌声送给他(她)。看到孩子们的自信和自豪,我也收获了点滴的快乐。

一分春华,一分秋实,我付出的是爱,收获的同样是暖暖的爱。作为一名教师,我有责任引领孩子们走进知识的殿堂;作为一名班主任,我更有责任引领孩子们张开理想的翅膀,翱翔在浩瀚的天空。

爱,是润物细无声的春雨;爱,是普照大地的阳光;爱,融于一点一滴。

爱是最好的教育方式

永登县中堡镇中心小学 脱立珍

之一:爱让单亲孩子不再自闭

背景:赵健,是兰州市永登县中堡镇中心小学三年级学生,父母离异。单亲家庭造成孩子人格缺陷,无论对人、对事都产生对抗情绪,你说东,他偏往西。在学校的具体表现是:从来不做家庭作业,学习成绩差,从不和别的孩子交流、玩耍,很难融入同学中间,有自闭倾向。

记得刚接三年级这个班时,作为原班主任的王老师给我送来善意的忠告:“脱老师,这个班的赵健可够你受得了。他从来不写家庭作业,每次考试,语文、数学都不及格,上课不发言,他写的字没有一个你能认识,关键是他从来都不会对别人笑……”

因为王老师的一席话,在教学工作中我特意关注他,果真如此,他每次家庭作业都不做,很难融入其他孩子们中间。于是,我通过家访了解了他的家庭情况。我多次找他谈话,希望他按时完成家庭作业,以学习为重,争取进步。在谈话时他满口答应,并且在班会上做了自我批评,要按时完成作业,好好学习。但是过后他仍然我行我素,只要我提及检查作业,他便在书包里乱翻,然后眼睛里噙满泪水,怯怯地说“找不见了”,此种情形弄得我哭笑不得。几次下来,我的心都快凉了,但又觉得身为班主任不能就这样放弃一个孩子。

根据赵健的问题,我制定了一套有针对性的教育措施和手段。我多次和赵健的爸爸电话沟通,告诉赵健的爸爸,家庭是孩子成长的摇篮,家庭的不幸福和不完整会给孩子产生巨大的负面影响,给孩子心灵上造成巨大的创伤,希望他能多关心孩子的生活和学习。赵健比一般孩子缺少父母的呵护和家庭的温暖,我想用爱可以抚慰他心中的伤痕。于是,我特意亲近他,敞开心扉和他谈心,以关爱之心来触动他的心弦。每次跟他谈心我都赶在中午或下午办公室没别的老师的时候,让他坐到我的对面,谈班上的同学,谈他的家庭,谈他的生活,谈我的孩子。起初,他总是一言不发,静静地低着头听我说话。后来,我有意识地叫班上其他同学和他一起到办公室谈心,闲暇时带他和同学到操场上做游戏,带我的孩子到学校和他一起玩耍。上每节课时,我都多次走到他的身边,有意识地抚摸一下他的头,鼓励他积极发言;加餐时摸摸他的小手,拿出一块干净的湿毛巾帮他擦手,把鸡蛋和牛奶亲自放到他的手里;每次批改作业,我都第一个叫他到身边,和他共同改正错题,让他感受到我对他的关心和重视……

过了一段时间,有一次早读时我刚进教室,看到赵健脸上露出久违的微笑,他拿着作业本走到我面前说:"老师,您检查我的家庭作业。"当时,我心中一热,眼泪在眼眶中打转。我赶忙接过他的作业本,发现他的书写比以前规范多了,看得出他是用心写的,我拿出红笔,给他批了个"优",然后展示给全班同学,顿时教室里响起了热烈的掌声,他也笑得更甜了。

从此以后,上课的时候他举手的次数越来越多了,每次我都会用"赵健上课会听讲了""赵健能认真倾听别人回答问题了""赵健朗读得越来越流利了"这样的话表扬他。真情的表扬、简单的赏识,让他有了学习的动力。

紧接着,遵循因材施教的教育原则,结合赵健基础知识差的实情,我降低了对他的教学目标和学习任务,让他通过努力也能感受到"我也学会了""我也是很棒的",这样自然而然提高了他的学习兴趣,增加了他的自信心。

同学之间的沟通和交流能够更有效地提高一个孩子的学习成绩,培养孩子的爱心。为了提高他的成绩,我特意安排了责任心强、学习成绩好而且乐于助人的女同学高玉婷、张玉婷跟他结成"互助小组",她俩充分利用课余时间帮助赵健听写词语、朗读课文、讲故事、辅导他阅读课外书籍等。通过"帮扶",这个把自己严严实实"包裹”起来的孩子慢慢融入同学中间，成为班上的“活跃分子”。在班级、学校的各项活动中积极参加，表现突出。这个“互助小组”的凝聚力和上进心，让我这个班主任看在眼里、喜在心中。

在期中测试时赵健的语文成绩终于告别了“永远不及格”的历史，取得73.5分。当拿到试卷时，他兴奋地说：“老师，期终测试时我要争取80分以上。”我说：“你能的，我相信你，同学们也相信。”说实话，看到孩子的进步，我的心中一股暖流阵阵涌出。

反思：教育的过程不仅仅是一种技巧的展示，而是充满人情味的心灵交融，我愿乘赏识之风，捧起关爱之情，唤醒单亲孩子沉寂的心。用爱方能谱写健康人格。

之二：爱让留守儿童快乐成长

背景：农村留守儿童怎么带？这是我长期以来思考和探索的一个重要课题，在实践中，我摸索出了“创建阳光家园，给孩子健康成长的摇篮”模式。“阳光家园”就是把校园视作留守儿童的“家”，老师像母亲一样为这些孩子们倾注亲情，让这些面带忧郁神情的孩子们走出忧郁，充满朝气、充满阳光。

描述故事过程：三年级的同学杨昌军，爸爸妈妈都外出打工了，小孩子满脸的不高兴，到学校来上学也不怎么用功，心老往外面跑。一天放学，我拉着这个孩子的手，把他送到家里，通过这次不露痕迹的一“送”，我发现，杨昌军的奶奶虽然带孙子带得好，但是杨昌军总是想念身在异地的父母亲。

“症结”找到了，回到学校后，我在远程教学课堂的电脑上装了摄像头，并联系到他的父母。一天下午放学，我把杨昌军带到电脑前与他的父母视频聊天。顿时，这个孩子的眼睛亮了，他从校园找回了家庭的温暖，一下子也跟我亲近了许多。之后，我把这孩子当自己的孩子带，放学后，我经常陪他回家，买时令蔬菜，帮助他奶奶干家务，把一名乡村教师的温暖送到了留守儿童的家中。

为了帮助农村留守儿童找到缺失的父母之爱，架起孩子和父母的亲情桥梁，我利用课余时间创建了校园“阳光家园”，把学校所有留守儿童全部搂进了怀抱。

四年级的杨学婷小朋友过生日，当天放学后，我给这个孩子置办了一个大蛋糕，把同学们都请到杨学婷小朋友的家中为她唱起了生日歌。通过一年多的悉心付出，

“阳光家园”的留守儿童学习进步很大。

2014年6月25日，兰州日报记者对我的“阳光家园”进行了采访，当时，校长李明吉介绍说，脱立珍老师是爱跟孩子们打成一片的好老师，她组织留守儿童开展“两地书亲子情”活动，还利用网络让学生与父母沟通交流，并在节假日组织孩子们举办以“爱”为主题的《阳光家园手抄报》，开展“阳光家园幸福集锦大荟萃”活动，带领孩子们观儿童名剧、听儿童名曲，陶冶孩子们的情操，拓展视野，举办特长作品展。各种活动看上去很“跑题”，结果期末考试，学生的成绩都“上去了”。

反思：留守儿童问题的根本在于亲情缺失，而要解决这一问题，唯有关爱与帮助他们。老师要有针对性地营造健康、快乐、平等、和谐的成长环境，帮助孩子们树立正确的世界观、人生观和价值观，用父母般的爱培育孩子们健康成长。

赏识教育，扬起孩子自信的风帆

皋兰县石洞小学　王小凤

一棵树，如果花不鲜艳，也许叶子会绿得青翠欲滴；如果花和叶子都不漂亮，也许枝干会长得错落有致；如果花、叶子、枝干都不美丽，也许它生长的位置很好。在蓝天映衬下，远远看去绰约多姿，也会流露出几分美感。

——题记

第一次见到小雨是在一个阳光明媚的早晨，当时我刚上完课，准备到办公室休息一阵。忽然一对年轻的家长径直来到我的办公桌前，后面藏着一个瘦弱的小身影。接过教导处的条子，我知道这个孩子是我们班的插班生。之后，在孩子妈妈的介绍下，我简单填写了信息。“××雨”，多秀气的名字啊！于是我不假思索地在性别那一栏写上了“女”。孩子妈妈笑着说：“是男孩。”这时，我才真正看清了他的样子：雪白的皮肤，大大的眼睛，高挺的鼻梁，背着一个与他小小的身体极不相称的大书包。看到我后，在父母极力地鼓励下，他才怯生生地向我问了好。多么腼腆的孩子啊！我不由在心里对他产生了一丝怜爱之情。送走他父母后，我把他领进了教室，简单向同学们做了一番介绍后，安排他和班上一个各方面表现都还不错的孩子坐在一起。如果单从外表看，我觉得小雨应该是个能让我省心的孩子，最起码看起来很乖。

可第二天小雨的表现就让我大失所望。上课才五分钟，他就请假上厕所，说是尿急。我看了看他，生硬地抛出一句："下课玩够了，这会儿才想起来上厕所？""不是，老师……""去，下次不许这样了。"就这样，我粗暴地打断了他的回答。因为作为一个二年级的孩子来说，应该明白下课时间必须解决大小便问题这个简单的道理。可之后的几十分钟时间里，小雨一连上了两次厕所。在全班同学惊愕的眼神中，我严厉地批评了他。孩子当时满眼的泪水，似乎想说什么可又不敢说。或许在老师的威严面前，任何"真理"都显得微不足道。之后的三四天内，情况与第一天一模一样。直到有一次，我正讲到尽兴处，忽然他又怯生生地举起了手，小脸涨得通红。旁边一个同学忽然说："老师，××雨想尿尿。"立刻，全班同学的目光都聚到了那个平时并不怎么起眼的角落。"怎么每次都上厕所？""是啊，下课怎么不上啊？""估计下课就顾着玩了"……听到孩子们七嘴八舌的议论声，我忽然很生气，这样下去怎么了得？绝不能惯他这样的坏毛病。于是，我假装没听见，重新整顿了课堂纪律后继续讲课。"老师，我憋不住了……""再等五分钟！""老师，我想去厕所……""再等两分钟！"……尽管他一次次的央求，可为了让他长长记性，并且改掉这个坏毛病，我一次次下命令让他等一会。终于，"哇……"小雨大哭了起来，我的心一下子软了，冷冷地说了句"去吧！"

后来，考虑再三，我拨通了小雨妈妈的电话，向她反映了情况，并告诉她如果每节课都往厕所跑几次，会严重影响学习。小雨妈妈在那头迟疑了一阵后，告诉了一个出乎我意料的消息，并且让我为先前对小雨的态度而自责不已。他妈妈说他有尿沙，如果在假期还好一些，但一上学，见到老师就更加严重。他们现在也正在加紧治疗，可就是不见疗效。很明显，小雨除了生理上的疾病之外，还有较为严重的恐学症、恐师症，那么我该怎么做呢？身为一名班主任，当学生心理出现问题时应该采取有效的方法及时疏通。针对小雨的性格和目前的状况，我决定采取鼓励法。

"丁零零……"伴随着轻快的上课铃声，我走进教室。小雨笔直得坐在座位上，像是等待着一个神圣时刻的到来，我心里微微一颤，多么可爱的孩子啊，他似乎在用这种方式弥补先前对我的"冒犯"。我扫视四周，微笑着对他说："××雨，坐得最端正!”顿时,孩子们立刻安静了下来,那一刻,我发现他们看小雨的眼神立马不一样了,没了指责,没了嘲笑,反而多了几分敬佩。孩子们的内心就是这么单纯,老师对一个同学的看法就是他们对这个孩子的定义。小雨听了我的表扬之后,嘴角微微扬起了微笑,坐得更直了。而那一节课,小雨破天荒地没有一次请假上厕所。看来,我的方法奏效了。之后几天,只要他有一点点进步,只要在某些方面表现较好,我都会大大称赞他一番。就这样,他的语文书上每一页都盖上了好几个“棒!”慢慢地,他的性格开朗了,与同学交往也融洽了,大家都开始喜欢他了。

记得有一次,我布置了一篇写话,题目是《秋天来了》,当时写得好的同学很多,但我特意把小雨的作文抽出来,作为范文在班上朗读。当时有个小女孩说:“哇,没想到××雨的作文写得这么好啊！我带头鼓掌。”“哗哗哗”,教室里便响起了一片掌声,大家都把赞赏和羡慕的目光投向了他。从那以后,他爱上了写作,而且每回都写得非常棒,于是大家便送上他一个光荣的称号——“小作家”。现在,这个小家伙只要一见到我,总会送上一个甜甜的微笑。

转眼间到了月评的时候了,为了表示对他的肯定,我特意把小雨列入优秀学生名单,在他的奖状上工工整整写上这样几个字:“奖给最用心、最认真、最可爱的××雨同学”。接过奖状,小雨一脸幸福,扬起笑脸,甜甜地说了句“谢谢老师!”。从他的眼神中,我能看出这个内向敏感的孩子已经开始接纳和喜欢我了。之后的一周,班上改选班干部,我采取民主选举,许多孩子都选小雨当学习委员。我问大家为什么?孩子们七嘴八舌地说:“老师,××雨经常帮助我做作业,我感谢他。”“老师,××雨学习认真,而且作文写得好,我可佩服他了。”“老师,我们大家都选他,因为他很细心,又懂得关心同学。”“老师,你知道吗？××雨的画也画得不错。”……听了同学们的发言,我忽然发现小雨小小的身体里原来藏着这么多我之前不曾想到的优点和能量。我轻轻走到他身边,问他:“××雨,大家都推选你,说说你的想法吧。”小雨慢慢地站了起来,说:“老师,我刚来还不熟悉,我怕当不好。”听了小雨的话,我对孩子们说:“相信大家都很喜欢××雨,但是××雨说得有道理,他刚来不久,对班上的情况还不太了解,所以现在让他当学习委员对他来说还有点难度,这样好吗,我们给他一段时间,让他先熟悉熟悉班级环境,然后再满足大家的愿望好吗?”“好!”孩子们异口同声地回答。之后的一段时间里,小雨在各方面的表现都比以前更加积极。课堂上积极发言,课后帮助值日生打扫卫生,操场上也时常能见到他和同学嬉戏玩耍的身影。小雨比刚来那会儿自信多了,也开朗多了。现在,我的语文课上,小雨虽然也会请假上厕所,但次数明显少多了,而且每次只要看到他的眼神我就能领会,并且温柔地说声“去吧”,他就像领了特赦一样,像个欢快的小鸟飞出教室。有一次,一个孩子问我:“老师,××雨怎么总是上课就往厕所跑?”我想了想,微笑着对同学们说:“××雨最近身体不舒服,可以原谅。难道他那么多的优点还抵不了这么一点小小的不足吗?”一个机灵的小家伙立即站起来说:“哦,老师,我明白了,小雨是上帝咬过的苹果。”我笑着回答:“说得对,我们每个人都是被上帝咬过的苹果,都是不完美的,所以如果自己或者别人有了小缺陷之后,都应该宽容大度地去面对,明白吗?”听了这话,小雨感激地望着我,好像在说:“老师,您真好!”中秋那天,接到小雨妈妈的电话,她在电话中真诚地感谢我对小雨的鼓励,让小雨重拾了信心。她还告诉我,为了当一名合格的学习委员,小雨还做了不少准备呢!听后,我的心里暖暖的,作为一名班主任,有什么能比挽救一个孩子和得到家长的肯定更让人高兴的事呢?

现在正如大家所愿,小雨当上了学习委员,是我得力的小助手,每次安排下去的任务,小雨总能出色完成。有一次,我从操场经过,小雨欢快地跑过来,在我耳边悄悄说道:“老师,你知道吗?你是我见过最美丽的女老师。”我的心一瞬间融化了,我摸了摸他的头,告诉他,他也是我见过最优秀的学生。感谢小雨,给我十年的教师生涯填上最多彩的一笔,不是我培养了他,而是他成就了我,让我真正学会做一名合格的教师,更学会了如何站在一个父母的角度去关爱学生。今后的路还有很长,一定会有许多“小雨”出现在我的生活和工作中,但我相信,只要拥有一颗爱孩子的心,就能让他们成长成像小雨一样的孩子。

中国有句老话:“数子十过,不如奖子一功。”鼓励是一种催化剂,它能够极大地激发人的自信心。每个老师都应用爱的行为去浇灌一朵朵小花,多表扬、多鼓励。那花儿终会开得很灿烂,让孩子们在爱的鼓励下成长吧!

后记

天空收容每一片云彩,不论其美丑,故天空广阔无比;
高山收容每一块岩石,不论其大小,故高山壮观无比;
大海收容每一朵浪花,不论其清浊,故大海浩瀚无比。

像雷夫一样，还原教育的真谛

皋兰县瞿家尖小学　瞿兰英

2004年初春，经历了轮番考核后，我如愿以偿拿到了分配指标，被分到了皋兰县瞿家尖小学。怀着对教育事业无尽的期待与憧憬，我来到了这里。

这是一个四面环山的小村庄，首先映入眼帘的是砖瓦厂里肆意冒出的浓烟，我的心顿时凉了半截，这和我想象中的出入太大了。踩着一条泥泞的小道，几经打听，我终于找到了学校。这是一所典型的山村小学，几间低矮的平房，光秃秃的校园里挺立着几棵孤独的松树。在一群朴实的山村小孩好奇的眼神中，我被他们前呼后拥地送到了校长室，接待我的是一位老校长，从他沧桑的脸上我丝毫看不出人民教师所具有的文雅气质，相反，他更像一个地地道道的老农民。他向我简单介绍了一下学校的情况之后，便拿出课程表给我安排了教学任务。当时我的脑海中一片空白，退堂鼓在我心里“咚咚”敲个不停，但我终究没能说出来。因为我也是农民的孩子，我深知能端上教师这碗饭有多么不容易。对于老校长的话我几乎一个字都没听进去，只记得他最后说了一句：“唉！我们这缺老师啊，你能来，我代表全校老师和孩子们欢迎你！”几经挣扎后，我决定留下来。

我担任三年级的班主任兼语文老师，班级有二十多名学生。我刚走进教室，学生已经开始窃窃私语了，说到高兴处，还会捂着嘴偷笑，三年级孩子的好奇与多动表现得淋漓尽致。我咳嗽了一声，故作镇定地开始上课，学生并没有因此安静下来，而是更加大声地开始说话，有的竟然手舞足蹈的。我大声喊“安静！安静！”也没能制止这种混乱，就在这样的气氛中，我完成了我的人生第一堂课，可以说我人生中的第一堂课非常狼狈。

晚上，我非常沮丧，胡乱吃了几口方便面便躺在床上。乡村的夜格外安静，静得不由得让人胡思乱想，我唏嘘不已，觉得人生真的如电影，不经意间就好像回到了曾经的场景。十几年前，我和坐在教室里的学生一样发奋学习，梦想着有一天能够走出山村，步入向往的大都市。没想到十几年后的今天，我又回到了山村，并且此生也许只能这样度过,仅此而已。想起来,心里更多了几分悲凉……“咚咚咚”,一阵敲门声打破了我纷乱的思绪,是隔壁的魏老师。这是一位四十开外的女教师,慈眉善目,有着农村人特有的质朴与憨厚。她关心地问我吃了没有,冷不冷,炉子晚上要封好,记得别堵得太死,小心煤烟中毒……说着,还仔细地检查了一番。见我落寞的样子,她便坐了下来,和我聊起了天。她告诉我,她已经上了十几年班了,刚来时,也和我一样,对一切充满了失望,冷冷的教室,吸着鼻涕的学生,冷漠的村民……可是相处久了,你就会发现这里的孩子有多淳朴和善良。他们身上是少了很多城市孩子的灵气,但是却有城里孩子难得的纯真,其实他们就是昨天的我们……不可否认,那一刻我的心被融化了。那天晚上我们聊了很久很久,也正是因为那晚,我的人生从此翻开了新的篇章。

第二天一大早,我便怀着全新的热情投入到了工作中。那一天,我明显感觉到孩子们看我的眼神似乎不一样了,从他们清澈的眸子中,我看到了对知识的苛求,对我的崇拜,对未来美好生活的向往。于是,我清了清嗓子,开始了我教育事业中庄严的第二课……日复一日,年复一年,一晃就是十几年。在这十几年中,成就不大,想来却回味无穷。和学生朝夕相处,培育了学生,也丰盈了我的人生。

记得送走这一届学生的时候,我非常失落和迷茫。这是一个优秀的班级,说他们优秀不仅表现在每次的考试成绩上,更表现在他们的勤学善思、懂事有礼貌,并且懂得感恩上,但是却没能够在毕业考试中脱颖而出。这一度成为我们整个学区茶余饭后讨论的话题,成绩成了我们唯一可以评判学生的标准了,我也成为评论焦点。好长一段时间,我都不能从这个阴影中走出来,我反复思考一个问题,是我不行还是学生不行。说学生不行,我连自己都欺骗不了,我非常了解我的学生,我知道他们在以后的学习中会表现得很好,那就是我自己的原因了?可我不知道问题的症结在哪里?不是说天道酬勤吗?在陪伴孩子们最后冲刺的时候,我没日没夜地劳碌着,孩子们的生活、学习无一不是我最关注的。我起早贪黑,可结果是什么?唯一使我感到安慰的是,学生们不时会来学校看我,或者给我发个短信汇报一下他们的学习,稚嫩的语言足以安慰我失落的心情。

如今,这届学生中考刚结束就迫不及待地来看我了,看着孩子们脸上洋溢着笑容,不用说,个个考得都不错。分别三年,我依然是一名普通的教师,没有任何荣誉,没有得到过任何表彰,孩子们却已经长成了帅哥美女。三年的知识积累,让他们个个看上去沉稳矫健，聪慧且有主见。他们的到来让我特别惊喜，孩子们能够来看我，就是对我教学最大的肯定，那么我究竟给了孩子们什么？我开始不断反思自己的教学。

我的学生成绩不是最好的，但是在整个小学阶段我让他们懂得了如何靠自己的努力实现自己的价值，懂得了谦虚、上进、感恩，这远比会解一道算数题、会写一篇文章更有意义。我欣喜，我那“润物细无声”的渗透，使他们学会了宽容，学会了等待，学会了应对生活中的不如意。孩子们步入中学以后也经历了很多的事情，迷恋网络、早恋、厌学、打架，可是孩子们都一一战胜了自己，最终步入了正轨。我让他们懂得了生命只有一次，好好珍爱自己就是对父母最大的回报，平安成长，经历多彩的人生有时候比成功更重要，这才是大写的“人”字。此时，我问自己教育是什么？什么是教育？如今，我算是找到了，不管是阿Q的聊以自慰还是自我解嘲，我并没有因此而一蹶不振，反而走得更坚决，现在回过头来想，最大的动力还是来自我的学生。因为我们的相互陪伴、相互温暖让我有了坚持自己教育理念的决心。

在工作之余，我还经常会读一些教育书籍，以此来提升自己的素养。第一次听到“雷夫”这个誉满全美国教育界的名字的时候，是在一位市重点小学的校长专题讲座上，这个名字深深印在了我的心里。回到学校后，我就迫不及待地上网搜索了雷夫及其相关的教育心得，很多话深深震撼了我的心灵，也因此引起了我的教育共鸣。雷夫说：“把自己的人生融入课堂。”我想我也是，刚参加工作时，我郁郁不得志，经常打不起精神，但是在和学生相处的过程中，让我明白了许多：孩子是单纯的个体，像蜗牛般的弱小，作为老师，我们经常会讲要爱孩子，要有耐心，要关心孩子，但是只有真正经历了老师的职业生涯，你才会发现什么是真正的爱，什么是真正的耐心。那是需要经得起时间考验的坚持，十年如一日的爱与耐心，那是真正将自己的人生融入孩子的人生的爱。十年了，除了每天的正常上课，我也会组织很多活动丰富孩子们的生活：学校没有美术老师，我会教孩子们画画；学校没有音乐老师，我会学着弹琴试着教给孩子们；家长们为了生计外出打工无暇给予孩子们家庭温暖时，我会将孩子们召集在一起包饺子、做十字绣、练习书法，也会教他们背唐诗宋词……我想我的人生离开了孩子们也会是暗淡无光的。

雷夫说得对，“对教育，我不过是比其他人多了一点热爱。”我想也是，正是因为多了一点爱，才会创造出教育的神话。很多老师问我，你有什么妙招吗？怎么你的学生毕业后会经常来看你,我们带出的学生一毕业都没良心了。我想说的,也是因为多了那么一点爱,替学生着想,陪伴学生一起成长,还有让学生懂得感谢生命中出现的每一个人,心中有爱,人生才会变得崇高。

2013年,为了使教育均衡发展,市教育局举办了“千进八百”的教育活动,使农村教师进入城市学校课堂,学习先进的教育理念、教学方式方法与班级管理。在兰铁二小学习的十天时间,我深刻体会到了城乡教育的差距,也深感自己知识的匮乏。回本校后,我开始了更加如饥似渴的学习,因为我知道,学生能走多远取决于老师能带他们多远。大山阻挡了我们的脚步,也阻挡了我们的视野,我必须通过自己的学习带领乡村的孩子们感受生活的多彩、人生的宽广。于是,2014年,在城乡置换一年的学习中,我又踊跃报名,来到了兰炼一小。

与此同时,我参加了心理咨询师的考试,并且顺利取得了国家二级心理咨询师证。好多人问我,为什么要自掏腰包去参加考试,那是因为一直以来我心里只有一个强烈的愿望,那就是真正意义上能为孩子们做点什么。带了两届学生,孩子们在心理上的变化让我感受到了社会的冲击带给孩子们心理上的困扰,我必须在社会大浪冲击来临前保护好孩子们,不能让他们过早承受网络的摧残和被歧视的落寞,以及遭遇不公时的愤懑。所以我走进了心理学,我希望用我学到的知识来成就孩子们的一生,我希望自己教会学生的不仅是文化知识,更是他们面对生活坎坷时能有的正确的心理状态。我不会降低对学生的期望标准,我愿意尽力而为,因为我要让学生看见生活中的阳光面,在学习上愿意努力尝试去完善并突破自己。虽然我知道我个人的力量是非常有限的,有时候我不得不屈服于环境,屈服于这个校园,但是我还会尽力去做,我希望当孩子们一天一天走远的时候,他们的翅膀已经能够迎接风雨的挑战。同时,雷夫,这个卓越教师的“活标本”将永远是我学习的榜样,我在仰望雷夫伟大的教育思想的同时,也会在属于自己的教室还原教育的本质,和孩子们一起创造属于我们的教育神话。

如今,我已经三十多岁了,孩童时的梦想离我越来越远,可是看着孩子们一天天长大,从小学、中学、高中,直至步入他们心仪的大学,走入社会,开始他们的人生,谁能不说他们正在实现着我的梦想呢?

快乐即是有效

西固区新安路小学　陈　靖

一直以来,我们总是在不断探索所谓的有效课堂或者说是有效教学,总是一厢情愿地认为,好的经验或者方法就是促进有效教学或者有效课堂的捷径。于是,在这上面做足了文章、下足了功夫。殊不知,我们所做的工作其实仍然有舍本逐末之嫌:我们忽视了学习作用的最终主体——学生,忽视了课堂主体思维跃动的助推力——快乐。

学习是人的意识再创造、再加工过程,其中充满独立和主动意识的参与。但要激发人的自主独立与主动参与意识,还要有兴趣地参与,这似乎是老调重弹。但兴趣的直接诱因则是快乐。快乐在学习中是一种状态,更是一种享受过程的心态。我们做老师的最担心的就是学困生,指导这些学生所花费的精力几乎等于给别的学生上课的时间总和,但收效甚微。刚工作的时候,我的班上有一个“个位数”先生——每次考试,该同学都在8～15分之间徘徊,真让人束手无策。于是,我就想着从一年级的课程给他补起,就不信补不上去,而那时他已经是五年级了。放学后,我把他留下来单独辅导,一遍又一遍,直到他把知识点记住为止。孰料第二天,他依旧忘得一干二净。如此好几次之后,我真有些灰心了,同时也有些心不甘:我自己的能力有问题吗?为此,我训斥过他,觉得自己陪着他无偿补课,他还这样不领情,真是不懂事。我又观察了这个孩子,发现每次把他留下来的时候,他都是满脸不乐意,甚至想找借口溜走;即使在学习过程中,这孩子也是左顾右盼的,显然是心不在焉。一定不是智力问题,是这孩子厌学。我明白了。于是,又一次把他留下来的时候,我没有提补习的事,而是问他喜欢什么?最想干什么?这孩子立刻兴奋起来,他告诉我他最喜欢打台球。“哦,那好,我俩吃完饭一起去打台球!”“什么?老师,你……”这小家伙显然有些惊讶,但可以看得出来他还是比较兴奋。

那个傍晚,在台球桌边,我看到了一个截然不同的他:自信地挥着球杆,精准地点球入袋,连我都为之惊叹。末了,坐下休息时,我对他的球技大加赞赏,而这小家伙居然也沾沾自喜起来。我告诉他,我想跟他学打台球,“啊?”他惊讶地看着我,一副质疑的神色。我再次确认了我的请求,但同时告诉他,我跟他学打台球,但他也得跟我学点什么。他支吾了半天,终于告诉我:如果我跟他学打台球,他可以考虑每天跟我识记15个汉字外加一首古诗。“呵呵,成交!”自那天以后,我每天用半小时“学习”打台球;而他也没有食言,不但每天按时完成任务,而且第二天仍然记得很清楚。过了一个月后的一次考试,他居然考到了50分,虽然没及格,但我已经感觉到他有了很大变化,他告诉我他想考及格。我告诉他,相信自己,一定行!

可奇怪的是,渐渐地,他不来约我打球了,反而来向我问问题的次数多了。期末考试过后,他居然得了65分。当他拿着试卷兴冲冲地跑来向我“道喜”时,我发现,这孩子居然笑得那么灿烂、那么可爱。虽然我花费了两个多月的球费和一些时间,但我觉得很值得。我认真思考了一下这个孩子的转变过程,发现了一个规律:那就是后半段的时间里,他每次考试有一点点进步的时候,他似乎显得比在球桌旁更兴奋。在每次考试即将到来的时候,他竟然有几次“爽约”,说自己身体不舒服,不去打球了。但当我偷偷问及他的父母时,居然知道他并没有病,而是把自己关子屋子里。具体干什么,我已经知道了。

作为班主任兼语文教师,每天上课之前,我都要调整好自己的心态,哪怕是自己心里有不高兴的事也尽量不去想它。所以,当我的孩子们每次看到他们的老师走进教室的时候,都有一种期盼的微笑挂在脸上。课堂上,当我发现孩子们情绪不高时就不会继续课程,而是跟他们聊一些有趣的“题外话”;在他们兴奋起来的时候,我又会不知不觉把他们拉回课堂。我们班语文一般不考试,一般只参加学校组织的期末考试,但让我高兴的是我们班的语文成绩在年级里面一直遥遥领先。问及我班上的孩子什么作业最少时,他一定会告诉你:语文。

没有别的,别让你班上的孩子带着一种学习的负担进入课堂,别让他们为你的作业发愁。课堂上多一些笑声,多一些轻松和谐,多一些快乐,你的课堂就是有效的课堂。

生活中其实也是如此。当我班上的孩子们在日记中向我“大倒苦水”,或者埋怨自己的老师或者家长的时候,莫忘了安慰他们。孩子们很看重我给他们的只言片语的评语。你站在他们面前,孩子们不是躲开,而是围拢过来和你嬉闹时,那将是一个老师最幸福的时刻。孩子们的喜怒哀乐我尽收眼底,我始终没有忘记用自己的快乐来影响孩子们，让他们在快乐中成长。正因为如此，我们班在我接手的四年时间里，每次期末考试各科均列年级第一；每年都是学校“文明班级”；每次运动会，虽然我班孩子身体优势不明显，但总能奇迹般地斩获年级总分第一名，并且获得“精神文明奖”。是什么原因？问我的孩子们吧，他们会告诉你：在这个班级里，他们是快乐的，他们会为了这个快乐的集体去尽力拼搏。

真的，快乐即是有效，无论是学习还是生活。

生命中的惊喜

永登县中堡镇中心小学 石喜梅

生活中，我时常被生命的顽强感动着、惊喜着。

小时候，家里养了几只鸡。有一天，我突然发现一只半大的小公鸡脖子底下有一块毛被血染得红红的，那里的毛似乎少了许多。我问妈妈怎么回事，妈妈说：“可能是夜里被老鼠咬的。”妈妈给鸡喂了食，又放了半盆水，那只受伤的鸡没吃食，却去喝水。它将头伸进水里呷了一口，然后仰起脖子努力地往下咽，但我发现水全都从它咽喉受伤的地方流出来了，我这才看清它脖子下那块连皮带肉都没了。它又再去喝水，再次仰起头努力地咽，但每次水都从那个破洞流出来，胸前的毛湿了一大片。我不知道最终有没有一丝水进入它的身体，我不忍目睹那种惨状，便转身离开了。我想这只鸡肯定活不久了——水都咽不下，更别提吃食了。第二天放学路上，我心想那只鸡可能死了。没想到一进门看到它还活着，胸前的毛还是湿漉漉的，第三天依旧，我不知道它靠什么活着，又过了四五天，我发现它脖子底下的毛竟然不再湿了，它的伤口奇迹般地自愈了。那一刻，我那颗悬着的心才放下来。我感谢这只小公鸡带给我的不是悲伤而是重生的惊喜。

两年前去一家农家院吃饭，我看到院子里用来做装饰的一个大树杈，它的头被齐齐锯掉了，身上也砍得光光的，还刷上了褐色的漆，显然是从别处移来栽到这里的。人们要的就是这个大树桩的美感，但它的身上却长出了许多嫩嫩的、软软的枝条，给小院平添了一道别样的风景。我感慨生命的顽强，享受着枯枝发新芽的喜悦。

去年,我要到一个很远的地方去。由于这里是临时住所,走的时候,别的都没有什么可牵挂的,就是养在窗台上的几盆花需要定时浇水。我将它们托付给了一个朋友,可她在浇了一两次之后就忘了。过了两个月,朋友打电话说花已干死了。我想死就死了吧!我离得这么远,也没办法回去照顾它们。

整整过了一年,我回来了,房子里落了厚厚的一层灰,我一看那几盆草花,叶子比茶叶还干,用手轻轻一捻就成了碎末。我抓住花干轻轻一提,连根就从盆里拔了起来。有两盆仙人球,虽然没有像草花那样泛黄干枯,但皱巴巴的像老太太的脸,而且比原来缩小了很多。我试着给它们浇了点水,也没抱多大的希望。令我吃惊的是它们的"皱纹"竟然一天天舒展了,就像施了魔法一般。过了一个月,竟然和原来一模一样——翠绿饱满,太神奇了!一年啊,在这么干燥的环境中,它竟然还能活下来,我不禁感叹造物的神奇、生命的伟大!

生命是什么?生命是人和动物的呼吸,心脏的跳动。生命是花草树木从春到秋的繁荣,生命是太阳每一天的东升西落。每一个人来到这世上不容易,生命属于每个人,只有一次。生命是顽强的,因其顽强,我们应该敬畏生命;生命是脆弱的,因其脆弱,我们就应该加倍呵护;生命也是宝贵的,因其宝贵,我们就应该好好珍惜。愿每一个宝贵的生命都能绽放异彩!

十　年

天庆实验中学　刘利华

无论处在人生的哪个阶段,十年,都足以历经一段感情,足以成就一份事业,足以悟透一番哲理了。因此,走进工作第二个十年开端的我,是时候该梳理下前一段的心路历程了。作为教师,每届学生成长与毕业的道路,都能清晰地分段记录下我的心灵旅途。

2003—2005关键词:激情　忙乱　眼泪

这是最初工作的两年。那时还是大学生就业压力不太大的年头,在"非典"已然进入尾声的六月，我算是幸运地谋到一份“编制内”工作。就这样，我带着几乎所有年轻人都有的十分豪情与三分自以为是，正式成为一名教师、一名班主任。

我爱着我的工作。短短三天，我记住了班里六十多个学生的名字；我认真准备每一节课，认真批改每一本作业；我和学生们聊天，和他们一起去KFC，听周杰伦的歌……我觉得工作时光是一种享受。学生们也很接纳我，喜欢我这个和他们年龄差距不大，与他们“打成一片”的老师。我甚至不太理解周围年长教师对于学生问题的种种讨论，觉得他们口中关于教育的困惑都是由于代沟太深而无法真正了解学生所致。而现在想来，自己那时真是太幼稚轻狂了。

果然好景不长，青春期孩子开始向成人世界进行种种挑衅——不完成作业，强词夺理，扰乱一切秩序规则……这些问题丝毫没有因我所谓的“了解学生”而避免，反而因我的毫无经验而显得来势凶猛，令人猝不及防。我想尽招数应对，很长一段时间我是忙乱的。下班后的办公室里，既能看到一番促膝长谈后潸然泪下表示悔过的学生，也能看到尴尬落座、愁容满面甚至难忍悲声的中年父母。以及始终言辞犀利、咄咄逼人的年轻气盛的我。

两年很快过去，就在自己的第一届学生即将升入初三的那个暑假，我得到学校新的工作安排：不再继续带这个班级，而要去接手新一届的初一。

那天我是哭着跑回家的。七月烈日下的大街上，在路人诧异的目光中，我更像是一个因失恋而失态的姑娘——只有我自己知道，我是多么在乎这从教生涯中的第一批学生，我是多么渴望陪伴他们直到毕业。

很长一段时间，我甚至觉得自己的努力付出没有得到公正评价。然而事已至此，我也只能无奈接受。就这样，我与我的第一届学生无疾而终。

2006—2009关键词：困惑　得到

新学期不会因我的难以面对而推迟，开学的日子如期而至。又迎来了一批新生，又站在那方熟悉的讲台，我却没有了两年前的激情澎湃。上课、带班，日子有点混沌和迷茫地过着。许多次，我都想去问问那位接手自己上届班级的前辈教师，我哪里做得不够好。尽管我知道如果开口，她一定会知无不言地提点我这个后生，但每次经过她的办公室，我都没有勇气推门进去。不是放不下自尊，而是真的害怕又一次触及失败的痛苦。许多次我站在办公室窗前，看着曾经的学生在操场上奔跑，偶尔他们会发现我，依然亲热地向我挥手问好，我微笑着回应，但紧接着眼泪便夺眶而出。

我觉得那段时间算是我不长的人生阅历中的低谷了吧！好在上天眷顾，就在那些时日，让我遇见了生命中那个“对的人”，让我愿意安心地靠在他的肩膀上，和他一起走进婚姻，一起经营属于自己的家。我想，这也是人生的一大收获吧！得到爱，享受爱。

结婚的时候第一届学生早已毕业，也不知道他们从哪里得到的消息，婚礼当天我竟然收到了来自他们祝福的花束。一个叫晓尧的男生发来短信：“老师，你当年那篇写满了一页纸的作文评语一直鼓励着我，让我考上重点高中。你要结婚了，祝你幸福……”我真的已然忘记当年在这个孩子的作文本上写下了怎样一番评语，更不会想到那被自己定义为失败的两年工作还能得到这许多的肯定与牵挂。那一刻，我身着美丽的嫁衣，觉得自己收获了太多的幸福。

就在2008年春天，班上的一个女孩不幸罹患白血病。我也是头一次与这个总是出现在影视作品中的恶疾如此近距离接触。当时正值寒假，还没有来得及在班里募捐，这个女孩就在开学前病逝了。她叫远春，很有诗意的名字，是预示着在春天远离么？我望着路旁依然干枯的树枝胡思乱想着，却不知已有一个小小的生命在我的腹中萌芽悸动。

2010—2012关键词：重生　思考

之所以将“重生”定义为这个阶段的关键词，是因为随着参与了一个生命的孕育，出生，成长，让我觉得自己的生命也重获洗礼，我渐悟了生命的意义。最重要的，我真正懂得了尊重每一个生命。

一位心理学家说，每个人都有来自童年的心理伤痕。我是80后，身为第一代独生子女，在50后父母时而严苛时而宠溺中长大。从少年到成年，倔强的我和父母始终处在“分开想念，见面吵架，内心深爱，从不表达”的状态，一直持续到我也有了自己的女儿。

从长达四个月之久的抖肠擞肝的孕吐，到第一次从监护仪上传来怦然有力的胎心跳，到第一次在彩超图片上看见小小的人影儿，再到经历阵痛的煎熬后听见第一声并不嘹亮的啼哭，在交织着痛苦与惊喜的点点滴滴中，我逐渐体会到为人父母的艰辛,同时我决心努力做一个好妈妈。

还在休产假的我网购了一堆育儿书籍开始学习。我近乎偏执地坚持了近两年的母乳喂养;坚持着自己带孩子而不是选择像许多同龄父母那样只做“周末爸妈”;从八个月起用“袋鼠抱”把她挂在胸前开始远途旅行……女儿像山野中的一棵小树,皮实健康地长大着。

记得女儿三岁那年的一天与我父亲通电话,我父亲在照例问过女儿的生活起居后忽然唤着我的乳名说道:“……我们那个年代读的书少,你小时后一犟我们就动粗,现在看你带孩子,就想到很多以前的事……但愿你也能理解……”挂掉电话的刹那间我泪如雨下,我为自己曾经对父母的冲撞而后悔,为父亲这番话语而感动。这番话让我明白许多年来我与父母之间那句不曾言说的爱其实从未从远离。

有了孩子,心就软了。我终于明白,为什么曾经那些人过中年的家长,面对我这个比他们年轻许多的班主任,听着我细数他们孩子的种种不是时没有愤怒,只是无奈地哭泣。我终于明白,自己当初在办公室对着家长颐指气使,那些针对孩子看似客观到位的评价,其实都是射向家长的利箭,字字穿心。我用了整整七年,在工作后的第七年,在自己的女儿已然三岁的这一年,终于才明白当初学校为什么要做出调岗的决定。是我的自以为是,是我的年轻无知,打着对工作认真负责的名义,伤害了许多人。

每一个生命都是美丽的,每一个孩子都是独一无二的,每一个孩子身后都有爱他们如生命的父母。我,我的女儿,我的爸妈是这样,天下所有的父母儿女也都是这样,所以人类的生命才能繁衍传承,生生不息。而老师,作为孩子们成长历程的参与者与引导者,首先要做的,就是给予他们爱与尊重。

2013—2014关键词:修行　启程

再次迎来一届新生,我有了和从前不一样的心境。要求学生按时到校时,我会再三叮嘱他们一定要注意交通安全;面对焦虑无奈的家长,我会告诉他们孩子真的有许多长处。

我发现,带着从容与平和去工作会顺利许多,带着爱与理解去引导学生、接触家长,也会得到来自他们的认同与接纳。

人生是一场旅行,更是一场修行。走在工作生涯的下一个十年,我知道前方的路依然长远。我将怀着虔诚之心,带着爱与责任,启程,出发。

陈希米：让"死"活下去

兰州交大东方中学　柳小瑛

1989年，右腿有点残疾的陈希米正式成了史铁生的结发妻子。那一年她28岁，比坐在轮椅上的史铁生整整小了十岁。我不知道，一个女人要做出嫁给一个大她十岁的残疾人的决定需要鼓起多大的勇气；我也不知道，这种决定的背后有多少来自家庭和社会的压力。这一切，陈希米自始至终没有向人说起过。没有向人说起，或许是因为她觉得世俗的认识与看法根本不值一提，清纯的精神恋爱用不着向肉体凡胎低头；没有向人说起，意味着她不是以同情的眼光而是以朝圣者的心情走向史铁生的；没有向人说起，意味着她在二十年的艰苦生活中，从来就没有怯懦和后悔过。她与史铁生的爱情是那么纯粹，纯粹得不含一丝杂质。假若陈希米要另有所图捞取名利，方式也许有很多。比如写自己如何一把鼻涕一把泪地照顾铁生的日记，比如写自己怀揣伟大使命拯救一个残疾人的精神史，比如写自己如何在铁生最苦最难时的不离不弃。但是她一样都没有去做。铁生活着时，她很少在公众场合抛头露面；铁生去世后，她也没有对着"长枪短炮"大火一把，而是极其低调、极其内敛地遵照铁生生前的嘱托，谢绝一切形式的悼念会。两年后，当她推出著作《让"死"活下去》时，也是只谈"精神"不谈"秘史"，她要呈现给大众的是她的沉思与史铁生灵魂的对话。

其实，早在1981年她就喜欢上了史铁生。她喜欢他，当然不是因为他的玉树临风、英俊潇洒，而是因为他的作品。在陈希米看来，真正的"好看"的男人，不是外表英俊而是深刻与幽默。她说："对男人，不论外表多么英俊的男人，我都害怕他们说出话来，说出让你失望无比的话。而所谓难看的男人，等到他的幽默、他的深刻在谈话里表现出来，我就能忘掉甚至喜欢上他难看的外表。"史铁生绝对不是一个外表英俊的人物，陈希米喜欢史铁生的，自然是其内在的修养与才华。

史铁生的小说《爱情的命运》《午餐半小时》在西北大学《希望》杂志发表时，陈希米正是该刊的编辑。那时的陈希米是西北大学数学系的一名学生，因为很有文学才华而跻身校刊编辑行列。共同的精神追求，使他们很快书信往来并惺惺相惜。据钟晶晶《往事与光照》一文的叙述:"一段时间的通信后,希米去了北京,专程看望史铁生;回到西安后,她说史铁生见到她的第一句话就是,你正是我想象的那个样子。"

几年以后,他们结婚了,"很年轻、很美丽、很温柔、很明朗,气质仿佛滤过的透明的水"一样的陈希米"充当了铁生的眼睛和双腿"。钟晶晶回忆道:"她不仅日夜照料他,还帮助他去了许多去不了的地方,并用自己编辑出版的书、各处买来的书,用自己的讲述,帮铁生撷取了这个世界最新鲜、最本质的信息。是她的爱,支撑着铁生。"

二十年来,他们一起度过了非同寻常的日子。这二十年来,她没有任何怨言,低调、朴素地陪伴照顾着铁生。二十年的肝胆相照,二十年的患难与共,二十年的相互扶携,竟然使他们成了深邃的"连体思想家"。史铁生的《我与地坛》《务虚笔记》《病隙碎笔》等众人皆知的作品思想深度与哲理高度自不待言。陈希米的《让"死"活下去》,仅书名就已透出十足的哲理思辨味。

什么叫"让'死'活下去"?

死,在通常意义上讲,指气息断绝,躯体僵滞。在陈希米的笔下,"死"显然不是这个意思。她在该书的开篇引用《旧约·诗篇》中的两句话表明了其心声:

除你以外,在天上,我还有谁呢?

除你以外,在地上,我也无羡慕。

在书中她还写了如下语句:

我在经历你的死,是真的,可一点都没法理解。它到底是什么?明明你在,我天天和你说话,每时每刻都知道你只是不在,不在身边,不在家,不在街上。

街上几乎没有人,只有凛冽的风。

我现在一个人在外面,是不是也想走出这个世界?这个世界多空旷,冷得让人受不了,不管你做了什么,世界都岿然不动。

也许,死,就是被烧掉了,烧成了灰。就像桌椅板凳,灰,是确凿的!

死,就是不再生长了,不再有新的念头;新的表情,也不再重复。

陈希米以上语段意在表明,自从铁生去世之后,她孤苦无依、心灰意冷。诚如庄子所言:"夫哀莫大于心死,而身灭亦次之。"可以看出,自从铁生去世之后,陈希米便陷入了无底的深渊与无尽的悲痛之中,精神的密友不在了,她与谁去共话家常讨论哲学?"从此,就将一个人,一个人决定一切,一个人做一切。"这是多么悲伤的倾诉,这又是多么无奈的表达。也许她整天以泪洗面,但她说:

最可怕的不是流泪。不是眼泪，是沮丧，极度的沮丧，那种尖锐的对活着的恐惧。

那种痛苦，或者是恍惚，那种极度的不适，抓不住，不像笼罩，可能是凝固。你没法掐，也没法撞，不知道在哪里，又到处都在，无时无刻不在。

一个人，一个早已习惯了与思想家畅谈哲思与艺术的女人，从此之后要一个人面对冰锅冷灶，一个人独守空房，一个人顾影自怜，这是何等的凄苦与伤悲！

可是我每天都回家，你每天都不在！每一样东西，每一个时辰，每一点每一滴都在说你不在！到处都是你，到处都没有你！你不在。

最深的遗憾，就是不能与你分享。看书看到每一处精彩的段落，就是最孤单的时候，因为没有人分享，因为只想跟你分享，因为跟你分享才能满足，因为只有你才有能力与我分享，因为只有我们一致的认同才能使那些思想进入我们的身体。

理解了陈希米的这种悲痛心情，才能理解她所谓的“死”——死，便是灰冷，死即是绝望。

理解了“死”，又该如何理解“活下去”？

在《扶轮问路》的后记中，史铁生这样写道：

娶妻贤且惠，相知并柔情。但得嘎巴死，余憾唯一宗，老妻孤且残，何人慰其终？

诗中铁生对希米满是挂怀惦念之情，对此希米自然再清楚不过。所以她比谁都清楚，她不能让铁生的“在天之灵”看到自己“死”的状态。她要“生长”，产生“新的念头”，出现“新的表情”，朝铁生期待的方向“让‘死’活下去”——正所谓“沉舟侧畔千帆过，病树前头万木春”。

希米对铁生爱得如此深挚，那么铁生对希米呢？

史铁生在《遗物》一诗中，这样写道：

我的留恋
我的灵感、我的语言
我的河流从你的影子里奔涌
我的波涛在你的月光中平静
我的爱人
没有离别却总是重逢
我是你的
你也是我的——路程

在《希米，希米》一诗中，他这样深情地写道：

希米，希米
我怕我是走错了地方
谁想却碰上了你
你看那村庄凋敝
旷野无人、河流污浊
城里天天在上演喜剧

希米，希米
是谁让你来找我的
谁跟你说我在这里
你听那脚步零乱
呼吸急促、歌喉沙哑
人都像热锅上的蚂蚁

希米，希米
见你就像见到家乡
所有神情我都熟悉
看你笑容灿烂
高山平原、风里雨里
还是咱家乡的容仪

希米，希米
你这顺水漂来的孩子
你这随风传来的欣喜
听那天地之极
大水浑然、灵行其上
你我就曾在那儿分离

希米，希米

那回我启程太过匆忙
独自走进这陌生之乡
看这山惊水险
心也空荒，梦也凄惶
望眼直到白昼茫茫

希米，希米
你来了黑夜才听懂期待
你来了白昼才看破樊篱
听那光阴恒久
在也无终，行也无极
陌路之魂皆可以爱相期?

此诗字里行间表露出的全部是缱绻深情，毫无疑问，铁生对希米充满惊喜与挚爱。更为让人惊讶的是，史铁生在去世前，陈希米去旁边病房办理史铁生捐献器官手续，陈希米刚走，史铁生就“全身挣扎，心电图立刻乱了”，可陈回来一弄，好了，陈再去，史又闹，陈只好把手续拿到病床旁边办，史铁生就“安安静静了”。(《南方人物周刊》2011年第2期报道)

卡夫卡说，对某种不可摧毁的东西心中没有一种持续的信念，人就无法生存。

鉴于此，她选择了“写”，以这种方式来强化活着的信念：“写，就是还和他在一起，一起思辨，一起推敲，一起自省，一起满足。我不知道怎么办，我就写，就想象你在场，于是我就知道怎么办了，就知道了你的态度，就有了我的决定。”

希米选择以这种方式“活下去”，于她而言，是另一种复活，于铁生而言，也算是一种告慰。她终于知道，对一个人最好的怀念方式，就是好好活下去，因为只有她好好活下去，她的史铁生才会“活”下去。

“一个看见了爱情的人，便走出那一点陈旧的象征或者意象了，在百折不回地张望，尽管天际只飞着一只灰色的蝙蝠，雌雄难定，但心中总能听见一首驱除孤独的歌了。终于，这世界上有一缕目光向这个孤独者投来——从他紧闭的房门的缝隙间照耀进来了。”“那目光便是无比圣洁，便以其真诚、坦荡、炽烈打碎了周围的危险。”史铁生如是说。

史铁生是不幸的，也是幸运的，因为这个世界将陈希米这一缕驱除孤独的目光投向了他。

【2014高考湖南作文题】被誉为“最美乡镇干部”的某乡党委书记,在一个其他人不肯去,去了也待不到两年的地方,一干就是八年。他以坚定的信念和顽强的意志,率领村民奋发图强,将穷乡僻壤建设成了美丽的乡村。面对洒满心血与汗水的山山水水,他深有感触地说:“心在哪里,风景就在哪里。”根据上面的材料,自选角度,自拟题目,写一篇不少于800字的记叙文或议论文。

心有醍醐

榆中县恩玲中学 丁燕红

人生一世,草木一秋,皆是过程,美与可爱,有心皆懂。

——题记

人生如路,或长或短,或平坦或曲折,这是一条每个人都要走而且必须走的路。或许有人一路欢声笑语,或许有人一路惆怅。不同的人,不同的人生,在各自不同的轨道上行走着、奔跑着,这其中的酸甜苦辣、幸福苦痛,就如人饮水,冷暖自知。若把这路比作一段旅程,那就是一段有去无回的旅途,每个人都是奔着终点去的。可是这终点等待我们的却是未知的,我想每段旅途结束的时候每个人都会去总结,得到了什么,失去了什么,看到了什么,错过了什么。或许这起点和这终点一样,可是这过程却是由我们自己选择的。

从小到大,我们被灌输的思想都是:你要努力,你要奋斗。如果你是农村的孩子,你就一定要摆脱做农民的命运;如果你是城里的孩子,你就一定要比别人更优秀……同学间有时候聊天,都会说每个中国的小孩都有一个潜在的敌人,那就是别人家的孩子。每次总以为自己做到最好的时候,总有一个别人家的小孩比自己更优秀,于是又继续埋头学习。可能我们自己都从未认真回头看看自己这十几年走过的路,所以这一路的风景对于自己来说只是一闪而过的流星。只是在属于它的时光里绽放了一瞬间,却不曾停留。我们在最美好的年华里错过了自己遇见的风景,或许那里有自己的梦想、自己的坚持、自己的期待。只是如今,我们在时光的催促下,不停追赶,不停奔跑,都不敢回头看。怕看到那个一无所有的自己,怕看到一段空荡荡的旅途。

人们常说“会当凌绝顶,一览众山小”,只有站得高,才能看得远,看到的越多。其实不然。的确,山顶的风景确实是诱人的,可是若没有这一路的攀爬,怎会有山顶绝美的风景。只有用心体会过程的美,才会真正领悟结局的精彩。是这一路的风景,造就了山顶如画的景色。所以不管你想要的那个结局是什么,都不要错过这一路的风景。不管你遇到的是崇山峻岭,还是平原村庄,都不要觉得它们是多余的,或者说是累赘。这个世界没有多余的东西或者事情,任何东西都有它存在的意义。就像一本精彩的书一样,只要少了一个章节、一个句子甚至是一个词,它也是不完整的。所以用心去发现你所经历的一切,它是属于你的“不动产”,谁也带不走的私人领域,它们才是你的风景。

有句话说:“生活中不是缺少美,而是缺少一双发现美的眼睛。”大人们常教导我们不管做什么一定要用心,才可以做到最好。其实旅游、人生、生活也是如此。如今的社会,有很多残酷的现实,有很多不公平的待遇,有很多不同于以往的风气。越来越快的发展步伐,越来越高的生活水平,越来越多的欲望,让很多人迷失了。其实这世界也不是一瞬间就不一样了,它只是顺应了历史发展的潮流而已。它每天都在变,每天都在更新,每天都在向前。只是这种变化是相对的,有丑恶就必定有美丽,但是当我们把它的不好无限放大的时候,它的精彩便也在无限地缩小中。所以一个聪明的人会懂得去珍惜美丽的东西,握住自己眼前的一切。其实风景就在那里,不管你看与不看,它都不曾移动,变换的只是人心而已。

一个人的聪明不单单是智商的体现,更多的是心境的折射。心在哪儿,风景就在哪儿。不管人生这条路我们要走多久,不管这一路我们会有什么样的相逢别离,只要用心去体会每一秒、每一分钟所看到的、听到的、所经历的一切。那么不管若干年后的结局如何,我们都是圆满的。不要在意自己失去了多少,不要在意别人经历的风景如何,那些都是自己看不到也感受不到的东西,只有真正能够握在手里、放在心里的才是自己的。所以爱情、亲情、友情或者是事业,每一次的相逢别离,都是最美的风景,要用心观赏、细细体会,记住这个时候的幸福,那才是美,是最真的美。

三毛说:“心之何如,有似万丈迷津,遥亘千里,其中并无舟子可以渡人,除了自渡,他人爱莫能助。”所以,一个人选择一段人生,就是选择坚持走一段长久的路,途中总会有艳阳或云雨，比起走近路的人，绕远路的人会看到更多不一样的风景。既然选择了远方，就风雨兼程地走下去，相信这一路的经历不会辜负自己的坚持。

人世变换，身似浮萍，心有醍醐，便可安之若素。自此，一路风景，一路幸福，成就最美的人生乐章。

如人饮水，冷暖自知

——体味成长

榆中县第九中学　郭彩玲

我问上帝："尊敬的上帝，你赐予了世间万物成长的基础——拥有生命。可我疑惑的是，生命的成长究竟需要什么？"上帝笑而不语，一旁的安琪儿含笑道："人之饮水，冷暖自知，那是要靠你自己发现的。"于是，我辞别了上帝，踏上了体味成长的征途……

成长需要责任

生命像一江东流的春水。从最高处发源后，冰雪、细流的汇集中要冲倒积土、挟卷沙石。所以说，人生于天地间，必负有责任，负有对自己、对他人、对集体，乃至对整个国家的各种责任。知责任者，大丈夫之始也；行责任者，大丈夫之终也。自放弃责任，则是自放弃其所以为人的根本。

穿越时空的隧道，我们曾不止一次的仰望古人身上散发出的责任的光芒。先有屈原"长太息以掩太兮，哀民生之多艰"的吸引，后有范仲淹"先天下之忧而忧，后天下之乐而乐"的号召，再接着便是陆游"位卑未敢忘忧国"的警醒。甚至于现代文坛巨匠鲁迅先生也曾有"横眉冷对千夫指，俯首甘为孺子牛"的自省。他们无不在用行动昭示着生命成长的过程中责任的重要性。也有的人说，责任有时是块坚硬的石头，会压得人喘不过气来，倒不如学习陶渊明"采菊东篱下，悠然见南山"的淡泊心性。可是，五柳先生不为"五斗米折腰"的气节固然令人崇敬，但他忘了，你们也忘了，十几年的寒窗苦读，难道不是为了尽一份对国家的责任？

大丈夫行走于天地之间，理应有责任相伴。责任是生命之铁锤炼成钢的炉火，是生命之刃砥砺出锋的磨石。

成长中需要低头

人存活于这个世界,总会遇到太多的限制而不得不低头。生命有时是在雨中吟唱,有时则需在风中跳舞,低头并不是什么可耻的事情。一时的俯首称臣并不能代表一成不变的败寇格局。只要一次次的迈开前行的脚步,暂时的休憩就会催产新生的力量。

金戈丁丁,铁马啸啸,历史仿佛就在眼前。昔日的鸿门宴上,“沛县小儿”刘邦曾一度不顾尊严,只为保全自己而埋头讨好项羽。也许有人说刘邦是个“软骨头”,一点没有男子气概。但是这里的“软骨头”何尝不是能曲?何尝不是为了以后的伸?试想鸿门宴上若是宁折不屈的刘邦,还会有日后谋取了大汉数万里锦绣河山,成就了楚汉相争真正霸位的刘邦?只怕他早在鸿门宴的歌舞中与那“力拔山兮气盖世”的楚霸王项羽两败俱伤了!如果这样的话,历史的烟雨中,“刘邦”一名只不过是个不知天高地厚、自不量力的笑料罢了。

潇然于繁华尘世间,理应学会低头。避其锋芒,待机而起,生命的成长也许会轻松些许。

成长需要乐观

推一个铁球上坡,我们会感觉累,因为有阻力的存在。干一件大事,我们会更累,因为其事小者其阻力小,其事大者阻力亦大。譬之江河,千里入海,漫漫旅途,曲折回旋中前波后浪的起伏催逼,暴风迅雷的怒吼愤激,何尝不使它暂时浑浊?

人生不可能一帆风顺,成长的路上少不了坎坷。快乐和痛苦是相生相成的,好比水道要经历不同的两岸,树木要经历常变的四时。正如威尔科克斯所言:“当生活像一首歌那样轻快流畅时,笑颜展开乃易事;而在一切事都不妙时,仍能笑的人是真正的乐观。”

刘禹锡一生遭遇无数次的贬谪,但他始终乐观面对。“沉舟侧畔千帆过,病树前头万木春”一句不知激励了多少后来人。还有读“风力掀天浪打头,只须一笑不须愁”时,一位长着明亮的双眼,笑意从中喷涌而出的杨万里也常感染着我们。

成长需要乐观。不管多么严峻的形势向你逼来,你也要努力去发现有利的条件。不久,你就会发现,你到处会有一些小的成功,这样自信心也就增长了。著名发明大王爱迪生一生经历无数次失败,因为乐观的保驾护航,他成功了。世纪的灯光为他闪亮,天籁的歌声为他唱响。

穿梭于烈日骄阳下,乐观就是夹岸的桃花、黄莺的轻吟,你的成长因之而甜美芳馨。闯千重浪,越万重山,兜兜转转中,我似乎体味到了成长的灿烂。

晴耕雨读话读书

兰州市第五十七中学　张晓霞

晴耕雨读,多么美好的词汇和境界。它极富画面感——似乎应该是在温润的江南,屋檐的雨滴细密地织着,落在屋前的石板路上,溅出动听的节奏。屋内,有人手握书卷,凭窗而坐,时光缓缓流逝。午后天晴,荷锄在肩,人已至竹林稻田。读书,让耕作生活变得精致;而耕作,又让读书生活沉静踏实。身心小憩,率性而随意,何等理想之生活。

对于读书人而言,这种生活之所以让人心生向往,我以为莫过于读书心情的闲适了。不为生计读,不为功名读,有闲情自有趣味。相形之下,古人所说"书中自有黄金屋,书中自有千钟粟……"倒是破坏了读书的感觉,在书中乐此不疲找寻吃穿用度者,面目难免可憎。

回想读书岁月,最快意的竟然不是刻苦攻读后的高考题名,不是写论文时的挑灯夜读,而是懵懂年少时的手不释卷。

年幼时家中没有多少书,村里也鲜有人有书,有几本藏书的都是平日里安安静静的长辈,都很乐意把书借给小孩看。小孩子是没有多少时间感的,日子一天天像水田里的泥鳅一样溜走过去,唯有白昼夜里感觉分明。肚子也不觉得饿,成天在阳光最亮的麦场上读书,只要大人们下地,一天到晚周遭静悄悄的,偶尔家里的大黄狗在边上蜷起尾巴眯着眼晒身子。我连蒙带猜地读完了《聊斋志异》,遇到不懂之处翻看字典的心情比农忙时母亲挥动镰刀的动作还要急切。有一次读书入了迷,我竟然伸手把字典放进满满的水缸里……小小的僻陋村庄、小小的我身上一点点地长出一个大世界，一个时常变幻的世界。那是别的那些成天玩石子、跳方格的孩子从来不曾见过的天地，这个天地是独属于我的秘密。这种读书的兴致一直保持至今，宛若生命的线团越跑越远。

每次到图书大厦，都能看到各色阅读的小朋友：有人是因为喜欢而读，有人是因为要完成老师布置的作业而读，有人是在家长的监督下而读。当我看到席地而坐入神阅读的小朋友时，我常常暗自忖度：现在的孩子对书籍没有匮乏感，他们是否还能在阅读中体味到当年我那般的满足和幸福呢？也许对于那些带了各种任务而读书的孩子来说，这个地方不会让他们感到亲切吧。

孩子如此，大人亦然。有些人读书是为了求得谋生的知识，学得技能而已；而有些人读书是为了解决心有的症结；有的人读书仅仅是因为喜欢，是因为读书已经成为生命的一种习惯。古人云，"读了此书还是此等人，便不曾读。"读书最终会影响一个人的气质，"腹有诗书气自华"，这便是长期被书香熏染的结果。

从小就喜欢晴耕雨读的诗意，海德格尔说："人诗意地栖居在大地上。"而读书的剪影是世界上最美好、最诗意的图画。此种诗意皆因阅读时的闲情和纯粹，无关乎考试、升学、工作与晋升，这样的阅读纯洁而宁静，宁静到在阅读时你能听到自己内心欢快的呻吟，能听到自己思想拔节的声音。明代学者宋懋澄在《九籥集》中有云："以读书消岁月则乐志，以之干功利则束情"，大概即有此意。以读书为业的人们，拥有并珍惜如此读书的心情吧——晴耕雨读消岁月，切莫以之干功名。读书偶感，是为记。

心灵指航

远眺沧海，潮起潮落，千古不息；仰望苍穹，月圆月缺，万年如斯，星星点灯。

漫漫人生路上，有崎岖的山路，有迂曲的小径，有泥泞的阡陌，甚至面对横亘在前方的波涛滚滚的大河、空旷而茫昧的荒野，这些都需要心灵的指航。

心是红的，犹如明亮的红烛。

乌云密布，你看不到天空上的北斗七星；杂草丛生，你找不到前行的道路。没有路标，没有参照，没有提示，这时缜密的推理、冷静的判断、精细的算计也失灵、失效，你必须聆听心灵的呼唤，那是良知、是信念、是意志的声音。

我的心
驱散了彷徨的迷雾
让孤独的我有了神性般的光芒
一颗明亮的心
用温暖的光芒照着我
继续远航

思成得了88分

城关区五泉小学　王　丰

思成是习作社团里新来的一位男生。他性格内向,不爱说话,这是第一节课他留给我的印象。整整一节课,他静静坐着,一个字都没写。我问他:“你为什么不写?”他说:“我不愿意来,是妈妈逼我来的!”我又问:“你考试成绩很好吗?”他回答:“每次能考65分左右。”接着,我让他坐了下来,亲切地对他说:“思成,第二节课你想写多少就写多少,老师不强求你。”他抬头望了我一眼,眼中有一种怀疑。

第二节课快下时,我特意走到他面前,只见他写了一行极不工整的字:“我叫林思成,我爱玩。”我没有责备他,而是当着全班同学的面表扬了他:“思成有进步了,大家给他点掌声。”当掌声响起来的时候,我发现思成的脸有些红。

第二天上课时,我没有给思成布置新的内容,把那只有一行字的作文发给了他,还是亲切地对他说:“今天,你就改你的第一篇习作,不要急,你爱玩,就把你爱玩些什么、怎么玩的写清楚。行吗?”他点了点头,改起了作文。

快下课的时候,我又特意走到他面前,这次他写了整整一页,不过,字还是极不工整。我悄悄问他:“你能给大家读一读吗?”他摇了摇头。我又当着全班同学的面表扬了他:“思成又有进步了,瞧!他写了整整一页。而且字还写得龙飞凤舞,有大书法家的风范。”显然,这次表扬中暗含着善意的“批评”,同学们听后都笑了。思成也笑了,他的笑中带着羞涩和歉意。

课后阅读思成的作文,令我既喜又忧。他写了自己爱在玩中搞恶作剧,经常把别人家的窗户打碎。喜的是他的作文语句基本通顺,描写也比较具体;忧的是他把别人家的窗户打碎了,还感到挺高兴。于是,我给他写了如下评语:思成,你能比较具体地把自己搞的恶作剧写出来,老师很高兴。不过,打碎别人家的窗户可不是好事,你应该改正这个错误。另外,你的书写不太工整,还需改进,愿你成为真正的书法家!

第三天上课时,我依旧没有给思成布置新的内容,而是让他先读一读我写的评语，然后自己进行修改。

下课后，思成主动把修改好的作文交给了我。我仔细阅读他修改后的作文，感到一阵惊喜。不但字写得工整多了，而且语句更通顺了，结尾还做了如下修改：这就是爱搞恶作剧的我。但现在我已经认识到了这种恶作剧会给他人带来伤害，我以后将改恶从善，争做一个“良民”。

于是，我郑重地给他打了88分。

第四天上课前，我把思成的作文读给同学们听。同学们又一次为思成鼓了掌，祝贺他取得了进步。思成的脸上也有了几丝笑容。

以后再上课时，思成依旧静静地坐着，但他的眼神告诉我，他至少不讨厌上课了。而且他又写出了一篇《我发现电火花的弧光可以验钞票》的作文，我让他给同学们讲一讲。这一次，他大胆地讲了，还说自己知道伦琴发现了射线。我欣慰地笑着对大家说：“看来，思成是个爱观察的孩子，尤其对生活中的物理现象特别感兴趣。这篇作文我又给他打了88分，愿他继续努力，将来成为中国的大发明家。”同学们又一次鼓起了热烈的掌声。思成低下了头，但他心中的喜悦已经溢于言表。

我为思成的进步感到高兴，为同学们的善意和真诚感到自豪。同时，也深深体会到尊重学生、关爱学生是诱发学生学习兴趣、促进学生主动发展的关键所在。只要我们真诚地善待每一位学生，深入到学生的内心世界，给予他们充分的尊重与关爱，必将焕发学生的学习激情，焕发课堂的生命活力。

老师，这道题我会做

榆中县河湾小学　杨学萍

记得在学习“百分数应用题”——稍复杂的“求一个数的百分之几是多少”的应用题这个知识时，我出示了例题(学校图书室原有图书1400册，今年图书册数增加了12%。现在图书室有多少册图书?)，正要准备让同学们读题，思考这道题该怎么解决，没想到班里的“小聪明”颜为清突然站起来说：“老师，这道题我会做。”同学们的目光都惊奇地朝着他看。

说实话,“百分数应用题”是六年级数学教学的重点,也是难点,所以我一直是尽力而为,怕学生在学习的过程中会出现什么闪失。现在听到颜为清说自己会做,我马上严厉地说:“颜为清,你逞什么能?”没想到我的批评对他没起什么作用,他又说了句:“老师,很简单,我真的会做。”为了不使课堂气氛显得尴尬,我笑着说:“那好,同学们,我们一起读题,理解一下题意。颜为清,你做好准备,给同学们讲一下这道题你是怎样做的?”颜为清重重地点了点头,好像接受了一项艰巨而又自豪的任务,眼睛里闪出一道惊喜而又兴奋的目光。

同学们读完题后,颜为清大胆地走上了讲台,有点小老师的样子,指着黑板开始讲了:“同学们,我们学过的分数应用题也有这种类型,你们看,如果我们把这道题的百分数换成是分数,那不就是我们学过的稍复杂的求一个数的几分之几是多少的应用题了吗?”没想到他这么一说,教室里就开始嚷嚷了。“快嘴”王铭涛说:“就是,就是。”“急性子”颜为花边翻书边说:“就在数学书的21页,跟这道题差不多。”接着他们不听颜为清讲什么了,自己开始给身边的同学讲,而他们身边的同学也都意识到了这一点,七嘴八舌地开始议论了。再看看其他小组,组员已经在小组长的带领下开始交流了,教室里像开了锅,谁还听颜为清的呀!

起初我上这节课的时候,也是这么想的:把百分数换成分数,引导同学们从解决分数应用题的过程中得出解决百分数应用题的方法,没想到让颜为清打乱了我的设计。不过也好,趁此机会可以检查一下他们的分数应用题学得怎么样。看到这种情况,我只好使用“暴力”,使劲地拍拍手说:“同学们,安静,刚刚颜为清说的你们听清了没?”

“听清了。”

“老师,他这么一说,我也会做了,”连平时不爱说话的王宪明也带着微笑发言了,“我们组现在都开始分析这道题了。”我看着他们兴奋的样子,只好发号施令:“同学们,既然颜为清为大家提了个醒,而你们又都这么积极,我想今天的这节课你们当老师,我来当学生,怎么样?”同学们异口同声地说“好”,那声音大得整个校园都能听见。“但是老师有两点要求:一、必须是自己先分析,想好解题思路和解题方法,再和小组的同学交流。二、上讲台讲课的同学胆子必须大,语言要准确、清楚,能让大家听明白,能做到吗?”“能!”又是一声震天响的回答。

接着孩子们积极地投入到自己的分析当中,看着他们一个个沉浸在忙碌中,我也忙着开始检查了，看看他们到底是会做了还是在骗我。我故意走到学习一般的魏淑琴身边，小声地问："魏淑琴，你会做吗？""会。""那你给我分析一下，我听一听你是怎么想的？""嗯。老师，我用的是找关键句的方法。我找的关键句是：今年图书册数增加了12%，从这句话中我知道了原来的图书册数是单位'1'，比单位1增加12%就是1+12%，我得出的等量关系式是：原来的图书册数×(1+12%)=现在的图书册数，所以我列的算式是：1400×(1+12%)=现在的图书册数。其实这就是我们学的稍复杂的求一个数的几分之几是多少的应用题，现在把分数变成百分数，就成了稍复杂的求一个数的百分之几是多少的应用题了。"

听着她分析得头头是道，我只好承认自己的愚昧。很快，同学们都举起了胜利的小手，嘴里不停地喊着自己小组的名字，生怕自己的小组会落后。为了再次消除我的疑虑，我选择了学习不太好的张昭华，没想到她说的和魏淑琴没什么两样。紧接着，思维能力最强的刘为斌不服气了，"老师，我们组除了这种方法外，还用了画线段图的方法。"

"我们组也用了两种方法。"闪电组也不落后。

"那好，阳光组和闪电组分别派一名同学上黑板给同学们边画边讲。"为了不打击同学们的积极性，我鼓励道。

阳光组和闪电组派出的两位代表都很从容地讲清了解题思路，并准确地画出了线段图。找关键句分析和画线段图是解决分数应用题的两种重要的方法，我一直强调，希望同学们能够学会这两种方法。而在今天的这节课上，我却忽视了学生的能力，忽视了学生的个性发展。做检测反馈时，同学们还是兴致很高。这节课就在同学们的讨论交流与讲解中结束了，我只不过扮演了一个听众、主持人的角色。

虽然这节课已经结束好长时间了，但给我留下了深刻的印象，使得我对学生、对孩子们的认识又改变了很多；对今后的课堂教学也改变了很多，尤其是对自己在课堂中的角色进行了新的定位。

一句"老师，这道题我会做"打乱了我的教学设计，使我看到了孩子们在这堂课中表现出的创造力与思维能力，让我也为之惊讶和感动。我想在数学学习中，我们做老师的不应该扫清孩子们学习中所有的"障碍"，而是要让孩子们自己学会思考，我们所设计的课有时也并不是孩子们所需要的，所以我们在平时的教学中应该多为孩子们提供机会，创造条件，让孩子们自己寻找解决问题的方法。老师有意识地少说一些，将时间、将课堂留给孩子，让孩子多发言、多思考，让他们通过自己的努力解决生活中的数学问题，这不正是数学课堂一直追求的目标吗？

我希望我的课堂上经常出现这样的话语："老师，这道题我会做。"

用爱教育孩子，做幸福的老师

安宁区长风小学　王春兰

高尔基曾经说过："谁不爱孩子，孩子就不爱他，只有爱孩子的人，才能教育孩子。"热爱学生是教师的天职。其实，每一个孩子都是一块璞玉，作为老师，应该努力去雕琢，使这块玉永久地焕发光彩。孩子千差万别、各不相同，有的一点就通，有的死钻牛角尖，而此时的教师就必须要有"滴水穿石"的恒心和"爱生如子"的爱心了。

记得刚参加工作的头两年，有一次学校将我从一年级的语文教学工作直接调整到六年级一班的语文教学工作，这对于我来说是一个巨大的挑战。说它"巨大"，是因为我是一位年轻的教师，之前我所从事的是一年级的语文教学工作，从一年级直接跨入六年级我觉得跨度巨大；更重要的是我从没有带过高年级的语文教学，没有经验；最最让我觉得它"巨大"的是因为这个班的语文成绩很差，和同年级的班级比较平均分相差近11分，我很担心，也很彷徨。但学校之所以这么安排，我想更多的是出于对我的信任和认可，所以我怎能彷徨？

人生就是这样，不是你光靠努力就可以的。我努力地上好每一节课，认真地批改每一本作业，细致地讲解每一道例题和易错题，我想这个班的语文成绩一定会有大的进步。可是第一学期期中考试的成绩给我当头一棒，卷子是难一些，批改的是严一些，可也不应该全班多一半的学生不及格啊？跟其他两个班相比好像不但没有进步反而还退步了不少呢，我害怕极了，这是怎么回事？更让我失望、难过、伤心的是班里的一些家长联合起来去校长那要求换一位老师，我觉得作为教师最大的悲痛莫过于此了。但这些并没有打垮我，反而给了我更大的动力。

之后的教学中，我认真总结问题所在，观察孩子们的学习状况，我发现不是我的教学环节和设计出了问题，而是孩子们根本就不喜欢我。不喜欢我，也就不爱上语文课，不爱听，不爱思考，也不爱做作业。班级是一个集体，有几个孩子在那故意捣乱就会影响到其他孩子，课堂教学就会变得低效，大家成绩自然不会进步。于是我挑了班里三个最捣蛋的家伙，时不时跟他们进行沟通。放学时我等着跟他们一起回家，跟他们一起聊天，聊班里的同学，聊他们感兴趣的话题。其中一个叫薛杰的孩子让我最头疼，他好像很不合群，也很难接近。一次，因为连续多次没有交作业，每次留下他补课，他就会偷偷溜走。现在上课竟然还睡起觉来，我质问起他来，可他竟用憎恶的眼神看着我，来了一句："我听不懂就睡觉啊，你想干什么？"这句话让我很震惊，没过几秒，我很自然地为了维护我的面子，语气更加凶狠地说："你说干什么？"随后他"哼"了一声，气呼呼地将头扭向另一边。这样僵持了一分钟，我不想和他继续对执下去，更不想耽误其他孩子上课，也想给他一个台阶下，于是我就指着他的脑门说："没见过你这样的学生，放学后咱们再说！"

放学后我没有急着处理此事，而是留了一些学生补差，我本来还留了个心眼，怕他又跟之前一样溜走，可是看他也没有溜走的意思。一直到六点多钟，天已经快黑了，教师里终于就只剩下我们两个了，当我走到他跟前问他："怎么样，想明白了吗？"他还是那副样子，脸扭向一边："留就留，反正我有几次十一二点回家，我爸爸也不说什么。"我又是惊讶又是生气，打他家长的电话也没有人接，问他还有没有家长的其他电话，他也不说，跟他讲道理好像一点也听不进去。怎么办，总这么僵持着也不是个事，看来我得改变一下策略："薛杰，咱们回家吧！我送你行吧？""不行！"他随口应道，我真是要气炸了。"那我把你送到十字路口，然后我们各回各家，这样可以吧？"我也只能继续迁就他了。

趁着我们一起走的这段路，我拦着他的肩膀和他聊了起来："孩子，昨晚是不是睡觉晚了，没有休息好？老师觉得你挺聪明的，就是想让你多学点知识，说说你想让老师怎么做？你想让谁当你的同桌？谁当你的小老师？……在家谁给你做饭？爸爸妈妈你更喜欢谁？……"我们的对话还算愉快，之前我只是知道他是经常跟着爸爸一起生活，但这次交流让我更加深入地了解到了他的内心。他说妈妈动不动就失踪十来天，而爸爸不是出差就是很晚回家，从来也没有人过问他的学习。原来如此，他就被这样耽搁到了考试成绩很难超过30分的境地。

从这天之后，我更加关注这个孩子的一言一行，多找机会给他补课，和他聊天，同时也和他的爸爸就孩子的状况谈了几次话；也从那天之后，他每次见到我好像不那么自在了,上课时也在慢慢改变:肯动手翻书了,肯动笔写字了,还主动向我请教问题,有时候还愿意主动到我办公室改错,放学后也没再溜过,还有两次考试竟及格了……看到他有了明显的进步,我真的打心眼里高兴。

我班还有一个叫王银娥的女生,偷懒,不爱做作业,经常抄作业,撒谎成性,而我也已经被她骗过数不清次数了。记得有一次,她说她的口算丢了,落下了好几次的作业。我让她尽快买一本,她总是说明天就买,明天一定能买到,下周一一定把落下的补上。关键是她的家长换了号码联系不上,没办法,我买了一本给她,并给了她一周时间让她把落下的作业都补齐。结果我再检查时她仍说没有带,并要求我再给她几天时间,说一定能够补齐。还动不动给我发“可怜”信息,反正目的就是让我再给她一次机会。可当我再检查时,发现她的作业都是她随机写上去的,胡乱填一通,我气极了,决定放学一定要见到她的家长。放学时我问她爸爸妈妈谁在家,她说都不在家。“那我陪你一起回家,他们总是要回家的吧,我们就一起在你家门口等着!”我气愤地回应道,可她却不紧不慢地说道:“我爸爸妈妈有可能晚上不回家!”“不回家你睡马路上啊?”我以最快的速度质问道。我才不相信她说的话呢,揪起她的肩角就拉着她走出了校门。看我如此架势,她好像妥协了,带着我去了她家。家里果然没有人,就在我打算放弃的时候,她的电话响了,她很紧张的样子,说话支支吾吾的,她用家乡话交流着,我只听懂了“放学了,一会儿就回家”之类的话。怎么觉得像是她爸爸妈妈打来的,问她说是她舅妈打的,我不太相信,一把拿过她的手机,一查看通话记录,让我震惊的是我看到了一个名字“二货”。我看着她长叹了一口气,气愤又难过,我把电话回拨过去,是她爸爸,她爸爸说自己在家啊,我才知道自己又一次被骗了。原来她是把我领到了她明知道不在家的舅妈家。后来,我见到了她的爸爸妈妈,和他们聊了很多关于孩子的学习情况,对于撒谎、不交作业、抄作业的情况,她的家长浑然不知,这是家长的教育出了问题,还是我们的孩子太能表演了?

第二天,我找王银娥聊天,她向我道了歉,我告诉她:谎言是终将会被揭穿的,要知道一个人的品德远比学习成绩更重要,一个爱撒谎的人,即使之后她说了真话,人们也不愿意再相信她了,这是多么可怕的事情啊……

知道了自己的问题,又得到了家长的重视,孩子的学习自然受到了关注。慢慢地,她的作业也越做越好,最让我觉得欣慰的不仅是她的学习有了很大的进步,而是她没有再对我撒过谎。后来的日子里,她的表现一直很好,对我也格外喜欢,对语文的学习也更喜欢了,有什么心里话都找我说。就这样,课堂外的我成了她的好朋友。

毕业考前开了家长会,当我送走最后一个家长已是晚上九点多了。可是当我走出校门时,看到王银娥和她的妈妈站在那儿,像是在等什么人,她们看到我向我迎面走来,她的妈妈用双手紧握住我的手,一遍遍说着“谢谢你,谢谢你……”“不用谢,作为教师这是我应该做的!”“不,您不知道孩子这学期有了翻天覆地的变化,每次考试都及格了,期中考试还考了81分呢!”一路上,孩子的妈妈没有放开过我的手,最后,她含着泪花对我说:“王老师,我就是想当面对您说声谢谢,谢谢老师,真的谢谢您!”

我认为幸福其实就是一种感觉,也是一种心态。要想幸福首先要你的学生喜欢你,学生喜欢你是孩子们学习好你带的这门功课的前提。这就要求我们在做好教育教学工作时,最重要的是要心中有爱、爱生如子,并且体现在教育教学的每一个环节中,让学生感受到学习知识是快乐的、愉悦的,进而快乐地学习,做学习的主人。教师要善于发现学生身上的“闪光点”,往往教师的一句不经意的赞美会给学生开辟另一片天地。

毕业时,收到了孩子们写给我的一封封感谢信,有一个孩子这样写道:“王老师,您是我遇到的最伟大的老师,我想我以后一定不会再遇到像您这样牺牲寒暑假和休息日免费为我们补课的老师了。还有,要不是班主任柳老师给我们说,我们还都不知道,在我们毕业考试前几天您的宝宝嘴巴磕破缝了六针,但是您为了我们没有请一天假……”读着孩子们发自内心的话语,我的眼眶几次涌出泪花。我觉得作为教师很幸福,感谢领导对我的信任,感谢家长对我的认可,更感谢孩子们给我积淀的人生财富。

在今后的教育教学中,我会注意自己的一言一行,不断加强自身修养,在学习中不断充实自己,在教学中不断影响学生的心灵。用爱心教育孩子,做一个优秀的老师。

让每一个孩子健康成长

城关区水车园小学 张 岩

还没走到教室门口,一声大过一声的叫喊声便传进了我的耳朵,第一感觉告诉我大事不妙,一定发生了什么事情,否则不会这样。来到门口,展现在我眼前的是极其"壮观"的一幕:只见小钧和小鑫扭在一起,打得不可开交,周围的桌子推翻在地,书本扔了一地,其他学生正在一旁观战。这时有几位学生看到我来了,疾呼:"张老师来了,张老师来了!"围观的学生迅速散开,回到了自己的座位上,但是他们二位仍然扭打在一起。我压住心中的怒火,静静地站在讲台上看着他俩,也许是我的沉默让他们意识到了什么,"战斗"停止了,但显然还是没有解决问题。就在此时上课铃响了,这节是体育课,学生们悄悄走出教室,只留下了我们三人。此时教室里安静极了,只有他俩急促地喘息声。我在讲桌前坐了下来,开始干我的事情,准备先让他们平静自己的情绪,等一等,看一看,给他们反躬自省的时间。时间一分一秒地过去,小钧的情绪很快稳定下来,我从余光中发现他还不时地看我的反应,以此我推断事情多半是由他引起的。突然,小鑫号啕大哭起来,我仍旧装作不理睬继续批作业。大约二十分钟后,哭声渐渐小了,小鑫的情绪也逐渐趋于平静。到了该处理的时候了。

经过耐心地询问,得知两人打架只是为了一句不中听的话(小钧对小鑫说:"你奶奶早死了,已经化成灰了。"),但也是一句真话。就在我想接下去该怎么办时,又一个意外发生了,小钧竟然主动走到小鑫跟前,向小鑫道歉,说是他错了。这真是万万没有想到的,因为他从来就不愿服输。真是弄得我措手不及,我整理了一下思路,让小鑫接受对方的道歉,并让小钧离开教室,事后再说。此时我已完全知道该怎样对待小鑫了。他的奶奶在几个月前就去世了,但是他与奶奶有着非常深的感情,奶奶的去世太突然。他妈妈曾告诉我:"他奶奶在世时,在众多孙子、孙女里最喜欢的就是小鑫了。因为小鑫乖巧又孝顺,每天回家都会把奶奶逗得很开心。在他奶奶去世的前一天晚上,正在熟睡中的小鑫好像有心里感应似的突然从睡梦中惊醒,脸上满是泪水,闹着非要去医院看望奶奶,在我再三承诺第二天早上起床就带他去看望奶奶的承诺下,小鑫终于抽泣着睡着了。可遗憾的是,第二天一早,还在熟睡中的我们接到了他奶奶已在清晨去世的噩耗。当小鑫得知这个消息后,再也按捺不住内心的痛苦,大哭了起来。至今他都接受不了奶奶逝世的现实,家里的人也对这个话题避而不谈,甚至将奶奶的遗像都收了起来,奶奶的离去给他的心里造成了很大的伤痛,性格愈加内向。"

我想他刚才哭的原因也是因为伤心,我决定好好与他谈一谈他的家人避而不谈但又非常敏感的这个话题。我告诉他人老了总有一天会离开我们,即使你再爱他也无能为力,我们绝没有办法将他永远留在我们身边,陪伴自己一生。现在爱你的奶奶走了,但是他仍然牵挂着你,他一定希望你振作精神,好好学习。你的父母更是爱你,为了你他们强忍悲痛,处处小心不去伤害你。你不能将自己的感情发泄,以至于越积越深,引发了今天的事情……我还给他讲了《一片叶子落下来》的故事。(这是一个关于生命的故事,故事的主角是一片名叫弗雷迪的叶子。它与它的树叶朋友们经历四季变化,从轻风摇曳的春天,到阳光灿烂的夏天,从金黄凉爽的秋天到雪花纷飞的冬天。一片小小的叶子,一年短短的四季,这就是它的一生。在这个温馨、智慧、单纯的故事里,小叶子费雷迪也曾孩童般的无忧无虑过,也曾在面对生命的变化时疑惑过、恐惧过;但是,当某一个清晨,那一阵风将它最后一个从树枝上带走的时候,它不再害怕,安静地落了下来。)故事中对死亡的态度就是万物都会死,不管是大是小,是强是弱。我们先完成我们的任务,我们经历严寒酷暑,风吹雨打,最后我们再死去。我还对他说:"死亡是一个自然的过程,它和成长一样自然。活着是一件幸福的事情,明白自己为了什么而活着,是一件更加美妙的事情。"

谈话持续了一个多小时,小鑫听后,沉默了许久。我想也许我说的话有些深奥了,他需要时间来慢慢消化。终于,小鑫打破了沉寂,开始说话了:"虽然人都会死,可是人死了,他的家人会很想他的。我就非常想念奶奶,以后我再也见不到奶奶了。""孩子,不管奶奶在不在你身边,他还是会很喜欢你的。只要你开心,奶奶在另外一个地方也会很开心的。如果你有什么想告诉奶奶的,可以在心里对她说,相信奶奶听见了一定会很高兴的。记住孩子,虽然你再也见不到奶奶了,但他会一直在你心里。"我发现小鑫的脸上渐渐露出了笑容,我心里一乐,这个孩子终于可以接受奶奶已经去世的现实了。他也已经知道死亡无法避免,甚至会发生在自己的身上。

赶在他放学到家前,我联系了他的妈妈,简单地告诉了她今天发生的事情,让她注意观察孩子的举动。中午我回到家饭还没吃完,小鑫的妈妈就打来了电话,告诉我孩子一进家门又如从前一样,先走进奶奶的房间向爷爷打了招呼,还主动找出被他们取下来的奶奶的照片挂在了墙上,弄得全家人不知该怎么办……最后他妈妈激动地说:"张老师,你不仅教会我儿子学习,更教会了他怎样正确地面对死亡……"接听完他妈妈的电话,我心里异常高兴,又一个孩子可以健康成长了,这还得感谢小钧给我创造的机会呢!

就今天发生的这件事,我想了很多。相信每一位父母都不愿意让孩子遭遇亲人辞世的伤痛,但生活中的"黑色"却不可避免地不期而至,死亡让我们无法回避,或许这也是我们不能在孩子面前回避死亡话题的理由。孩子们不应该被排斥在家庭生活的痛苦之外,就像不能把他们排除在家庭生活的欢乐之外一样。孩子们也需要表达自己的真实情感,也有为失去深爱的亲人痛哭的权利。因为只有直面死亡,体验悲伤,才有可能使孩子在慢慢懂得死亡的真正含义的基础上去珍爱生命!

宽容你,让我的心也安宁

兰州师范附属小学　胡岩山

在我的班上有一位言行举止很特别的孩子,她上课几乎不听老师的"指挥",想干什么就干什么,还不时地用眼神向老师挑衅,常常以老师拿她没办法时的无奈当她胜利的快乐。有时你正在讲课,她会突然从课桌里拿出纸飞机向后边飞去;有时大家正在悄悄写作业,她会突然从邻近同学的手里把钢笔抢去。一次,在音乐课上,她正向坐在她后面的同学的书上乱画,被老师发现了,老师厉声制止:"小小,你干什么呢?"她竟然趴在课桌上号啕大哭起来,满脸的鼻涕眼泪,弄得老师既莫名其妙,又不知所措……唉,说起她来,代课的老师没有不生气的。其实,作为班主任,她的怪异和刁蛮,我何尝不曾领受?最让人不可思议的是,大约在她二年级的时候,有一天中午,我对付了几口饭,去土门墩办点急事,刚走到118路车站附近,手机响了。刚接起来,对方就气急败坏地说:"胡老师,你知不知道你们班同学把小小衣服扒光的?"坏啦,是小小的妈妈。我吃了一惊:"什么时候?谁?"

“今天早上。是某某、某某、某某,还有小冉!”她说道。听她这么说,我的脑子里直犯嘀咕:这几个女孩子都不怎么调皮呀,怎么会这么做?尤其小冉,是个沉默寡言又胆怯的小姑娘,老师拉着她的手跟她说话,她都不会大点声,只会羞涩地低着头悄声答话,她敢跟小小作对?打死我也不信。头脑中迅速地合计了一下,先来个“缓兵之计”,我说:“你看这样吧,现在正是中午,大家都回家了,我也没法调查。下午一到校,我立刻查清楚给你回话。”

“那好,我下午就不让她去学校了,我等你的回话!”对方气冲冲地挂了电话。

那几天正在开运动会。天公作美,艳阳高照。一路上我回忆着上午的情景,早晨,我班正对着太阳,我好像看见过小小只穿着外衣。当时很热,我一边忙着组织运动员上场,一边又忙着维持秩序,所以没太在意。

下午我提早到校,马上调查是怎么回事。原来,并没有哪一个同学扒她的衣服,是她自己脱了所有的上衣,连小背心也脱了,还叫着“我要和某某结婚喽——”当我早上看见她的时候,她倒是淡定地坐着,难怪没引起我的注意。尽管我有点生气,但还是把调查结果及时打电话告诉了她的妈妈。

下午放学后,她的妈妈打来电话,又是道歉,又是认错,说孩子承认了,是她自己脱的。看,就是这样的。

通过观察,我发现这孩子尽管有些怪异,但她的智力并不是很差,对别人的反应又很敏感,常常做出一些出格的事情来引起别人的注意。于是,我和她的妈妈说:“是不是看看心理医生?看孩子有什么思想疙瘩。”谁承想,她的妈妈咄咄逼人地来了一句:“我也去看了,找的还是那个某某大医院里有名的医生。大夫说了,这么聪明的孩子谁说有病?”

得,好心当成了驴肝肺。她的妈妈是当着孩子的面这么说的,小小当即露出不屑的神情斜睨了我一眼,把头甩向一边去。我再也不想说什么了,当然更不敢说什么了。

从那以后,她似乎更加放肆。但是有什么办法?我又不能开除她,总还得面对。

有一次,无意中的相遇,在我的心中留下了她可爱的一面。

那一阵子她实在调皮得不得了,几次请家长未果。不想,却在饭馆里不期而遇。

那一天中午,正当我端着一碗热腾腾的牛肉面左瞧右看寻座位时,无意中瞅见她和她的妈妈也在饭馆里吃饭。我打算躲过她,尽管她那里有座位,所以故意不往她那边看。可是,她偏偏看见了我,还大声地喊:“胡老师——”

不得已,我坐到了她们对面的座位上。她停下筷子,眼睛直直地盯着我。这时,她的妈妈侧着头轻声地催她“快吃”。那声音、那神态极其温柔,充满了爱护。于是,孩子大大地吃了一口。我不由地说了一句“吃饭还吃得好!”,声音很轻,不乏亲切。孩子顿了一下,瞪着我(她常常用这样的眼神看人,有一次,她竟然这样面对面把新来的校长盯了大约十来分钟,直到把校长看羞……),又大大吃了一口,接着又是一大口……

吃着吃着,孩子的小脸红扑扑的,鼻尖上渗出了密密的汗珠。我本来想既然碰着了,就趁此机会把她的表现跟她妈妈说一说吧。可是,此情此景,让我想到,在同学眼里她很怪,在老师眼里她很捣蛋,但是,在妈妈的眼里她依然是个宝啊!尽管她有那么多的“与众不同”,却依然在母爱的羽翼保护之下。于是,当她的妈妈问她的情况时,我说“还可以吧”。听了这话,孩子越发大口地吃起饭来,好像她对我的回答很满意,也很满足。

后来,我常常想起这一幕,而且不止一次地问自己:如果那天我冷冷地对待她,将她的种种“劣迹”都告诉她的母亲,她还会大口地吃饭吗?她的母亲还会一脸温柔吗?那时,我不自觉地站到了孩子的角度,才让我看到了孩子可爱的一面,才让我以宽容的态度对待她。从那以后,每当我看到她肆无忌惮地捣蛋而欲将她揪起来时,那天吃饭的情景就会闪现在我脑海中……于是,我又平静下来。

又有一次,天都黑了,有一个学生着急地敲开我家的门,说小小还没回家,在天桥上坐着。我急忙跟出来一看,果不其然,暮色中,小小孤零零地坐在天桥的长凳上。我将她带到我家,立即给她妈妈打了电话。我请她坐在沙发上,给她倒了一杯水,端来蛋糕让她慢慢吃,并且安慰她说:“不着急,你妈妈一会儿就来接你了。”

也许是饿了,她也不推辞,接过来就吃。正当孩子大口吃的时候,她的妈妈来接她了。

可她并不马上接孩子走。她表情丰富地坐了一会儿,才吞吞吐吐、半遮半掩地对我说,孩子做过心脏手术,有先天性心脏病。因为患病,大脑也受到了影响。原来如此。孩子刚入学时,她曾找过我,说她的孩子视力不好,要坐在前排。我将孩子安排在第一排。她又说孩子心脏不好,不能参加剧烈活动,不能受刺激……虽然,我一直对这个孩子格外小心,也叮嘱过同学们,还给体育老师特意交代过,但不知究竟。我明白了,她明知自己的孩子不同于一般孩子,却不肯承认。她是要老师拿同样的眼光来对待她的孩子,她无论如何也不会让孩子在老师跟前、在学校里再有任何的亏欠,可怜天下父母心啊!

从那以后,我对这个孩子越加小心了。尽管她越来越讨人烦。随着年级升高,教室离我的办公室也越来越近,她会时不时跑到办公室告状:“胡老师,某某骂我”或“胡老师,某某打我”,事实多半是她先招惹别人的。如果我说“你先去,待会儿我找他”,她会立刻拉下脸来,把头一甩,骂骂咧咧地离开。如果我说“把他叫来”,她会摆着头喜滋滋地跑出去。被“请”的人当然不愿意来,而此时的她一副“理直气壮”的神气,那意思似乎像在说:我是奉命行事,老师让我来叫你的,你敢不听?! 最终,我还得“断官司”。

怎么办? 除了安抚她,我还得经常“促进”她与同学的和谐。有一次,朗读课文时她很投入,声音很夸张,甚至有点儿声嘶力竭。我马上表扬了她,说她读得最好。同学们会意地抿着嘴笑了,并且不失时机地把掌声送给了她。我又对她说:“看,同学们多么喜欢你呀,你可要好好表现哦!”她的小脸涨得通红,显得很得意,也很满足。那几天,她的“小报告”就少多了。

可是有一次刚上早自习,她忽然说:“胡老师,我难受,气上不来了!”边说边抓着胸前的衣服大口喘气。这情景,吓得我又是找领导又是打电话请家长。

她的妈妈来了,抱着她又是揉又是搓,嘴里还说着“她说运动会上有个同学踢了她,回去就说疼,我也没在意……”这是怎么说的? 运动会早已过去一个多月了,真让人哭笑不得。折腾了一阵子,她妈妈说没事了,让她上课。从那以后,她时不时会“犯病”,每一次,我都马上请家长。有一次,她的爸爸到校门口了,门卫不让进,我马上跑下去接。

她的爸爸一边上楼梯,一边很不耐烦地说:“怎么老这样? 有时候她装着呢!”

可我哪能知道她什么时候装? 什么时候没装? 这老师咋这么难当呢? 孩子闹,家长恼,唯有老师什么怨言也不能有,只能默默地做。

但是过后一想,不管怎么说,她也是一个孩子,是班级里的一员,是我的学生,而且她是一个病孩儿。这样一想,慢慢地也就释然了。尽管她的成绩很差,常常影响到班级的总成绩,让我的教学业绩很受影响,我却从没有放弃过这个孩子。

我知道,孩子,宽容了你,让我的心也安宁。

写在阅读《陶行知与四块糖的故事》之后。

靠近你 温暖我

榆中县一悟小学 金 花

爱孩子是每一个教师的天职,但有时孩子对老师的爱也很纯洁,让人无限感动。

我们班有一个非常淘气的孩子叫小柱, 在开学的第一天就给我留下了深刻的印象。不仅是因为他头发后面留了一撮头发,而且在我没有正式认识他的时候,曾经有个别家长对我说过恭喜我们班"中了奖", 因为他是有名的"淘气包子"。第一天来上学报到,一个胖乎乎的小男孩就进入了我的视线。当时我也没有太在意家长说过的话,只是感觉他很可爱。

刚开学不久,他便开始一再惹事。有一天,他捂着鼻子,流着鼻血回到了教室。我一问原来是玩健身器材不小心碰的,这个不听话的孩子,尽管我再三强调尽量少到健身器材上去玩,可他却将我的话当成了耳边风。没办法,我只能拉着他到水房赶紧去洗。事后,他便像没事人一样。又有一次,学校三令五申要求学生保持操场卫生,坚决杜绝在操场乱扔杂物,我在班级也多次反复强调过,可是他还是在操场乱扔喝过的奶袋,结果被督察员抓住,告到了我跟前。他还不愿意去做操,不但自己"发明"了在厕所躲藏,还带着其他同学也一起藏起来。上课也经常"溜号",总是像一个长不大的孩子一样偷偷地拿一些小玩具在玩等等,诸如此类的事真是太多了,他淘气的程度可想而知。刚开始我总是不分青红皂白严厉地训斥他,他也总是一副天不怕地不怕的样子,我对他的教育也陷入了茫然的阶段。我想这个孩子可真是令人头疼,我都想到了放弃,任由他自由去发展,然而有一天我却看到了他的另一面。

那天, 学校来了外校老师听课,我领读生字的时候发现他扯着嗓子卖力地跟读生字,我明显能感觉到他的认真。那天结束后, 我在班级同学的面前表扬了他, 我看到了他腼腆的笑容。后来在选值日组长的时候,我把他安排当值日小组长。每次值日他都能把值日工作组织好。从那以后一有时间我就和他谈心,了解他的家庭情况和他的一些特长及爱好;在合适的机会表扬他;只要是他交上来的作业,我总会写几句话,诸如“看到你今天的书写,老师觉得你在慢慢进步,我很高兴!”“其实老师很喜欢你,但是你还需要改正一些缺点。”“我们的小柱长大了!”等等。

为了巩固“成果”,我还在班上同学面前和他谈心,让他在同学们的面前有了“炫耀自己的资本”——看,老师这么关心我。在接触中,我还发现小柱其实是个很可爱、很坚强的小男孩,生活自理能力也不错。我抓住他的点滴优点,及时表扬,号召大家向他学习。不管何时何地,我对他的关心总是特别多,从而使他建立自信,不再调皮。通过这些活动,小柱的脸上终于有了笑容,融入了快乐的集体生活中。通过我耐心细致地做他的思想工作,渐渐地,他惹事的时候也少了。我批评他的时候他也不再狡辩,而是老实地接受。

最让我感动的是,临近期末考试,学习任务非常紧,而且天气也异常炎热,每次上完课我都觉得口干舌燥。有一天的午休时间,我正在教室里给一个孩子教练习册的题,这时一瓶冰镇饮料出现在我的面前。我抬头一看,正是他,他那张小脸,夹着汗水和一道道黑印,宛如小花猫一样,他对我说:“老师,你喝吧!”当时我真的是非常感动。一个平时我经常批评的学生,一个一犯错误我就劈头盖脸严厉训斥的孩子,在这个炎炎夏日里能想到自己的老师,说明他长大了,理解了老师对他的用心良苦。在他的坚持下我收下了那瓶饮料,喝着带有青苹果香味的饮料,我心潮涌动。我深深地反思自己,他毕竟是个在成长过程中的孩子,孩子不可能和成人一样,况且成人也一样会犯错误,孩子有一颗善良单纯的心更重要。我作为承载着教书育人责任的老师,有什么理由去忽视和怠慢一个鲜活而又真诚的生命呢,我深深地自责,从此我对他更是格外关注,并且积极地引导他努力学习,用宽容的心去慢慢地转化他。

当然,“冰冻三尺,非一日之寒”,他的行为习惯也不是一天两天形成的,他还是经常犯一些错误,考试也还是有不及格的情况;而且受到环境的干扰及习惯的影响,他的思想行为总具有很大的反复性。但我想出现反复是正常的事,这是进步中的曲折,绝不是徒劳无功。我在他身上已经看到了点滴进步,这让我充满了信心。

学生有问题,应当重视,但不能简单化。首先,教师要摆正心态,先让自己静下心来，仔细查找原因。小柱的事情出来之后，我通过找同学、电话家访、面对面交流等方式，最终得到圆满解决。其次，学生虽然是未成年人，但在人格意义上是与教师平等的。教师绝不能以疏远、淡漠、鄙视，甚至是漫不经心的态度去对待他们，而应该对他们予以深刻的理解和真诚的关怀，让他们的个性得到充分的尊重，从而赢得学生的充分信赖，让他们理解教师如同父母般的关心和爱护，他们就会忘却心理失衡，抛开杂念努力学习。如果我在他犯错误时，像其他教师一样对他斥责，而不是给他宽容、给他机会，他肯定会失去学习的动力。作为教育工作者，对待这样的学生要有一些特殊的方法，既要做他们的老师，又要像他们的父母，要走进他们的情感世界，引导他们健康快乐地成长。反过来，他们也会体会到老师的付出，因此我们也会有意想不到的收获。

一个教育家曾经说过："通向孩子心灵之路的并不是肥沃的田野。在这片肥沃的土地上要获得丰收，需要辛勤耕耘，加强田间管理，更需要温暖的阳光、湿润的雨露。只有教师的爱化为阳光、化作雨露，才能滋润出一批批破土而出的幼苗。"我们要对每一个孩子倾注爱心，以尊重、赏识唤起他们的进取心，以真诚、宽容激发他们的上进心，引导他们力争上游、健康成长。只要我们从热爱学生的真诚愿望出发，动之以情，晓之以理，一定能让孩子快乐成长。

桃李无言，下自成蹊

城关区东岗小学　樊　越

我们时常在感慨，现在的学生不懂得感恩，似乎他们得到的爱都是理所当然的。可我想，也许并不是他们不懂得感恩，而是在这个日益喧嚣的社会中，他们根本没有时间静下心来梳理自己的心情。那么，我们为什么不能从身边的小事说起，引导学生去感受身边点滴小事中所包含的大爱呢？

基于这种想法，那天，我在班里组织了"感恩话语，情润心田"的主题班会。

按照计划，活动分为三个板块：感受父母的养育之恩，感受老师的教导之恩，感受伙伴的友爱之恩。我要引导孩子们从身边司空见惯的事件中感受到爱，只有感受到爱,他们才能懂得感恩,懂得回报。

在进行第一个板块时,我用深情低缓的语调缓缓导入:“孩子们,现在外面的气温是30℃,我们坐在阴凉的教室里安逸地读书、学习的时候,想想你们的父母此刻正在做什么?”孩子们静静地望着我,教室里一片沉寂。

我接着说:“从你出生到现在,是谁一直陪伴着你?是谁每天精心照顾着你?早晨,他们要早起为你做早点;晚上,他们要陪伴你完成家庭作业;天热了,他们提醒你脱衣服;天冷了,他们又怕你冻着……我们的生命完全是一个爱的奇迹啊!”孩子们注视着我,我也注视着他们。停顿了片刻之后,我说:“让我们静下心来体味一下,想想你得到的那些爱,待会我们把这些爱的故事讲给大家听好吗?”

孩子们思索着,几分钟之后,我让他们在小组中交流。小组交流结束时已经有七八个孩子的眼圈红了,一个平时很淘气的男孩子悄悄地抹着眼泪。我被深深地震撼了,谁说他们不懂,此刻,爱的暖流不正激荡着他们的内心吗?孩子们开始选代表发言,轮到第四个女孩子讲时,她已泣不成声,我们根本没有听清她讲的是什么。可是,她的哭泣终于引发了教室里连片的啜泣之声,孩子们趴在桌子上,肩膀耸动着,任泪水尽情地流淌,我发现自己的眼眶也湿润了。我没有制止他们,他们此刻的泪水不正是对爱最深刻的感悟吗?

我平息了一下自己的情绪,对孩子们说:“让我们再想想,我们为这些至亲至爱的人做过些什么呢?我们做过多少让他们感动、欣慰的事呢?现在,把你最想对他们说的话写下来,回家后拿给他们看,好吗?”孩子们飞快地写着,教室里只有笔落在纸上的声音和一阵阵啜泣的声音。我站在教室的前面,默默地注视着这些平时顽皮好动的孩子们,此刻他们分明是被爱包围的天使啊!

接下来,我们进行第二个板块。孩子们的情绪舒缓了很多,教室里显得很轻松。他们争先恐后地说着从老师那里感受到的爱。一个孩子说:“有一次我把老师的杯子打了,老师不但没有责怪我,还对我微笑了,我觉得老师是爱我的,我也爱老师。”另一个孩子说:“我觉得老师特别辛苦,去年教师节时我给老师做了一张贺卡,我原想老师可能会不喜欢,没想到老师很高兴地收下了,还打开看了一下,我觉得老师喜欢我才会喜欢我的礼物。”

孩子们的发言积极而热烈,我的心里却无法再平静。原来他们那么善于感受来自于别人的爱,而他们说的那些事我怎么就从来不曾留意呢?在他们的眼里,老师是高高在上的，是不可侵犯的，所以老师只要宽容一点点、和善一点点，他们就发自内心地感激并铭记，可作为老师，这是多大的讽刺啊！我们一直在担忧学生不会感受爱，作为老师，我们何尝感受到了来自学生的这份爱呢？我们总是板着面孔面对这些天真单纯的孩子，为什么就忽略了他们的情感需求呢？我们自己不再拥有一颗善于感恩的心，我们又如何引导学生去发现、去体验身边的爱呢？

记得一次去西北师范大学听了几位全国优秀班主任的讲座。其中，李镇西老师讲到了这样一件事。一天，他的女儿兴冲冲地回来告诉他，放学时她抱了抱英语老师。李老师不无感慨地对女儿说："你们的英语老师太幸福了，你们爱她才会去抱她，她一定感受到了你们的爱。"原来，爱就是这么简单的事，学生的一个拥抱，一次微笑，甚至是一个不起眼的小纸条都是他们爱的表达。同一场讲座中，任小艾老师说："微笑是爱的外衣，扪心自问，我们有多少天、多少次是微笑着面对学生的？"是啊，我们连微笑都不会了，何谈爱呢？我们总是一厢情愿地认为，在教育教学活动中，我们是施舍者，是付出者，我们当然要高高在上，可是教育教学本身就是双边的互动过程，我们的确在给学生传授知识，成为他们人生路上的引导者，同时他们也给了我们多少收获，多少满足啊！他们支撑着我们的信仰，他们丰富着我们的人生，他们正是我们不断追求的动力啊！我们给予着，同时我们也收获着，为什么我们不能给他们以微笑和爱呢？

曾经看过一档电视访谈节目，被访的嘉宾是李连杰。主持人问他："时至今日，你最厉害的武功是什么？最厉害的武器是什么？"李连杰淡然一笑："我最厉害的武功是微笑，最厉害的武器是爱。用微笑去爱，你将没有敌人。"想想我们，为什么在工作中总有疲于应付的感觉呢？原来是我们自己用冷冰的面孔将学生置之千里之外，我们自以为是地将学生变成了我们的敌人，我们当然就焦头烂额，当然就疲惫不堪。而且，当我们让自己的心灵蒙上了厚厚的灰尘，当我们让自己的心灵变得枯槁、变得麻木，我们又如何引导学生去感受爱、体验爱呢？当我们用冷漠在学生和自己之间筑起一道墙，学生又怎能从我们身上感受到爱呢？如果有一天，学生也如我们一样，我们又如何教育他们学会感恩呢？

不知不觉班会结束了，学生们在教室里静坐着。我想，今天这样的班会一定在他们心里留下了深深的烙印。同时，这次班会更让我感念至深，它让我懂得了爱，懂得了如何去爱，如何去感受爱。我想，当我真正地去爱他们，并欣喜地感受着来自于他们的爱时，我的心里一定是洒满了阳光的；当我用洒满阳光的笑脸去面对他们，我同样能让他们的心里充满阳光的味道。

用爱唤回真爱吧！

作文题目：

学校秋季运动会圆满结束了。赛场上飞奔的健儿，场外呐喊助威的啦啦队，口干舌燥的裁判员，忙前忙后的小红帽志愿者……是否有一个画面在你的记忆中被定格，让你难忘，让你感动？以“定格在记忆中的画面”为题目，写一篇不少于600字的记叙文。

定格在记忆中的画面

榆中县第六中学　杨素玭

秋风拂面，带着丝丝凉爽，又透着微微的暖意，今年的秋季运动会就在这样舒服惬意的日子里如期举行。这是青春与活力的盛会，每每到这个时候，操场就会沸腾起来。身为班主任的我也坐在场边见证着赛场上的成与败，用心灵感受着运动员的哀与乐。

运动会的最后一项是3000米，运动员要围绕操场跑十圈，这是运动会中持续时间最久，场面最激动、最感人的赛事。看！参赛的运动员个个都是班上的“明星”，场外的同学们有送水的，有递毛巾的，有陪跑的，还有拍照录像的……我们老师们也被这群孩子们感染着，一改往日严肃的面孔，扯着嗓子呐喊助威。

最后一圈的冲刺发令枪声响了，身着黄色背心的豆杰连超两人夺得了冠军。我班学生蜂拥一般冲到了终点处喜迎冠军。只见他双腿打转，“嘭——”一声仰面躺在了操场上，脸色铁青。我和学生们都傻了眼，空气一下子凝固了。“别担心，没事！”豆杰睁开了眼睛笑着说。欢乐一下子又充斥了周围，我悬着的心总算落了地。这一刻，也成了本次运动会令我最难忘的一幕。

豆杰是我班的文体委员，也是我班难得的体育尖子。4×100米接力赛跑他跑最后一棒，1500米、3000米长跑也是他的长项。然而，前一天的1500米比赛他发挥不佳，没有拿到名次。赛后的他很沮丧，走到我跟前，神色尴尬地说："老师，这次丢人了！"我班的体育尖子不多，拿奖得名次不在我的期待中，运动员尽力就好。他的一句"丢人了"倒让我一时语塞，我应声说了句"没关系"，他便很懊恼地点了一下头。显然这句"没关系"并没有让他得到宽慰。

紧接着我又笑着说："是不是在赛场上从未输过呀？有赢就会有输，这是再正常不过的事情了。回家让你妈妈在晚餐里给你多加些营养，明天接着跑3000米。"他嘴角上扬，露出了笑意。

长跑不仅考验的是学生的体力与耐力，更锻炼着学生的意志品质。今天3000米跑道上的豆杰信心满满、志在必得，要一洗前日之"耻"。他跑得很用心，也跑得很卖力，他终于拿到了冠军。比赛场上，男生很少倒下，冠军更是少有。最终豆杰跌倒了，这次比赛他是咬紧牙关拼的。他的倔强、不服输的精神震撼了我的心灵，感动了我。

遥想初一时的运动会，接力赛被淘汰，学生们偷偷抹眼泪。短短两年，他们长大了，他们学会了坦然接受失败，他们更学会了靠奋力拼搏去赢得成功。人生的路，有坦途，也有坎坷。失败是生活的一部分，谁也无法抗拒，但是成功永远属于那些自信、不服输的人。秋天应该是收获的季节，今秋运动会的一幕永远定格在了我的记忆中。

爱，让孩子快乐成长

兰州市第五十四中学　张雪彬

"丁零零……"上课铃响了，心里如同怀揣着千百只小兔子的我忐忑不安地走向教室。24岁的我，即将要面对的是五十几个第一次见面、从未打过交道的初一孩子。

"一定要镇定，装得像很有经验的教师一样，谁调皮捣蛋就收拾谁，给他一个下马威，杀鸡给猴看，其他人就听话了。"我在心里不停地给自己这样打气。进了教室，我先环顾四周，秩序还可以，孩子们比较安静。"至少看上去没有很难缠的'刺儿头'。"我心里这么想着，先松了口气。只是第一天的报名结束之后，一个不好的消息就传到了我的耳朵里。

“你知道我们班那个雷吗?”

“知道啊,小学就认识他,虽然不是我们学校的,名气可大了。听说老师都不敢管他,都害怕他。”

“是啊,他小学五年级和邻校的混混老大打了一架,人家都没打过他,听说身上都带着刀呢!我们以后可要小心点,不敢惹他。”

当时我们班两个小个子男生的话传到了我的耳朵里。我的心里“咯噔”一下,遇到一个爱打架的学生,“这下我可倒霉了。”我心里想。

果不其然,一个星期后,教音乐的老师找到我。可能是看我年轻,第一次当班主任没经验,好心来给我提个醒:“你可要注意你们班那个雷,我一看就不是善茬,听说小学就不好惹,可能要给你惹事。”听了这话,我心里更没底了。从学生时代起就是个乖学生的我,一直胆小怕事,从小就不敢惹那些爱打架的孩子,如今这种孩子成了我的学生,这可怎么办呢?

果然没过几天,一次班会课后,班里一个高高瘦瘦的男孩子吉哭着找到我说:“老师,雷他打我,打了我好几拳,还说放学要在校门口收拾我。”“怎么回事?”我忙回到班级问旁边的同学。结果旁边拉架的学生都被吓坏了,“雷太凶了,打人太狠了。吉在他前面坐,个子高挡住了他的视线,他就让吉把头低下来。吉不肯,两个人吵了几句,一下课他就在吉的脸上打了几拳,把吉的脸都打肿了。”而且就在此时,旁边拉着雷的几个男生都快要拉不住了。我看见雷红着眼睛,像一头发疯的狮子,好像就要不顾一切地冲上去拼个你死我活。眼看局面就要控制不住了,我忙让学生把雷拉进了办公室,让吉先待在教室里。

我走进办公室,心里一点辙都没有。一个13岁的孩子怎么会有这样严重的暴力倾向?他的眼中所散发出的那种凶狠的气息足以让班里其他五十几名孩子对他敢怒不敢言。仅仅这一次,可能就确定了他在班里的“霸主”地位,那以后其他孩子的安全怎么保证呢?带着这些思考,我先走到他身边,轻轻拍了拍他的肩膀,和颜悦色地说:“你先消消气,面对着墙,好好想想事情的来龙去脉,想想你做的到底对不对,有没有做的过火的地方,待会我们再谈。”这时我从雷的眼神里明显看到一丝惊讶和不可思议,可能这是他第一次打架后却没有受到老师的严厉批评。与此同时,我的心里却七上八下地不知如何是好,以前我看见过其他老师遇到这种事情都是暴跳如雷地骂孩子,但此时我觉得对于雷,这种“硬碰硬”的方式肯定不能解决问题。既然来硬的不行,那就只能来软的试试看,先不发火,听听他的道理。看样子他好像有一肚子的火,那就让他先发出来,等他头脑冷静了可能就好处理了。

过了十几分钟,我看雷渐渐平静了,于是叫他过来说说事情的经过。原来就是因为雷个子小,看不见黑板上的字,让吉低一下头,可能是雷平时说话的口气就比较冲,吉听着不高兴就偏不低头。雷再说时,吉还骂了脏话,所以雷就发火了,原来就是小小的口角之争。

“那你为什么发那么大的火呢? 还把人家打那么重。”我问道。

“我也没说什么,他就嘴里不干不净地,还骂我妈,我最讨厌别人骂我妈。”雷说道。

“行,他首先说脏话骂人是他不对,就这件事我可以让他给你道歉,但你有没有做错的地方?”我问道。

这时他低下了头,但是不肯说话,看来他还是不愿意向别人认错。可能平时他就习惯要强,从来没有向别人低过头。

“那我们就整件事情从头来分析,看看孰轻孰重,是你错得多还是吉错得多?”于是我就将整件事情的每个细节和他一一探讨。他不认同的地方再举例子、打比方给他讲道理,终于让他认识到自己的不对,答应向吉道歉。此时我终于松了口气,去教室和吉沟通了一下,两个人终于握手言和了。让雷在全班同学面前给别人道歉,这让同学们感到很意外,因为以前都只有别人给他认错的份。

虽然这件事情比较顺利地解决了,但我感觉雷就像个隐藏的炸弹一样,指不定哪天又会出手伤人。况且今天的事情因为发生在教室里,被其他同学及时制止了,都打得那么严重,如果下次这种事情发生在人少的地方,后果可能就更严重了。于是还是放心不下的我决定陪雷一起回家,路上多和他谈一谈。

“雷,你家里都有谁? 爸爸妈妈一般都在家吗?”我先尝试着问。

“不在。”结果他摇摇头。

“那家里有谁?”

“只有爷爷和奶奶。”

“那你没有和父母一起生活吗?”

“没有,我只有放假时才回去能见到他们,他们都在定西老家。”

经过一段交流我才明白，雷的家庭很特殊，他是一个“留守儿童”。但一般的留守儿童，父母在城市，孩子在农村。可他的父母却是整日面朝黄土背朝天的农民，当雷——这个家里唯一的男孩出生后，父母不忍心让他以后继续过这样的苦日子，所以让他从小就跟着爷爷奶奶一起在兰州生活。但他的爸爸、妈妈以及两个亲姐姐都常年在定西老家务农。所以父母对他来说，很远、很陌生。雷说他知道父母的不易，很想孝敬父母，但每次放暑假回去他都在老家待不了几天就回到城市了，因为他实在不适应那里的生活。

从他的话语中我明白了，雷是个渴望父爱与母爱的孩子。他早已经习惯了城市的热闹、喧嚣与繁华，而他又明白其实自己的家在落后的农村，这使得他心里很矛盾、很自卑。所以他与其他的孩子很不一样，他很不合群，但是又很在意别人对自己的看法，所以听到别人对自己说一些不友好的话时，往往就大打出手。

问题根源找到了，雷缺少的是父母的爱与家庭的温暖。于是我与雷的父亲通了电话，请他在农闲时多到兰州来陪一陪雷，多关心雷。与此同时，我也多关注他、多关心他，而且努力做了一些同学的工作，让大家一起走近雷。渐渐地，雷在班级里有了一些朋友，而且打架的事也少了，甚至还当起了我的“小助手”。有一次班上的两个男生放学后去网吧，晚上9点多还没有回家，家长心急如焚地给我打电话，而我也联系不上，实在没有办法我给雷打电话看看能不能找到他们。没想到雷说：“老师，您放心，我打电话他们肯定会接的，我现在就劝他们回家。”结果，雷打完电话后，他们果然回家了。第二天雷和我说，他只是设身处地地跟他们讲了父母的不易，让他们多体谅父母，因为他正体会着没有父母关心的生活，劝他们好好珍惜。从那次以后，我让雷多和那两个男生接触，并且多给他们讲道理，渐渐地，班上同学去网吧的现象也没有了。我真没有想到，雷起了这么大的作用。

回想起当初的一点一滴，我真庆幸自己没有对雷发火，而是用理解和温情换来了他的改变。从那次以后，无论遇到学生的什么行为，不管当时我有多生气，我都在心里先压一压，先了解孩子心里的想法，或许一句问候就能让孩子的心灵温暖一生。孩子的健康成长是我们共同的心愿，严厉的班主任，请多给我们的孩子一点关心吧；繁忙的教师们，也请多给我们的孩子一点关注吧。相信用我们的爱，可以点亮孩子童真的心灵，伴他们健康快乐地成长。

三个一百分

兰州市第五十四中学　赵倩红

初冬,北方的寒流天,阴冷干燥,街头的人们都藏手缩头匆匆而行。刚上完早上最后一节课,我把给学生用的乐器放好,已劳累困顿、心情烦乱。街上时而吹过深秋还未吹完的风,本来就几近光秃的树枝又被掠去了仅有的几片干巴巴的树叶,我也不禁打了个寒颤,掖了掖上衣,缩着脖子低着头加快了脚步。忽然,有人一下子堵在我面前,我心中一惊,抬头一看,一张朝阳般帅气的脸对着我笑脸盈盈:“赵老师,猜猜我是谁…… 我是—— 白田!”天哪,这就是当年那个“小捣蛋”白田吗?我的思绪一下子飞回到那些年轻的岁月。

“这时候落叶飞舞,落叶飞舞,鸟儿鸟儿已看不见,冬天的雪花飘下来,白茫茫一片片。啊,伙伴,啊,伙伴,亲爱的伙伴,走吧,走吧,走向大自然,走向大自然……”我边弹边和学生们唱着,眼睛像侦察兵似的机敏地扫视了一下全班,果不其然,白田又在“开小差”了,这个连班主任都头疼的捣蛋鬼在全校是闻了名了。同学们都在唱歌,这小家伙却在低着头拿着笔,不知道在写什么。是不是在写别的作业呢?我一下子窜过去厉声叫道:“你在干什么,白田?!”他不慌不忙地抬起头,斜视了我一眼,不理我。我气急了,一把扯过放在桌子上的本子气急败坏地说:“这是什么?!”他还是用那种挑衅的眼神看看我,说:“你自己看呗!”我只得看看再说了。我看着本子,心里灵机一动,对着全班同学说:“同学们,想不想知道这个本子上有什么秘密啊?”“想……”孩子们大声地叫着、笑着,起着哄。“白田!来,把你本子上的画,画到黑板上去,让同学们好好看看。”我微笑着,眼神中传递着赞许、鼓励,白田狐疑地看了看我,结结巴巴地说:“好……好吧。”

白田在黑板上画着。教室里一片寂静,我知道,学生们也好奇极了。黑板上渐渐出现了四幅画:第一幅青山绿水,柳树成荫,鲜花盛开;第二幅画了一个火红的太阳,周围的阳光像火焰似的喷射,烈日下一个孩子头上汗水流淌,双手举着一个硕大的雪糕;第三幅最细致的部分是连着树枝的叶子,根部是绿色的,过渡到叶梢全变为黄色，地上枯黄的落叶中夹杂着几片火红的枫叶；第四幅最醒目的是把冬天的雪花画成五颜六色的了。

“白田，你画的是一年四季的景色，是吗？”

“是的。”

“白田，我最喜欢夏天的那个大雪糕了，做冰棍的厂家真要是把雪糕做成那么大该多好啊！”全班孩子们开始激动了……

“白田，你画错了吧，冬天的雪花不是五颜六色的，是白色的！”

“冬天的雪花为什么不可以是五颜六色的呢？大自然的四季都是美丽的！”此时整个的课堂气氛真是好极了。

我马上顺势而问：“同学们，白田画的画和我们这节课有什么关系？是不是我们今天学的歌曲《走向大自然》所要表达的内容呀？白田的作品如何？”

“好！”学生们鼓起掌来了。我趁热打铁地说道：“同学们，这学期老师有个决定。从现在开始，能在课堂上累计得三个一百分，本学期的音乐期末考试不仅不用考试，而且成绩为优秀！”

“真的吗，太好了！”学生们欢呼雀跃起来，有人问道：“老师，那今天白田的作品可以得一个100分吗？”

“可以得100+了！”我边说边看看白田，他脸上露出了笑意，不好意思地低下了头。这是白田的第一个100分。

再上音乐课的时候，我观察着白田，他时不时地还是会说话或是走神，我也不点他的名字，只是定神地看一眼他，眼神中充满着鼓励和期望。他会马上安静下来，认真听课。我也知道在以后的音乐课上，白田可能还会有各种问题，但教育不是一时半刻就可以成功的，它是一个长期积累的过程。我提醒着自己，要学会耐心，要学会等待。

“同学们，你们刚才四三拍节奏创编得非常好，下面我们来做个小小词作家，根据你们创编的节奏来填词，现在给你们一点时间思考一下。”没想到白田第一个举起了手。“要不要叫他？”我心里一下子矛盾极了。今天这节课是面对全区中学音乐教师的公开课，平时出错也就罢了，但是如果这节课这孩子“冒个泡”，那就成为这节课的败笔了，我的面子往哪里放啊！看着白田充满期待、充满信心的目光一直盯着我，我一下醒悟了：我是个教师，教书的前提是育人，一节课失败了可以下次再来，可孩子的积极性挫伤了,能下次再来吗?!“白田,你来回答,你可不可以按刚才的要求创编一个四三拍的节奏?”“好的……”说完后,白田不安地看着我。不一会儿,就编出了一个四三拍节奏的歌词。这个节奏非常符合这节课的要求,真不错,我为这孩子感到高兴。“节奏创编得很好,说说你创编的歌词吧?”我继续鼓励道。“碧云天,黄叶地,蝴蝶舞翩翩……”白田按照节奏朗读了出来,热切地看着我。“谢谢你,为我们创编了这么富有诗意的歌词,那老师再考你一下,能不能把四三拍的强弱关系用身体律动来表示?”我问。“好的,我试一下吧!”白田想了想说:“老师,你能配合我一下吗?”“好啊!”我赶忙走到他面前,只见他示意我举起手,自己双手合拍一次,然后和我对拍两次。边拍边说:“强弱弱,强弱弱。”这时,听课的老师和孩子们都会心地笑了起来。这个设计真是十分到位,强弱关系清晰,且趣味十足。“老师,我们也试试这样拍吧!”学生们觉得好玩极了,积极性一下子调动了起来。“老师,听一下我创编的歌词……今天的音乐课真是有趣!”学生们争先恐后地回答起了问题,“老师,老师,叫我吧! 叫我吧!”这次公开课就在这样活跃快乐的气氛里结束了。这是白田的第二个100分。

当我对这节课做课后反思的时候,我在教案上写下了周弘先生的一段话:每一个孩子,都有自己的独立人格,有自己的生命权,我们要懂得尊重;每一个孩子,都有巨大的不可估量的发展潜力,我们要懂得信任;每一个孩子,都有自己的独特个性,有与众不同之处,我们要懂得理解;每一个孩子,都有长处、闪光点,我们要懂得热情激励;每一个孩子都有短处,都有缺点,我们要懂得耐心和宽容;每一个孩子都免不了会犯错误,我们要懂得友情提醒。

白田的第三个100分,也非常精彩。“同学们,今天我们欣赏二胡协奏曲《长城随想曲》,老师之前讲解了乐曲创作的过程和背景,这首乐曲的旋律、节奏带有浓厚的民族韵味,但作者并没有直接取材于已有的民间音乐素材,而是把民间歌曲、民间器乐、戏曲、曲艺等等方面的音调素材很自然地糅合在一起,形成了自己富有民族特色的独特语言。全曲四个乐章:关山行、烽火操、忠魂祭和遥望篇,现在请同学们认真欣赏,把你的所思所想可以写出来,也可以画出来。当然,也可以心里默默地感受美好和激动。”乐曲放完了,同学们写的写,画的画,忽然听到白田高声叫道:“赵老师,我写好了,我读不好,请你帮我读,可以吗?”“当然可以!”我答道。

“云开了,雾散了,长城映入眼帘。宏伟庄严、气势磅礴。锦绣山河,万里长城,这是最美的一幅图画。长城,一个庄严的字眼,它在八达岭蜿蜒着;长城,本来就是一首歌,一首凝聚了中华儿女汗水和智慧的永远不会褪色的歌;长城,是中华儿女前赴后继、奋勇拼搏、不断斗争的象征;长城,寄托着中华人民对和平与幸福的向往;长城,是中华民族的象征,是中华民族的骄傲! 人们都说所有的神话是靠想象编造出来的,都是虚无缥缈的。他们错了,他们忘记了长城,长城是存在着的神话。几千年来,它岿然不动,和我们的民族一样坚强不屈、勇往直前。当我们脚踏这片热土时,我们无法忘记那些为了中华民族的命运而被埋葬的一个个灵魂,一个个不死的亡灵! 城墙下,有多少泪水、多少坎坷、多少理想? 那未完成的心愿让我们用生命来延续! ……”当我感同身受、声情并茂地朗读完时,教室里掌声四起。“老师,给白田100分!”学生们热情地为白田欢呼。我马上接着说道:“白田,你思维敏捷,感受力极强,同时还有着很扎实的写作功底,我想你可以当一个像水均益一样优秀的记者,水均益就是我们学校毕业的。他能行,你也一定能行!”这时,我看到白田的眼睛里有晶莹的泪光闪动……

“赵老师,你猜我现在干什么工作?”我的思绪一下子飞了回来,“记者!”我们两人异口同声地说了出来。“我现在在省电视台当记者,笔名叫剑锋。”“你就是剑锋啊,大名鼎鼎啊!”“赵老师,你记得三个100分吗,在中学,我调皮捣蛋,谁见了我都头疼,那三个100分,给了我莫大的鼓励和信心,我有今天,赵老师,我要谢谢你,你一切还好吗?”“好什么啊! 唉!”我像个孩子似的吐起了苦水,社会、学校、领导对音体美副科不重视,我这个25年教龄的老教师都没有评上高级职称……最后感叹一句:“老师这辈子太失败了!”白田边听边沉思着,听完我的最后一句话,他激动了起来:“赵老师,你看看我,这是你当年的教育成绩,你觉得满意吗?”“那没的说,很满意!”“好,我是你人生答卷的第一个100分! 赵老师,你还是那样全身心地投入上课吗,你还是很热爱你的课堂吗?”“当然! 上课是一件多有乐趣的事啊,你付出的同时,也在孩子们身上学到很多!”“好,这是你的第二个100分! 我远远地看见你,一下子就认出了你,多少年过去了,你变化不大,还是那么精心地着装,还是那么神采奕奕,这说明你还有一颗热爱生活的心!”“对啊!”我不由得说道。“这是你的第三个100分! 赵老师,你看,你没有因为待遇的不公抛弃你对学生的一片真心,也没有因为生活的不易放弃对生活的热爱和追求,况且你想想,这几十年来不只是我,有多少个学生是在你的感染下改变了人生轨迹啊! 赵老师,所以你说你是成功的,还是失败的啊?!”

我想起了我曾经的一篇日记:“我生长在黄河之滨,每年跟随母亲坐火车去上海看外婆,沿途很长时间与黄河随行,印象最深的是黄河的激情澎湃、一泻千里。它承载着混入身体沉重的泥沙和各种污流,泥沙浑浊、黄水激荡。它的内心激荡着豪情,充满着对中华大地的挚爱,它咆哮着、奔腾着,洗涤着污浊和丑恶,一路呼啸而去。快哉!黄河,真让人酣畅淋漓!我知道我不是巨人,不能有像黄河一样的力量,但我可以做一条小溪,明亮、清澈,一如我的内心。小溪没有能力背裹重负,所以它会去沉淀,沉淀污泥,让身体洁净。它要带着干净的身体、丰富的心灵献给大地母亲,它一路欢歌,边走边唱。它带给大地的是葱茏的树木、绿色的草原,和在清风中娇媚的花朵。它走进沙漠,给这寸草不生、风沙肆虐的地方带来了片片绿洲和勃勃生机。我常想黄河也好,小溪也好,它们一路走来多么艰难与坎坷,可它们还是不停地洗涤着自我,奉献着大地。它们是不是很傻,它们会快乐吗?但——我听到了,我听到了,那是黄河的高歌,那是小溪的欢唱。我顿悟了,那是宽广、善良、博爱、丰富的心灵的歌声;那是智者的歌声,那是幸福与欢悦的歌声!”

多么美妙啊!多么幸福啊!我也要像它们一样奏响生命的华彩,一路欢歌,边走边唱!

天气还是那样抑郁阴沉,满天是厚厚的、低低的、铅灰色的浊云。但是我忽然觉得眼前阳光灿烂,内心荡漾着一股暖流,在这冬日里暖暖的、暖暖的……

菲儿的宁静世界

甘肃农业大学大附中　瞿　红

记得有位教育专家说过:“不是每个孩子都美丽,但他们一定是可爱的;不是每个孩子都聪明,但他们一定是独特的。这需要教师用爱心去发现,用爱的阳光去照耀。”

新学期开学了,班上转来一个小女孩菲儿,白皙的面庞上一双忽闪的大眼睛,好可爱!我也庆幸,班里本身人多,男孩子又多,幸亏来了一个乖乖女。

开学第二天,我到班上看早自习,菲儿的座位上竟然是空的,一股无名之火涌上心头:转来第二天就迟到,这要扣班分的,这一周的流动红旗又与我班无缘了。一抬头,我发现菲儿在教室门口站着,头低低的、脸红红的。同学们已经在责怪她了:都是你害了我们班!“怎么回事？昨天给你说得清清楚楚,早晨七点半到校!”之后,任我怎么问她,她始终将嘴巴闭得紧紧的。“下午把家长叫来!”我只好给自己找个台阶下。

那天下午,菲儿的母亲来了,还没等我开口,她便说:“老师,我这孩子是问题孩子,给您添麻烦了!”“什么？问题孩子？怎么回事?”之后,在和菲儿母亲的交谈中,我一下子懵了:原来菲儿是一个感统失调的孩子,是一个和正常孩子不一样的孩子。菲儿两岁学会走路,四岁才开口说话。六岁时,母亲把她送到市里一所学校去上学。不到两天,班主任就开始请家长。班主任是一个很认真很严厉的老师,她问菲儿母亲你家孩子究竟怎么了？上课不听讲,连课本都不掏出来,就坐在那儿发呆,你家孩子是不是脑子傻了？当时,菲儿母亲只觉得眼前一片灰暗,不知道自己是怎样走出学校的。回家后她大哭一场,让老公找专家看看菲儿究竟是怎么回事。最后辗转打听到兰大二院有一个儿童行为矫治中心。经过专业医疗检查,才知道菲儿前庭发育不全,感统失调,具体表现就是平衡能力差、行动迟缓,语言表达、运动协调能力、空间识别能力差,还可能伴随读写障碍,需要进行系统训练治疗。此后的几年,夫妻俩在女儿放学后就奔波于学校和矫治中心之间,陪伴女儿练习平衡能力、感觉能力,让她的感觉和行为能够相互协调统一……

菲儿母亲还在诉说着,而我的内心已经开始发怵:天哪,这班上岂不又来了一个添乱的吗？我心头的弦儿绷得更紧了。

第二天,我很早就到班上了,孩子们没来几个。咦,菲儿已经坐在座位上了。“今天你来得好早。”她低着头,不愿意搭理我。突然,我觉得自己像是犯了错的孩子,无法来收拾面前的残局。如何改变我在菲儿心目中的形象,是我必须马上要做的!

我们小青虫乐园班的班刊制作出来了,除了新同学之外,人手一本。菲儿对班刊特别感兴趣,把同桌的借过来看了又看。当同桌要走班刊时,菲儿的小嘴撅得高高的。“喜欢吗？老师的这一本借给你。”我极力想和她说说话。菲儿快速地从我手中接过班刊,抿着嘴,声音低得几乎听不见:“喜欢。”便又趴在桌子上认真地看了起来。“明早还给老师,好吗?”菲儿好像没听见,又开始不理我。哎,从教二十多年,遇到这么怪异的孩子还是头一遭,料不准还会发生什么事呢?郁闷!

那天晚上,无意中在QQ里见到菲儿的母亲,突然想起菲儿的表现,我特别想和她聊聊孩子和我之间的沟通问题,便和她聊了起来:“你好!今天孩子表现真不错!我尝试着用她能接受的方式努力和她沟通,她终于开口说话了,真好!更让我没想到的是,她对于我们小青虫乐园班的班刊特别感兴趣,我答应借她看一天。看她明天如何将班刊还给我。期待着她能够走近我,能够有更精彩的表现。”

菲儿母亲马上回复:“谢谢老师,我也想告诉您孩子有变化了,晚上写作业很努力也很认真。我知道这个孩子会给您带来很多麻烦,我心里很过意不去,也不知道如何才能做好,只能努力配合您好好引导孩子,请您多多指教。”

第二天早上,我来到教室,发现菲儿已经坐在座位上了,桌子上放着那本班刊。我时不时地瞅瞅她,发现那小家伙也时不时地瞅瞅我。我心想:“我今天就不主动和你说话,看你怎么把班刊还给我!”我在菲儿的课桌前踱过来踱过去,她用小手把班刊拿起来放下去好几次。还是我耐不住性子:“哟,真讲信用,说今天还,就还来了!”我俯下身子,低声在菲儿的耳边说:“如果你真喜欢,老师就送给你!”菲儿的举动令我大吃一惊——她将摆放在桌面上的班刊快速装进自己的书包,脸上充满了喜悦。

“菲儿,还没谢谢我呢!”

“谢谢!”声音小得没有第二个人能听见。

那天晚上,菲儿的妈妈发来短信:“菲儿告诉我,您送给她班刊了,她特别开心。孩子有点主动性了,也在努力改变自己,这些我都感觉到了,这都是老师您的功劳。以前菲儿的老师把她当成问题孩子对待,所以孩子心里一直有阴影。在这儿,您接纳了她,关心和爱护她,她嘴上不说,可我看得出来,她变了,变得开心主动了。每天放学回来,她都满面笑容的。我就知道在您这儿,她有了归属感和幸福感。能碰到您,对她来说是幸运的,我们家长非常感谢您!”

我无法按捺内心的激动,立马回复:“挺好!真的挺好!她怎么能是问题孩子呢?没有像你先前向我描述的那样啊!我倒觉得她那么喜欢文学作品,更像是我们班的小才女呢!让她和孩子们一起成长吧!开心最重要。”

从那以后,菲儿便成了我的重点关注对象。每天我一进教室,首先要看看菲儿来了没?上课时,总是要观察观察菲儿的表现;下课了,嘱咐几个活泼的小女生多陪菲儿玩一玩;她作业写得慢,我总是陪在她身边,等她写完再离开;上课前,嘱咐她摆放好学习用品；中午放学，叮嘱她收拾好书包……渐渐地，我发现菲儿和我有了一种默契：没等我张口，她便会完成好一切。在我眼里，她是那么听话，乖得像一只可爱的小猫咪一样。只是性格内向一些的小女生而已，怎么会是问题孩子呢？最终，我欣喜地看到了菲儿更大的变化：她开始努力试探着想举起小手，想向同学们展示自己。但看得出，她还是缺少那么一点点勇气。

“下面，我们请菲儿来朗读一下自己的作文。”这一次，看着菲儿那想举又不敢举的小手，我做出了这样的决定。同学们的眼光齐刷刷地落在了菲儿身上。菲儿好像没听见，一动不动地坐着。我的心里却像揣了十五只兔子——七上八下：坏啦坏啦，这小家伙又不对劲儿了，如果拗着，我还真拿她没办法！突然，教室里响起了雷鸣般的掌声，孩子们一边鼓掌，一边将友好的目光投向菲儿。菲儿站起来了，小脸儿红得可爱。“我有一个勤快的妈妈……”当菲儿朗读完时，我好感动！感动于菲儿的勇气，感动于菲儿拥有的母爱，更感动于班级孩子们强大的力量让菲儿有了自信。同时，我更感动于我自己的做法，让全班孩子也拥有了爱心。真好！

从那天起，菲儿更主动了：搞卫生，抢着干苦活累活；小组合作，总是能提出自己的观点；同桌有缺点，能积极指出并帮助他改正。菲儿总是用她那双大眼睛去观察身边的人和事。当然，这也是菲儿最大的特点。

我也习惯了在夜深人静的时候，和菲儿母亲的网上交流——“孩子今天的表现令我大吃一惊，班级书法比赛写得又快又好！我表扬了她，她非常开心！只是署名位置不对，我和她开了个玩笑，她开心地大笑，逗得周围的同学都笑了起来。太美了！”“孩子和我沟通已经不成问题，今早语文课，她大声流利地朗读，太棒了，同学们都激动地拍手祝贺她呢！”

“天气冷了，老师，您要注意添加衣服，菲儿最近心情特好，也很努力，特别向我提起您有多好，她们班有多好，她很自豪！她说她现在要突破自己，我都有点儿惊讶，看来孩子是找到适合自己的老师和班级了，我是真放心了！谢谢您！”……

菲儿的母亲将孩子的成长经历整理成了《孩子的故事》，其中写道：

“……幸运的是，在女儿上三年级时转到了甘农大附小。班主任耐心细致，在听了我的介绍后，注意观察女儿的行为，对她的拖沓、散漫也非常宽容，就跟对待自己的女儿一样爱护她、引导她。女儿每天回家都高高兴兴的，有时忘记了做作业，在我追问时也不会特别紧张，只是会有点懊丧地说：‘妈妈，我又没记住，你问问老师好吗？'这说明她的心里彻底接纳了老师和这所学校。班主任非常愿意和我交流女儿的情况，把女儿在课堂表现的照片发给我，告诉我该怎么做。慢慢地，女儿的笑容越来越多，我心底压的石头也开始松动了。有班主任和其他老师的帮助，我相信女儿一定会赶上别人。我不求女儿能有多大成就，只要她能够快乐、健康、自立就足够了。”

每天一进教室，我还是先把目光落在菲儿的座位上，看看她是否绽放着美丽的笑容，期盼着她在自己宁静的世界中永远开心……

教育是一门刚柔相济的艺术

榆中师范学校　敬小兵

转眼间，已在教育岗位上开始了第18年的奋斗，自己已由青年悄然步入中年。每当工作中遇到不顺与不公时，每当看着学生上完夜自习走在回家的路上，看着闪烁的霓虹灯和透着温暖气息的万家灯火时，心中不由产生一种孤独感与失落感。这时候，我会随手翻翻学生的毕业合影，看看学生发来的问候短信，想想曾经上演过的教育教学故事，那产生落差的内心便会得到一丝慰藉。十多年来，每天都在上演由自己导演并担任主角的教育教学故事，虽然许多都已随着时光的流逝而渐渐淡忘，但也有一些就如同烙印一般深深地刻在我的心上。这些故事虽不曾惊天动地，但仍历历在目，感悟至深。

师范毕业后，我被分配到一所中学任教。虽是县属中学，但学校在乡下，学生主要以山区学生为主。学校让我担任了班主任工作，我便以高度的热情全身心地投入到了教育教学工作中。由于自己是农村孩子，再加上和学生年龄差距不大，很快我便和学生打成了一片。累并快乐着，转眼三年已过，我的学生朋友们到了高三，收获的季节马上到来，我犹如看见了硕果累累的枝头。我莫名地兴奋，更加努力。

一个周末的晚上，住校的学生都回家了，校园异常安静。我习惯性地走向教室，透过教室门上的小窗口，我看见教室里只有两个学生，一男一女，坐在一个座位上，靠得很近，但他们在安静地看书、演题，偶尔有简单的讨论。门口伫立了的我决定悄然离开，不去打扰这份安静。在以后的时间里我观察了他俩的一举一动，便以各种方式分别找他俩谈心、交流,但始终没有点破。高考结束后,他俩的成绩竟然都有很大的提升,并且同时被省内一所师范大学录取。我欣慰地感到,对待学生身上出现的被我们视为“洪水猛兽”的异常现象,我们不能举起大棒,甚至大声恐吓都不必有。有位作家说过:“有时候闭上眼睛更美丽。”我们是不是也该学学大禹治水的方法,将这些异常现象变堵为疏呢?

还有一件事常常如约浮现在我的眼前,让我引以为豪。那年我带高一,周一早上我还没有起床,好几个学生在我的宿舍门口急切地“打报告”,显得很紧张。我从床上一跃而起,原来好几个学生身上带的钱不见了。尽管不是很多,但这是他们一周的生活费,而且他们感到宿舍乃至学校没有安全感,更何况我为偷钱的这位同学的未来感到担忧。初步了解完情况后,我让学生们不要声张,也不要怀疑任何人,我也决定暂时不向学校报告。

自然,早读课变成了一节特殊的主题班会。我心平气和地讲述了事情的经过,然后严厉而气愤地说道:“这对丢了钱的同学而言,无非就是一点财物的损失,但对于拿了钱的同学而言,你以为你占了便宜?不是,是你的人生之路已经发生了偏移,如果你不及时改正,等待你的终将是牢狱之灾,甚至毁灭,不信的话,我们拭目以待。”

最后,我又诚恳地说道:“这也许是你的一念之差,如果你良心发现,你对你的将来负责,你就把钱放在我宿舍窗台上的花盆下面,我们既往不咎,你还是我们大家庭中的一员。”

接下来的时间里,我除了上课就一直待在办公室,我在等待,等待奇迹的发生。天黑了,上夜自习了,校园又恢复了安静。我回到宿舍,挪开沉重的花盆,奇迹发生了。我回到教室,在同学们的面前为这位同学竖起了大拇指。

通过这件事,我领悟到,在教育教学中我们要注意教育的方式和语言的力量,有时一句话可以让学生泪流满面,一声斥责可以惊醒梦中人。对待学生,不论我们是循循善诱的劝导,还是把握有度的惩戒教育,最终的目的是让他们的心灵产生震撼。

“师者,传道授业解惑也”,三者并举,传道为先。德国教育家第斯多惠说:“我们认为教学的艺术,不在于传授本领,而是在于激励、唤醒、鼓舞。没有兴奋的情绪怎么激励人,没有主动性怎么能唤醒沉睡的人。”教学是一门艺术,也是一门科学。作为科学,它要求教育者善于发现和利用教育规律;而作为艺术,它要求教育者要以人为本,善于春风化雨、润物无声地启迪学生的心灵,激发他们的创造力和探索兴趣;又要在必要时刻当头棒喝,一语惊醒梦中人,让他们拥有健康快乐的人生观与世界观。

三尺讲台,道不尽酸甜苦辣;二尺黑板,写不完人生风景。纵使“栏杆拍遍,无人会登临意”,教师终是理想的守望者和保护者,终是一种精神所得大于物质收获的崇高职业。

选择了教师,就选择了孤独,我将在孤独中坚守,在坚守中享受。

我无悔,也无怨。

飞 翔

榆中县金崖中学　金培军

“如果有一天我的理想被风雨淋湿,你是否愿意回头扶我一把?如果有一天我无力前行,你是否愿意陪我一个温暖的午后?如果这是一个国家的未来,你是否让他酣睡,不再彷徨?”

——《变形计》

“开学不到两周,数学练习册的封面没有了,整个练习册卷得看不成,作业交了两次再也没有交。”数学科代表生气地给我反映着学生小斌的情况,我耐心地听完后,让他把小斌叫到办公室。

“报告!”一声清脆的声音在办公室门外响起。

“进来。”我回应了一声,就见一个虎头虎脑、小眼睛、中等个子、穿着校服的学生气喘吁吁地来到我的面前。我再细细地一打量,新校服皱着,上面有一些污点,头看起来好久没有洗过,嘴角有刚刚吃过东西留的渣子,脸上有些许的墨迹,脖子黑黑的一圈,和脸形成鲜明的对比。

“小斌吗?”

“是。”多纯的普通话。说实话,我们农村的老师都没有这么标准的普通话,况且声音也大、清脆,不像我们农村的学生那般胆怯,回答老师的时候声音很小,我心里暗暗地欣慰。

“小斌,知道我为什么叫你吗?”

“不知道。”依旧是很干脆,我心里慢慢地喜欢他了。于是我说:“你怎么没有交作业,练习册也弄得看不成。”这时,他才放低了声音,告诉我说他小学三年级开始就再也没有交过作业。我很是吃惊,就问他为什么?他说他小学一二年级是在兰州上的,爸妈在兰州打工,早出晚归地顾不了他的学习,成绩一直不好,因此老师劝他转学。没有办法,三年级爸妈就把他转到农村的学校,让奶奶照看他。到了新的学校、新的环境依旧没有改变他,甚至出现不交作业的现象,老师拿他也没有办法,就这样混到了初中。

这时,我才清楚他的普通话为什么这么标准,为什么他不交作业。我怕他不怕我,继续不交作业,就调整了一下情绪,很严肃地问他:“小斌,你到学校是干什么来了?”“学习来的。”“那为什么不交作业?”“那天画图没有带铅笔、尺子,作业没有完成,就没有交。接着几天你们也没有发现,所以就一直没交。”我的天啊,都是我的失误,为什么一开始就不安排科代表督促检查他,把刚入学的学生当成带了几年的学生一样,以为什么都是自觉的。这时,我改变了一下语气,给小斌讲了学习的道理,告诉他来到学校就要按时完成作业,希望他能够补上以前的作业,他也答应了我的要求。

过了两天,他补齐了作业,拿来让我批阅。我看他的作业皮子皱皱的,刚好办公室有张牛皮纸,就给他包了一下;作业本每页都是卷起的,我一页一页给他弄好。批阅的时候问他是自己做的还是抄的,他说是抄的。我也没有批评他,告诉他上课认真听讲,能学多少是多少,衣服要穿干净,搞好个人卫生,他不停地点头,我也就放心多了。可谁又想到,没过几天他又没有交作业。这下我非常生气,就让他把作业本和练习册拿到办公室来。谁能想到他的练习册就像是从垃圾堆里捡来的一样,我的气不打一处来,问他为什么会这样,他说一直都这样。没办法,我问他为什么又不交作业了,他说不会做。我又问他其他课的作业有没有交,他说没有。也难怪啊!多年养成的习惯怎么会一下子改变呢?就这样,我耐着性子给他讲了一道题,他似懂非懂地听完后,我告诉他一定要补交以前的作业。临走前我把我的练习册给了他，告诉他要认真去做，保管好它，他都一一答应了。

一天上课时，有一段“读一读”，我就有意识地让小斌读。他大方地站起，声音洪亮地用普通话读完后，我带头鼓起了掌，并表扬了他。他不好意思地坐下，整节课听得很认真，看到这些，我心里非常高兴。我一有时间，就找小斌打打乒乓球、玩玩篮球、谈谈心，拉近我和他的距离。没有想到的是，他告诉我说他爸妈根本就不管他，只要老师反映情况就狠狠地打他。他还要照顾比他小很多的妹妹，要帮年迈的奶奶做饭，怪不得他的校服上有油污，个人卫生也那么差。我就告诉他像他这样家庭的学生很多，甚至好多学生还是单亲家庭。“你看班上的小强、小林、小梅等，他们的情况比你差多了，可他们不像你，他们学习多认真，知道关心同学、热爱班级。”他默默地听着，我就问他长大想做什么，他说当老板，挣很多很多的钱，让妹妹和奶奶过好日子。接着他的话，我告诉他当老板要有知识，只有知识才可以改变人的一生。“你要改变思想，在校好好表现，做一个让老师和家长喜爱的学生。”他频频点头，说他学习差怎么办，我说没有关系，只要你好好学就可以。

就这样，我和小斌成了无话不说的好朋友。一天早上由于下雨我没有晨跑，就在办公室写教案。小斌拿着作业进来让我看，发现我在写教案，就问我在写什么，我说教案，就是我的作业，上课要用，学校还要检查。他一听，觉得很吃惊，说老师还写作业吗？我说老师和你们一样，要写教案、上课、批作业。听了这些，他说老师我以后一定好好学习，按时完成作业。看到小斌这样，我高兴地拉起他的手，告诉他我们一起努力。小斌说好，他趁我没有注意，在我的额头吻了一下，然后飞快地跑向了教室。望着他远去的背影，我想到一个哲学家曾经说过：“人生的最高境界，就是把自己当作别人，把别人当作自己。”有时候，我们太需要换位思考了，只要用心发现，就会觉得生活处处充满欢乐。

逆风飞翔，青春绽放！

只因我年轻过

榆中县恩玲中学　马花萍

曾经在《读者》上看过一篇文章《我奋斗了十八年,才和你坐在一起喝咖啡》。不怕你笑话,我靠着三代人的努力,才当上了一名教师。

我是回族——这个世世代代以经商为主的民族,尤其是饮食业,只要勤劳吃苦,没有太穷的,倒也有比较富的。我却做了一名教师,这还得从我外祖父的母亲说起。

我的太奶奶是汉族,据说还是大户人家的小姐,识字懂医,兵荒马乱时嫁给我太爷,也成了一名穆斯林。但她秉承了汉族重视文化的优秀品质,在极其艰难的岁月里毅然供孩子们读书。最终使我的外祖父当了一名教师(兰州师范第一届学员),可惜他在"文革"批斗中走了。太奶奶也因为家庭背景,"文革"时被当作"牛鬼蛇神"批斗,也在外祖父之后走了……到母亲这一代再也没人敢读书了。正当改革开放,春回大地,村里人都靠卖牛肉面纷纷脱贫致富时,母亲却执意守着贫寒让我读书。也许由于她对外祖父和太奶奶的情结,她一定要我报考师范院校。就这样,在这个女孩子几乎不读书的民族里,我竟然另类地做了村里有史以来第一位女教师。

1996年我从榆中师范毕业,到我们村的民族学校任教。那时村里人还是不重视文化,学校只是孩子们暂时的托管所。家境不好的,八九岁就走出校门了;男孩子让老师照看着,健健康康长到十岁多就去牛肉面馆洗碗、学拉面了;女孩子也在学校待不了几天,她们十六七岁就要出嫁,很早就辍学到家里帮家务、学女红。因此,到了四年级,学生的辍学率特别高。

记得1999年秋季开学那一天,我在学校从早上7点等到晚上6点多,只有7个孩子来报道。还记得三年级期末放暑假时,我们班有34个孩子,男生27个,女生7个。第二天,我就挨个到学生家里去叫那些没来报道的学生。他们有的住在山顶上;有的住在山沟里;有的好不容易找到了他家,人又去地里了,我又不得不跑几里山路去地里找。等晚上回到家里,又累又饿,脚底钻心地痛。那时我的孩子正吃奶,我一出去就跑个昏天黑地,孩子在家里饿得哇哇大哭,婆婆只好拿她的空奶子哄。

其实我自己也不好受，两个奶子胀得胸脯和胳肢窝连着疼，衣服被奶水浸湿了一大片……村里的女人说我是疯子，“一个女人家不操心奶娃，满山满洼跑去叫人家的孩子来上她的学。”现在回想起来，对自己的孩子真是有点愧疚。我也不知道以现在的价值观来看，当时那样做到底值不值得；但我不后悔，起码我年轻过，对工作认真过、负责过。那时经过几天的奔波，苦口婆心地给家长做工作，我找回了21个学生。他们中后来有考上大学的，也有去伊斯兰国家做外贸的，照现在的说法那就是混得还不错！

说起教学，那真叫民族特色。谁家家里有事，孩子就去帮忙了，不来上学了也从不请假。每次全乡统考，我校学习成绩都是倒数第一。一到斋月那就更没法上课了。按我们的宗教规定，凡智力健全、成年、有封斋能力的穆斯林，必须在“赖麦丹”月封斋。日出前进一次餐，日落以后才可进食，夏天则时间间隔更长。其间不允许吃任何东西，一滴水、一粒米都不可以进到嘴里。别看这些小家伙学习不上进，可是对宗教特别虔诚。也许继承了这个民族意志坚定、吃苦耐劳的特点，他们一个个封斋特别积极，那样大点的小孩子即使再饿再渴也绝不会在封斋期间吃一口东西；即便是在独自一人、没有人监督的场合也一样！斋月里，他们一个个小脸蜡黄，嘴唇上裂着大大的血口子，一层干硬的白皮皴裂着、卷起来。早上他们照样上课，下课后快乐地打闹嬉戏。可是到下午就不行了，他们全都趴在课桌上，以默念古兰经的方式抵御着饥渴的煎熬……

我那时带的是六年级毕业班，即便我知道孩子们正在长身体，也为自己的教学成绩着急；但我也是一名穆斯林，我知道这是宗教文化的一部分，也是几百年的民族习俗，我无奈。但我也发现了一点，如果能引导孩子们把对宗教的这种虔诚精神应用到学习上，那还有什么学不好的呢？我相信学习再苦也没有封斋的三分之一苦吧！

我告诉他们，一个民族想要真正发展强大，光靠虔诚的宗教还不够，必须学习科学文化知识，一个没有文化的民族是没有未来的。民富不等于国强，只有科技发达了，我们的民族才能昌盛，国家才会富强，国防才有保障，我们才不会再做亡国奴，我们才能真正做一个有尊严的中国穆斯林！果然，孩子们的民族自尊心特别强，在我的激励下，他们一个个精神振奋、信心百倍。有的孩子邦达时节（穆斯林做晨礼的时间）就起来背以前落下的课文，就连平时从不交作业的孩子也开始写作业了，有的竟然还破天荒地跑到我办公室来问题……

那个冬天的寒假里，为了摘掉“全乡倒数第一”的帽子，我和数学老师联合起来给孩子们补课。那时真正是跟学生一分钱都不要的无偿补课，学校也从不给我们什么补课费、奖金的。家长第一次听到“补课”这种说法，想着也是为了娃娃，再加上正值农闲，我们回民又不过春节，大多数还是同意的。我记得只有一个家长来学校找过我，她说：“你们老师们放假着哩，还把娃叫到学校里，我换酿皮子去哩，家里尕的个娃娃没人看……”我很无奈，只好把这个孩子从教室叫出来，可那个孩子死活不肯跟他妈回去，哭着要和同学们一起上课。没办法，我只好又把这个孩子的弟弟也送到我妈那儿……其实，当时我的孩子才1岁多，也没人看，婆婆去青海，看望她生病的姐姐了。每天上课前，我让班上大一点的两个女同学把孩子抱到我娘家妈那儿，晚上放学后我再抱回来。

寒假正是腊月，天气干冷干冷的，为了不把孩子们冻着，我把自己办公室的炉子和煤搬到教室，给孩子们升上了火。教室里暖和点了，可我的办公室成了冰窖，冻得人四肢僵硬、头皮发麻。好在校长知道后又给我分了些煤，借给了我们一个铁炉子。在一个阳光不错的下午，我带着学生们在操场上把校长分的煤活成了一块块煤砖。为了给孩子们创造一个温暖的学习环境，我把那个铁炉子也升在了教室里。可200平方米的教室四面透风，一个烧煤砖的炉子也只能保证孩子们的鼻涕不被冻住。记得当时我还拿来家里的洋芋和大钢筋锅，在炉子上给孩子们煮上洋芋，孩子们也带来各家的咸菜、酸菜、麻菜。下课洋芋煮好时，我们和孩子们一起抢着吃……现在回想起来虽然那时条件很差，不过和孩子们在一起永远是快乐的！

别看孩子们下课玩得很欢实，上课学得可认真了。即便锅里煮的洋芋熟了，满教室的香气，不到下课，谁都不往锅那边看一眼。我们还给孩子们煮过一次牛骨头肉，是为了奖励孩子们学习认真，我和数学老师自己掏钱合着买的。

那时学习资料很稀缺，学生们仅有的学习资料就是新华书店统一配发的教科书，根本就没有地方卖什么练习册或字帖之类的教辅资料。复印机都是非常稀缺的。为了训练学生的书写，我跑到县上，把语文书后边的生字表复印了，再自己裁剪、粘贴成一大张字帖，给每个孩子印一张，让他们压在本子下面描着写。这样不但训练了他们书写，还巩固了生字。后来校长还把我这个方法推广到全校各个年级。中学老师们也说，我们学校输送上去的学生，书写普遍要比其他学校的好！

为了激发孩子们的写作兴趣，提高写作能力，我又把学校那台老旧的油印机找出来，把写得好的学生习作配上插图，印成小报纸样。就这样，我们学校的《作文报》诞生了，我给它取名为“尖尖角”。那时候报纸不多见，孩子们一下成了小作者，看到自己的名字和作文白纸黑字地印在校报上，别提有多高兴了……就这样，全校掀起了一个写作文、比作文的热潮。

然而六年级第二学期期中考试时，学生的成绩并不理想，主要丢分在阅读理解上。我想找几套小升初的模拟题给学生训练阅读理解及答题技巧。经四处打听，听说兰州小西湖柏树巷有家印刷厂，那里就有模拟试卷。我便坐班车去了兰州，一路打听，好不容易找到那家印刷厂，果然有模拟试卷卖。记得当时买了三套，一共120多张，也不轻，我硬是把它们背了回来。经过几次认真细致地训练，孩子们的阅读能力和答题技巧果然有了很大提高……

终于，在大家的共同努力下，那年毕业考试，我们不但摘掉了“全乡倒数第一”的帽子，而且还有史以来得了个顺数第一。当我带着孩子们抱着大大的奖框走进村口时，迎着乡亲们赞许的目光，心里那个自豪呀！那时感觉自己不是在带学生，而是在带士兵，我就是那凯旋的将军！

如今大家开玩笑都叫我“一根筋”，但，我无悔！只因我年轻过！

办公室里丢失的手机

榆中县恩玲中学 白麟平

时间弹指般飞逝，眨眼之间已经是我在这所高中任教的第14个年头了。这学期除了担任高二年级两个班的生物教学工作外，我还承担了一项更为艰巨的任务——接替一位生病同事的工作，担任高二(7)班的班主任。

对于一位有多年班主任工作经验的我来说，班级管理早已轻车熟路，我对自己的工作也充满了信心。开学初，我制定了一系列班级管理办法，从各方面对学生提出了严格的要求，自己也早出晚归，勤跟班勤管理。功夫不负有心人，在连续几周的学校考核中，我班都名列前茅，自己也很是得意。

随着时间的推移,逐渐有同学匿名反映,班上出现了个别同学的违纪现象,上课睡觉、玩手机的现象比开学时明显增多。经过与各科老师和班委同学的详细了解,我把"重点目标"锁定在一位名叫王得俊的同学身上,我决定加大自习课的巡查力度,抓他一个"人赃俱获"。

星期一早自习,我在教室里检查完同学们的作业后离开。与往常不同,这次我没有急于回办公室,而是静静地站在教室门口。渐渐地,教室里说话的声音大起来了,我看看时间,已经过去了10分钟。我轻轻推开门,以最快的速度冲到教室的后排,不出所料,王得俊正神情专注地玩着手机游戏。我没有立刻去制止他,而是静静地在旁边看着。教室里逐渐安静下来,而王得俊正玩得起劲,仍然没有觉察到我的出现。我压了压火,故意咳嗽了一声,他猛一抬头看见我,脸色瞬间大变,连忙把手机塞进课桌里边。我慢慢伸出右手到他面前,仍然一句话也没有说,他满脸通红,额头开始出汗,但仍然没有交出手机的意思。1分钟、2分钟……我们两个就这样僵持着,我心里犹豫起来,要不要强行没收或者让他回家请家长来。正在这时,王得俊屈服了,他拿出手机放在我的手上,然后翻开一本英语书,低下了头。

我走出教室,上四楼回到办公室,刚坐下来,就听到有人"打报告"。我打开门,发现王得俊站在外边,我本能地不想让他进来,可是他一只脚已经跨进门来。我爱理不理地问:"啥事?"他不停地搓着手,半天不说话,过了一会低声说:"老师,我想拿回我的手机……"我原本认为他会说一大堆道歉话,谁知道他竟然一开口就想要手机,这还得了!我火冒三丈,大声说:"手机放在我这儿,学期结束再来拿,现在你马上给我出去!"他站在门口不动,我连推带拉,把他赶了出去。

我拉开办公桌的抽屉,把手机放在里边。这时,我听见他在外边不停地"打报告",我装作没听见。下午第二节是我的生物课,上课过程中我特意关注了王得俊几次,发现他很规矩地坐着,貌似很认真地在听讲。我心里想:他这几天肯定会好好表现。直到下午放学,他也一直没有再来找我。

星期二早上我因为有事来得较晚,快走到办公室的时候,就听见里边很大的说话声。我推开门,看见办公室的几位老师正对着后面的墙壁议论纷纷,看见我进来,小张老师大声说:"昨晚有人进我们办公室了!"我一看,靠近走廊的窗子被打开,雪白的墙壁上还留着几只清晰的脚印和长长的划痕。"大家快看看,有没有丢失重要的物品!"我提醒说。因为好几个同事晚上都把笔记本电脑留在办公室,有的班主任老师还把班费、课本费等也放在办公桌抽屉里。我也迅速拉开抽屉仔细检查:装班费的信封还在,且原封不动;我又拉开一个抽屉,U盘、数码相机都在,却偏偏少了昨天没收的王得俊同学的手机。我急忙拉开另外几个抽屉,里边的物品都在。我站起来问大家:“你们的东西都在吗?”

“都在,我的笔记本电脑昨晚还在桌子上放呢,幸亏没弄丢。真奇怪呀!这人翻窗进来,好像啥都没拿呀!”小李老师说。

“我看这事还是上报学校政教处和保卫科吧,虽然这次没丢啥,但还是挺吓人的!让学校查一下,看看是谁。”办公室小唐老师说。我连忙说:“不用上报学校了,我已经知道是谁了,一定是我们班王得俊干的!”接着,我便把没收王得俊手机的事告诉了大家。

课间操时间,我让一位同学把王得俊叫到办公室。我强压怒火,装作啥事也没发生,平静地问他:“知道我为什么找你吗?”他站在我面前略有不安,却很镇定地说:“老师,您是不是要把手机还给我,给我一次改过的机会?”这个回答让我手足无措,看来他不打算承认自己翻窗拿了手机,这可怎么办?明知就是他干的,我却拿不出证据来。并且手机确实是在我手中弄丢的,说不定他还要让我赔他手机呢!显然这种情况下来硬的不行,得改变策略。

我拉了把椅子,让他坐下,然后说:“我今天找你,不是手机的事,而是学校的校报要征集书法作品,我记得你的钢笔字写得挺好,想让你写一幅作品,我推荐发表。”显然我的话让他颇有点意外,他很愉快地点点头说:“老师,这个没问题,我明天就写几幅,拿来您看看。”我感觉效果不错,接着说:“下周星期六学校要开家长会,主要是向家长通报学生在校各方面的表现,你平时办事比较认真,就由你负责我们班的接待工作吧!”他一听,连忙站起来说:“老师,我爸妈最近都在地里忙着收菜的事呢,可能来不了!”我一边示意他坐下,一边说:“学校有规定,父母亲必须来一个,班主任要汇报各位同学的学习情况和各方面的表现。”听我的语气坚决,他犹豫了半天说:“那好吧,我让我母亲尽量来参加。”我站起来拍了拍他的肩膀说:“这就好,你还有接待各位家长的工作呢!期末考试结束,我就把手机还给你!你现在回教室吧!”我装作自己对手机失窃一事毫不知情。

星期三早晨,王得俊早早在办公室门口等我,手里拿着几幅钢笔作品,我认真看了一遍,挑出一幅留下来。上午第二节是我们班的生物课,我拿着他的作品走进教室，当着全班同学的面表扬他的钢笔书法作品，我暗中观察，他显得非常高兴。

筹备已久的家长会如期召开，王得俊的母亲也来参加。王得俊忙前忙后，出色地完成了我交代的各项任务。家长会结束后，我把王得俊的母亲单独请到办公室。这是一位朴实的农村妇女，我给她倒了一杯茶，详细地介绍了王得俊在班上的学习情况，并夸赞孩子办事认真踏实，钢笔字也写得好。关于王得俊在课堂上睡觉、玩手机的事我只字未提，看得出来她显得非常高兴，不停地向我表示感谢。

谈话中不可避免地讨论到王得俊的父亲。她告诉我，前几年因为家里四五亩耕地被政府占用，补偿了十几万块钱，从此王得俊的父亲就染上了赌博的恶习，几乎整天都在外边赌。有时候赌钱输了，回家还要打孩子，更别说关心孩子的学习了，家里全靠她一人种地谋生。说着说着，她便泣不成声了。

我送走了王得俊的母亲，心情非常沉重。对于一个在这样家庭中走出来的孩子，我有责任给予他更多的关心和帮助，让他逐步改掉自己身上的坏毛病，树立学习的目标和信心，这也是我现在最需要做的。

接下来的一段时间里，我和其他老师一起在课堂上经常提问王得俊，并寻找机会在全班面前表扬他。渐渐地，大家都感觉到这孩子身上发生了明显的转变：上课敢于举手发言了，下课后主动帮老师拿教具，去老师办公室的次数也明显增多了……

期中考试的成绩出来了，王得俊的成绩有了明显的进步，比上学期前进了15个名次。尽管还处在班级的中下游水平，但他在这一段时间的表现正朝着我所期待的方向发展，我决定和他再次谈谈手机的事情。

趁周五夜自习办公室没有别的老师，我把他叫到办公室。等他坐下，我对他说："这段时间你在班上表现挺好，其他老师和同学们都这样认为，你这次期中考试也进步不小，以后继续努力。"他用感激的眼神看着我说："老师，真的感谢您这段时间对我的帮助，尽管您没有明说，但是我能感觉到。"我继续说："你好好学习，以后考个理想的学校，高职、大专也好，二本也好，将来别让父母再为你担心了。明天周六放假，你明早到我办公室把手机拿回家，以后到校再别拿了。现在你回教室上自习吧！"说完，我开始收拾桌上的东西，装作要回家的样子。

王得俊站起来，满脸通红，支支吾吾半天。我猜他这次肯定是想承认自己翻窗拿手机的事情，我故意装作不知道，问他："你还有什么事吗？没事快回教室上自习吧!”刹那间,我看见大滴大滴的眼泪顺着他的脸庞流了下来,他低声说道:“老师,手机我上次翻窗进来从你抽屉里拿走了,这些日子我一直想找您承认错误,但我没有勇气……我知道您对我好,开家长会的时候也没有把这件事情告诉我妈,还在我妈面前夸奖我,这些我都知道……”我走过去拍拍他的肩,语重心长地说:“其实一开始老师就知道是你拿的,当时老师也很生气,但我想给你一个自己认识错误的机会,同时也给我一个帮助你的机会。我很高兴你能承认错误,现在这一切都已经过去了,我相信明天的你会比今天更懂事!”

办公室丢失手机引发的风波最终换来了风和日丽的艳阳天!我想:在孩子们成长的道路上,老师所扮演的角色不应是整天教条式的说教,也不应是书本知识的简单灌输,而是在他们如花的季节中,如雨露般给予他们一点一滴细微的关怀,陪他们一起走过这人生最美好的一段旅程。这样的教育才有价值,这样的生命才有意义!

责任心,你落实了吗?

兰州市第五十九中学　叶　芳

一年前,我刚接手这个班级时,就被孩子们的朝气蓬勃、热情开朗所深深感染。大部分同学聪明好学、积极上进,这也让我暗暗下定决心要好好努力引导并帮助他们三年后考入自己理想的大学,实现梦想。虽然我时不时都会抓住他们懒惰粗心的毛病大做文章、狠狠批评,但在我的心底深处却总是抑制不住对他们的欣赏和喜爱。可即使如此,这些好孩子也逃脱不了自私的通病,集中体现在卫生方面:记得上学期时,我们班生活委员总是向我告状说某某今天未做值日,某某做值日不认真,某某做值日不按时……每每听到这样的告状,我都会在班会上对他们严厉批评,要求值日不积极的同学罚搞一周,并夸奖生活委员季玲敢于进言,对班级工作认真负责。

可正是一个星期五大扫除之后,我终于被季玲的又一次告状激怒了。第二天早晨我在全班同学面前质问了那几个值日不认真的同学,并宣布了治理卫生问题的“新政策”,即在教室白板顶端分别设立了值日红榜和值日黑榜,要求全班同学共同监督。每周将值日做得好的同学的名字写在红榜上,偷懒不认真的人上黑榜,最终在每学期的综合素质考评中分别给予加分和扣分。

全班一时间悄然无声，我窃喜自己抓住了一些好学生好面子的心理，就像抓住了压死骆驼的那最后那一根稻草，并随即找了个高个子男生在白板高处写下“值日红榜”“值日黑榜”八个大字，并骄傲地说：“位置已经留好，欢迎大家对号入座。”从同学们的反应看，我以为我真的打了漂亮的一仗，解决了一件班级大事，可就在当天晚上，来自另一位生活委员王沛的短信彻底使我从得意跌到了失意：“叶老师，我是王沛，很抱歉这么晚打扰您。首先先向您道歉，班上的卫生工作没做好，让您操心生气，我有很大的责任，我向您保证绝不会再有下次，请相信我！其次，老师，有件事我一直犹豫着是否告诉您，可今天我决定还是说出来。季玲平时对工作是挺认真的，也为咱们班的卫生工作贡献了许多金点子，作为一个女生，她工作很有魄力，敢于和个别十分懒惰的男生做斗争，在这点上她真的没的说，我们都很佩服她；可是已经不止一个同学在我面前抱怨说，不是他们不愿意好好做值日，而是每次见到季玲都指挥这个指挥那个，可她自己从来不动手时，大家心里气不过，才有时软抵抗一下……”看到这里，我心里很不是滋味，原来事情的真实情况是这样的，我怎么能那么草率地只听了季玲的一面之词而没有再去多了解了解呢？沉思片刻，我给王沛回了信息：“王沛，这一年来你对班级的卫生工作勤勤恳恳、任劳任怨，我都看在眼里、记在心里，生活委员一职本来就是最辛苦的，你已经做得很好了。其次，我很感谢你的坦诚，你能把这样的情况反应给我，更加说明了你对本职工作的负责，你放心，我一定要好好想个办法弥补一下，让大家满意。”

可是，我要怎样做才能做到周全呢？第一，我一方面要让季玲知道她作为班干部做事不亲力亲为，不以身作则，即使你是真心在为大家服务，同学们还是会不服气；另一方面我又不能挫伤季玲的工作热情，更要肯定她对本职工作的责任心。第二，我要保全王沛，不能使得他与季玲之间因为此事而产生矛盾。第三，我要让那些真正偷懒的同学受到教育。第四，我也要让那些软抵抗季玲的同学看到老师是了解真相的，并且愿意为他们主持公道，让他们没有任何理由在今后的日子里不认真做值日。真的是很难啊！该怎么办呢？几天的冥思苦想，好像没有一个很巧妙的办法，这样吧，因为这件事其实在全班同学中只有王沛一个人知道，不如就直截了当和盘托出。把它假设成发生在别的班级的事，以主题班会的形式给予案例，引导全班同学以“责任心”为话题一起来讨论这件事情中的两位生活委员的责任心，不认真做值日的同学的责任心，采取软抵抗方式的那些同学的责任心，以及在这件事情中老师的责任心。就在那一周的班会上，我拥有了自己当班主任以来第一次真正意义上的主题班会，大家积极讨论，各抒己见，气氛十分热烈。

在班会一开始，我先说道："同学们，在今天的班会上，首先我想先跟大家分享一个真实的故事，曾经有这样一个班级，班里有两名生活委员，一名叫李鑫，一名叫张肖丹。张肖丹是一个活泼开朗、雷厉风行的女生；李鑫是一个性格温和、内敛帅气的男生。在班主任老师心中，张肖丹是一个特别有责任心的班干部，因为她总是特别操心班级的卫生工作，为如何改进班级的卫生工作提出了许多好主意，她每周都会认真安排值日工作，督促值日生按时做值日，如果有同学不认真做值日，她都会及时汇报给班主任老师，而老师也非常信任她。每一次的告状之后，老师都会立刻去批评甚至惩罚那些偷懒的同学。可终于有一次大扫除之后，班主任老师彻底被张肖丹的又一次告状激怒了，老师转身走进班里怒斥了被告状的几位同学，并发话这次绝不姑息、严惩不贷，当时班级气氛凝重，全班同学都低头不语。可就在那天晚上，正在思考这一次究竟怎么根治这些偷懒同学的坏毛病的老师，却收到了这样一条来自另一位生活委员李鑫的短信，内容如下……"

随即我就将王沛当时发给我的短信内容展示在了提前准备好的幻灯片上，"下面就请大家围绕责任心这一主题展开讨论吧！"几分钟过后，大家就积极地开始表达观点了：

"老师，我认为，李鑫同学很有责任心，他不仅对本职工作尽职尽责，而且还把班级当中存在的问题及时反映给了班主任老师，这更是尽到了一个班干部的职责，就是要协助老师管理班级。"

"在我看来，张肖丹同学的责任心要一分为二地去看，她对班级工作献计献策的确值得鼓励，可她犯了做班干部的大忌，也就是不以身作则，只会管别人，从不懂得自我约束，这样的班干部我不欣赏！"

"老师，我还觉得这位班主任老师的做法有些片面，他在试图解决一个问题的时候并没有做详尽的调查，而显得很草率，因此他的责任心也不能打一百分！"

……

毫无疑问，同学们都已经看清楚了问题的症结，他们提出的成熟理智而又全面的看法让我不禁感叹大家真的是长大了，会分析问题了。进而我引导他们思考究竟什么是责任心，并在幻灯片上给出了预先准备好的解释：

“责任心：自觉地把分内的事做好的心情，也叫责任感。”（《现代汉语词典》，商务印书馆出版，1990年2月）

同时，责任心是健全人格的重要组成部分，是个人对自己和他人、对家庭和集体、对国家和社会所负责任的认识、情感和信念，以及与之相应的遵守规范、承担责任和履行义务的自觉态度而产生的情绪体验。责任心是一种良好的品德，表现为对工作的认真负责的态度。具有责任心的中学生，对学习、生活和所负责的工作积极主动、一丝不苟；对他人、对集体很关心；反之，缺乏责任心的中学生常表现出马虎、自私、任性，不会关心他人，不会关心集体等缺点。一个人有责任心，才会自觉学习，才会不断进取。

紧接着我与同学们分享了由吉林大学法学院副教授董进宇撰写的《培养真正的人》一书中引用的一个故事：

一次海难中，幸存者8人挤在一艘救生艇上，在海上飘荡了一周，仅有的淡水是半瓶矿泉水。每个人都恶狠狠地盯着这点水，都想立刻把它喝下去。船长不得不拿把枪看着这半瓶水。坐在船长对面的是一名50岁的秃顶男人，他死死盯着那半瓶水，随时准备扑上去喝掉那仅剩的救命水。当船长打盹的一瞬间，秃顶男人猛然扑上去，拿起水就要喝。被惊醒的船长拿起枪，用枪管抵着秃顶的脑门命令道：“放下，否则我开枪了！”秃顶只好把水放下。船长把枪管搭在矿泉水的瓶盖上，盯着坐在对面的秃顶，而秃顶仍眼睛不离那瓶决定众人命运的半瓶水。双方就这样对峙着。后来船长实在顶不住了，昏了过去。可就在他昏过去的一瞬间，他把枪扔到了秃顶的手里，并且说了一句：“你看着吧！”原来一心想要自己喝掉那半瓶水的秃顶，枪一到他手里，他突然感到自己变得伟大了。接下来的4天，他尽心尽力地看着那剩下的半瓶水，每隔两个小时，往每个人嘴里滴两滴水。到第四天他们获救时，那瓶救命的水还剩下瓶底一点点水。他们8人把这剩下的水起名为“圣水”。

从同学们认真读故事的眼神中，我察觉到他们已经明白了我今天这个主题班会的意图，我们班的班长张成同学举手发言说：“老师，作为班长，我在今后会更加用心地协助老师完成各项工作，同时更好地为同学们服务。”就在这时王沛也站了起来，说道：“老师，我会在今后的卫生工作方面带头好好干，以前我做得还不够好，今后你看我表现。”季玲也起身说：“老师，作为生活委员我还有许多不足的地方，以后我也要做个真正有责任心的班干部。”接着又有一位同学发言：“我觉得作为一个集体的成员，我们每一个人都应该对班级的工作负有责任，都应该关心班级的荣誉，努力为班级争光，尤其是卫生工作，好的卫生环境应该由大家共同创造、共同享受。”此时，全班同学不约而同地为他的发言鼓掌，整个教室响起了热烈的掌声。和着大家的掌声，我倡议说：“那就让我自己和咱们班的每一位同学都带上我们的责任心去在未来的日子里努力学习、努力工作，实现我们的理想吧！”

觉悟的爱

榆中县连搭中学　牟海源

提起慈悲，我们就会想到宗教。本来“慈悲”一词就来源于佛教当中——慈爱众生并给予快乐，称为慈；同感其苦，怜悯众生，并拔除其苦，称为悲；二者合称为慈悲。我理解的慈悲是：慈悲与爱密切相关。搞教育的尤其需要这样的情怀。我们讲慈悲，不是俗世所理解的可怜人。真正的慈悲，是一种自由平等，你有力量，他同样有力量，人人都有力量。所谓慈悲，就是一个老师要有这样的信念——每个孩子都是有力量的，每个孩子都是有光的。你在慈悲中，不仅让孩子看到自身的力量，获得成长的喜悦；同时，你要深深感谢、感恩这个孩子，正是他唤醒了你内心的慈悲，正是他成就了你精神的成长和净化。这才是真慈悲，我们把这样的慈悲称为“觉悟的爱”。

2012年的8月，又一届七年级新生在父母的殷殷期盼下踏进了我校的大门。有一个女孩马上引起了大家的注意：她比别人矮了一个头，脸色苍白，怯生生地牵着妈妈的手，一双不安的小眼睛东张西望。可是，当你看她时，她会马上收回目光，低下头去。周围的人都注视着她，第一个特意关注孩子情况的人是我，因为她分到了我的班上。她是一位自闭儿，名叫豆小珍。

开学后，作为班主任的我十分关注这个孩子的表现，发现她从不和同学说话，很难融入班级的集体生活。小组活动的时候，她总是退到外围，不能主动参与。上课时，她总是躲避老师的目光，不举手，点名发言也不说话。下课时，她总是看着别的学生玩,她则在一旁不言不语,甚至小便都弄在裤子上。孩子的家长呢,经常三天两头来学校,不是送水杯,就是送衣服,或者送药。学校进行的一些活动,她也不参加。家长每次打电话给我时,总是说着说着就哭起来,担心孩子这个,害怕孩子那个。最后总是会归结到一点上——孩子可怜!

一天课后,我把她叫到办公室,给她说了好多话,她一言不发,别的老师都认为她不会说话。我思索了一会,于是在电脑上找了一幅画:一位妈妈抱着自己漂亮的女儿在笑。让我大吃了一惊的是,当她看到电脑中的图片时,拿起笔,也画了一幅画。她的画中每一样小东西旁边都有一个大的——这说明她内心很害怕,总想得到别人的呵护;她的画中大家都很不开心,连白云、小草也沉着脸——这说明她的内心其实很不阳光;她的画中只有一个很高的女孩仰望天空——这说明她内心孤独,渴望得到别人理解,希望自己快点长高。

她的画让我意识到,原来她渴望交流、渴望伙伴。于是我就在画的旁边画了一副笑脸,写了“很不错”三个字,她笑了,但是她就是不说话。于是我又说:“你妈妈把你交给了我,在学校里,我就是你的爸爸。当别的小朋友骂你、打你时,你来找我,我会保护你,我会和你的爸爸一样疼你。”“老师,行。”她说话了,真没想到她说话了,办公室里别的老师们都看着我俩。在随后的几日,我上课时她有时候会笑,我也会用笑来示意她。

两周过去了,教育局对七年级学生进行摸底考试,她被排在七年级六班考试,可是她没有去,不管校长和监考老师怎么问她,她一字也不说。校长给我打了电话,我在向教室走的路上一次又一次问自己:“我失败了吗?我失败了吗?”可是当她看见我时,跑到我跟前,哭了,我擦了她的眼泪,拉着她的小手走出了教室,我们来到操场边。我没有责备她,她拿起一根木棍又画了一幅画——有小树、小草,还有同样的那个女孩,女孩在遥望很远的地方,在很远的地方有另一个人。于是我蹲下问她画的内容。她说:“我们班的学生都走了,只留下我,我很怕,老师,我一直在等你,那几位老师批评我,妈妈在我面前夸你,不要丢下我,老师。”我懂了她的画,画中的小女孩就是她,远方的人是我,她在等我。“老师不会丢下你,你要听老师的话,你要和别人说话。”“老师,我听你的。”她很高兴地回答。在随后的日子里,当她遇见我时总是主动问好。

孩子变成这样是有原因的。她的父母很在乎孩子的身高,对别人的态度十分敏感。其他家长和学生也常常在她面前提起此事,学生给她起了一个外号——小不点。在这样的氛围下,她出现了心理问题,甚至变得心理扭曲,把自己封闭起来。孩子的妈妈和外婆在我的引导下,终于认识到总是把焦点聚集在孩子的身高上是不恰当的,把自己的想法强加在孩子身上也是不对的。

日子一天天过去,她家长和老师沟通时不再哭诉了;家长来学校的次数也渐渐地少了;在校门口送别孩子时,他们会笑着大声地和孩子说再见了。当然,变化更喜人的是这个孩子会和同学们说话了。课间活动,她不再旁观,而是快乐地参与了;问她有没有好朋友,她会开心地报出一大堆名字了;甚至,她的午饭也开始在学校吃了。

我记得宗白华先生说过:"无限的同情对于自然,无限的同情对于人生,无限的同情对于星天云月、鸟语泉鸣,无限的同情对于死生离合、喜笑悲啼。同情不是可怜,也不是施舍。同情是一束光透过另一束光,是一份热温暖另一份热;是黄鹂和黄鹂的共鸣,是山泉和山泉的合奏。同情是恕道,己所不欲,勿施于人;同情是忠道,己欲立而立人,己欲达而达人。"事实上,我们的教学过程是一个情感交流的过程,和谐的师生关系是进行愉快课堂教学的情感基础,而这种情感基础是不能由一节或两节课就能培养和建立起来的。特别对于这些身心有异的儿童,他们的性格特点均有较大的个体差异:有的冲动、易怒,喜欢用尖叫、哭喊和大笑来宣泄自己的情感;有的则迟钝、压抑,情感体验不强烈;有的敏感、自卑;有的好强、骄傲。这就需要老师必须具有持久的爱心、耐心和细心。和风细雨般的教导,能安定学生激烈的情绪;表扬、鼓励能给予他们更多的信心;关心、爱护能令他们对老师产生强烈的信任感。学会放手,才能收获精彩!

再回到慈悲的这个问题,因为悲的结果是要帮助受苦受难的人超拔痛苦,也就是要帮助他人超脱生活的苦海制约。没有智慧是做不到的。教育的使命在某种程度上可以说是要使受教育者具有智慧,那么智慧的生成是不是该从培养慈悲心下手呢?这个问题是不言而喻的。慈悲就个体而言是我说的这样,而一个人如果能把这种个体的慈悲向上提升,就会关注人类群体的苦难,对群体施以爱,帮助群体超拔苦难,不正是大慈大悲吗?

我愿天下所有好人一生平安幸福,也愿天下所有人都有一颗慈悲的心。

班主任教育案例

——生命中的那些光亮

兰州市第五十六中学　龚珊珊

【案例背景】

教育过程是一个知行统一、情意结合的过程,如何在观念更新速度越来越快的时代下引导学生树立正确的价值观和人生观,是素质教育的关键。抓住生活中的细节,将情感融入平时的潜移默化中,这样的方式更容易被学生接受,也是让学生能够更加深刻地感受生命、树立正确的人生观和价值观的有效手段。学生的一句话、一个表情、一个手势都有可能成为让我们为之一振的教育细节;教师的一声问候、一个动作、一次表扬也都有可能演绎出精彩的教育。只要我们敏锐地抓住它,深入地挖掘它,就可能找到教育的突破口,甚至可能形成一股强劲的教育旋风,让学生的心海卷起波澜。

【案例】

"假如用时光把每一个日子做成切片,那么,每一个日子都是润泽而闪光的。"

这是从书中看到的一句话,每每读到,心中都会荡起涟漪,润润的、湿湿的。它就像我在班主任工作中的每一天一样,那些闪光的部分总是模糊地漾过了我的眼睛,让我看到生命缓缓淌过的痕迹。可是时光却能轻轻地捕捉住它,把微小的温暖悄无声息地留在我的心中。

一、生命的第一盏光亮——宽容

宽容是一种力量,它泛着朴素的光芒,却带着一种海纳百川的博大。它像细雨,悄悄地滋润着每一颗干涸的心灵;它也像烛火,用微弱却温暖的光芒照亮着每一个黑暗的角落。

早晨起床时,想起昨天在学校对一个学生说过的话,我告诉他:"要想改变现状,就必须尽快地自立起来,学会和自己的缺点作战,变成生活的强者。"他低着头,默不作声,可我知道他在认真地想着这番话。可出门前我还是有一点担心,不知道今天的他会不会有一点改变。

早晨7:20,我像往常一样准时出现在班级门口,孩子们已陆续来到学校,正忙着交作业、搞卫生。看到我,连忙放快了速度。铃声响起,轻柔的音乐声带着早晨清爽的气息,一个孩子慌慌张张地冲进来,手里拿着未吃完的早点。看到我,脚步停下,怯生生地站着,咬了一半的早餐藏在了身后,他红着脸,还在微微喘气。我走上前,帮他整了整衣领。“早上要吃早餐,否则上一早晨课,身体可吃不消。”我板着脸对他讲出这番话,再看他,眼里已是盈满笑意。他吐了吐舌头,囫囵吞下早点,溜进教室。

科代表把检查作业的名单交给我,我有点忐忑,不知道名单上会不会出现他的名字。打开看时,心顿时凉了下来,他的作业又没交。问及原因,意料之中的又是忘了,我在心里深深地叹了口气,看来昨天的话并没有起到作用。正待发作,突然想到先前和他家长的一次沟通,他是个健忘的孩子,也许这是一种无意识地忘记,并非故意。于是压住火气,不知该说什么。抬眼看他,已是满脸懊悔,想必也为自己的健忘而苦恼,可是却找不到办法来改正。也许不是不够用心,而是多年沉积的习惯吧!想到这儿,我只在他耳边轻声说:“什么时候可以交给我?”他愣了一愣,有些诧异地抬起头看着我,“下……下午。”他回答地结结巴巴,但眼中却有一丝感激一闪而过。

下午来到学校,第一眼就看到他的作业端正地放在桌角,里面夹着一张小小的纸条:“谢谢老师。”在那一刻,觉得有暖流流过心间。

自那以后,天天忘记带作业的他,整整一个星期没有犯错。之后的每一天,虽然偶尔还会忘记,但下午来时他的作业都会按时放在桌角。对于他来讲,这已是个奇迹。我没想到,一次小小的态度转变居然可以变成一种创造奇迹的力量。也许,我该做的,也只是给他一次创造奇迹的机会,那便是——宽容。这两个字,已深深地刻在了我的教育生涯中。

二、生命的第二盏光亮——信任

信任是一颗心灵的种子。种在每个人的心里,它就会变为行动的果实。它也是一种表达爱的方式,并教会我们怎样去爱。

下课铃响,任课老师揪着他来见我。“上课捣乱,作业不交,没有半点学习状态!”我抬眼看他,这已是本周第三次被不同的老师带来办公室。他低着头,眼中却是一如既往地漠然。这个从小失去父亲,跟着母亲一起长大的孩子,性格乖戾、行为古怪,经常做一些扰乱课堂秩序的事,比如冒怪声、接话、制造声响、做小动作等,为此很多老师都对他很头痛。我无奈地叹口气,感到一种深深的无力。送走任课老师后,我让他先回教室。窗外的阳光不偏不倚地照了进来,均匀地洒在我的办公桌上,我望着这温暖细碎的光线,静静地想,这样一个孩子,究竟什么才是他在乎的呢?我的意识里开始浮现出他上课时拼命吸引别人注意的样子,他在桌下做小动作的模样……然后,一个大胆的想法从我的脑海里跳出来。

下午,上课铃响之前,我径直走上讲台向全班宣布,因为任务较多,所以班级需要加派一名生活委员,由他来担任。当我宣布完这个决定,班上整整有十秒都没人说话,特别是他,惊讶的表情毫不掩饰地挂在脸上,嘴张得老大,半晌回不过神来。

我从鸦雀无声的教室里走出来,重重地舒了一口气,这个赌,我能不能打赢呢?

课间,从教室回到办公室,一眼就看到他小小的身影站在门口。我不动声色地走过去,他忙迎上来,吞吞吐吐地说:“老……老师,我当不了班干部。”说完边低头搓着自己的衣角。我看着他说:“你可以,我完全信任你,班级墙上的板报,你修补得很好。所以我相信你可以胜任这份工作!”他吃了一惊,有点不可思议地看着我,随后便红着脸不好意思地低下了头。

那是一天下午的自习课,我在教室过道里走动,路过他身边,看到他正低头做着什么,“又在搞小动作!”我心里暗暗地想,正欲上前阻止,突然看到他手里拿着一卷胶带纸,正认真地粘着墙上掉落的手抄报。我的心在那一刻颤了一下,孩子啊,老师差一点就错怪了你。于是,我没有惊动他,只是悄悄地从他的身边走过。

在那一刻我才明白,原来在他的心里,有这样一个小小的却无比温情的角落,这让我看到了这个所有老师眼中的“调皮鬼”心中深埋着的那份善良。我似乎理解了他所有的举动,那些也许只是单纯地为了让别人注意到自己的举动。我相信,这样一个孩子一定比别人更明白什么是爱。

之后的每一天,他对生活委员的工作都做得很卖力,班上的劳动工具及人员安排都在他的规划下变得井然有序。上课时,他也不像以往那样好动了,他在自己的周记里写道:“我是一名班干部,我要处处起好模范带头作用……”

一直以来我都在想,与其说是我的信任感化了他,不如说是他教会了我信任。信任的种子,就在那一刻生长发芽……

三、生命的第三盏光亮——鼓励

鼓励是带着温度的，它不烫手，也不冰冷，而是恰到好处地温暖着。生命，因为它而润泽，化为力量，永驻于心……

他是班上出了名的调皮大王，只要老师不在，教室就变成了他“大闹天宫”的“练武场”，上课的时候更是抓紧一切机会恶作剧、做小动作，各科老师提到他都只是连连叹气。而我对他，一开始也是严厉居多，很少表扬。直到有一天，他做了一件事，让我对他彻底改变了看法。

有一天上午放学时，我到办公室迟了，门被锁上了，天哪，我家里的钥匙丢在里面了，怎么办呢？正在我不知所措时，身后突然响起一句清脆的声音：“老师，我帮你。”我回头一看，原来是他，他手里拿着一根长竹竿，敏捷地爬到窗台上为我钓起钥匙来。不知为何，在那一刻我的心竟觉得有一点内疚，这个孩子，从来到我们班以来，我几乎没有表扬过他，可他居然还要帮我。原来，他并不是个一无是处的孩子，一直以来，是我对他的个人偏见让我没能真正看到他的内心。于是，我边表扬他边对他说：“今天你帮了老师一个大忙，我很感谢你。其实，你还是一个很好的孩子！”当我说完这番话后，他满脸通红，不好意思地挠了挠头，慌忙说了声“老师再见！”便迅速跑开了。

下午，我将一个奖励的小贴纸郑重其事地按在了他的书上，贴纸上写着：“你是一个好孩子，老师相信你会越来越棒！”于是，他终于得到了本学期的第一次表扬和肯定。

一个小贴纸对别的孩子而言实在是不起眼的表扬，但对于一个从未真正受到老师表扬的孩子而言，无疑是一次震撼；一个小小的鼓励对一向都被老师关注的学生而言不屑一顾，但对于一个一直都处在被遗忘角落的差生而言，无疑是一次自尊被激发、自信被唤起、自爱被肯定的催化剂。难怪，之后我每天课间去看他时，他总会骄傲地对我说：“今天一次都没受批评，还被某某老师表扬了。”在我眼里，这就是他的进步，又怎能不把掌声送给他呢？这件事以后，我和他的关系变得比以前融洽多了，他也不再像过去那样调皮了；上课前他还主动帮助其他任课老师提录音机或者实验器材，各科老师对他的印象也渐渐产生了变化。

我想，也许能够真正改变一个人的，不是强制和惩罚，而是一次温暖拥抱。它能让人看到内心折射出的光芒,不很刺眼,却能触动心底的那一份暖意。

【反思】

孩子的心,其实就是一朵需要爱心、宽容、理解和鼓励悉心浇灌的花朵。人们都说“大爱无言”,可我觉得,真正的爱就是要清楚地表达出来,大声地讲出来,让每一个孩子都能够强烈地感受到这种发自内心的温暖。爱是一种力量,细水长流的爱更是一种永恒的温暖,它们在我们每个人的心里刻下痕迹,让我们可以看到生命里那些燃起的光亮泛着朴素的光芒,静静地闪耀着……其实爱可以有很多种表达方式,作为班主任,也许有时候表达爱并不需要多么炽热和轰轰烈烈的方式,它可以平淡地像水,可以简单地像一张洁白的纸。它就在我们琐碎的言语中,在我们一点一滴小小的行动中。一句鼓励的话语,一个信任的眼神,一缕发自肺腑的笑容,一次真正的谈心……都可以是一次最真实、最温暖的心灵呼唤。而我们的生命,不正是由这些美丽的细节拼凑而成的吗?我想,只要心中有爱,相信每一个爱的瞬间,并以爱为航标,会引领更多纯净的灵魂不断向前,这个过程本身就是美丽而丰富的。我们每一个人的生命,也会在这样一种不断的前行中,感到这个过程中的温润与感动。所以,即使是微小的光芒,也有着能穿透人心的力量。

人生有限,时光和生命的碎片也会有限;这每一个碎片都闪烁着晶莹的光芒,散发着迷人的芳香。

静待花开

——用爱唤醒爱,让爱传递爱

兰州市第十六中学　李　菁

魏书生说:“教育是一种可以给人以双倍精神幸福的劳动,教师劳动的收获,既有自己感觉到的成功的欢乐,也有学生感觉到的成功的欢乐,于是教师的收获是双倍的,乃至于更多其他劳动数倍的幸福。”

——题记

有天早晨,一位妈妈来校和我沟通孩子的学习情况。随着交流的深入,动情之处她情绪有些激动，一直在哭泣。我感受到这个母亲对孩子的期待与无奈，也强烈地发现家长与孩子之间是多么需要彼此的沟通与理解啊！

下午午读时间，我对孩子们说起了这个母亲的故事，也希望这个孩子和所有同学都能尝试着去理解一个做母亲对孩子的期望以及孩子对家庭所应承担的责任。我的话语不多，却情深意切，也许触动了这个女孩心底的某个角落，她开始小声地抽泣着。这个时候我注意到一个细节，旁边的一个男孩悄悄递给女孩一张纸巾，旁边的一个女孩也轻轻递了一张纸巾。他们的动作很轻，没有惊动其他任何人，而我记住了这个细节。在继续说完我想要给孩子们说的话之后，我对孩子们又说起了刚才发生的递纸巾的细节，让这股小小的温暖传递到了教室的每个心灵深处。

下午进行了英语小测试。自这班孩子入校以来，我们一直坚持诚信和自律教育，采取无人监考的方式，因为之前考试纪律一直很好，所以我就放心地回了办公室去工作。当我再次返回教室的时候，发现有个男孩转身和一个女孩在说话。因为这是考试，违反了班级的考试纪律。所以我问男孩怎么回事，他说女孩问她有关试卷的一道题怎么做。女孩也承认有这么回事。看着她有些愧疚的表情，我说："这个教室是诚信教室，你暂时不适合继续留在这里考试，先去我的办公室完成考试。"考试结束，女孩来找我，说自己错了。我安静地听她说完，问她："下午班会课上，你还有什么要对同学们说的吗？"女孩说有，我让她在班会课上对同学们说说自己的想法。

班会课上，这个女孩站在讲台上，说了很多自我剖析的话语，到最后，她哭了。我坐在教室的一个角落里，没有对她的发言做任何评价。只是静静地听着，看到她哭了，我心情也很沉重，就静静地思考如何去处理这件事，以达到最好的教育效果。女孩发言结束后，我请几位同学谈谈他们的看法，又请了女孩最好的两位朋友对这个女孩说说自己的想法。后来，还有几个同学主动表达了自己的想法。班里所有发言的孩子都在原谅这个女孩，认为她对自己的反思很深刻，值得原谅，并且对女孩提出了很好的期望，相信她以后一定可以改掉这个不好的习惯。听着孩子们的话语，我觉得自己带的这班孩子都很善良，他们总是愿意去相信同学，并且寄予同学美好的祝愿。女孩听到同学们给予她的期望和祝福后，又哭了，也许她也被同学们对她的信任所感动，并愿意改正。

在表达了对女孩的期望后，我被孩子们的善良所感染。想起有一个《让爱传递下去》的微电影在U盘，一直随身带着，却苦于没有一个恰当的教育时机可以让他们感受,我觉得此时的教室不就是一个绝佳的时机吗?随着音乐响起,孩子们都安静地观看着,体会着这部微电影里所传递的爱与温暖。放映结束,也许受到了这部电影所表现的情感的影响,孩子们都似乎若有所思,有所感悟,没有人说话。我再次说起了早晨递纸巾的细节,感谢了这些同学传递给这个女孩的温暖;说到考试不良行为的事情,我感谢了这些原谅同学错误的善良之举。孩子们也似乎被自己的善良所感动,很自豪的样子看着我,显得特别开心。

接着,我们开始了每周班会课上的“班级优秀同学的表彰”。和以前一样,我表扬了这周在六个方面分别表现优异的同学,当我说到“注重品德塑修养”优秀同学是郑采奕的时候,我问孩子们:“大家觉得在这个奖项上,我选择郑采奕对吗?”所有同学异口同声说道:“对!”孩子们知道我为什么选择郑采奕,因为我们全班阅读过这个孩子的一篇日记《我的爸爸》。在文章中,她对自己的建筑工爸爸所表现出来的那种自豪感深深感染了同学们,还有这个家庭浓浓的亲情都感动了全班同学。可是,当这个孩子上来领取奖品的时候,我以为她会特别开心,没有想到她却说:“我想感谢我在这个班里最好的朋友郭蕊嘉、孙祺、田舒琪和郝珂婧,因为他们一直在帮助我……”这个孩子触动了我们。开学以来,发过很多次奖项了,这是第一个首先想到去感谢别人的孩子。我有些意外,不知道该怎么去总结这个孩子的表现,灵机一动,我把她感谢的这些孩子也请上了讲台,感谢了这些孩子对郑采奕的帮助,并且希望这些孩子和郑采奕一直都能够互相帮助,永远携手走下去,做世界上最好的朋友。然后我问班里的孩子,我们要不要给他们都颁发这样的奖项呢?班里的孩子异口同声地说:“要!”看着这几个好朋友兴高采烈地一起拉手走下讲台,我感动良久,觉得这是一份多么不可多得的友情啊!希望他们永远珍惜。

获得第三个奖项“改正错误最坚决”的是王璐娜同学,我简单说了理由,“因为她开学一个多月来,曾经多次不完成作业,而现在已经两周都没有再发生类似的事情,而且课堂听课也好了很多。”轮到这个孩子上来领奖的时候,我意外地发现,她眼里噙着泪水,她哽咽着说道:“我想谢谢郭蕊嘉同学,因为最近我晚上不会做作业的时候总给她打电话,她都会给我讲很长时间,老帮助我。”看着孩子的眼泪留下来,我有些控制不住自己,也哽咽着走到这个孩子身边,继续鼓励这个孩子要做得更好,要努力改变更多。这个时候的我,内心已经充盈着班里浓浓的温暖,没有想到一个普通的颁奖仪式会收获如此多的感动。

这节班会,我被这个班涌现出的这么多优秀的孩子感动得一塌糊涂。在做最后总结陈述的时候,我的眼眶再次湿润了,因为我和这么多温暖的孩子在一起。在这个用爱与温暖浸润的班级里,我从孩子们身上看到了无限的潜力。我相信,只要我能坚持这么努力做下去,用爱唤醒爱,孩子们的成长肯定还会有更多的惊喜等着我。我也会在未来和孩子们一起成长。

感动过后,反思自己的教育行为,我觉得仍凸显出自己教育能力的欠缺。例如,在其他同学对考试不良行为陈述自己想法的时候,我一直让这个女孩站在教室里。但是,如果我尊重孩子在先,让她坐下听同学们给予她的期望,是不是教育的效果会更好呢?其次,我为什么在表彰孩子的时候,没有孩子们考虑得那么周到呢?我为什么会忽略其他孩子呢?其实是孩子们在教育着我。第二天早晨,我刚到教室,这个女孩就递给我一封信,我记住了其中的一句话:"老师,我的诚信倒了,但是我一定会把它扶起来。"我很庆幸自己当时没有严厉地去批评她,而是使用了一种温和的方式,而这些,是班里所有的孩子们用他们的大度和宽容赐予我的。

我不仅和孩子们一起成长着,而且时时感受着这种成长所带来的幸福和快乐,我常常庆幸自己这辈子当了老师,庆幸遇到了这些可爱的孩子们。因为有了他们,我的生活和生命才更加充实。

静待花开,不仅是一种期待,更是在享受花的绽放与芬芳的无限美好。

奇思异想

英国诗人雪莱说:“想象是创造力。”想象,是人类智慧活动的翅膀。

人人皆知的牛顿,如果他是平常人,他就会把从树上掉下的那个苹果吃了。但是他展开了想象的双翼,翱翔于九天之上,因此诞生了万有引力。童话大王郑渊洁,他只上过三年级,但他以自己惊人的想象,创作出一部部脍炙人口、深受小朋友喜爱的小说。想象往往是科学家们研究的方向,他们使不可能成为有可能。

想象孕育创造,它可以帮助人们冲破思维定式的枷锁,开拓出广阔的精神空间。想象可以帮助人们穿越现实的时空,飞跃到另一个思想疆域。没有想象,就没有创造;没有想象,就不会超越。中小学时代正是放飞想象的年龄,让我们保持想象的热情,拓宽想象的思路,提高想象的能力,“好风凭借力,送我上青云”!

菜园保卫战

兰州市实验小学 姚 霞

胜利了！胜利了！

欢乐的菜园，彩旗飞扬、气球飘飘，到处充满着欢声笑语。菜园里播放着热情奔放的《欢乐颂》，白菜小姐和萝卜姐姐跳起优美的“华尔兹”，白菜哥哥打着领结，和穿着礼服的竹笋先生在愉快地聊着天……菜园中一派节日气氛。

清晨，太阳露出点红彤彤的小边，蝴蝶绕着花朵上下盘旋，菜园里一片宁静。突然，一声惨烈的尖叫撕破了菜园的安静祥和。蔬菜们纷纷从睡梦中被惊醒，大家惊讶地看到：白菜哥哥脸色苍白，两眼发直，嘴里吐着泡沫，浑身布满大小不一的洞孔，枯萎的叶子无力地耷拉着，好像正在被不知名的动物吞噬。这时，萝卜头领当机立断，派出最好的侦察兵——蚯蚓，只见它们快速爬到白菜哥哥的身体上，远看看、近瞧瞧，仔细地巡视，却没有发现任何可疑的东西。于是，它们用对讲机将这一情况报告给了萝卜头领。萝卜头领迅速命护卫飞毛腿将“百事通”芹菜爷爷请到身边，他们一起来到了白菜哥哥身边，查看究竟是什么原因让身强力壮的白菜生了这么大的病。芹菜爷爷通过它那细长的茎脉轻轻触摸着白菜哥哥，还用自己的汁液不断地做着化验分析。终于，大家异口同声地说“农药”。

正说着，又是一声悲惨的叫声，一转眼，黄瓜表姐不见了，只留下一堆瓜皮和几点白白的黄瓜汁。天空中传来一声声鼓风机的呼呼声，伴随着黄豆大的水滴铺天盖地地洒下来。萝卜头领厉声叫道：“农药！你为什么要侵蚀我的铁哥们，还要伤害我的表姐，你想干什么？”“哈哈哈，我想干什么？我就想把你们这种智商低下、没有头脑的蔬菜们吃掉，赶出我的土地。”农药嚣张地说。此时，菜园在农药的侵蚀下变得惨不忍睹，裸露的土地上一片片黑色的黏液，空气中弥漫着呛人的气味，还有一些坏虫子在不断地蚕食着蔬菜。

萝卜头领立即组织蔬菜们奋起反抗，它镇定地指挥着蔬菜大军英勇战斗。洋葱主力部队迅速投入激烈的战斗中，向空中喷洒起浓烈的洋葱汁。果然，农药遇到洋葱汁后，立刻化为乌有。这时，超级官兵蒜头也来到菜园，只见它们一边为黄瓜表姐清理伤口，一边为白菜哥哥进行消毒、包扎伤口……工作持续了半个月，所有的蔬菜们日夜不停地工作着。在大家的细心呵护下，浇水、施肥，蔬菜们的伤口渐渐地好了起来，身体逐渐强壮了，个个肌肤嫩绿，土地也从干枯裸露变为湿润葱郁，菜园里又恢复了往日的平静和欢乐……

音乐继续响彻云霄，欢快的活动还在进行着，萝卜头领发表着热情洋溢的演说，白菜哥哥也凝望前方，好像在深思着什么……

假如我是一朵云

城关区水车园小学 张 靖

当我抬头看见蔚蓝的天空和洁白的浮云时，不禁有了“假如我是一朵云”的奇妙想法。

不过，我是说假如，假如我是一朵云……啊！我怎么飘起来了？呃，我的想法好像……成真了！我变成一朵云了！如棉絮般柔软、美玉般洁白。还好我性格不急躁，不然我变成了乌云也有可能呢！

我应该坦然地接受，或许当一朵云也不错。嗯，可以在天空中无忧无虑地飘动；还可以像橡皮泥一样不时变换形态；可以变成一只奔跑的小白兔，或一只翩翩起舞的白蝴蝶；还可以像轻柔的柳絮，吹一口气就会飞得很远很远……

正当我享受飞行的乐趣时，忽然，被一股无形的力量推向前方，身后还响起清脆的女声：“嘿！新来的云儿，请快快到大森林去吧！下一场春雨，让那些垂头丧气的家伙们醒过来，告诉他们，春风姑娘要来喽！”

啊？我还没反应过来，脚下已是一大片大森林了。冬眠的小动物们都苏醒了，一只小松鼠怜爱地抚摸着一棵小树，那棵小树无精打采地耷拉着脑袋，一副病恹恹的样子。我想了想，刚才那位春风姑娘就是想让我下一场春雨吧？可是，要怎么下雨呢？我憋足了一口气，脸都憋紫了，才变成了一朵乌云。

朦胧的春雨中，溪与河絮叨着，偷偷聆听并传递着春的温情。虽然是我在下雨，可我却感受到了春的气息,我屏息凝神,似乎感受到洒向人间的都是爱。没有呼啸,没有喧哗;不贪婪广阔的大海,不奢望澎湃的海潮;默默地飘洒,无声滋润,孕育生机与真诚;浇灌嫣红,挥霍雨露,滋养新绿,温馨而甜润。这番景象,仿佛像一首诗描写的那样“随风潜入夜,润物细无声”。

一场春雨后,刚才的春风姑娘赶来了,对我一笑——奇怪,我看不见她,却能感受到她的微笑,她对我说:“新人,干得不错哟……”

她后面还说了一些话,可我却听不到了,眼前一片朦胧,失重的感觉很难受。再一睁眼,我又回到了地面。还是蔚蓝的天,还是洁白的云,我还是抬头的姿势。

晚上回到家,听见谁家的天气预报的声音:“明天局部地区有中雨,这将是开春以来的第一场春雨。”我相信,春雨过后,大地会出现一番欣欣向荣的景象,天空将更加湛蓝深远、晶莹透彻……

二十年后回故乡

榆中县丁官营学校　胡玉霞

【习作说明】

本篇习作是人教版五年级语文上册第二单元要求学生完成的一篇作文。在本单元的学习活动中,学生学习了四篇表达思乡之情的古诗词和课文,掌握了一些表达感情的方法,然后结合课文的学习,完成一篇想象性作文《二十年后回故乡》。

习作具体要求:

◆想象家乡发生的巨大变化。

◆想象儿时的小伙伴会是怎样的。

◆想象久别重逢的亲人会有怎样的感慨。

◆回忆这组课文中作者运用的表达感情的方法,试着在自己的习作中加以运用。

◆回顾本组课文内容,引导学生用心体会课文作者是怎样用具体的景物或事情表达思乡之情的。

真是光阴似箭、日月如梭,转眼间离开故乡已经二十年了,由于工作原因,二十年来我一直生活在异国他乡,今天终于有机会可以回家乡去了,我真是激动不已。“悠悠天宇旷,切切故乡情”,这句古诗写出了多少游子对故乡的深情啊!这句也最能表达我此时此刻的心情。回国后,我迫不及待地搭乘上回乡的飞速列车,一路上,心绪飞扬、浮想联翩,回想着艰难的求学之路,如今带着丰硕的成果回到生我养我的故乡水土,我准备用自己奋斗的成果建设我的家乡——榆中县丁官营村。

走在回家的路上,我简直不敢相信自己的眼睛,不敢相信眼前的事实。昔日泥泞的羊肠小道全部变成了宽阔平坦的马路,马路两边都是郁郁葱葱、排列整齐的松柏树,傍着青山绿水;马路上不时驶过宝马、奔驰、奥迪等名牌小车,当然也不乏载满蔬菜水果的大货车和豪华的公交车南来北往;往日光秃秃的荒山经过人工的雕琢,成了苍翠欲滴、生机勃勃的青山;一条条小溪由东至西,在太阳光的照射下发出星星点点的光芒;一座座漂亮的小洋楼星罗棋布地布满整个村庄,家家户户都有宽敞的院子,楼房周围一律种植着各种各样的花草树木……简直就像仙境一般,鸟语花香、流水潺潺。

村子被鲜花簇拥着,被浓荫包围着,啊!真是太美了,一阵阵花香扑鼻而来,直沁肺腑,清新的空气使我神清气爽。

在我的记忆里,以前都是破旧的房子,而现在成了豪华的大房子,原来狭窄的小路都成了宽阔的柏油马路。以前由于种植蔬菜而受到严重污染的小溪如今变成了清澈见底的人工河,脏乱不堪的街道变成了干净的公共通道……一切的一切使我目瞪口呆。

我迫不及待地往家里赶去,走到家门口,我惊呆了,心想是不是我走错了?这是我的家吗?宽宽的大门,房顶上的双龙戏珠雕刻在太阳底下闪闪发光,亮堂堂的玻璃,一切都那么富丽堂皇。当我看到门前那棵依旧葱茏茂盛的大核桃树时,我确信是的,这就是我的家。我推开门走进去,爸爸妈妈已经在客厅里迎接我了,一切都准备好了。我惊奇地问妈妈:“您怎么知道我回来了?”妈妈笑着说:“摄像头的功劳。”我看了一下妈妈指的那个摄像头,可以看见外面的景物和行人。哦,原来是这样,我恍然大悟。丰盛的午餐摆上桌了,我和爸爸妈妈边吃边聊,爸爸妈妈争着抢着给我讲述这些年来家乡的变化,令我应接不暇。吃过午饭,我跟爸爸说:“我去外面转转!”说完,我就不知不觉漫步到了学校门前的健身广场上。这时广场上很安静,一点噪音也没有,还不时传来优美的钢琴声。我走着走着,遇到了我的小学老师胡老师,他还是那样和蔼可亲,我和他滔滔不绝地聊起来……

在和胡老师的交谈中,我了解到:家乡的小学在这二十年当中也发生了巨大的变化。二十年前那个简陋、破旧的校园已经成了一座用科学技术武装起来的现代化多功能学校。学校的环境不仅像花园一样美丽,内涵也更加深厚。每个教室里每位同学都有一台电脑,老师可以通过网络给同学们上课、布置作业、批改作业;同学们则通过网络听课、写作业、交作业。这不仅省时省力,还大大提高了学生学习的兴趣。原来简陋的操场上,现在也是齐全的体育器材,同学们可以自由地锻炼、娱乐、玩耍,既舒适又安全……听着胡老师动情又自豪的细述,我心里真是感慨万千!

啊!家乡!我不仅亲眼看到了你的变化,而且真真切切地感受到了你的变化!而你变化的不仅仅是外在的模样,更重要的是这里的人们也发生了很大变化。他们不再是我小时候印象中的面朝黄土背朝天、为了一家人的生计而不得不日出而作、日落而息的中国式农民了;他们一改昔日的劳碌,用起现代化的农用机械耕作,不仅省时省力,而且收入大大提高。现在的家乡,已经是一个高科技信息化的世界,家家户户都用上了多媒体电脑,可以足不出户就进行物资交流。只要轻轻点击电脑的功能键,你想要的东西便可以得到。

每到晚上,村子里的大婶大妈们总是觉得很无聊,现在不一样了,大家可以在村子的健身广场自由地跳舞,她们不仅锻炼了身体,还丰富了自己的精神生活。

我已无法用语言来表达家乡的变化,因为它的变化已经超出了我的想象。我希望在不久的将来,用我自己掌握的科学技术使家乡插上腾飞之翼,从而以更新的面貌成为世人瞩目的焦点。

假如我是一只小鸟

城关区东岗小学　王立刚

打开窗户看着那天空中一只只自由飞翔的小鸟,我不由得羡慕起来。那些鸟儿们无拘无束,想飞哪儿就飞到哪儿,可以飞到自己向往的地方,可以在天空中自由地盘旋,看着这片天下,我也多想是一只小鸟啊!

假如我是一只小鸟,我首先会飞到我们的首都北京去看看鸟巢和水立方,去看看故宫,登上长城去领略下古代劳动人民的智慧,我会一览北京的风景名胜,见识我们首都有多么美!

假如我是一只小鸟,我的名字叫信鸽,我会把分隔两地的亲人想念彼此的心情为他们传达到。假如我的名字叫和平信鸽,我会用一条条友谊的彩带把国家联系在一起,永远没有战争,人与人之间只有像家人般的关怀。假如我的名字叫乌鸦,我不会呱呱地叫,而是默默无闻为人们做事。假如我的名字叫老鹰,我一定从我坠入悬崖的那一刻以获得重生的勇气而引以为傲……

假如我是一只小鸟,我会飞到大海上,看看大海有多么宽广,看呀! 那些海豚在向我招手呢! 那只大鲸鱼喷出几米高的水柱,都快把我淋着了。那些海鸥像士兵一样在海面上来回巡逻。大海是多么宽广啊! 我飞了这么远都还没看见它的尽头。我会邀请海豚、鲸等伙伴将海水运到甘肃、云南、贵州、四川、广西等干旱地区,缓解灾区灾民的燃眉之急。

假如我是一只小鸟,我还会飞到全国的风景名胜处去游览一番,那些美丽的风景区都会让我过目不忘:四川的九寨沟、桂林的山水、杭州的西湖、江西的井冈山……这些美丽的景点总是出现在我的脑海里。我们的祖国是多么美丽繁荣、富强昌盛啊!

假如我是一只小鸟,那我就展翅飞翔,飞向四面八方,飞向天涯海角……飞呀飞,飞到珠穆朗玛峰,采一朵洁白的雪莲送给亲爱的妈妈。飞呀飞,飞到天山脚下,为敬爱的老师采下一串串甜甜的葡萄。飞呀飞,飞到南海之滨,采摘无数新鲜的荔枝分给朝夕相处的同学。飞呀飞,飞到非洲大陆,为饥饿的儿童捧上晶莹的大米粒。飞呀飞,飞到神秘的太空,和太空的小伙伴一同歌唱和平。

假如我是一只小鸟,我一定要飞往世界的每一个角落……

如果我真的是一只自由自在的小鸟,那该有多好啊!

读后有感

“读书破万卷，下笔如有神。”书读得越多，写起文章来就越得心应手。其实，读书还能拓展视野，发展思维能力，丰富我们的精神世界。每读完一本书，写下自己读书后的感悟，让每一本书真正发挥作用，成为我们成长旅途中的路灯。

侧重一个“感”字，一定要对所读的书确有感受再下笔，言由心生，有感而发，让作品焕发新的光彩。仝清云老师观《阿甘正传》而感：“有价值的生命，应该坚守美好的信念。犹如一羽飘舞，划出最美的弧线。”

建立在“读”的基础上，书读得越深越透，感悟就越丰富。正如“旧书不厌百回读，熟读深思子自知”，经典的文学作品更要反复读，每读一遍，可能都会有新的收获。康景老师闲读《爱的教育》，顿悟到爱的教育其实就在美文里，在课堂细节里，在老师的言行里。培养学生爱的能力，让“爱”浸润在每一个孩子的心田吧！

多读书，读好书。读一篇好文，抒发好感，这不单单是愉悦自己的身心，也是对于作者和作品的尊敬。

一羽人生

兰州市第六十二中学　仝清云

有这样一幅画面:广袤的天空中一片羽毛在飞行,飘飘荡荡,飘过民居,飘过马路,最后划了一个美丽的弧线,安然地躺在了阿甘的脚下,优雅而平常,随意而必然。这是出现在《阿甘正传》片头和片尾的画面。

第一次看《阿甘正传》,我就被那一片羽毛深深吸引。这样一片羽毛,无论它"是命中注定,还是随风飘零没有定数",你无从知道它飘向何方、何时落地、落在何处。就像阿甘的妈妈一开始并不知道自己会成为阿甘的妈妈,就像阿甘一开始并不知道自己的智商也只有75一样。

这样一片羽毛,或许也在我们每个人的人生里。当我们来到人世,当我们看到自己与他人的种种不同,我们或许想过:如果我的家庭更富足一些多好,如果我有一个更智慧的大脑多好,如果上天让我更漂亮一些多好,如果我的性格能再开朗一些多好……但现实是不可以假设的,就如同阿甘一生下来,就必须承认自己是个傻子这个事实一样,每个人的人生都不完美。

一片羽毛的飘落,"是命中注定,还是随风飘零没有定数"呢?

那么,当我们终于明白,自己已别无选择,自己必须正视这些既成定局的事实时,我们应该怎么办呢?是哭泣,是哀怨,是消极逃避,还是茫然若失呢?阿甘的妈妈是这样告诉阿甘的:"别让别人说他们比你强,如果上帝要让人平等,他就应该给所有人都戴上脚箍。"

阿甘的妈妈是智慧的,她告诉儿子每个人都是独一无二的,不要去和别人比,要勇敢地面对现实,接纳自己,心中要有一个永远的信念,去寻找属于自己的路。就像一根飘飘荡荡的羽毛,乘着一阵微风就能去它想去的地方。

于是,电影中阿甘选择了奔跑。他不停地跑,不断地跑,没有休息。他跑到橄榄球场上,跑到越南战场上,跑到白宫,跑到密西西比河,他跑遍全国,最终又跑回了阿拉巴马——他美丽的故乡。他跑过了他的人生,也跑过了他母亲的人生、他深爱的女子的人生、他身边人的人生。他的奔跑带来的种种绚烂繁华，如一片羽毛在广袤的天空中飞行，最后划了一个美丽的弧线，安然地躺在了阿甘的脚下。

阿甘用奔跑，不，阿甘其实是用信念让他的生命有了别样的美丽色彩。

信念是一双翅膀，拥有了它，便可展翅高飞，飞出自己的痕迹；信念是一本乐谱，拥有了它，便可尽情弹奏，奏出美妙的音乐，奏出自身的价值。

放眼世界，古今中外执着于自己的信念，锲而不舍、勇敢追求，并最终成绩斐然的人物不胜枚举。贝多芬——他的老师曾断定他没有希望成为作曲家，但喜爱音乐的他并没有放弃自己的音乐梦想，在他26岁的时候便创作了三首奏鸣曲；更大的挑战是在辉煌到来的同时不幸也随之降临，贝多芬双耳失聪了，失去了作为一个作曲家最重要的听觉，可他放弃了吗？没有！为了音乐，他用一枝小木杆，一端插在钢琴里，一端咬在牙齿中间，在作曲时用来“听”音，怀着对音乐的追求、对音乐的热爱，一部部震撼人类双耳的奏鸣曲从他的心中奔流而出，他没有放弃，因为失聪的只是他的双耳，没失掉的是他对音乐执着追求的信念！

韩信甘愿忍受胯下之辱，成为千古名将；司马迁忍辱负重，完成《史记》，创造了文化长河中一颗璀璨的明珠。诸葛亮鞠躬尽瘁，留下“出师一表真名世，千载谁堪伯仲间”的美名；鲁迅弃医从文，成为一代文豪。

每个人所处的环境不尽相同，人与人的信念也是不尽相同的，而不同的信念也就决定了每个人不一样的人生：一个拜金主义者的信念是追求金钱，一个隐士的信念是安贫乐道，一个伊斯兰教徒的信念是信奉真主，一个基督教徒的信念是信仰上帝，一个共产党员的信念是为人民服务。所以确定什么样的人生信念对我们这些年轻人来说非常重要。

我欣赏阿甘，是因为阿甘用他不健全的躯体给我们的灵魂上了一堂健康之课。从小到大，我们怀揣着美好的憧憬，我们的梦想会随着年龄的增长悄然发生变化；但不管怎样，我们都应该逐渐明确自己的人生目标，点亮自己的信念之灯，让它照亮自己前行的路。

“人生到处知何似，应似飞鸿踏雪泥”，这是苏轼的慨叹。每当静下来，倾听自己内心声音的时候，我无时无刻不感慨这世界之大，我之渺小。我们怎样才能在这有限的生命里尽情地徜徉，展现生命美好的价值呢？我想这是我们每个人在树立自己的人生信念时必须去思考的。

愿我们每个人都有一个美好的信念，让这样一片羽毛飘荡出生命中最美丽的弧线，优雅而平常，随意而必然。

爱的浸润

兰州西北中学 康 景

一次偶然的机会在书店里看到《爱的教育》这本书，原本买了是要送给亲戚的孩子作为礼物的，没想到这孩子较喜欢读书，家里已经有了一本，这本书就暂且留了下来。当初之所以买它，是听别人说这本书对孩子有教育意义，又是名著，所以毫不犹豫就买了回来。不承想没送出去，倒成了我闲来无事消磨时光的好去处。

据说《爱的教育》是意大利人必读的十本小说之一。这本日记体小说是根据作者儿子的日记改编的，以一个四年级男孩恩利柯的眼光，讲述了他从四年级10月份开学的第一天到第二年7月份在校内外的所见所闻和所感。作者带有明显的引导性，教益、慰藉和激荡的情愫无不充盈在全书的字里行间，爱国、善良、侠义、英勇、宽大、无私等各种高尚的品质在这本书里都有细腻生动的刻画。《爱的教育》原名《考莱》，在意大利语中就是“心”的意思，有“心”就会有“情”、有“爱”。全书以一个孩子的口吻告诉我们：素质教育就是“爱的教育”，是对祖国、父母、师长、朋友真挚的爱，爱是教育的根本。深思我们的教学过程，青少年在成长过程中，我们除了交给他们知识外，还应该给予他们什么呢？

自从大学毕业步入工作岗位已经第十一个年头，其间一直从事高中语文教学工作。语文作为基础学科，在一个学生的整个教育阶段担任着重要的职责。我们常常会听到这样的言论：“理科老师说学生为什么做不了理科题，是因为语文没学好，理解力不行，所以看不懂题；英语老师会说，连语文都没学好，怎么可能学好英语呢？”可见，语文在所有学科中的基础性、重要性。然而，从另一个角度考虑，现在的语文教学尤其是高中语文教学在高考的“指挥棒”下更多还是带有浓厚的功利色彩。学好语文似乎就是为学好其他学科打基础，争取更多的分数，而语文教育本身也很注重分数。语文是工具性和人文性的统一，这个常识所有从事语文教学的教师都烂熟于心，但是在实际的教学中，面对沉重的升学压力、频繁的成绩考评，似乎大多数语文老师在人文性教育这方面做得都不那么从容。尤其到了高三，语文老师也如同一名作战的斗士投入到机械的题海战术中，不厌其烦地给学生归纳、总结知识板块、梳理思路，反复给学生讲解答题技巧。语文的授课何时变成了工厂车间里的流水线，教师何时成了流水线旁的工人。教师也好，学生也罢，满心想要的就是提高考试成绩，教师教得没有乐趣，学生学得枯燥，本应充满生机、充满情趣、充满爱的熏陶的语文课堂就这样成了一间机械地开着流水线的工厂。前几天有幸聆听了一位北京来的专家点评一节公开课，授课教师讲的是郁达夫的《故都的秋》，其中这位专家说过的一句话给我印象深刻，他说："郁达夫为什么会写出如此美的故都，那是因为他爱它，他喜欢它。"是呀，有时候我们过分理性地分析、深挖课文的主题，却往往忽略了文学即人学。是人就会有情，会有爱；没有情，没有爱的课堂也是没有生命、没有情趣的课堂。著名文学家夏丏尊在翻译《爱的教育》时说过一句话："教育没有情感、没有爱，如同池塘没有水一样。没有水就不成池塘，没有爱就没有教育。"然而，正如小说中所说："爱，像空气，每天在我们身边，因其无影无形常常被我们所忽略。"

那么，面对高中学生，一名语文教师如何在自己的课堂上进行爱的教育、情感的教育呢？我想，我们现在教授的每一篇课文本身就是情感的产物，文章不是无情物，因此，从文本本身入手进行情感的教育并不难。例如《故都的秋》中作者说："秋天，这北国的秋天，若留得住的话，我愿把寿命的三分之二折去，换得一个三分之一的零头"，学生完全可以体会这是作者对北国之秋的深深眷恋之情；《水龙吟·登建康赏心亭》那是辛弃疾对国家前途命运的无比担忧之情；《沁园春·长沙》是"数风流人物，还看今朝"的豪壮之情等等。"感人心者莫先乎情"，教师在讲课时自己首先要进入到情感的体验之中，先要让自己感动，才能感动别人。古罗马诗人、文艺理论家贺拉斯有句名言："你自己先要笑，才能引起别人脸上的笑容。同样，你自己得哭，才能在别人脸上引起哭的反应。"同样的道理也适用于语文教师的课堂。一位优秀的语文教师绝不仅仅是知识的传授者，还应该是情感的启迪者。引导学生设身处地地体验情感、理解情感是语文教师的教学任务之一。记得以前讲《阿Q正传》总有同学忍不住窃笑，尤其看到严顺开演的阿Q更是笑得前仰后合，其实学生的笑至少说明两个问题：其一，教师对这篇小说背景的铺垫做得不足，学生根本不理解那样一个畸形社会造就的那样一种畸形行为；其二，学生不理解阿Q那令人捧腹大笑的言行举止下隐藏的是其“哀其不幸，怒其不争”的悲剧性。找到了这两点笑的根源后，教师在讲课的时候就要特别注意用合适的、有情感的语言引导学生进入到课文的情境中。我相信只要我们做到这两点，学生在课堂上也就笑不起来了，因为文本本身是严肃的。鲁迅先生用近似于忏悔的心态剖析着国民的劣根性，时至今日，他的作品依然有深远的现实意义；我们每一个人都能从阿Q身上看到自己的影子，如此犀利并深刻。当学生理解了这点，怎么可能还笑得出来？这就是情感的熏陶。

语文课堂里对情感的体验并不仅仅是引导学生体会文本里的思想感情这么简单。人是有情感有爱的动物，人类的情感具有相互影响和感染的功能。在《爱的教育》中有一章叫《狂欢节的最后一天》，讲述的是在意大利的狂欢节上发生的一段小插曲，一位小女孩和自己的妈妈被拥挤的人群挤散了，当然最终的结局是好的。作者用细腻的笔触刻画了小女孩走丢后撕心裂肺的哭喊，妈妈寻找女儿时的焦躁不安和近似发疯的举止。我们常说母爱是世界上最伟大的情感，看看这位母亲，我们感触会更深。当然作者也不忘刻画让这对母女团圆的功臣——以绅士为代表的众多好心人，整个故事是在暴风般的掌声与欢呼声中结束的。文中有母爱、人道主义的爱、助人为乐的爱。在一个人遇到困难和挫折、心里异常难过的时候，其他人的爱与关怀就如同雪中送炭一般让人异常温暖。

这就又不由得使我想起上课时发生的一件事。有一天，我上课时讲如何仿写句子，为了让学生看得更形象，我邀请了三位同学将自己仿写的句子写在黑板上。其中两个句子是写得非常漂亮的，另外一个句子是写得有问题的。当我分析完前两个句子之所以写得好的原因并表扬了这两位写得好的同学后，我接着说：“下面我们来看某某同学写得有问题的这个句子。”让我感到惊讶的是，这时全班同学哄堂大笑，尤其是个别几个活跃的男孩子更是笑得夸张。我突然意识到我犯了一个严重的错误，那就是没有顾及这位做错了题的孩子的感受，而且这还是一个女孩。此时，面对同学的嘲笑，她羞红了脸。我意识到必须要纠正自己的错误，同时，也要让全班学生知道这样嘲笑别人是不对的。这时，正好有一位女生冲着大笑的其他同学吼了一声“有什么好笑的”。我知道她的这句话是真诚的、正直的，借着这个机会，我严肃而郑重地说道：“对呀，有什么好笑的，某某同学大着胆子将自己错误的答案写在黑板上，不就是为了让咱们在座的四十多位同学不再犯类似的错误吗？我们为什么不是为她的勇气鼓掌，而是要自以为是地嘲笑呢！”没想到，就在此时，整个课堂爆发出雷鸣般的掌声,有些男孩子还故意使劲儿拍着巴掌,生怕自己的掌声那个女孩儿听不到似的。我观察到,那位女生的脸依然红着,只是脸上带着一丝笑容。我长舒一口气,终于没有因为我的低级错误而伤了一个十几岁女孩的自尊心。事后我在反思,其实每一个孩子都有爱的能力,有向善的、爱他人的心。在老师的引导下及时纠正自己的错误,爆发出雷鸣般的掌声那就是爱,而且是真真切切、实实在在发生在身边的爱。教育孩子如何去爱,最好的办法就是及时发现身边有价值的机会,适时引导,其实爱人就是爱己啊!正如《狂欢节的最后一天》中那位绅士以及所有帮助过小女孩和她妈妈的人,都会为自己在狂欢节的最后一天帮助了需要帮助的人而感到高兴和欣慰一样。我相信,这位女生也会为自己宽容了同学的错误行为而感到快乐。那么,这节课到此为止,我觉得最有意义的不是学生知道了仿写句子需要注意什么,而是学生在爱的教育中知道了宽容、尊重别人,这对学生性格以及人格的培养才是最重要的。

爱的教育其实就在我们的美文里,就在课堂的每一个细节里,在老师的言行里。在现行的教育体制下,我们不能让孩子丧失爱的能力,要爱父母、爱师长、爱同学、爱祖国、爱自己。作为教师,我们要尽可能地抓住课堂的细节、生活的细节,培养学生爱的能力,让爱浸润在每一个孩子的心田。

不变的大爱

兰州市教育科学研究所　牛志强

灯下翻阅《不变与变——教育在坚守与创新中先进》,难以释手。何为不变与变?书名的副题给了非常到位的诠释:教育在坚守与创新中行进。教育是人类步入文明的标志,坚守与创新是教育行进的必然。不变与变是对立统一的。就教育而言,引用作者刘信生校长的概括就是:不变才能把握教育的本真,变是科学发展的核心。

记得有一次,刘信生在接受媒体采访时,有位资深记者将书名说成了《变与不变——教育在坚守与创新中先进》。当时,刘校长立刻严谨地纠正:“这顺序千万不能颠倒,教育是一项神圣的接力工程,先传承,后创新,是有序发展的。”

我之所以将刘信生校长的书概括为一本“厚”书,是有根据的。这本书首先“厚”在理论,许多新颖的观点是作者长期立足教育实践的总结,是发自肺腑的卓见。其次,“厚”在哲思,这本书的绪论部分是全书立言的纲,是行文的引擎。作者通过一系列的论述,层层破解不变与变的内涵和本真,并通过细腻质感的文字,把原本抽象的教育具象化,科学地得出教育发展是进化而非革命的论断,引发读者深层次的思考。再次,“厚”在事例,书中列举了大量生动的典型事例,如同彩色插图,让人在阅读时多了赏析的亲和感,避免了理论过多带来的枯燥和单薄。最后,“厚”在情感,这是这本书的特色,也是引人入胜之处。饱含浓郁的实感,在近乎散文化的表达中,作者游刃有余地挥洒真情,把大爱融入字里行间,读来荡气回肠,提振士气,令人激动。

在信息化时代,刘信生登高望远地洞察到:“校长是一个学校信息化发展的推动者。校长的知识背景及其对前沿理想的感知、认知程度决定着一个学校信息化发展的高度、深度、广度和持久度。”正是本着“领先一步,就领先一个时代”的敏锐,西北师范大学附属中学积极探索,利用优秀团队搭建了优质的教育资源共享平台,走出了具有本校特色的信息化建设之路。不变的大爱情怀,可变的创新思维,从这个角度看,《不变与变——教育在坚守与创新中先进》何止是一本谈教育的书?品读作品,每个字饱含心血,每个章节凝聚智慧,它构成了一个始终走在教育前沿的管理者最为丰富的情感世界。

在此书中,贯穿全书的索引就是如何育人?如何锻造一个学生的精神,塑造一个学子的灵魂?教育是雨露阳光照耀和滋润禾苗的过程——教是阳光,育是细雨。在这项充满了人文情怀的劳作中,育更具温情。《不变与变——教育在坚守与创新中先进》是一部实用的教育管理著作,一共十个章节,每个章节有若干个小标题,都是作者精心筛选的论点,都通过细腻的语言软化了坚硬的理论,采用散文化的笔法娓娓道来、流畅生动。就是在这样的表述中,凸显了施教的乐趣,让人感受到了一位陇上名校长的育人风采。

习近平总书记在第三十个教师节来临时,针对如何做一名好教师给出了自己的建议,即:“要有理想信念,要有道德情操,要有扎实学识,要有仁爱之心。”作为一所百年名校的校长,刘信生在《不变与变——教育在坚守与创新中先进》一书中也透彻地谈到了培养优秀教师的具体措施,以及如何给教师提供发展的平台和历练的空间等。他认为,西北师范大学附属中学之所以能取得今天的成绩,在于掌握了不变与变的度,在于教师队伍的建设上有建树,既培养了名师,也留住了名师。

教于有声,育于无声,在有声无声之间,教育完成了帮助人发现和实现自我的使命。因此,教育是介入,是启迪,不是干预和外加。

因材施教、个性差异是教育的基本前提。如何让学生潜移默化,在不知不觉中受到教育?刘校长给出的答案是以学生为本,他指出:“一个有智慧的教育者,绝不可以简单、随意地对待学生,而是要掌握科学的方法,要让教育更加符合人的生命成长规律。”只有通过如此细心的情感呵护,才能释放大爱的能量,才能去“激发学生的学习激情,让学生发现学习的道路,学会选择学习的方法,才能有效实现学生的健康成长”。

教育是阳光事业,是温暖工程,要完成为祖国培养栋梁的神圣使命需要大爱,需要情感。每一个教育工作者只有全身心投入到这一伟业上,才能担负起时代重任,才能无愧于人生。这是刘信生校长埋首写作的初衷,也是其新著《不变与变——教育在坚守与创新中先进》一书内聚的正能量和价值所在。

鸿雁传书

把自己最想说的话尽情地倾诉在好几页素净的信笺上，写好信后，按照不同的含义认真折叠起来，装入信封，用一张邮票寄向远方……这样的表达形式曾经带给人们多少想象、盼望和期待啊！

数千年来，书信承载了人类太多的情感。书信不单记录着自己的家庭琐事、情感、日常生活等，也记录了岁月的风云、时代的变迁、人类的情感、生活中的一切。在动乱的战争年代，思念亲人的佳句有“烽火连三月，家书抵万金”“乡书何处达，归雁洛阳边”，更有“鱼书欲寄何由达，水远山长处处同”。古今中外有许多情理并茂、文采斐然的书信，已经成为脍炙人口的散文经典。比如：《曾国藩家书》内容涉及家庭、修身、齐家、治国、平天下的各个方面；《傅雷家书》被人称为“一座洁白的纪念碑”，是一本最好的艺术修养读物，也是一部充满父爱、苦心孤诣的教子诗篇。

一封封书信，是情感的累积；一封封书信，见证着时光的印记。翻阅着自己保留的封封发黄且仍留墨香的信件，细读且品味那满溢亲情、慈爱、关心、友谊的语言时，也是缕缕春风扑面而来。

突然期待——如果能收到一封信，一封亲笔书写的、泛着淡淡墨香的信件，该是一件多么美妙的事情啊！

爸，对不起，我爱您！

兰州市第八十二中学　豆小琴

亲爱的爸爸：

今年的第一场雪来得好早，天气骤冷，您的腿还好吗？

还有一个月我就要出嫁了，回想26年来和您的相处，只觉愧疚不已。都说女儿是父亲的“小棉袄”，而我给您的从来都是冷漠、责怪、怨恨，我就像一颗冰冷的钉子深深扎在您的心上。

而近两年，在饱尝工作的艰辛、为人处世的不易之后，在和学生家长的接触中，了解为人父母的难心后，我心中的坚冰渐渐融化了。我懂得了您的艰难，认识到了自己的偏颇。所以在自己成家之前，我想把扎在您心中的钉子拔掉，换种温暖的方式存活在您的生命里，可以吗？

以前，我心中积累了无数对您的怨恨。

我恨您，恨您是个过于狠心的父亲——将出生三天的我像礼物一样馈赠给别人，如果不是妈妈的奋力追回，我就要永远承受和亲生父母的分离之痛了。我恨您，恨您是个不完整的父亲——您没有在我七岁以前的记忆里留下任何片段，因为妈妈难以承受奶奶的斥责，将我寄养在姥姥家，而您从来没有看望过我。我恨您，恨您是个偏心的父亲——家里有什么好的，您都先紧着弟弟，然后是两个姐姐，可家里孩子犯了错，挨打的总是我。我恨您，恨您是个冰冷的父亲——大姐是家里第一个孩子，人人疼爱，二姐是奶奶的“掌上明珠”，弟弟是全家的“皇太子”，家里所有人都有打骂我的权利，您从不曾为我抵挡过任何风雨。我恨您，恨您是个愚孝的儿子——对奶奶的话言听计从，常给妈妈委屈受，任她难过哭泣。奶奶对我做尽恶毒的事，您却为她辩护，只转达了她临走前对我的道歉，让我回去参加葬礼。我恨您，恨您是个重男轻女的父亲——我在高考中取得优异的成绩，想上财经类的学校，但您为了给您的儿子留学费，让我上了免费师范大学。

基于此，多年来我都心门紧锁，心里只有唯一爱我的妈妈；对您，我习惯了沉默、顶撞、诅咒。

小学的时候，我总是把浓浓的仇恨刻在房后的土墙上，在您的大名后面跟着一连串恶毒的咒骂，您在房后干活的时候应该看见了吧？初一的时候，我和弟弟起了冲突，您只打了我，我爆发了，第一次冲您放声吼叫，喊出了多年郁结于心的仇恨，您也震惊了吧？高一的时候，我叛逆起来，时常逃课泡网吧，晚上宿管查宿找不见我，就给家里打了电话，您连夜赶到西固，把我从网吧里头提出来，看着您额头的汗珠，我只是无所谓地笑笑，您应该很伤心吧？填高考志愿的时候，您以给弟弟留学费的名义强迫我报免费师范大学，我失望极了，将近三个月的假期，我没有和您说过一句话，您无数次跟我讨好的搭话都被凝滞在仇恨的空气里，您一定很难过吧？滑稽的是，连续三年弟弟复读又复读，就是考不上本科，不得不读了专科，您的学费攒得真不值得吧？每次看您和弟弟起冲突，我都要添几句风凉话，您的心被我伤透了吧？大学四年，我给您打电话的次数不超过个位数，而每次打电话的目的都只是学校发的生活费花光了，需要您给我打点钱，您总是很及时地按我要求的数目把钱打过来，从来不问我用来干什么，更不曾有过任何拒绝的言语，您一定是害怕再给我心里留下什么仇恨吧？

现在想想，我的仇恨真是太极端了。

农村的家里第三个女儿被送人不是常事吗？那个时代的农村不都重男轻女吗？怪只怪天意弄人，让我成为您的第三个女儿。您只是一个普通的农民而已，那些悲剧都是时代造成的，我真不该把账都记到您的头上。而且现在看来，的确弟弟要比我们任何一个女儿都体恤您，比我们三个女儿更爱护您。长大以后，只有弟弟能够帮您顶起家里的一片天，他能干的劳苦活儿断然是我们女儿所干不了的。况且奶奶过世之后，您在做任何事情的时候都在努力保持公平，也尽量照顾我的感受，时时处处每个细节我都感受得到；只是我被曾经的仇恨牢牢禁锢，我跳不出自己给自己画的圈罢了。

您之所以对奶奶百依百顺，是因为她一辈子为了你们兄弟姐妹受尽了苦难，您想让她的晚年开心地度过，甚至妈妈自己都说受点委屈没什么。任何一个做儿女的人，只有自己成家之后才懂得父母的艰辛。去年5月，妈妈第二次做胆结石手术，因为结石的部分刚好是上次手术的接缝处，所以不能采用先进的激光方式，只好用传统的开刀办法。把妈妈推进手术室时，我抚着她的脸，心里好痛。好想替她分担痛苦,但是除了等待我什么都做不了。从手术室出来的第一天,妈妈发起了高烧,昏迷不醒的她身体时不时抽搐,护士说是伤口太疼导致的,我的心里就像有数百只蚂蚁在啃噬一般。一整夜守候在床边的我连眼睛都不敢闭一下,心中只有一个念头:让妈妈退烧,让她快点好起来。终于,妈妈醒了,可是无尽的疼痛致使她的脾气变得十分暴躁,稍微有哪个细节不顺意,就会发火。在妈妈恢复的整个过程中,我体会到了子女对母亲的依恋,我终于理解了您对奶奶的那种包容缘何。

犹记得高三的时候您患了胆囊炎做了手术,我去看望您的时候已经是术后第二天了,您面色憔悴极了,而见到我之后总是招呼我吃这个喝那个。我还真是不称职,看护您的那晚您都是自己翻身、喝水,上厕所也是等到第二天小叔来了之后。正好您手术的时间是收购百合的旺季,手术一个礼拜以后,您就急匆匆地开上大卡车收货去了。后来听妈妈说,那一阵子,两个姐姐上了大学,我和弟弟上高中,家中经济负担太重,您是实在忍受不了疼痛才去医院做的手术,等不到完全恢复好,您又急忙回去干起了收货的体力活。这样想来,您让我上免费师范大学真的是迫于无奈。不能让我随心选择自己的大学,您心里也不好受吧?幸好您没有因为那次手术留下什么后遗症,否则我得愧疚一辈子。

今年过年的时候,和二姐夜谈,她说她从小在家里长大,见证了您和妈妈拉扯我们的所有辛苦。我记忆中没有您的那几年,您是跟着同族的伯伯去新疆打工了,常年四季在工地上干瓦工活,挣了钱就拿回家里,甚是辛苦。我才知道自己误会您太深了。您是个好爸爸,只是这一大家子压在您身上的担子太重了。

回想您辛苦劳碌的片段,我清楚地感受到您汗水里的苦涩:早晨天还不亮您就牵着骡子犁地去了;我一觉醒来的时候,您已经犁完地回来了;稍适停歇,就又到百合地里锄草去了。最早收百合的时候用的是三马子——全露天的农用车,恰好收购百合的季节天气寒冷,您就穿着厚厚的军大衣,带着妈妈织的毛帽子,开着那没有任何取暖装置的“劳什子”从人家地头上砍价,收好百合后,从西果园的各村各乡运到西固金沟的加工厂,两个多小时的路程。到了之后还要一个人把50斤的百合篮子逐个抱下车整整齐齐地码到人家冷藏库里。冬天天黑得早,当您卸完货再晃荡两个多小时回到家时,经常都是十点以后了。如此艰辛的工作您一干就是十五年,从来没有抱怨过苦与累。您的付出儿女们都铭记在心,现在的我也不例外。

这两年,您办起了自己的百合加工厂,家里经济条件越来越好了,可是您的身体却不如从前了。您的左手大拇指因为长年累月抱百合篮子,再也弯不了了,总是直挺挺地竖着;您的皮肤被经年累月的赤口晒得黝黑;您那双大手被寒风刮出了一道道深深的裂痕;您的双腿被风湿纠缠,逢阴雨天气就疼痛不已……

爸,为了全家人的和睦,您总是委屈自己;为了全家人的幸福,您受尽艰辛;为了子女们的成长,您忍辱负重。

爸,我怎么现在才理解您的苦心?我怎么能错恨了您那么久?

爸,我错了,我真的错了,我不该偏执地仇恨您这么多年。

爸,女儿真的成熟了,女儿真的不会再让您伤心难过了。

爸,原谅女儿好吗?您给我的付出,我慢慢回报您,好吗?

爸,您是世界上最棒的父亲,您会把您穿着婚纱的最美的女儿送出家门,对吗?

爸,对不起,我爱您!

您的女儿

××××年×月×日

母亲,我想对您说

榆中县金崖中学　丁香萍

亲爱的母亲:

提笔给您写信还真的有点不习惯,三十八年了,总想对您说些什么,其实我最想说的是:在我三十八年的岁月里,我最想感恩的是母亲您!

母亲,您只记得自己属猪,生日是哪一天却不记得,这是因为外公外婆去世早的缘故。您一生清贫,从小就尝尽了人间的辛酸,再加上外公外婆早逝,养成了您倔强、孤僻、不善言辞的性格。您个子不高,却佝偻着走路,过早地在后背背上了一个"铁锅",以致您穿什么衣服都不合体,而您自己不觉意,只抱怨姐姐给您买的衣服不合身。您一生极爱花,或许是因为您名字中带"花"的缘故吧。不论是名贵的花,还是不知名的花,您都视若珍宝、小心呵护,一所小小的庭院一年四季都花开不败。母亲啊,您就是女儿心中永远开不败的花!

母亲，我感谢您给了我生命，感谢您将我抚养成人，让我度过了三十八个春夏秋冬，了解了世间万物。母亲呀，您真伟大！您是我一生的恩人！

母亲啊，我感谢您！也是您改变了我的命运。我记得我们家原本住在深山，在大姐十三岁的时候，您为了让我们姊妹四个上学，不顾爷爷和爸爸的反对，毅然领着我们四个走出了大山，落户在榆中县永丰村。别人都说您傻，您只是对他们笑笑："我不能让孩子也跟我一样是个'睁眼瞎'。"

那几年刚赶上"大跃进"年代，父亲仍在山里耕地，只有晚上才能偷偷跑出来，带给我们一些口粮。只有您带着我们，白天黑夜不停地忙乎。村上人嫌我们是外来户，想尽一切办法要赶我们走，开始骚扰我们：有时将门前刚栽好的小树拔去，有时又将门前的石板揭去，有时又向我家院里扔石头和土块。村上的小孩也经常欺负我们，弄得我们几个出门都提心吊胆的。一年每到分粮食或柴草的时候，村上总是少给我们家甚至不给。到了晚上的时候，您又被队长叫去批斗。而您总是低头不语，默默地坚守着心中的那份信念。儿时的我们怎能体会到您受到的委屈啊！即使这样，我也从来没见过您掉过一次泪，我伟大的母亲！为了供我们上学，每到开学的几天，你得东奔西跑去为我们借学费(那时的学费只有几毛钱)。等我们上学了，您又开始了自己的挣钱之路，到沟里去筛沙。

那几年里，您每天都早出晚归，为的是多筛点沙，多挣点钱。您拼命干活，腰都直不起来，以至于身体过早佝偻了。您胆子又小，我不知道每天晚上回家您是怎样走过那段您一直害怕的窄道的，那是需要多大的勇气呀！就这样，您一直供我们上学，直到大姐电大毕业，我从榆中师范毕业。我感谢您，是您的坚持和倔强改变了我们的人生轨迹。

母亲啊，我感谢您！还因为您给了我一生中弥足珍贵的爱。您从来不因为我和两个姐姐是女孩而厌弃我们，相反爱我们如珍宝，这在当时的农村是不多见的。小的时候，您喜欢用碎布给我们做新衣服，村上的人总说我们几个孩子像城里人，不像农村小孩，您听了直乐。在我们上学的那几年，您总是早早起来给我们做饭，现在想想那时的日子虽然清苦，却依然快乐幸福。我最喜欢听您晚上讲故事，什么狐狸精的故事，什么货郎的故事，什么笤帚公鸡成精的故事等等，听得我如醉如痴。母亲，您知道吗？这些故事我至今还记得，那是我童年记忆中最有趣的部分。

我还记得小时候的我爱跟着您去田里干活。有一次是春天，路旁的柳树绿了，我一直呆呆地望着嫩嫩的、绿绿的柳枝，想把它编成草帽，可就是够不着，您用手里的铁锹将柳枝弄下来时，我欢呼雀跃。您看我喜欢闻沙枣花味，又踮着脚费劲地把沙枣花摘给我。

母亲啊，那时的您在我心目中是位女神，是我的太阳！上师范的四年里，每周我都要骑着自行车往返家中，风风雨雨也不改变。有时同学叫我去他们家玩，我也没有去，只知道一到星期五就赶回家，因为那里有守候我的一个身影，有我的牵挂——您。只有回去，在家里干干活才觉得心里舒服。有时候我也想飞，可怎么飞也摆脱不了您手中那根“风筝线”，那爱那么浓、那么长，扯也扯不断。成家后，我更明白了只有您的爱才是最无私、最不求回报的，也是最宽容的，那是世间最真最纯的爱。

母亲啊，我从小就是个乖乖女，不爱惹您生气，您对我的爱也最浓。您一直教导我做人要正直，不贪小便宜，待人要宽容，也鼓励我趁年轻多到外面走走，我为此到过许多地方。我学会了您的善良正直，学会了堂堂正正做人，您是我一辈子的老师。

母亲啊，您的爱像群山峻岭间的一条小路，越走越深；您的爱像空气，无处不在又无时不在；您的爱还像白开水，淡淡的，却是真真的；您的爱更像花，永远美丽温馨，就像您的名字——兰花一样。

母亲啊，盈盈月光，我愿掬一捧最清的；落落余晖，我愿拥一缕最暖的；萋萋芳草，我愿摘一束最灿烂的。把它们全部献给您，我最亲爱的母亲！

愿您身体永远康健！

此致

敬礼

爱您的女儿

××××年×月×日

有“渔”未必丰

——一封寄不出的信

兰州市教育科学研究所　田　黎

引子：有个老人在河边钓鱼。一个小孩走过去看他钓鱼，老人技巧纯熟，所以没多久就钓上了满篓的鱼，老人见小孩很可爱，要把整篓的鱼送给他，小孩摇摇头，老人惊异地问道：“你为何不要？”

小孩回答：“我想要你手中的钓竿。”

老人问：“你要钓竿做什么？”

小孩说：“这篓鱼没多久就吃完了，要是我有钓竿，我就可以自己钓，一辈子也吃不完。”

老人若有所思地将钓竿送给了他，小孩欣欣然钓起鱼来，然而整整一下午，一条鱼也未能钓起来。

亲爱的小凡：

你好！

在老师第十三个教学年里，又一次像往常一样听到了关于你的消息。一样的信息来源：过年相聚的3班团——你的好哥们口中；一样的聊天背景——孩子们天南海北地聊着自己的城市、工作或学业，时不时地回忆起那个属于你们也同样属于我的青春岁月。这些熟悉的“一样”却带给了我在这么多年的聚会中最不一样也最不想听到的消息——你的离开。

时光倒退11年，是我第二轮担任班主任的时候，少了几分青涩、彷徨，多了些许自信、坚定的我站在你们面前的样子，你还记得吗？但那个可爱的小男孩，我一直也忘不了。你个头不高，留着一个小平头，模样俊俏，但有些害羞。第一天的自我介绍，我就记住了你，那细细、甜甜、清脆的声音，让我感觉你倒有点像个小姑娘；紧张、害羞让你的小脸涨得通红，但在其中我仍能看出你的聪明、善良和勇气。那天我对你说：“加油！希望你在初中能够继续保持你的优秀！尽快地融入集体中，和大家一起创建一个积极奋进、冲在前面的3班!”之后的三年中,你的确像老师希望、鼓舞和要求的那样,保持着自己的优秀。那时在我心中一直秉承着“授人以鱼不如授人以渔”的教学观念,一心想把“怎样学习”的方法教给你们,能让我的孩子们在学习的竞争中脱颖而出。在我眼中你就是一个标准好学生的典范:成绩优异、积极参与课堂、团结帮助同学、热爱劳动,也没有那些令老师烦心的早恋问题……如今回想起那些点点滴滴,就像过电影一样在我的脑海中不断地闪现。

场景一

地点:英语课堂上

关键词:积极参与课堂活动

你的英文名*Vincent*是你初一时我起的,在英语课堂中,你几乎是每次表演展示环节中必不可少的“开心果”。在*Go to the Movies*那一单元中,你和你的小伙伴们的表演富有想象力,惹得大家捧腹大笑。你手上缠着透明胶,扔出透明胶中心的塑料圈环来扮演当时很火的蜘蛛侠,我为你的创新意识和尝试精神感到骄傲。你们排演的英语话剧*Three Little Rabbits*在全校英语话剧比赛中拿到了一等奖,完败当时被称为“年级神话”的1班。全校的观众都被你们自己做的道具所吸引了,那是你们自己找来的装冰箱、电视的废旧盒子,在班级团支书兼你的死党小张同学的带领下,利用了好几个中午的时间,裁、拼、装、涂完成的。你们每个人都像是建筑师似的,那些废品变成了房子、篱笆。我沉浸在做你们老师的满足中,我感到把你们引导成有想象力、热爱学习、乐于动手的孩子,这点我似乎做到了。你对自己在展示中出现小错误的懊恼,对于和队友意见不一致并选择谦让时的失落,在老师眼中,都被你的阳光向上所遮蔽,我认为那是你追求完美的必经之路。

场景二

地点:校门口、教学楼门口

关键词:心中有集体、学会感恩

那是上初二的时候,你早已成为首批加入中国共青团的班级领军人物。你们班级团委经常问我:“老师,我们除了学校安排的团队会内容,还能再做些什么?”我告诉大家:“做些力所能及的事情,做些表达感谢的事情,做些让别人温暖的事情。”你们告诉我:“我们感谢老师,感谢您给我们一个干净、有爱的学习环境。”我听后很欣慰。之后你们自己组织了擦校门、擦楼门、清洗学校的各种牌匾、清洗证书栏的活动,当时你在其中干得很起劲。咱们班级的团支部让老师在其他同行面前倍儿有面子。我认为你们在学会学习的同时,感受并实践了与他人和谐相处的方法;但是你们对其他人善意的发现及感恩是否也同样发生在你们最最亲近的家庭中呢?那时我并没有深究。

场景三

地点:校外

关键词:敞开心扉、善于沟通

毕业考试,你发挥略有失常,但还是如愿以偿地考入本市最好的高中。老师对你的未来信心满满。年年教师节回到母校看望老师的同学中,必定有你一个。在言谈中,你流露出对高中学习生活的不适应。你在初中班级佼佼者的地位,在学霸成群的新学校已然不保。我告诉你要多和朋友、家人沟通,你总是点点头说:“会的、会的。”但是在压力大、学业重、节奏紧的环境下,你得到了多少有效的来自朋友心灵上的疏解和分担呢?高中三年一转眼间过去了,你考入了一所不错的一本院校,老师知道这离你的目标还差一些,但是心中仍然替你高兴。老师总觉得通过“授人以渔”教会你学习的方法,让你在求学的道路上走得稳、走得远,那才是最重要的。每次我们的见面都在我“加油”“努力”的鼓舞中和你“老师,我会的!”“老师,请放心!”的对话中结束。

我还能回忆起更多……

但所有的镜头,在你的离去中黯然失色。种种画面常常令我反思:有“渔”未必丰。在学霸辈出的今天,这个社会往往不乏会学习的孩子。学校教会了孩子怎样学习,孩子的聪颖能让这种技能发挥到极致。但往往伴随学习进程的是:原本活泼可爱的孩子逐渐失去了那颗热情积极的心。人生是一场长跑,而非一种短暂的冲刺。当我们狭隘地将教育分割为幼儿园、小学、初中、高中、大学,在每个阶段中,对教育成果的衡量也往往对应着单位时间内学生成绩的产出时,这使得老师、孩子、家长们往往处在学习内容的快节奏和成绩的相互比较中。于是有多少人关注孩子们是否在学习这条道路中学会了生活,学会了享受生活呢?孩子,是你告诉老师在教育这条路上,无论是知识,还是获得知识的方式,都比不过一个健康积极的心态和一种能在逆境或徘徊时敞开的心扉。如果时光可以倒流,我真想在场景一中再抱抱懊恼、失落的你们,告诉你们人生原本就是一场充满遗憾的美丽征程。你不是一个完美小孩,也不需要做个完美小孩。我真想在场景二中引导你们在感恩他人之前,先感恩于自己的亲人。因为他们是你们在困境中会第一时间无怨无悔伸出双手的人。我真想在场景三中延续你我的对话,不将它们止步于我们的距离和彼此的忙碌中。我会以“孩子,你快乐吗?”开始我们的交流,以“孩子, 在人生必然的诸多不快中,别忘了和朋友、家人还有老师聊聊”的嘱托中结束我们的对话。因为正如引言中的小故事所述:小男孩要钓到鱼,除了有钓鱼要具备的工具、钓鱼的技巧外,还要能像老伯伯一样,拥有能够静候成功的心理状态,还要有能够静等佳肴的家人给他鼓励和支持。教育是一种心与心的交流和沟通,如果我们不能教会学生打开心扉,找到归属,何谈教育呢?

有“渔”未必丰! 只有在有心、有悟、有韧性的基础上,有“渔”才能丰。

谢谢你给老师在教育这条路上带来的思考,愿在天际的另一侧,你能找到自己的归属!

爱你的老师

××××年×月×日